다윗의 생애

The Life of David

Arther W. Pink

다윗의 생애 ❷

아더 핑크 지음 | 김광남 옮김

일러두기

1. 본서는 아더 핑크가 쓴 *The Life of David*를 완역한 책이다.
2. 본서는 총 96편의 설교로 구성되어 있고 편집상의 편의를 위해 세 권으로 분책했다.
3. 부 제목과 각 장의 중간제목은 원서에는 없는 것을 역자가 임의로 넣었다.
4. 핑크가 사용한 성경 본문은 《흠정역》(*King James Version*, KJV)이었고, 이 번역서에서는 《성경전서 개역개정판》 본문을 사용하고 있다. 그러나 KJV와 《개역개정판》의 번역이 현저히 다를 경우 《표준새번역》 혹은 《우리말성경》 본문을 사용하거나, KJV의 원문을 역자의 사역(私譯)으로 실어 놓았다.
5. 본문에 성경 본문이 실려 있기는 하나 먼저 각장에 해당하는 성경 본문을 읽은 후 읽는다면 독서의 효율이 높아질 것이다.

차례

제4부 통일과 정복

제33장 즉위 (I) | 15

이스라엘의 회심 16 | 회심의 의미 19 | 왕의 골육 23 | 왕권에 대한 시인 25 |

제34장 즉위 (II) | 29

관용과 인내 31 | 예언의 성취 33 | 주님의 영광에 대한 예시 35 | 찬양 37 |

제35장 블레셋에 대한 승리 (I) | 42

끝이 아닌 시작 44 | 여부스 족속을 정복함 46 | 시온 산성의 탈취 48 | 시온, 교회의 예표 50 | 시온 산성 탈취의 의미 51 |

제36장 블레셋에 대한 승리 (II) | 56

블레셋의 선제공격 58 | 다윗의 대응 62 | 거듭되는 승리 65 |

제37장 언약궤를 찾아옴 (I) | 70

명령에 따르는 복된 약속 72 | 언약궤에 대한 관심 75 | 하나님의 진노 77 | 하나님의 방식과 인간의 방식 81 | 심각한 생략 81 |

제38장 언약궤를 찾아옴 (II) | 84

편의주의에 대한 경계 85 | 세상 풍조에 대한 순응 87 | 말씀의 우선성 91 | 제사보다 나은 순종 93 |

제39장 언약궤를 찾아옴 (III) | 97

당혹과 실망 99 | 두려움 102 | 두 종류의 두려움 105 | 오벧에돔이 얻은 축복 108 |

제40장 언약궤를 찾아옴 (IV) | 112

오벧에돔의 축복이 주는 교훈 113 | 새로운 깨달음 116 | 새로운 시도 120 | 춤추는 다윗 123 |

제41장 미갈의 비난 | 126

부전여전 127 | 감사와 축복 130 | 미갈의 본성 134 | 미갈이 받

은 징계 136 |

제42장 하나님의 집에 대한 관심 | 139

휴식 140 | 거룩한 관심 142 | 나단의 반응 145 | 나단이 전한 메시지 146 | 메시지에 대한 해설 149 |

제43장 깊은 겸손 | 153

여호와의 응답 155 | 여호와 앞에 앉음 157 | 겸손의 징표들 158 | 메시아의 비밀 162 |

제44장 모범적인 기도 | 166

기도 제정의 목적 167 | 은혜에 대한 시인 169 | 하나님의 위대하심에 대한 찬양 171 | 하나님의 선하심에 대한 시인 173 | 언약에 대한 찬양과 의존 174 | 하나님의 영광에 대한 갈망 177 |

제45장 정복 (I) | 180

정복 기사의 의미 181 | 싸움을 위한 휴식 184 | 메덱암마 탈취의 예표적 의미 186 | 죄, 영적 메덱암마 191 |

제46장 정복 (II) | 194

블레셋 정복의 예표적 의미 196 | 지금 누리는 영원한 유업 197 | 선행 조건 200 | 모압 정복의 예표적 의미 202 | 무수히 많은 적들 205 |

제47장 므비보셋에게 친절을 베풂 (I) | 209

다윗의 친절의 예표적 의미 210 | 언약의 은혜 213 | 므비보셋, 우리의 모습 216 | 하나님의 주도권 219 |

제48장 므비보셋에게 친절을 베풂 (II) | 222

값없는 은혜 223 | 두려워하지 말라 225 | 므베보셋의 반응 229 | 므비보셋이 얻은 것 230 | 은총의 결과 233 |

제49장 신하들이 모욕당함 | 236

이방을 향한 복음 전파 237 | 복음을 맡은 자들의 자세 239 | 죽음, 은혜의 배경 242 | 적극적 구원에 대한 예시 244 | 은총을 거부하는 세상 245 | 보복 247 |

제50장 거부된 친절 | 250

동일한 사건에 대한 다른 관점 251 | 다윗의 동기 254 | 하나님의 훼방 256 | 파멸을 향한 돌진 259 |

제5부 타락과 징계

제51장 무서운 타락 | 265

성경의 사실성 266 | 신자 안에 있는 육 268 | 의무의 길을 벗어남 271 | 게으름 273 | 두리번거리는 눈 275 | 타락의 단계들 275 |

제52장 가공할 죄 (I) | 279

깨어 있음의 중요성 281 | 드러나는 죄악 283 | 다윗과 빌라도의 유사성 285 | 다윗의 꼼수 286 | 충직한 우리아 289 |

제53장 가공할 죄 (II) | 293

사탄의 그물 294 | 뻔뻔한 인간들 296 | 난처한 질문과 대답 299 |

제54장 유죄 판결 | 307

내적 고통 309 | 나단을 보내심 312 | 나단이 취한 방식 317 | 다윗의 판결 320 |

제55장 회개 | 322

부자의 행인 접대 325 | 깨어나는 양심 328 | 자신의 죄에 대한 혐오 330 | 주님께 대한 죄 333

제56장 용서 | 336

깊은 곳에서 부르짖음 338 | 용서를 위한 탄원 342 | 용서를 구할 의무 345 | 회복의 기쁨 348 |

제57장 징계 | 351

심판자이신 주님 353 | 도덕적 통치자이신 주님 355 | 악한 자의 험한 길 358 | 공의의 하나님 360 | 징계의 시작 362 | 은혜의 징표 364 |

제58장 압살롬 (I) | 366

　　맹목적인 자식 사랑 368 | 징계의 방식 370 | 반복되는 죄악 372 | 태생의 문제 375 |

제59장 압살롬 (II) | 379

　　비열한 계획 380 | 철저한 응보 384 | 압살롬의 도망 386 | 요압의 계책 390 |

제60장 압살롬 (III) | 394

　　자식 사랑과 하나님의 명령 396 | 압살롬의 귀환과 감금 398 | 방자한 도전 400 | 다윗의 수동성 404 |

제61장 압살롬 (IV) | 409

　　백성의 마음을 훔침 411 | 압살롬의 육체적 매력 414 | 애처로운 기도 417 | 왕을 참칭하는 압살롬 420 |

제62장 도망 | 425

　　저항 없이 도망치는 다윗 427 | 아히도벨이 배반한 이유 430 |

징계에 대한 순응 432 | 충성하는 신하들 434 | 왕궁에 남겨진 여인들 436 | 다윗 곁을 지킨 자들 438 |

제63장 기드론 시내를 건너감 | 440

잇대의 충성 442 | 기드론 시내의 의미 445 | 언약궤를 돌려보냄 448 | 하나님의 뜻에 대한 순종 451 |

제64장 감람산에 오름 | 455

죄로 인한 슬픔 456 | 아히도벨의 배신 소식을 들음 458 | 탄식과 기도 460 | 낮은 골짜기에서 드리는 예배 462 | 후새를 돌려보냄 466 |

제4부

통일과 정복

33

즉위 (I)

사무엘하 5장

　　내가 이 책에서 의도하는 것은 사무엘서의 각 구절에 대한 주석을 쓰는 게 아니라 다윗의 생애를 연구하는 것이다. 따라서 나는 사무엘하 3장과 4장의 나머지 부분은 건너뛰고 사무엘 5장의 서두로 직행할 것이다. 우리가 앞 장에서 살펴보았던 사건과 이제부터 살피려고 하는 사건 사이 기간에 하나님은 섭리를 통해 다윗에게 복을 주셨다. 다윗의 주요한 적들은 신속하게 그리고 비극적으로 종말을 맞이했고, 그로 인해 우리의 영웅과 관련된 하나님의 계획이 실현될 수 있는 길이 놓이게 되었다. 예표적 측면에서 볼 때 우리는 그가 왕위에 이르는 길이 숱한 피로 물들어 있음을 발견하고 놀라게 된다. 사울과 요나단 그리고 그 후에는 이스보셋이 그의 길을 가로막았다. 그리고 그들 중 아무도 자연스러운 죽음을 맞이하지 못했다. 그들 모두는 거친 손에 의해 제거되었다!

이스라엘의 회심

우리는 위에서 지적된 내용을 우연이나 사소한 것으로 치부해서는 안 된다. 불변하시는 하나님의 말씀 안에 사소한 것은 아무것도 없다. 우리가 그것을 볼 눈만 갖고 있다면, 그 안에 기록된 모든 것이 심원한 의미를 드러낸다. 성경의 구체적인 내용이 지니고 있는 보다 깊은 의미를 식별하기란 그리 어려운 일이 아니다. 다윗은 그와 관련된 모든 중요한 사건들에서 (그가 실패했던 경우들은 제외하고) 주 예수님을 예표한다. 그리고 그리스도께서 왕위에 이르는 길은 온통 피로 물들어 있었다. 참으로 주 예수님은 다윗이 유대 지파의 왕이 되었던 것처럼 "유대인의 왕으로" 나셨다(마 2:2). 참으로 그리스도는 다윗이 왕위에 오르도록 기름 부음을 받았던 것처럼(삼상 16:13) 하늘 보좌에 오르시기 전 여러 해 동안 기름 부음을 받은 선지자와 제사장과 왕으로서 사역하셨다. 그러나 하나님이 그리스도를 영적 이스라엘을 다스리는 왕자로 높여 주신 것은(행 2:36; 5:31) 그분이 갈보리에서 보혈을 흘리신 후였다. 이것은 다윗이 사울과 요나단과 이스보셋의 피 흘림이 있은 후에야 왕이 될 수 있었던 것과 같다.

아브넬과 이스보셋이 죽은 후 이스라엘 부족들은 지도자가 없는 상태가 되었다. 그러나 이미 사울과 이스보셋의 통치를 충분히 겪은 그들은 이제 더는 사울 가문에 속한 누군가를 왕위에 앉혀 그 경험을 연장하려 하지 않았다. 또 유다 지파가 다윗의 현명하고 훌륭한 통치 하에서 번영하는 것을 목격한 그들은 "하나님의 마음에 맞는 자"가 갖고 있는 보다 고상하고 고결한 생각들을 우호적으로 받아들이기 시작했다. 이것은 하나님이 구원하기로 결정하신 자들을 다루시는 중요한 원리를 예시한다. 먼저 그들은 사탄으로부터 하나님께로, 또 죄를 섬기는 일에서 그리스도께 순종하는 일로 돌아서야 한다. 바로 그것이 참된 회심(回心)이다. 회심은 마음의 주인을 바꾸는 것을 의미한다. 그것은 진실한 마음으로 다음과 같이 말하는 것이다. "여호와 우리 하나님이시여 주 외에 다른 주들이 우리를 관할하였사오나 우리는 주만 의지하고 주의 이름을 부르리이다"(사 26:13).

그러나 회심에 앞서 죄에 대한 자각이 있게 마련이다. 새 주인을 향한 갈망이 나타나기 전에 우리의 영혼 안에서 옛 주인에 대한 불만족이 시작된다. 의를 향한 허기와 갈증이 나타나기 전에 죄가 비통한 것임을 깨닫기 시작한다. 그리스도에 의해 자유로워지기를 갈망하기 전에 사탄의 잔인한 속박을 느끼기 시작한다. 탕자는 아버지 집으로 돌아갈 생각을 하기 전에 자신이 먼 나라에서 비참한 상태에 처해 있음을 깨닫기 시작한다. 지금 다윗을 찾아와 그가 자기들의 왕이 되어주기를 간청하는 사람들의 경우에서도 이 원리가 분명하게 예증된다. 그들은 선지자 사무엘이 그들에게 충실하게 경고했던 내용을(삼상 8:11-18) 이미 충분히 경험한 상태였다! 이제 그들은 더는 사울 집안이 자기들을 다스리기를 원하지 않았다. 이제 그들은 스스로 다윗의 왕권에 복속되기를 원했다.

여기에서 우리에게 제시되는 예표적 교훈은 말할 수 없을 만큼 귀하다. 이스라엘의 여러 부족 사람들이 사울과 이스보셋의 통치하에서 불행한 시기를 보낸 후 자발적으로 다윗에게 나아오는 모습에서 우리는 하나님이 택하신 자들을 그리스도께 이끄실 때 그들의 마음에서 일어나는 성령의 활동의 결과를 예견할 수 있다. 먼저 그분은 그들이 자신들의 현재 상황에 대해 불만족하게 하신다. 그분은 그들에게 죄를 짓고 하나님과 맞서는 삶에는 그 어떤 실제적이고 지속적인 만족도 있을 수 없음을 깨닫게 하신다. 그분은 고통스러운 공허감을 메워주실 수 있는 유일한 존재를 계시하시기 전에 그들의 영혼 안에 그런 공허감을 만들어내신다. 즉 그분은 우리를 움직여 참된 부요함을 추구하게 하시기 전에 우리가 자신의 현재 상황에 대해 철저하게 불만족하게 하신다. 히브리인들은 약속의 땅을 향해 길을 떠날 준비를 하기 전에 애굽에서 무자비한 공사 감독들 밑에서 신음해야 했다.

회심의 의미

"[그 후에] 이스라엘 모든 지파가 헤브론에 이르러 다윗에게 나아와 이르되 보소서 우리는 왕의 한 골육이니이다 전에 곧 사울이 우리의 왕이 되었을 때에도 이스라엘을 거느려 출입하게 하신 분은 왕이시었고 여호와께서도 왕에게 말씀하시기를 네가 내 백성 이스라엘의 목자가 되며 네가 이스라엘의 주권자가 되리라 하셨나이다 하니라 이에 이스라엘 모든 장로가 헤브론에 이르러 왕에게 나아오매 다윗 왕이 헤브론에서 여호와 앞에 그들과 언약을 맺으매 그들이 다윗에게 기름을 부어 이스라엘 왕으로 삼으니라"(삼하 5:1-3). 여기에 나오는 "그 후에"(Then, KJV, 한글 성경에는 번역되어 있지 않다 – 역주)라는 첫 단어에 주목하라. 그것은 사울이 죽은 지 칠 년 육 개월의 세월이 흐른 후였다(5절).

배교했던 왕이 죽고 다윗이 유다 지파의 왕이 되었기에 "우리는 온 이스라엘이 그를 환영할 준비가 되었다고 기대할 수 있을 것이다. 사무엘의 입을 통해 하나님이 사울 집안을 버리셨다는 사실이 선포된 것은 이미 오래 전의 일이 아닌가? 이것은 사울 자신도 인정하지 않았는가? 하나님은 사울이 길보아에서 죽은 사건을 통해 그가 자신에 의해 탄핵되었음을 결정적으로 확인해 주신 것 아닌가? 또한 사울에게서 떠나간 강한 능력과 은혜가 불명예스럽게 광야에서 체류하던 다윗에게 분명하게 임하지 않았는가? 이스라엘의 능력은 광야에 있었다. 거기에는 블레셋 사람들이 베들레헴과 그곳의 우물을 장악하고 있는 동안 그 무리들을 돌파하고 나아가 베들레헴의 우물물을 길어올 수 있는 자들이 있었다. 또한 거기에서는 이스라엘의 찬송가가 울려 퍼지고 있었다. 그러나 하나님이 주신 그 모든 징표에도 불구하고 다윗을 향한 그분의 호의의 증거와 자기들을 향한 그분의 진노에 무관심했던 이스라엘 부족들은 계속해서 하나님이 택하신 종을 거부했다. 그를 환영한 것은 유다 지파 하나뿐이었다.

"이스라엘 백성은 다윗보다는, 비록 유약하고 잘 알려져 있지도 않았음에도, 사울의 아들을 선호했다. 그로 인해 다윗은 광야를 떠난 후에도 이스라엘 백성들과 – 그들은 마땅히 다윗을 자기들에게 은혜를 베푸시려는 하나님의 선물로 여기며 환영했어야 했다 – 길고도 파괴적인 싸움을 하지 않을 수 없었다. 결국 하나님은 그분의 계획을 이루시는 일을 늦추셨고, 이스라엘 백성은 그로 인해 더욱 마음이 완악해져서 자기들의 본성을 충족시키는 것을 제외하고는 아무것도 인정하거나 그것이 자기들의 이익에 부합한다고 여기려 하지 않았다. 칠 년 육 개월 동안 아브넬과 [유다를 제외한] 이스라엘의 모든 부족은 다윗을 거칠게 공격했다. 그럼에도 훗날 그들은 자기들은 다윗이야말로 하나님이 이스라엘을 구원할 자로 정하신 자였음을 알았다고 고백하는 것을 부끄러워하지 않았다. 그들은 그 사실을 알았음에도 칠 년 육 개월 동안이나 그를 파멸시키려 했다. 그리고 의심할 바 없이 그 기간 동안 그들은 자신들을 사울 집안에 충성하면서 자기들에게 주어진 의무를 수행하는 성실한 사람들로 여겼다. 악한 것을 좋게 말하기는 아주 쉽다. 또 거짓된 매끄러운 말로 무도한 일을 부추기는 것도 아주 쉽다. 그러나 마침내 하나님은 자신의 종이 오래도록 마음에 간직해 왔던 일을 이루셨다. 그리고 다윗은 온 이스라엘의 우두머리와 통치자가 되었다"(B. W. Newton).

그렇다, 마침내 폭도들의 마음이 수그러들었다. 마침내 그들은 다윗의 왕권을 인정하기로 결심했다. 아, 다윗이 그들에게 얼마나 특별한 인물로 인식되고 있는지 주목하라. "네가 이스라엘의 주권자가 되리라"(2절). 이 장 첫머리에서 지적했듯이, 이스라엘의 열 한 부족 사람들이 다윗을 따르기로 한 것은 죄인의 회심에 대한 예표다. 이것은 우리에게 현대의 복음주의 안에서 거의 사라져버린 아주 중요하고도 기본적인 구원의 요소를 제시한다. 회심이란 무엇인가? 그것은 예수 그리스도가 성육하신 하나님의 아들이시며 그분이 우리의 죄를 위해 죽으셨다고 믿는 것보다 훨씬 더 큰 무엇이다. 믿는 자들 중 많은 이들이 아직도 부정과 죄악 안에서 죽어 있다!

회심은 성경을 통해 알려진 어떤 사실이나 진리를 믿는 것이 아니라 우리의 마음과 삶을 하나님께 완전히 내맡기는 것이다. 그것은 그분에게 반역하며 들었던 무기들을 내던지는 것이다. 그것은 옛 주인—사탄, 죄, 자아 등—에 대한 충성을 완전히 포기하고 "우리는 이 사람이 우리의 왕 됨을 원하지 아니하나이다"(눅 19:14)라고 선언하는 것이다. 그것은 그리스도의 주장들을 받아들이고 우리에 대한 그분의 절대적인 주권을 시인하는 것이다. 그것은 그분의 멍에를 메고, 그분의 왕권에 순복하고, 그분의 복된 뜻을 따르는 것이다. 다시 말해, 그것은 "그리스도 예수를 주로 받고"(골 2:6), 그분에게 우리의 마음의 보좌를 내어드리고, 우리의 삶에 대한 통제권을 그분께 돌려드리는 것이다. 그리고, 독자들이여, 바로 그것이 성경적 회심의 의미다—그 외의 다른 어떤 것도 위장이고, 거짓된 대체물이고, 치명적인 기만이다.

본문에서 이스라엘 사람들은—그들은 오랫동안 다윗의 대적을 섬기면서 다윗의 요구를 받아들이지 않았다—유다의 왕 다윗이 자기들의 왕이 되어주기를 간청하고 있다. 그들 안에서 큰 변화가 일어난 게 분명했다. 그것은 하나님이 그들 안에서 일으키신 변화였다. 비록 그분은 그들이 그런 변화를 갈망하고 그것에 대해 준비하게 하기 위해 상황을 이용하시기는 했으나, 그 변화는 분명히 그분이 일으키신 변화였다. 나는 여기서 의도적으로 내가 사용하는 용어들을 한정하고 있다. 왜냐하면, 만약 그분이 상황을 그런 식으로 이용하거나 상황에 영향을 미치지 않으셨다면, 그들은 단순히 상황 때문에 하나님이 정하신 통치자에 대한 태도를 그렇게 크게 바꾸지는 않았을 것이기 때문이다. 그러므로 상황은 회심과 관계가 있다. 성령께서는 한 죄인이 처한 절망적인 상황을 이용해 그에게 해 아래에 있는 모든 것은 허망하다는 것 그리고 참된 만족은 세상적인 것들 - 설령 그것이 육신이 갈망하는 모든 것을 갖추고 있는 화려한 집이라고 할지라도 - 안에서 발견될 수 없다는 것을 가르치실 수 있다. 그러나 아담의 그 어떤 후손이 왕이신 그리스도께 온전한 충성을 바치기로 마음을 먹으려면, 먼저 하나님이 그의 마음 안에서 은혜의 기적을 수행하셔야 한다!

왕의 골육

"보소서 우리는 왕의 한 골육이나이다"(삼하 5:1b). 이것은 우리의 예표적 서술과 관련해 얼마나 소중한 구절인가! 죄에 대한 자각과 회심 후에는 영적 깨달음이 나타난다. 회심한 자에게는 성령이 주어진다. 이것은 그리스도를 영화롭게 하기 위한 것이다. 즉 하나님이 구주께 이끄신 자들에게 그리스도에 관한 일들을 알려 주시기 위한 것이다(요 14:16). 일단 한 영혼이 그리스도의 강력한 주권적 사역을 통해 죽음에서 생명으로 옮겨간 후에는, 하나님의 성령이 그를 가르치실 뿐 아니라, 또한 그에게 하나님의 은혜가 그와 구속주 사이에 만들어 놓은 놀라운 관계에 대해 알려 주신다. 성령께서는 그에게 그와 그리스도의 영적 결합-"주와 합하는 자는 한 영"(고전 6:17)이다-에 대해 알려 주신다. 그분은 하나님의 가족에 속한 자녀들에게 그들이 그리스도가 머리가 되시는 신비한 몸의 지체라는 사실, 즉 그들이 "그의 몸과 그의 살과 그의 뼈의 지체들"(엡 5:30. members of His body, of His flesh, and of His bones, KJV-역주)이라는 놀라운 진리를 계시해 주신다.

온 이스라엘 지파가 "우리는 왕의 한 골육이니이다"라고 말하며 다윗에게 탄원하는 것을 보는 것은 복되다. 그들은 아주 오랫동안 다윗의 권리를 무시했고 그의 주장을 거부해 왔다. 그들은 그에게 대놓고 맞서 왔다. 따라서 그들은 그의 손에서 심판 외에는 아무것도 받을 게 없었다. 그러나 지금 그들은 다윗 앞에서 자신들을 낮추고, 그와 자기들 사이의 가까운 관계를 이유 삼아 자기들이 그를 학대했던 것을 용서해 줄 것을 탄원하고 있다. 그들은 다윗의 형제였고, 그런 사실을 바탕으로 다윗에게 관용을 요청했다. 바로 이것이 성령의 가르침을 받은 신자가 그리스도 안에서 하나님께 자비를 구할 수 있는 토대다. "자녀들은 혈과 육에 속하였으매 그도 또한 같은 모양으로 혈과 육을 함께 지니심은 … 그러므로 그가 범사에 형제들과 같이 되심이 마땅하도다 이는 하나님의 일에 자비하고 신실한 대제사장이 되어 백성의 죄를 속량하려 하심이라"(히 2:14, 17). 이런 사실에 대한 이해는 사탄에게 고통을 당하고 죄에 절망하고 있는 성도에게 얼마나 큰 확신을 제공하는가!

오, 사랑하는 그리스도인 독자들이여, 하나님께서 이 놀랍고 값진 사실을 당신의 마음에 보다 실제적이고 감동적인 것으로 만들어 주시기를 간구하라. 우리의 구주는 존재의 등급 안에서 케루빔(cherubim)이나 세라핌(seraphim)처럼 당신과 멀리 떨어져 있는 분이 아니시다. 참으로 그분은 하나님 중의 하나님이시고, 세상 만물의 창조자이시며, 왕 중의 왕이시고, 주 중의 주이시다. 그러나 그분은 또한 여자에게서 나셨고(갈 4:4), 인간이 되셨고, 당신의 뼈 중의 뼈와 당신의 살 중의 살이시다. 따라서 "[그분은 우리를] 형제라 부르시기를 부끄러워하지 아니하신다"(히 2:18). 같은 이유로 그분은 "우리의 연약함을 동정하지 못하실 이가 아니다"(히 4:15). 그러므로 주저하지 말고 자유롭게 그분께 나아가 당신의 마음을 기탄없이 그분 앞에 털어놓으라. 그분은 다윗이 그의 엇나간 형제들에게 했던 것 이상으로 당신을 꾸짖지 않으실 것이다. 이 사랑스러운 관계에 의지해 용기를 얻으라. 우리는 그리스도의 형제요, 그분은 우리와 동족인 구주이시다!

왕권에 대한 시인

"전에 곧 사울이 우리의 왕이 되었을 때에도 이스라엘을 거느려 출입하게 하신 분은 왕이시었고 여호와께서도 왕에게 말씀하시기를 네가 내 백성 이스라엘의 목자가 되며 네가 이스라엘의 주권자가 되리라 하셨나이다 하니라"(삼하 5:2). 우리가 예표(豫表, Type)를 통해 대형(對型, Antitype)을 바라볼 경우 이 구절 역시 아주 복되다. 이제 그 겸손해진 반역자들은 다윗의 이전의 업적들을 찬양한다(전에 그들은 그런 사실을 간과했다). 또 그들은 여호와께서 그를 임명하셨음을 시인한다(전에 그들은 그런 사실을 인정하지 않았다). 이것은 회심자의 경험에서도 마찬가지다. 사울(사탄)을 섬길 때 우리는 그리스도가 이루신 일을 인식하지 못하고, 하나님이 그분에게 허락하신 명예로운 지위를 이해하지 못한다. 하나님이 사랑하시는 자가 겪으신 수치의 깊이와 그분이 자기 백성을 위해 견디신 말할 수 없는 고통 역시 우리의 마음을 녹이지 못한다. 또한 그분이 지금 손에 쥐고 계신 홀(笏) 역시 우리를 그분에 대한 애정 어린 순복의 길로 이끌지 못한다. 그러나 회심은 그 모든 것을 변화시킨다!

그러나 더 나아가 그들은 "여호와께서도 왕에게 말씀하시기를 네가 내 백성 이스라엘의 목자가 되며 네가 이스라엘의 주권자가 되리라 하셨나이다"라고 말했다. 그들은 다윗의 이전의 업적들을 찬양했을 뿐 아니라, 그가 하나님이 임명하신 이스라엘의 목자임을 인정하면서, 또 그가 부드럽고 의로운 통치를 통해 자기들에게 안전과 평온을 가져다주기를 바라면서, 또 그가 자기들을 이끌어 적들을 무찔러 줄 것을 바라면서 자원해서 그의 통치를 받아들이기로 결의했다. 이것 역시 진정으로 회심한 자들의 이야기 속에서 상응하는 내용을 찾을 수 있다. 그들은 자기들 안팎에 수많은 적들이 있음을 인식한다. 그 적들은 그들이 물리치기에는 너무나 강력하다. 따라서 그들은 자기들이 "의탁한 것을 그 날까지 그가 능히 지키실 줄을 확신"(딤후 1:12)하면서 "그 영혼을 미쁘신 창조주께 의탁한다"(벧전 4:19). 우리의 뼈 중의 뼈요 살 중의 살이신 분은 "자기를 힘입어 하나님께 나아가는 자들을 온전히 구원하실 수 있으니 이는 그가 항상 살아 계셔서 그들을 위하여 간구하시"기 때문이다(히 7:25).

역대상 12장 23-40절은 사무엘하 5장을 여는 구절과 관련해 상세한 정보를 제공한다. 역대상 본문은 이스라엘의 각 지파에서 다윗에게 나아왔던 자들의 숫자와, 그들이 얼마나 열정적이고 진지하게 그에게 나아왔는지와, 또한 다윗이 그들을 얼마나 관대하게 맞이했는지를 상세하게 설명해 준다. 그들이 그토록 가혹하게 대했던 다윗은 그들을 받아들이는 것을 거부하지 않았다. 오히려 그는 그들을 진심으로 환영했다. "무리가 거기서 다윗과 함께 사흘을 지내며[예표적으로 사흘은 부활을 준비하는 기간이다] 먹고 마셨다"(30절). 아마도 그들은 다윗 앞에서 완전하게 평안을 누렸을 것이다. 왜냐하면 "이스라엘 가운데에 기쁨이 있었기 때문이다"(40절). 하나님을 찬양하라. 죄인들의 구주께서 다음과 같이 선포하셨으니 말이다. "아버지께서 내게 주시는 자는 다 내게로 올 것이요 내게 오는 자는 내가 결코 내쫓지 아니하리라"(요 6:37). 할렐루야!

34

즉위 (II)

사무엘하 5장

 오랫동안 쫓겨 다니던 추방자가 왕위에 올랐다. 그의 주된 적들은 죽었고, 이제 그는 이스라엘 왕국의 지배자가 되었다. 우리가 이 책의 주제와 무관한 것으로 여겨 건너뛰었던 사무엘하의 처음 몇 장들 안에는 많은 이야기가 들어 있다. 그것들은 우리의 영웅의 인품에 내포된 사랑스러운 특징들을 보여 주는 몇 가지 사건들을 기록하고 있다. 앞에서 지적했듯이, 다윗은 사울과 요나단의 죽음을 알리는 소식을 듣고 기뻐하지 않았다. 오히려 그는 그들의 죽음에 대해 관대함이 깃든 슬픔을 보였다(삼하 1:17). 그는 그 배교한 왕과 그가 사랑했던 아들을 자기와 왕국 사이를 가로막는 존재로 여기지 않았다. 그들이 죽었다는 소식을 접한 후 그가 보인 첫 번째 반응은 (흔히 관용이 부족한 자들이 그렇게 하듯이) 왕위가 비어 있다는 생각에 흥분하고 기뻐하는 것이 아니라, 하나님의 기름 부음을 받은 자가 안타깝게도 이스라엘의 적들에게 수치와 모욕을 당한 것을 생각하며 크게 고통스러워하는 것이었다(삼하 1:20).

그는 자신에게 열려 있는 새로운 가능성에 대해 생각하기 시작했을 때조차 서둘러 자기 손으로 문제를 해결하려 하지 않고 오히려 조용하고 경건하게 여호와께 물었다(삼하 2:1). 그는 자신의 운명이 달려 있는 그 결정적인 시기에, 즉 그가 오랫동안 소망하던 것이 이루어질 때가 찾아온 듯 보이는 때에 아무것도 하지 않은 채 자신의 목자께서 자기를 이끌어주시기만을 기다렸다. 그는 자신의 생래적(生來的) 충동을 억제하면서, 신속한 행동을 취해 나머지 반대파들을 제압하기를 거부하면서, 그리고 자신에게 충성하는 추종자들의 조급한 야심을 억누르면서 하나님이 주실 말씀을 기다렸다. 다윗이 그의 오랜 박해자가 더는 자기를 괴롭힐 수 없게 된 상황에서 했던 것만큼 기쁨 가운데서 자기를 억제할 수 있는 사람은 거의 없다. 복되게도 그는 자신이 일찍이 했던 맹세를 이행했다. "하나님은 나의 요새이시니 그의 힘으로 말미암아 내가 주를 바라리이다"(시 59:9).

사울이 죽기 전에도 다윗의 군사력은 점점 커지고 있었다. 이스라엘 왕국이 처한 혼란과 불행을 피해 도망쳐 오는 사람들이 많았기 때문이다. 사울 자신이 속해 있던 베냐민 지파까지도 다윗에게 이름난 궁사들을 보냈다. 그것은 사울 왕의 기울어지는 운명을 보여 주는 확실한 징표였다. "얼굴은 사자 같고 빠르기는 산의 사슴 같은"(대상 12:8) 므낫세와 갓 지파의 단련된 사내들이 다윗의 군대에 합류하고자 했고, 다윗 자신의 지파에서도 "사람이 날마다 다윗에게로 돌아와서 돕고자 하매 큰 군대를 이루어 하나님의 군대와 같았다"(22절). 확실히 다윗은 그런 군사력을 바탕으로 전 왕의 흩어진 군대를 쉽게 그리고 신속하게 제압할 수 있었으리라. 그러나 그는 그렇게 하지 않았고 왕관을 얻기 위해 그 어떤 방법도 취하지 않았다. 그는 자기 힘으로 무언가를 하려 하기보다는 하나님이 자기를 위해 역사해 주시기를 기다렸다!

관용과 인내

다윗은 헤브론에 정착한 후에도 전과 동일하게 신실하고 인내심 있는 정책을 견지했다. 며칠 혹은 몇 주 정도가 아니라 7년 이상이나 그렇게 했다. 역사의 기록은 다윗이 무력으로 왕국을 얻으려는 그 어떤 생각도 하지 않았을 뿐 아니라, 오히려 자발적으로 군대를 해산했거나 아니면 적어도 그들을 헤브론 인근 마을들에 정착시켜 가정 생활을 하게 했음을 보여 준다. 그가 처음으로 부분적인 군주의 자리에 오른 것 역시 그 자신이 주도한 것이 아니라 그를 찾아와 그에게 "기름을 부어 유다 족속의 왕으로" 삼았던 "유다 사람들"의 자발적인 행위를 통해서였다(삼하 2:4). 그 후에 사울의 조카 아브넬의 주도로 다윗에 대한 미약하지만 지루한 반대가 이어졌다. 반대자들은 죽은 사울 왕의 무능한 아들 이스보셋―그의 이름의 의미는 "수치의 사람"이었다―을 중심으로 다시 모였다.

우리가 젊은 다윗이 헤브론에서 보낸 7년의 시간과 관련해 알고 있는 짧은 이야기는 그를 매우 사랑스러운 모습으로 묘사한다. 사울이 죽은 후 그가 보인 첫 번째 반응의 특징이었던 자애로운 기질은 사무엘하 2장 2-4절에서 놀랍게 제시된다. "그는 왕위를 획득하기 위해 그 어떤 싸움도 하려 하지 않았다. 다만 그는 요압에게 자신들을 방어하기 위한 싸움의 책임만 맡겼던 것으로 보인다. 간혹 그가 직접 싸움에 개입한 것은 오직 평화를 위해 잔인한 복수와 비열한 암살을 억누르고 징계하기 위함이었다. 성경에 기록된 사건들 모두가 다윗의 관용의 모습, 즉 그가 하나님이 그분의 계획을 이루시기를 인내하며 기다리면서 하나님의 백성들 사이의 불행한 분쟁이 끝나기를 바라는 모습을 보여 준다. 그는 야베스 길르앗 사람들에게 감사의 메시지를 전했다[삼하 2:4]. 그는 자신에게 반대하는 자들과 싸우려 하지 않았다. 그 기간에 발생한 것으로 기록된 유일한 싸움은 아브넬이 촉발한 것이었고, 요압의 예사롭지 않은 절제를 통해 해소

되었다[2:12-32].

"다윗의 관대한 본성은 그가 요압이 아브넬을 죽인 것에 분노하는 모습을 통해 다시 빛을 발한다. 다윗의 생애에서 그가 처음부터 자신의 적이었던 아브넬의 피 묻은 시신을 실은 상여를 따라가 그의 무덤 앞에서 애처로운 만가[輓歌]를 부름으로써 고귀한 영혼을 지닌 자들이 죽음을 통해서 이룬 화해를 확증했던 것보다 더 아름다운 모습은 없다[삼하 3:31]. 그가 아브넬의 죽음을 애도한 것이 백성들을 기쁘게 했다는 말씀에 비추어, 우리는 그의 백성들이 그에게 무한한 신뢰를 갖고 있었음을 알 수 있다. '온 백성이 보고 기뻐하며 왕이 무슨 일을 하든지 무리가 다 기뻐하므로'[36절]. 또 우리는 그가 자신이 아직도 약하다고 시인한 것을 통해[39절] 그를 왕위에 오르게 하기 위해 많은 일을 감당했던 강력한 군인들에게 맞서기에는 그가 새로 얻은 왕권이 약했다는 것을 알 수 있다"(Alexander Maclaren).

예언의 성취

다윗이 헤브론에서 유다 지파를 통치했던 기간에 발생한 마지막 사건은 가련한 꼭두각시 왕 이스보셋을 살해한 자들을 즉결 처형한 것이었다(삼하 4:12). 그의 죽음으로 인해 다윗의 통치에 대한 모든 저항이 끝나게 되었다. 그 사건이 있은 직후 이스라엘 온 지파의 장로들이 헤브론으로 와서 다윗에게 왕관을 바쳤다(삼하 5:1-3). 그들이 그에게 왕관을 바친 것은 유다의 왕이라는 그의 신분, 사울의 통치하에서 그가 수행했던 군사적 업적, 그리고 그가 왕이 되리라는 하나님의 약속 등 세 가지 요소에 근거한 것이었다. 엄숙한 협정이 체결되었고 다윗은 "기름을 부어 이스라엘의 왕으로"(3절) 임명되었다. 이제 그는 하나님에 의해 지명된 왕일 뿐 아니라, 사람들에 의해 선택된 제도상의 군주가 되었다. 앞 장에서 우리는 이 사건의 복음적 의미에 대해 살펴보았다. 그리고 이제 우리는 그것과 관련된 다른 관심사들에 주목해 보자.

다윗이 온 이스라엘의 왕이 된 것은, 첫째, 성경에 나오는 다음과 같은 위대한 예언의 성취였다. "유다야 너는 네 형제의 찬송이 될지라 네 손이 네 원수의 목을 잡을 것이요 네 아버지의 아들들이 네 앞에 절하리로다"(창 49:8). 여기에서 "네 손이 네 원수의 목을 잡을 것이요"라는 구절이 "너는 네 형제의 찬송이 될지라"와 "네 아버지의 아들들이 네 앞에 절하리로다"라는 구절 사이에 들어 있음에 신중하게 주목하라. 또한 이 구절 바로 다음에 하나님의 백성의 적들에 대한 유다의 승리가 다시 거론되고 있음에 주목하라. "유다는 사자 새끼로다 내 아들아 너는 움킨 것을 찢고 올라갔도다"(9절).

위에서 언급한 예언은 다른 자식들과 비교해 유다가 얻게 될 높은 위상을 암시한다. 즉 유다는 이스라엘의 적들과의 싸움에서 첫째가는 투사가 될 것이고, 하나님은 그에게 그의 왕국의 적들을 제압할 힘을 주실 것이다. 다윗의 삶에서 이 예언이 성취되기 시작했음은 사무엘하 5장 1-3절을 통해서 분명하게 암시된다. 다윗의 손은 "이스라엘의 적들의 목"에 놓여 있었다. 이것은 그가 블레셋의 거인 골리앗에 대해 기념비적인 승리를 거둔 것을 통해 드러났다. 또 우리는 그 사건 후에 "너는 네 형제의 찬송이 될지라"는 예언이 성취되기 시작한 것을 알고 있다. 즉 이스라엘 여인들이 "사울이 죽인 자는 천천이요 다윗은 만만이로다"(삼상 18:7) 하고 노래했던 것이다. 또한 사무엘하 5장에서 이스라엘의 열 한 지파의 장로들은 "그 앞에서 절하면서" 그를 자기들의 왕으로 임명했는데, 이것은 특히 그가 전에 이스라엘 군대를 이끌며 적에 대해 승리를 거뒀던 사실에 근거해서 그렇게 했던 것이다(2절)!

주님의 영광에 대한 예시

둘째, 이 사건은 우리로 하여금 다윗의 즉위를 그의 보다 위대한 후손이자 주님이신 분의 고양(高揚)에 대한 복된 예시로 여기도록 만든다. 이것은 너무나 분명하기에 길게 설명할 필요조차 없다. 그러나 이 문제에 관심이 있는 독자들은 그것과 관련된 상세한 내용들을 기도하는 마음으로 찾아본다면 도움이 될 것이다. 다윗의 삶과 활동은 두 시기로 분명하게 나뉜다. 첫 번째 시기 동안 그는 베들레헴에서 태어나고(삼상 16:1), 하나님의 기름 부으심을 받고(16:13), 여호와께서 그와 함께 계심을 분명하게 보여 주는 몇 가지 강력한 일들을 행한다(이에 대한 대형[對型]과 관련해서는 누가복음 2장 11절과 사도행전 10장 38절을 보라). 다윗의 명성은 많은 이들의 노래를 통해 칭송되는데, 이것은 당시의 권력자의 질투와 적의를 불러일으켰다(삼상 18:7-8, 이에 대한 대형과 관련해서는 마태복음 21장 15절을 보라)!

다윗에 대한 사울의 적의는 지나칠 만큼 컸기에 결국 그는 다윗의 피를 원할 정도가 되었다(삼상 18:29, 이것을 마태복음 12장 14절과 비교해 보라). 그로 인해 다윗은 집 없는 떠돌이가 되어야 했다(삼상 22:1, 이것을 마태복음 8장 20절과 비교해 보라). 그 후 소수의 사람들이 그 주변으로 몰려왔으나(삼상 22:2), 나라 전체는 그를 조롱하고 거부했다(이것을 요한복음 1장 11-12절과 비교해 보라). 이것은 하나님의 기름 부음을 받은 자가 그의 적들로 인해 결핍과 박해를 경험했던 "굴욕"의 시기였다. 참으로 그는 (우리가 위에서 보았듯이) 문제를 자신의 힘으로 해결할 수도 있었고 무력으로 왕국을 차지할 수도 있었다. 그러나 그는 그렇게 하기를 끈질기게 거부하면서 하나님이 자기를 왕위에 올려 주실 때를 온유하게 그리고 인내하면서 기다렸다(이것을 마태복음 26장 52절과 비교해 보라). 이렇듯 여러 가지 측면에서 우리의 영웅은 그의 위대한 후손이자 주님이셨던 분의 인격과 활동을 복되게 예시한다.

그러나 이제 굴욕의 시기가 끝나고 그가 하나님이 오래 전부터 그를 위해 정해 놓으신 "명예와 영광"의 자리에 오를 때가 이르렀다. "그들이 다윗에게 기름을 부어 이스라엘 왕으로 삼으니라"(삼하 5:3). 우리는 다윗의 즉위를 통해 그리스도의 승천과 그분이 "지극히 크신 분의 우편에"(히 1:2) 앉으시는 것에 대한 예시를 발견할 수 있다. 그분은 "자기를 비워 종의 형체를 가지셨으나" "지극히 높아지셨고" "모든 이름 위에 뛰어난 이름을 얻으셨다"(빌 2:7-10). 또 하나님은, 우리가 사도행전 5장 31절에서 읽듯이, "이스라엘에게 회개함과 죄 사함을 주시려고 그를 오른손으로 높이사 임금과 구주로 삼으셨다." 이후의 장들을 통해 살펴보겠지만, 그가 왕위에 오른 후에 수행한 일들 역시 우리의 고양되고 영광을 얻으신 구주의 사역과 승리를 놀랍게 예시했다.

찬양

셋째, 이제 다윗이 이스라엘의 왕이 된 사건과 관련해 다음과 같은 질문을 해 보자. "다윗은 자신의 운명의 이런 급격한 변화에 어떻게 대응했는가? 결코 원한 적이 없는 큰 지위가 자신의 것이 되었을 때 그의 생각과 마음은 어떠했는가?" 이 질문에 대한 대답은 시편 18편을 통해 제시된다. 그 시편의 머리글[上記]은 그것이 "여호와께서 다윗을 그 모든 원수들의 손에서와 사울의 손에서 건져 주신 날에", 즉 여호와께서 사울의 집안과 그의 추종자들의 반대를 끝내 주신 날에 쓰였음을 보여 준다. 성령께서는 이 시편 안에 다윗의 영혼의 호흡을 기록해 놓으셨고, 그것을 통해 우리가 왕위에 오른 젊은 왕의 영혼을 채웠던 즐거운 감사와 찬양을 느낄 수 있게 해 주셨다. 이 시편을 통해 우리는 신임 군주의 밝은 영적 출발에 대해, 또 그가 추방자 시절에 눈물로 했던 맹세를 얼마나 신실하게 기억하는지에 대해 알게 된다.

"이 시편은 기쁨에 찬 감사와 의기양양한 경모[景慕]의 긴 분출이다. 그것은 마음 깊은 곳에서 경쾌한 노랫가락에 실려 흘러나온다. 우리는 다른 어디에서도, 심지어 다른 시편들에서도 – 사실 그것은 거기가 아니라면 다른 아무데서도 불가능하다 – 이런 순수한 찬양과, 이토록 장대한 수사적 표현들과, 구원의 하나님을 향한 사랑의 열정과, 흔들림 없는 신뢰로 인한 넘치는 기쁨을 찾을 수 없다. 이 시편은 경건한 생명의 피로 고동친다. 힘들었던 세월의 온갖 두려움과 고통과 위험들 – 그것들은 붉은 빛을 위한 검은 연료였다 – 은 연기를 내기에는 너무나 크고 불꽃을 일으키기에는 너무나 안정된 따뜻함 속으로 녹아든다. 종종 그의 마음으로부터 한탄하듯 터져 나왔던, 그래서 마치 밤바람이 밤의 현[絃]들 사이를 비집고 다닐 때 나타나는 소리처럼 구슬펐던 음조는 충만한 기쁨이 분출하는 소리로 변했다. 이 시편에서는 천상의 지복이 예견된다. 슬픔은 그것이 도달한 기쁨과의 관계 속에서 이해되고 파악되며, 가장 깊은 감사를 위한 주제인 것처럼 느껴진다"(Alexander Maclaren).

이 시편 18편에 "여호와의 종 다윗의 시"라는 제목이 붙어 있음을 보는 것은 복되다. 스펄전(C. H. Spurgeon)은 그것에 대해 다음과 같이 말한 적이 있다. "다윗은 비록 이때 왕이었으나 자신을 '여호와의 종'이라고 부르고, 자신의 왕의 신분에 대해서는 아무런 언급도 하지 않는다. 그러므로 우리는 그가 여호와의 종이 되는 것을 유다의 왕이 되는 것보다 귀하게 여겼다고 추론할 수 있다. 그의 판단은 지혜로웠다. 시적 천재성을 지녔던 그는 이 시편을 여호와의 집에 소용이 되도록 지음으로써 여호와를 섬겼다." 여기에서 나는 그 시편의 내용 전체를 분석할 생각은 없다. 하지만 그 시편의 가장 중요한 요소 한두 가지에 대해서는 언급해야 할 것 같다.

첫 번째 구절이 핵심이다. "나의 힘이 되신 여호와여 내가 주를 사랑하나이다"(시 18:1). "하나님에 대한 이런 개인적인 사랑—그것은 다윗의 신앙의 큰 특징이다—더는 침묵하지 못하고 마치 갇혀 있던 물줄기가 그 수원으로부터 터져 나오듯 분출된다"(Alexander Maclaren). 학자들은 이때 하나님에 대한 다윗의 경모의 강렬함이 너무 컸기에 그가 다른 곳에서는 하나님을 향한 인간의 감정을 표현하는 데 사용한 적이 없는 단어, 즉 너무나 강력하기에 "나는 내 마음을 다해 주님을 사랑합니다"라고 번역해야만 그것이 지닌 힘을 온전하게 표현할 수 있는 단어를 사용했다고 지적하고 있다. 이어서 그는 하나님의 여러 가지 이름들을 나열함으로써―21절까지 무려 8개가 사용된다―동일하게 고양된 영적 열기를 드러낸다. 이것은 마치 그가 절망과 구원의 시간을 통해 얻었던 하나님―모든 이름들은 그분을 표현하는 데 완전히 실패한다―에 관한 모든 풍성한 경험들을 큰 무더기로 쌓아올리는 것과도 같았다.

3절과 4절에서 다윗은 과거의 경험들을 감상적으로 회상한다. 그때 무자비하게 그를 쫓던 사람들은 마치 덫에 걸린 동물을 잡듯이 그에게 접근해 그를 사로잡으려 했다. 그는 말한다. "내가 환난 중에서 여호와께 아뢰며 나의 하나님께 부르짖었더니"(6절). 비록 그것이 연약하고 외로운 목소리에 불과했을지라도, 그것은 하늘에 닿았고 그에 대한 응답은 천지를 뒤흔들었다. "그가 그의 성전에서 내 소리를 들으심이여 … 이에 땅이 진동하고 산들의 터도 요동하였으니 그의 진노로 말미암음이로다"(6, 7절). 곤경에 처한 한 성도가 전능자의 강력한 능력을 불러온다. 여기에서 원인과 결과의 대조는 놀랍다. 그 응답은 그 규모로 인해 놀라운 것만큼이나 그 신속함으로 인해 경이로웠다. "이에[then] 땅이 흔들리고…."

다윗이 모든 것을 여호와의 능력과 은혜의 탓으로 돌리는 것에 주목하는 것은 복되다. "내가 주를 의뢰하고 적군을 향해 달리며 내 하나님을 의지하고 담을 뛰어넘나이다 … 이 하나님이 힘으로 내게 띠 띠우시며 내 길을 완전하게 하시며 … 주께서 주의 구원하는 방패를 내게 주시며 주의 오른 손이 나를 붙들고 주의 온유함이 나를 크게 하셨나이다 … 이 하나님이 나를 위하여 보복해 주시고 민족들이 내게 복종하게 해 주시도다 … 여호와여 이러므로 내가 이방 나라들 중에서 주께 감사하며 주의 이름을 찬송하리이다 여호와께서 그 왕에게 큰 구원을 주시며 기름 부음 받은 자에게 인자를 베푸심이여 영원토록 다윗과 그 후손에게로다"(29, 32, 35, 47, 49, 50절).

35

블레셋에 대한 승리 (I)

사무엘하 5장

사무엘하 5장 6-9절에는 다윗이 가나안 사람들로부터 시온 산성을 빼앗아 자신의 왕국의 수도로 삼는 이야기가 실려 있다. 이것이 우리의 영웅이 이스라엘 온 지파의 왕이 된 후 수행한 첫 번째 일이었다는 사실은 주목할 만하다. 앞 장에서 나는 다윗이 굴욕의 시기를 마치고 이스라엘 왕에 즉위한 것이 하나님의 아들이자 주님이신 분의 고양(高揚), 즉 주로 조롱과 거부를 당하셨던 분이 지존자의 자리에 오르신 일에 대한 아름다운 예시였음을 지적한 바 있다. 그러므로 다윗이 왕위에 오른 후 수행한 고귀한 일이 고양되어 영광을 얻으신 우리 구주의 사역과 승리를 놀랍게 예시하는 것은 자연스러운 일이다. 우리는 그런 식으로 구약 성경에 실려 있는 단순한 역사적 사건의 이면을 들여다봄으로써 "두루마리 책에"(시 40:7) 그리스도에 관한 기록이 들어 있음을 발견하게 된다.

드디어 다윗이 오랫동안 마음에 품어 왔던 소망-그것은 하나님이 심어 주신 것이었다-이 성취되었고, 이제 그는 온 이스라엘의 우두머리이자 통치자가 되었다. 그러나 그것은 그의 실제적 과업이 이제부터 시작된다는 사실을 알리는 것에 불과했다. 실제로 그의 가장 영광스러운 위업은 이제부터 시작될 참이었다. 그가 온 이스라엘의 왕이 된 것은 그가 앞으로 수행할 정복을 위한 준비에 불과했다. 그가 이전에 세웠던 공훈은 그가 하나님이 그에게 약속하신 명예로운 지위와 중요한 역사를 이루기 위한 자격을 갖췄음을 의미하는 것에 불과했다. 이것은 그의 대형(對型, Antitype)의 경우에도 마찬가지였다. 중재자께서 높은 곳에 계신 지존자의 우편에 앉으신 것은 하나님이 그분에게 맡기신 엄청난 일을 위한 서론에 불과했다. 왜냐하면 그분은 "모든 원수를 그 발아래에 둘 때까지 반드시 왕 노릇"(고전 15:25) 하실 것이기 때문이다. 따라서 이것은 그분의 통치가 이미 시작되었음을 보여 주는 아주 분명한 암시다. 주 예수님의 지상 사역과 죽으심과 부활은 (지금 성취되고 있는) 세상에 대한 그분의 정복을 위한 토대를 놓았을 뿐이다.

끝이 아닌 시작

많은 이들이 예수님이 지금은 활동을 접고 계시다고 가정하거나 그분이 보좌에 앉아 계신 것은 그분이 타성적(惰性的) 상태에 계심을 의미한다고 생각하는데, 이것은 크고도 심각한 잘못이다. 우리는 사도행전 7장 55절과 요한계시록 2장 1절 같은 성경 말씀에 근거해 그런 잘못된 생각을 즉각 수정해야 한다. 성경에서 "앉다"라는 단어는 끝과 시작을 동시에 의미한다. 그것은 이제 준비 과정이 끝났고 확립된 질서가 시작되고 있음을 의미한다(창 2:2; 행 2:3 참고). 나는 그리스도의 참된 역사는 그분이 "하늘과 땅의 모든 권세를"(마 28:18) 얻으셨을 때 시작되었다는 사실을 다시 한 번 강조하고자 한다. 이것은 메시아 시편들(the Messianic Psalms)을 통해 분명하게 선포되었다. 하나님이 거룩한 산 시온에 그분이 택하신 왕을 앉히실 때 그 왕은 그분께 구해야 한다. 그러면 이방 나라가 그의 것이 될 것이고, 그는 "철장으로" 그 나라들을 다스릴 것이다(시 2). "너는 원수들 중에서 다스리라"(시 110:2, Rule Thou in the midst of Thine enemies, KJV – 역주)는 말씀은 여호와께서 우리 주님께 하신 말씀이었다.

주 예수님은 자신이 택하신 제자들에게 다음과 같이 선포하셨다. "볼지어다 내가 세상 끝날까지 너희와 항상 함께 있으리라"(마 28:20). 오순절에 베드로는 다음과 같이 선언했다. "하나님이 오른손으로 예수를 높이시매 그가 약속하신 성령을 아버지께 받아서 너희가 보고 듣는 이것을 부어 주셨느니라"(행 2:33). 나중에 우리는 "제자들이 나가 두루 전파할 새 주께서 함께 역사하사 그 따르는 표적으로 말씀을 확실히 증언하시니라"(막 16:20)라는 말씀을 듣는다. 요한계시록에는 승천하신 구주께서 벌이시는 다양한 활동들에 관한 여러 가지 말씀들이 들어 있다. 그것들은 성도들의 왕께서 선한 결과를 얻기 위해 그분의 강력한 홀(笏)을 휘두르고 계심을 보여 주기에 충분하다.

이상에서 살펴본 내용은 다윗이 왕위에 오른 후 행한 일들을 통해 아주 복되게 예표된다. 왕위에 오른 후 그는 쉬운 혹은 사치스러운 삶에 탐닉하지 않았다. 그는 이때부터 그의 생애의 최고의 위업들을 이뤄가기 시작했다. 이제부터 살피려고 하는 사무엘하의 이 부분에서 우리는 다윗이 시온 산성을 빼앗고, 블레셋 사람들을 정복하고, 언약궤를 안치할 곳을 마련하고, 여호와께 예배하기 위해 성전을 세우는 문제에 관심을 갖는 것을 보게 된다. 이런 사건들 각각은 아주 복되고 그것들이 갖고 있는 예표적 또는 영적 의미들은 아주 풍요롭다. 그러므로 이 책에서 나는 여호와의 능력 주심에 의지해 그것들 각각을 고찰하는 데 각각 한 장씩 할애하고자 한다. 진리의 영이 우리 모두를 은혜롭게 어루만지셔서 우리가 성경의 이 부분에 숨어 있는 놀라운 진리들을 볼 수 있는 눈과 그것들을 이해할 수 있는 마음을 얻게 해 주시기 바란다.

여부스 족속을 정복함

"왕과 그의 부하들이 예루살렘으로 가서 그 땅 주민 여부스 사람을 치려하매"(삼하 5:6). "만약 멜기세덱이 다스리던 살렘이 예루살렘이었다면[시편 76:2에 의하면 이것은 가능성이 있어 보인다], 그곳은 아브라함 때부터 유명한 곳이었다. 여호수아는 그곳이 가나안 남방의 중요한 도시라는 것을 알고 있었다[수 10:1, 3]. 그곳은 베냐민의 기업이 되었으나[수 18:28], 유다 땅과 인접해 있었다[수 15:8]. 그 후 유다 자손들이 그곳을 빼앗았으나[삿 1:8], 베냐민 자손들은 그들 가운데 가주하는 여부스 사람들을 쫓아내지 못했다[삿 1:21]. 그리고 그들의 수가 점점 늘어나 이제 예루살렘은 여부스 사람들의 도시가 되었다. 그리고 이제 다윗이 기름 부음을 받아 이스라엘의 왕이 된 후 수행한 첫 번째 일이 여부스 사람들의 손에서 예루살렘을 찾아오는 것이었다. 그 도시는 베냐민 지파에게 속해 있었기에 그는 사울 집안에 충성하던 그 지파가 자기에게 굴복하기 전까지는 그런 시도를 할 수 없었다"(Matthew Henry).

"왕과 그의 부하들이 예루살렘으로 가서 그 땅 주민 여부스 사람을 치려 하매 그 사람들이 다윗에게 이르되 네가 결코 이리로 들어오지 못하리라 맹인과 다리 저는 자라도 너를 물리치리라 하니 그들 생각에는 다윗이 이리로 들어오지 못하리라 함이나"(삼하 5:6). 이 구절의 하반절의 표현이 약간 모호하게 보일 수 있다. 그리고 나는 그 번역보다는 《컴패니언 바이블》(The Companion Bible)의 번역이 더 낫다고 생각한다. 거기에는 이 구절이 다음과 같이 번역되어 있다. "너는 이리로 들어오지 못할 것이다. 맹인과 다리 저는 자들이 너를 물리칠 것이기 때문이다." 이것은 완전한 조롱의 말이었다. 여부스 사람들은 자기들의 산성이 난공불락이라고 확신했기에 자기들 중 가장 연약한 사람들이라도 그 도시를 다윗과 그의 군대의 공격으로부터 지켜낼 수 있다고 여겼던 것이다.

여부스 사람들은 당시 예루살렘 주변 지역에 거주하던, 그리고 시온 산성을 점유하고 있던 가나안 사람들이었다. 과거에 유다 지파는 그들을 내쫓는 데 실패했고(수 15:63), 훗날 베냐민 자손들 역시 그 일에서 성공하지 못했다(삿 1:21). 그들은 자기들이 매우 안전하다고 생각했고, 그렇기에 다윗이 그들의 산성을 탈취하려 했을 때 그를 조롱했다. 이것을 통해 우리는 하나님의 적들이 그들에게 패망이 임박했을 때조차 자신들의 힘을 얼마나 크게 확신하는지 알 수 있다. 이런 예는 하나님이 택하신 자들의 구원 이야기에서 자주 등장한다. 하나님의 자비의 손길이 그들을 마치 불속에서 타다 남은 것을 꺼내듯 구해내시기 직전까지 그들의 상황은 거의 절망적이다. 오전 11시경에 구원을 받았던 죽어가던 강도의 경우가 그러했고, 교회를 박해하던 시절의 사울의 경우가 그러했고, 자살하기 직전의 빌립보 감옥 간수의 경우가 그러했다. 그러나 인간의 곤경은 하나님의 기회다.

시온 산성의 탈취

"다윗이 시온 산성을 빼앗으니 이는 다윗 성이라"(삼하 5:7). 시온은 예루살렘 남서쪽 외곽에 위치한 가파른 언덕이다. 그 위에는 예루살렘을 보호하기 위한 요새가 있었다. 시온은 두 개의 봉우리를 갖고 있다. 하나는 모리아로 훗날 그 위에 성전이 세워질 봉우리고, 다른 하나는 훗날 이스라엘의 왕들의 거처가 세워질 봉우리다. 시온은 아주 가파르고 밖으로부터의 접근이 불가능하기에, 마치 작은 지브롤터(Gibraltar, 스페인 남단 지중해 연안의 폭이 좁은 반도를 차지하고 있는 영국의 식민지 – 역주)처럼, 이스라엘의 적들의 수중에 남아 있었다. 그러나 다윗은 그런 지리상의 어려움에 굴복하거나 여부스 사람들의 조롱에 찬 확신에 움츠러들지 않았다. 그는 그들의 손에서 그것을 탈취하는 데 성공했고, 그로 인해 이후로 계속 존재하게 된 예루살렘 성읍의 창설자가 되었다.

"다윗이 시온 산성을 빼앗으니 이는 다윗 성이라." 전에 그는 "헤브론에서" 유다를 7년 넘게 다스렸다(5절). 그러나 이제 온 이스라엘의 왕으로 기름 부음을 받은 그는 점차 확대되고 있는 자신의 왕국의 수도 후보지로서 예루살렘을 주목했다. 그러나 시온의 고지대는 호전적인 여부스 사람들이 점령하고 있었다. 그렇기에 다윗이 이스라엘의 왕위에 오른 후 행한 첫 번째 일은 하나님의 도우심을 받아 적들의 손에서 산성을 빼앗는 것이었다. 그 후 다윗은 정복자로서 그곳 산성에 거주했고(대상 11:7), 그곳에 왕궁을 지었고, 그곳에서 단에서 브엘세바에 이르기까지 이스라엘 전역에 대해 통치권을 행사했다.

"다윗이 그 산성에 살면서 다윗 성이라 이름하고 다윗이 밀로에서부터 안으로 성을 둘러 쌓으니라"(삼하 5:9). 밀로는 공회당이나 의사당, 즉 공공 집회를 위한 장소였던 것으로 보인다(왕하 12:20과 대상 32:5 참고). 다윗은 밀로 주변에 그의 수도 혹은 통치 본부가 된 건물들을 세웠는데, 이것이 그가 주관하는 공식 회의를 위한 장소가 되었다. "만군의 하나님 여호와께서 함께 계시니 다윗이 점점 강성하여 가니라"(삼하 5:10). 운명의 조류가 바뀌었고, 전에 사람들에게 조롱당하던 추방자가 이제 적들을 제압하고 통치 영역을 확대해 가면서 큰 권력과 명성과 부와 명예를 누리게 되었다. 그러나 그의 이런 모든 성공과 번영은 전적으로 여호와께서 강력하게 그의 편에 서신 탓이었다. 그분의 능력 주심이 없다면 우리 중 아무도 그 어떤 선한 일도 이룰 수 없다(요 15:5).

시온, 교회의 예표

만약 우리가 오늘날의 "세대주의"(dispensationalism)의 오류들 때문에 눈이 멀지만 않는다면, 우리는 위에서 언급한 내용의 예표적 의미를 별 어려움 없이 이해할 수 있을 것이다. 시편과 예언서들에서 "시온"이라는 단어와 연결된 내용을 자세히 살핀다면, 분명히 우리는 그 단어가 대개 구약 시대의 교회를 가리키는 이름으로 사용되고 있음을 알 수 있을 것이다. "여호와께서 시온을 택하시고 자기 거처를 삼고자 하여 이르시기를 이는 내가 영원히 쉴 곳이라 내가 여기 거주할 것은 이를 원하였음이로다 내가 이 성의 식료품에 풍족히 복을 주고 떡으로 그 빈민을 만족하게 하리로다 내가 그 제사장들에게 구원을 옷 입히리니 그 성도들은 즐거이 외치리로다 내가 거기서 다윗에게 뿔이 나게 할 것이라 내가 내 기름 부음 받은 자를 위하여 등을 준비하였도다"(시 132:13-17). 의심이 많거나 관심이 있는 독자들은 시편 74편 2절, 87편 5절, 102편 13절, 128편 5절, 133편 3절, 그리고 이사야 51장 16절 등을 숙고해 보기 바란다.

시온 산 위에 성전이 세워지고, 이스라엘 온 지파가 그룹 사이에 계신 여호와께 예배하기 위해 그리로 올라간 후부터 구약 시대의 교회에는 "시온"이라는 이름이 부여되었다. 그리고 그 이름은 적절하게 신약 시대의 교회로 옮겨갔다. 신약 시대의 교회는 구약 시대의 교회와 접목되어 있다. 이것은 로마서 11장이 말씀하는 "감람나무"에 관한 가르침을 통해, 또한 성령께서 에베소서 2장 19-22절과 3장 6절에서 분명하게 진술하시는 말씀을 통해 잘 드러난다. 로마서 11장 26절(그것이 "시온으로"가 아니라 "시온에서"라고 표현하고 있음에 주목하라), 히브리서 12장 22절, 베드로전서 2장 6절, 그리고 요한계시록 14장 1절 같은 말씀들은 신약 시대의 교회가 "시온"이라는 이름으로 불리고 있음을 분명하게 보여 준다. 왜냐하면 이제 교회는 세상 안에 있는 하나님의 거처이며, 그분의 "성전"(고후 6:16), 그분의 "도시"(엡 2:19), 그분의 "예루살렘"(갈 4:26, 거기에서 "위에 있는"은 천문학적으로 이해되어서는 안 된다. 그것은 "세상을 초월해 있는"을 의미한다)이기 때문이다. 그러므로 구약에서 "시온", "하나님의 도시", 그리고 "예루살렘"에 관한 모든 말들은 영적인 방식을 통해 오늘의 그리스도인들에게 해당된다. 그리고 그것은 그리스도인들이 믿음을 통해 그것을 그들 자신의 것으로 삼아 즐기도록 하기 위함이다.

시온 산성 탈취의 의미

예루살렘과 시온의 역사-그것들은 떼려야 뗄 수 없을 만큼 서로 관련되어 있다-는 우리가 다윗의 대형(對型)이신 분에게서 영적으로 찾아 볼 수 있는 내용을 정확하게 예시한다. 성경에 실려 있는 그것에 대한 첫 번째 언급은 그 도시가 멜기세덱의 인자한 통치를 받고 있었음을 보여 준다(창 14:18). 이것은 교회가 원래 "그리스도 안에서 하늘에 속한 모든 신령한 복을"(엡 1:3) 지니고 있었음을 의미한다. 그러나 다음으로 우리는 그 도시가 이제 더이상 하나님의 종에게 속해 있지 않고 이방인들의 손에 넘어가 있음을 발견한다. 이것은 교회가 아담 안에서 배교했으며, 하나님이 택하신 백성들이 그분의 택하심을 얻지 못한 자들의 생래적 수준으로 떨어졌음을 보여 준다. 이제 시온은 하나님의 저주를 받은 족속(창 9:25)이 거주하는 곳이 되었다. 그로 인해, 즉 인간의 타락으로 인해 하나님이 택하신 백성들은 "다른 이들과 같이 본질상 진노의 자녀"(엡 2:3)가 되었다. 여러 세기 동안 시온은 하나님의 백성들의 도시가 되지 못했다(수 15:63; 삿 1:21). 그렇기에 이방인은 "이스라엘 나라 밖의 사람"(엡 2:11, 12)이었다.

그러나 마침내 시온은 다윗에 의해 진압되고 탈취되어 그의 거처가 되었고, 그 봉우리들 중 하나 위에 성전이 세워졌다. 그렇게 해서 적의 산성이 하나님의 거처와 세상에 대한 그분의 통치의 보좌가 되었다. 이것은 그리스도께서 이방 교회(행 15:14)를 적들의 손에서 취해 자신에게 순복하게 하시고 그들 개인의 마음에 자신의 보좌를 마련하시면서 그들을 자신에게 이끄시는 것에 대한 놀라운 예시였다. 이런 결과에 대한 선언은 구주께서 자신의 임박한 죽으심을 내다보면서 다음과 같이 선포하셨을 때 이루어졌다. "이제 이 세상에 대한 심판이 이르렀으니 이 세상의 임금이 쫓겨나리라"(요 12:31). 사탄은 폐위되고 그의 자리에서 쫓겨날 것이다. 그리고 그리스도께서 마귀가 다스려왔던 자들(엡 2:2) 중 많은 이들을 자신에게 이끄실 것이다. 여기에서 사용된 동사의 시제가 사탄을 "쫓아내는 일"이 주님의 "이끄시는 일"만큼이나 점진적으로 이루어질 것임을 의미한다는 것은 주목할 만하다(Alford).

주 예수님은 십자가에서 "통치자들과 권세들을 무력화하셨고" 승천하시면서 그들을 "드러내어 구경거리로 삼으셨다"(골 2:15, 엡 4:8 참고). 세상에 대한 사탄의 장악력은 갈보리 언덕 위에서 깨졌다. "이 세상 임금이 심판을 받았음이라"(요 16:11). 강한 자(마귀)가 그보다 "더 강한 자"에게 굴복했고, 그의 "무장"은 빼앗겼고, 그의 "재물"(포로들)은 나뉘어졌다(눅 11:21, 22). 그리고 이런 사실은 하나님이 그분의 택하심을 받은 자들을 "흑암의 권세에서 건져내사 그의 사랑의 아들의 나라로 옮기실 때"(골 1:13)마다 명백하게 드러난다. 그리스도께서 세상에 계실 때 자주 사람들의 몸에서 귀신들을 쫓아내셨던 것은 이 복음의 시대에 그분께서 구속된 자녀들을 사탄의 지배로부터 구해내시는 것을 예시한다.

우리의 본문이 예표하는 것은 주 예수님이 그분의 백성들 — 특히 이방인들 중에 있는 백성들 — 을 위해 몸값을 지불하시는 것이 아니라, 그분이 그들을 적의 손에서 실제적으로 되찾거나 구해내시는 것이다. 다윗이 시온을 탈취한 사건이 그가 이스라엘의 왕으로 즉위한 후에 일어난 것처럼, 그가 시온을 정복한 것은 그리스도께서 승천하신 후에 벌어질 승리의 활동들을 가리킨다. 그런 승리의 활동은 시편 110편 1-3절에 예시되어 있다. 첫째, 여호와께서는 그리스도께 "너는 내 오른쪽에 앉아 있으라"(1절) 하고 말씀하신다. 둘째, "여호와께서 시온에서부터 주의 권능의 규[성령의 권능을 지닌 복음]를 내보내실 것이다"(2절). 셋째, "주의 권능의 날에 주의 백성이 … 즐거이 헌신할 것이다"(3절). 성부께서 그리스도께 주신 사람들이 하나씩 차례로 그분의 은혜에 의해 정복될 것이고, 성자에게 맞서기 위해 손에 쥐었던 전쟁 무기들을 내려놓을 것이고, 그들의 마음에는 그분의 보좌가 놓일 것이다(고후 10:5).

"시온"이라는 단어가 "양지바른" 혹은 "빛이 비추는"—마치 남쪽을 바라보며 따뜻한 햇볕을 쬐는 것처럼—을 의미한다는 사실에 주목하는 것은 아름답다. 마찬가지로 그리스도에 의해 (그분의 승천 이후의 활동을 통해서) 사탄의 지배로부터 구속된 영적 시온은 구름이 완전히 걷힌 하나님의 은혜 안으로 들어간다. 이 예표는 사무엘하 5장 11절의 내용을 통해 완전해진다. "두로 왕 히람이 다윗에게 사절들과 백향목과 목수와 석수를 보내매 그들이 다윗을 위하여 집을 지으니." 히람이 다윗에게 사절을 보내 그에게 집을 지어 주겠다고 제안한 것은 그리스도께서 이방인들에게 인정을 받으시는 것(사 60:3 참고)과 그들이 그분의 영적인 집이 되는 것(엡 2:22; 벧전 2:5)을 예시한다.

36

블레셋에 대한 승리 (II)

사무엘하 5장

"이스라엘이 다윗에게 기름을 부어 이스라엘 왕으로 삼았다 함을 블레셋 사람들이 듣고 블레셋 사람들이 다윗을 찾으러 다 올라오매"(삼하 5:17). 여러 해 동안 지속된 이스라엘의 내전이 끝나고 이스라엘 온 지파는 다윗의 영도하에서 하나가 되었기에 다윗은 전보다 훨씬 더 강력해졌다. 다윗이 예루살렘을 탈취하고(7절) 두로 왕 히람이 그에게 호의를 보였다는 소식(11절)을 들었을 것이 분명한 블레셋 사람들은 지금이야말로 자기들이 일어나 다윗의 위대한 업적을 종식시킬 적기라고 여겼던 것 같다. 따라서 그들은 다윗을 치기 위해 큰 군대를 소집했다. 그러나 그들은 비록 전멸까지는 아닐지라도 크게 패하고 말았다.

　이 사건의 예표적 의미는 사도행전에 기록되고 기독교 시대 전체를 통해 얼마간 그에 대한 실례를 얻을 수 있는 많은 것들과 관련되어 있다. 이 세상에 그리스도의 나라가 세워졌을 때 그것은 즉각 어둠의 세력에 의해 격렬한 공격을 받았다. 유대인과 이방인들이 연합해 그 나라를 전복시키려 했던 것이다. 이에 대한 분명한 증거가 사도행전 4장에 나온다. 거기에서 우리는 베드로와 요한이 체포되고, 산헤드린 앞으로 소환되고, 그들로부터 위협을 당한 후 겨우 풀려났던 것에 대해 읽는다. 그들이 무리에게 돌아와 자기들이 겪은 일에 대해 이야기했을 때, 그들은 "한 마음으로"(행 4:24) 소리를 높여 시편 2편 - 어떤 이들은 타당한 이유를 들어 그것이 다윗이 블레셋 사람들에게 승리를 거둔 직후에 쓴 것이라고 주장한다 - 의 구절들을 인용하며 외쳤다.

　그때 그들이 인용했던 구절은 다음과 같다. "어찌하여 열방이 분노하며 족속들이 허사를 경영하였는고 세상의 군왕들이 나서며 관리들이 함께 모여 주와 그의 그리스도를 대적하였도다"(행 4:25-26, 시 2:1-2 참고). 이것은 성령께서 주시는 분명한 암시다. 즉 이 구절의 내용은 그리스도께서 세상에 계실 때 마귀의 힘을 통해 제기된 - 비록 인간이라는 대리자들을 통한 것이기는 하나 - 그분에 대한 반대에만 국한되는 것이 아니라, 그분의 신비한 몸인 그분의 교회에까지 해당된다. 따라서 그것은 여자의 씨, 즉 그리스도와 그분의 백성에 대한 뱀의 지속적인 적대 행위에 대한 예언적 암시라고 할 수 있다. 그러나 시편 2편의 나머지 내용은 그 모든 반대가 허사가 될 것임을 보여 준다. "그가 모든 원수를 그 발아래에 둘 때까지 반드시 왕 노릇 하실 것이다"(고전 15:25).

블레셋의 선제공격

이 장에서 나는 다윗이 블레셋에 대해 승리를 거둔 것의 예언적 의미를 길게 설명할 생각이 없다. 오히려 나는 그 사건이 지니고 있는 영적이고 실제적인 의미에 집중하고자 한다. 확실히 그것이야말로 이 어둡고 침침한 시대에 가련한 영혼들에게 가장 필요한 일이 될 것이다. 또 그것이야말로 하나님의 은혜를 통해 우리를 보다 잘 구비시켜 "선한 싸움을 싸우게"(딤전 6:12) 할 뿐 아니라, 우리를 잘 가르치고 격려해 "우리 앞에 당한 경주를 하게"(히 12:1) 도울 것이다. 모든 일에는 때와 시기가 있다. 피조물을 통해 드러나는 하나님의 솜씨를 경모하고 연구하는 것이 우리의 즐거운 특권인 것은 분명하다. 하지만 우리 곁에 적들이 잠복해 있어서 우리가 그것들에 맞서서 삶을 보존해야 할 경우에 우리가 그저 아름다운 꽃을 바라보거나 행성의 신비를 탐구하는 데 몰두하는 것은 적절한 일이 아니다.

하나님이 다윗을 높이신 것은 그에게 여호수아가 시작했으나 오래 전에 중단된(삿 1:21-36을 보라) 가나안 정복이라는 과업을 맡기시기 위함이었다. "아브넬이 이스라엘 장로들에게 말하여 이르되 너희가 여러 번 다윗을 너희의 임금으로 세우기를 구하였으니 이제 그대로 하라 여호와께서 이미 다윗에 대하여 말씀하시기를 내가 내 종 다윗의 손으로 내 백성 이스라엘을 구원하여 블레셋 사람의 손과 모든 대적의 손에서 벗어나게 하리라 하셨음이니라"(삼하 3:17-18). 이스라엘의 적들 중 가장 주요한 적은 블레셋이었다. 그들은 오랫동안 하나님의 백성들에게 위협이 되었고, 결국 사울과 그의 아들들을 살해하는 데 성공했다(삼상 31:1-6). 그러나 이제 하나님이 그들의 오만함에 상처를 입히시고, 그들과 맞서 싸우시고, 그들의 군사들을 뒤엎어버리실 때가 이르렀다. "악인이 이긴다는 자랑도 잠시요 경건하지 못한 자의 즐거움도 잠깐이니라"(욥 20:5). 바로, 하만, 랍사게, 그리고 네로의 경우가 그러했다. 그리고 그것은 오늘날 주님과 그분의 백성을 대적하는 자들에게도 해당될 것이다.

"이스라엘이 다윗에게 기름을 부어 이스라엘 왕으로 삼았다 함을 블레셋 사람들이 듣고 블레셋 사람들이 다윗을 찾으러 다 올라오매"(삼하 5:17). 무엇보다도 우리는 여기에서 하나님의 섭리적 통치의 모습을 발견하고 그것에 대해 존경을 표할 필요가 있다. "만물은 주에게서 나오고 주로 말미암고 주에게로 돌아간다"(롬 11:36). 이 세상에서 우연히 일어나는 일은 아무것도 없다. 그리고 악한 자들의 행위는 의로운 자들의 그것과 마찬가지로 온 세상의 통치자에 의해 통제된다. 블레셋 사람들이 이때 이스라엘을 위협한 것은 주님의 섭리였다. 우리는 그 안에서 자신의 종을 향한 하나님의 은혜를 인식할 수 있다. 그들은 여호와의 적이었고, 그분이 이스라엘에게 멸하라고 명령하셨던 백성이었다. 그러나 만약 다윗이 먼저 그들을 공격해야 했다면, 그는 배은망덕한 자가 되지 않을 수 없었을 것이다. 왜냐하면 그들은 그가 사울에게 박해 받던 시절에 그에게 피난처를 제공해 주었기 때문이다(삼상 27:1-3). 그러나 하나님이 블레셋 사람들을 움직여 그들이 먼저 다윗을 공격하게 하셨기에 다윗의 양심의 가책은 누그러질 수 있었다.

다윗이 온 이스라엘의 왕이 되었음에도, 그의 오래된 적들은 그에 대한 공격을 포기하지 않았다. 오히려 그 일은 그들의 질투심을 유발해 그를 공격하도록 부추겼다. 여기에서 우리는 사탄이 성도들을 공격하는 방식에 대한 실례를 발견할 수 있다. 우리가 하나님을 향해 발걸음을 옮기고, 참된 왕이신 분께 영광을 돌리고, 우리가 하는 모든 일에서 그리스도께 합당한 자리를 내어드릴 때마다 적은 우리를 공격하려 든다. 아브라함이 처음으로 제단을 쌓자 그의 목자들과 그의 조카 롯의 목자들 사이에 분쟁이 발생했다(창 13:4-7). 요셉이 꿈을 통해 하나님의 계시를 받자 그의 형들의 마음속에 그를 향한 잔인한 질투심이 일어났다(창 37). 엘리야가 갈멜 산에서 거짓 선지자들에 대해 승리를 거두자 이세벨이 그의 생명을 위협하기 시작했다(왕상 19). 사도행전에서도 그와 유사한 경우들이 많이 발견된다. 이런 것들은 우리의 교훈을 위해 기록된 것이다. 미리 경고를 받는 것은 미리 무장하는 것과 같다.

그러므로 다윗이 즉위한 직후에 있었던 블레셋의 공격은 우리가 그동안 누려 왔던 영적 번영 속에서 안전을 찾으려는 노력의 무익함을 알려 주는 경고가 될 수 있다. 높은 곳은 우리의 머리를 어지럽게 만들기 쉽다. 다윗이 시온을 이스라엘의 수도로 삼아 여호와께 영광을 돌리자마자 블레셋 사람들을 그를 공격했다. 시편 30편을 보면, "여호와여 주의 은혜로 나를 산 같이 굳게 세우셨더니"라는 득의양양한 표현 직후에 "주의 얼굴을 가리시매 내가 근심하였나이다"라는 표현이 나온다(7절). 우리의 "강함"은 의식적으로 우리의 "약함"을 인식하는 것을 통해 나온다. 모든 영적 진보에는 깨어 있음과 기도가 동반되어야 한다. "참 군인은 갑옷을 입을 때에 자랑하지 아니하고, 갑옷을 벗을 때에 자랑하는 법이다"(왕상 20:11, 표준새번역 - 역주).

"블레셋 사람들이 이미 이르러 르바임 골짜기에 가득한지라"(삼하 5:18). 르바임 골짜기는 예루살렘과 가까웠다. 의심할 바 없이 블레셋 사람들은 다윗이 그곳을 요새화하기 전에 자신들이 그 전략적

요충지의 주인이 되고자 했다. "가득한지라"라는 말은 그들의 군대의 규모가 매우 컸음을 보여 준다. "블레셋 사람들이 다윗을 찾으러 다 올라오매"(17절)라는 말은 아마도 이 군대에 그들의 다섯 방백들(삼상 6:16, 18)이 모두 모였음을 의미할 것이다. 그들은 자기들이 파멸을 향해 돌진하고 있다는 사실을 알지 못했다. 그들은 다윗의 홀(笏)이 지니고 있는 힘과 그를 높여 주신 여호와의 능력에 대해 알지 못했다. 그들은 살아 계신 하나님이 전에 사울에게는 하시지 않았던 방식으로 다윗을 보호하고 계시다는 사실을 알지 못했다.

다윗의 대응

이제 위협적인 블레셋 군대의 공격에 대한 다윗의 대응에 대해 살펴보자. "다윗이 여호와께 여쭈어 이르되 내가 블레셋 사람에게로 올라가리이까 여호와께서 그들을 내 손에 넘기시겠나이까 하니"(삼하 5:19a). 이 말씀은 아주 복되다. 이 말씀의 의미는 본문 17절의 마지막 표현을 통해 강조되고, 18절에 기록된 내용과 현저하게 대조된다. 17절에서 우리는 "다윗이 듣고 요새로 내려가니라[went down, KJV에는 그렇게 번역되어 있다 – 역주]"라고 읽고, 18절에서는 블레셋 사람들이 "이미 이르러 르바임 골짜기에 가득한지라"라는 말을 듣는다. 다윗은 자기에 대한 확신으로 가득 찬 블레셋 사람들과 날카롭게 대조되게 낮은 곳으로 내려갔고, 그로 인해 자신이 하나님을 의지하고 있음을 분명하게 보여 주었다. 다윗은 블레셋 사람들의 도전을 받아들여 즉각 그들과 교전하는 대신 여호와께 돌아서서 자신을 향한 그분의 뜻을 물었다. 오, 우리 모두 더욱더 이런 정신을 계발할 수 있기를! 성경은 "너는 범사에 그를 인정하라"고 말씀한다. 그리고 그것에 따르는 약속은 "그리하면 네 길을 지도하시리라"이다(잠 3:6).

"다윗이 여호와께 여쭈어 이르되 내가 블레셋 사람에게로 올라가리이까 여호와께서 그들을 내 손에 넘기시겠나이까 하니." 그는 강력한 힘을 가진 용사처럼 성급하게 앞으로 돌진하지 않았다. 오히려 그는 하나님께 순종하는 사람답게 행동했다. 아마도 거의 확실하게 그는 아비아달이 입고 있는 에봇의 우림과 둠밈을 통해서 여호와의 의중을 물었을 것이다(삼상 23:6 참고). 그의 질문은 이중적이었다. 하나는 자신이 해야 할 일에 관한 것이었고, 다른 하나는 그것의 성공 여부에 관한 것이었다. "그의 의식은 전자에 대해 물었고, 그의 신중함은 후자에 대해 물었다"(Matthew Henry). 그의 첫 번째 관심사는 과연 하나님이 자기에게 블레셋 사람들과 맞서는 일을 허락하실 것이냐 하는 것이었다. 사무엘하 3장 18절에 비추어볼 때, 그가 할 일은 분명해 보였다. 그러나 문제는 과연 지금이 하나님이 그가 행동하기를 원하시는 때인가 하는 것이었다! 그의 두 번째 관심사는 과연 여호와께서 자신의 노력을 지지하실 것인가 하는 것이었다. 왜냐하면 그는 자신의 승리는 전적으로 하나님께 달려 있다는 것을 알고 있었기 때문이다. 그는 만약 하나님이 블레셋 사람들을 자기 손에 넘겨주시지 않는다면 자신의 모든 노력이 헛되리라는 것을 알고 있었다.

"여호와께서 다윗에게 말씀하시되 올라가라 내가 반드시 블레셋 사람을 네 손에 넘기리라 하신지라"(삼하 5:19b). "너희는 내 얼굴을 찾으라" 하고 말씀하신 분은 그 말씀 앞에서 "여호와여 내가 주의 얼굴을 찾으리이다"라고 말하며 진지하고 참되게 반응하는 자들을 조롱하지 않으신다(시 27:8). 나무와 돌로 만든 신들, 즉 세상의 명예와 물질적 부를 위한 우상들은 그것들을 섬기는 자들이 곤경에 빠질 때 그들을 돕지 못한다. 그러나 살아 계신 하나님은 자기에게 순복하고 위급시에 자신에게 도움을 구하는 자들을 실망시키지 않으신다. 하나님은 "환난 중에 만날 큰 도움이시다"(시 46:1). 또한 그분의 확실한 약속은 다음과 같다. "하나님을 가까이하라 그리하면 너희를 가까이하시리라"(약 4:8). 우리 모두에게 긴급하게 필요한 것은 하나님이 우리의 길을 정하시고 우리의 발걸음을 인도하시는 것이다. 그리고 만약 우리가 진정으로 하나님의 인도하심을 얻고자 한다면, 우리가 그것을 얻지 못하는 경우는 없을 것이다.

"여호와께서 다윗에게 말씀하시되 올라가라 내가 반드시 블레셋 사람을 네 손에 넘기리라 하신지라." 이것 역시 우리에게 교훈과 위로를 주기 위해 기록된 것이다. 그러므로 우리는 이 말씀을 우리의 것으로 삼기 위해 진심으로 노력할 필요가 있다. 이것은 여호와께서 전쟁에 임하는 다윗을 격려하고 북돋기 위해 주신 말씀이었다. 우리 역시 믿음의 선한 싸움을 싸우라는 부르심을 받고 있다. 그렇다, 그리고 우리가 그런 선한 싸움을 싸우는 것은 오직 우리의 믿음이 작동할 때만, 또 우리가 하나님의 약속에 의지해 그것에 대해 하나님께 탄원할 때만 가능하다. 하나님이 우리에게 "[내가] 사탄을 너희 발 아래에서 상하게 하시리라"(롬 16:20)고 말씀하시지 않았다면, 우리가 어떻게 힘을 얻어 그 싸움을 싸우겠는가! 그러므로, 만약 우리가 그 약속을 의지한다면, 우리는 다음과 같이 외칠 수 있을 것이다. "그러므로 나는 달음질하기를 향방 없는 것 같이 아니하고 싸우기를 허공을 치는 것 같이 아니할 것이다"(고전 9:26).

거듭되는 승리

"다윗이 바알브라심에 이르러 거기서 그들을 치고 다윗이 말하되 여호와께서 물을 흩음 같이 내 앞에서 내 대적을 흩으셨다 하므로 그곳 이름을 바알브라심이라 부르니라"(삼하 5:20). 여기에서도 다윗은 우리가 따라야 할 모범을 남겼다. 우리가 그렇게 할수록, 하나님은 더욱더 영광을 받으실 것이고, 우리의 성공은 더욱더 확실해질 것이다. 싸움에서 성공을 거둔 다윗은 하나님의 은혜 앞에서 자기를 낮추고 그 성공의 원인을 그것을 제공해 주신 분께 돌렸다. "여호와께서 물을 흩음 같이 내 앞에서 내 대적을 흩으셨다." 이것은 여호와께서 마치 물이 불어난 강이 둑을 터뜨리고 그 앞에 있는 모든 것을 휩쓸어 가듯이 적을 흩으셨다는 의미다. 발걸음을 옮길 때마다, 유혹에 맞설 때마다, 그리고 섬김의 과정에서 성공을 얻을 때마다, "내가 한 것이 아니요 오직 나와 함께 하신 하나님의 은혜로라"(고전 15:10)하고 말하는 법을 배우라. 오, 우리 모두가 자기를 높이고 자랑하고자 하는 마음으로 가득 찬 이 악한 시대에 라오디게아 교회의 그것처럼 자신을 높이고자 하는 정신에서 건짐을 받아 "여호와여 영광을 우리에게 돌리지 마옵소서 우리에게 돌리지 마옵소서 오직 주는 인자하시고 진실하시므로 주의 이름에만 영광을 돌리소서"(시 115:1)하고 말할 수 있기를!

"거기서 블레셋 사람들이 그들의 우상을 버렸으므로 다윗과 그의 부하들이 치우니라"(삼하 5:21). 의심할 바 없이 블레셋 사람들은 자신들이 섬기는 우상들로부터 보호와 도움을 기대했을 것이다. 그러나 그 우상들은 필요한 때 그들을 지켜주지 못했다. 마찬가지로 우리가 믿는 그 어떤 가시적인 혹은 물질적인 것들 역시 머지않아 헛되고 무능한 것으로 밝혀질 것이다. 블레셋 사람들은 그 우상들이 자기들을 지켜주지 못했기에 그것들을 간직하려고 하지 않았다. "하나님은 사람들이 가장 좋아하던 것들을 혐오하게 만드실 수도 있고,

그들이 맹목적으로 사랑하던 것들을 내버리게 하실 수도 있고, 또한 '은 우상과 금 우상을 두더지와 박쥐에게 던지게'[사 2:20] 하실 수도 있다"(Matthew Henry). 다윗은 블레셋 사람들의 우상을 불태움으로써 (삼하 5:21, burned them, KJV-역주) 자신의 승리를 천명했을 뿐 아니라, 또한 신명기 7장 5절에 나오는 하나님의 명령에 순종했다. "오직 너희가 그들에게 행할 것은 이러하니 그들의 제단을 헐며 주상을 깨뜨리며 아세라 목상을 찍으며 조각한 우상들을 불사를 것이니라."

"블레셋 사람들이 다시 올라와서 르바임 골짜기에 가득한지라" (삼하 5:22). 그렇다, 비록 우리가 "마귀를 대적하라 그리하면 너희를 피하리라"(약 4:7)는 약속을 갖고 있을지라도, 우리는 그가 되돌아오지 않으리라고 확신할 수 없다. 그는 구주를 단지 "얼마 동안"(눅 4:13)만 떠났을 뿐이다. 그리고 이것은 그분의 추종자들에게도 마찬가지다. 그러니 마귀가 돌아와 다시 우리를 공격할지라도 낙심하지 말라. 그런 공격은 단지 우리에게 매일 그리고 매시간 그분께 새로운 힘을 구하면서 하나님의 응답을 기다리라는 부르심인 것이다. "다윗이 여호와께 여쭈니"(삼하 5:23a). 이 두 번째 전투에서도 다윗은 하나님의 인도하심을 구했다. 첫 번째 전투에서 성공했음에도 그는 이후의 성공 역시 전적으로 여호와께 달려 있으며, 따라서 자기가 전적으로 그분께 순종해야 한다는 것을 알고 있었다.

"이르시되 올라가지 말고 그들 뒤로 돌아서 뽕나무 수풀 맞은편에서 그들을 기습하되 뽕나무 꼭대기에서 걸음 걷는 소리가 들리거든 곧 공격하라 그때에 여호와가 너보다 앞서 나아가서 블레셋 군대를 치리라 하신지라"(삼하 5:23b-24). 이 말씀은 놀랍다. 다윗은 동일한 장소에서 또 동일한 만군의 주님의 보호하에서 동일한 적과 마주했다. 그럼에도 이번에 하나님의 대답은 앞의 경우와 아주 달랐다. 그때는 "올라가라"였는데, 지금은 "올라가지 말고 그들 뒤로 돌아가라"였다. 인간이 보기에 상황이 전과 동일하게 보일지라도, 우리는 각각의 경우에 하나님의 도우심을 구해야 하고, 그분의 말씀을 믿고 순종해야 한다. 그렇지 않을 경우 승리는 보장되지 않는다. 다윗에게 이것은 순종에 대한 실제적인 시험이었다. 그러나 그는 그분의 말씀을 논박하거나 그것에 불순종하려 하지 않았다. 오히려 그는 온유하게 그분의 뜻을 따랐다. 여기에 "하나님의 마음에 맞는 자"가 있다. 그는 여호와의 말씀을 기다렸고, 그분의 응답이 주어졌을 때 그 말씀을 따라 행동했으며, 그로 인해 실패하지 않았다. "그때에 여호와가 너보다 앞서 나아가서 블레셋 군대를 치리라 하신지라." 우리가 하나님이 이미 우리를 위해 하신 일을 시인할 때, 그분은 기꺼이 우리를 위해 보다 큰일을 하실 것이다!

"이에 다윗이 여호와의 명령대로 행하여 블레셋 사람을 쳐서 게바에서 게셀까지 이르니라"(삼하 5:25). "다윗은 하나님의 명령을 따랐고, 그분이 행동하실 때까지 기다렸고, 그 후에-그때까지는 아니었다- 떨치고 있어섰다"(Matthew Henry). 그에게는 완전한 승리가 주어졌다. 하나님은 자신의 약속을 이행하셨고 모든 적들을 패주시키셨다. 이것은 우리를 얼마나 크게 고무하는가! "메시아의 왕국이 세워질 때, 제자들-그들은 마귀의 왕국을 때려눕혀야 할 의무가 있다-은 성령의 약속을 받을 때까지 아무것도 하려고 해서는 안 된다. 성령은 '홀연히 하늘로부터 급하고 강한 바람 같은 소리'[행 2:2]처럼 내려오실 것이다. 그리고 그것은 '뽕나무 꼭대기에서 걸음 걷는 소리'[삼하 5:24]를 통해 예표되었다. 그 소리를 들었을 때 그들은 떨치고 일어나야 했고, 실제로 그렇게 했다. 그리고 그들은 계속해서 적들을 정복해 나갔다"(Matthew Henry).

37

언약궤를 찾아옴 (I)

사무엘하 5-6장

앞 장에서 우리는 지면의 부족 때문에 사무엘하 5장 말미에 실려 있는 이야기의 몇 가지 중요한 요점들을 지나쳐야 했다. 여기에서 우리는 그것들을 이 장을 위한 서론으로 다루고자 한다. 앞에서 우리는 블레셋 사람들이 다윗을 치러 왔던 것(삼하 5:18), 그가 자신이 어떻게 해야 할지 여호와께 여쭈었던 것(19a절), 하나님이 그에게 적들을 그의 손에 넘기시겠노라는 은혜로운 답을 주셨던 것(19b절), 그리고 결국 그분의 말씀이 이행되었던 것(20절) 등을 살펴보았다. 또 우리는 블레셋 사람들이 다시 그를 치러 올라왔던 것에 대해서도 살펴보았다(22절). 그때 다윗은 아무것도 당연한 것으로 여기지 않고 다시 한 번 여호와의 지시를 구했다. 이를 통해 우리는 우리가 범사에 하나님을 인정해야 한다는 것(잠 3:6)과 그럴 경우 그분은 기꺼이 그리고 은혜롭게 우리의 길에 필요한 빛을 비춰주신다는 것을 배웠다. "무엇이든지 전에 기록된 바는 우리의 교훈을 위하여 기록된 것"(롬 15:4)이다. 그 복된 사건 전체는 하나님의 인도하심이라는 중요한 주제와 관련해 몇 가지 아주 값진 교훈들을 제공한다.

다윗은 블레셋이 다시 그를 치러 올라왔을 때 기계적으로 행동하지 않았고, 첫 번째 경우에서처럼 하나님이 지시하시는 대로 행동했다. 그는 여호와께 또다시 분명하게 물었다. 우리의 어두운 눈에는 어떤 상황이 전과 동일하게 보일 수도 있다. 그럼에도 우리는 매번 신뢰하는 마음으로 하나님의 지시를 기다려야 하고, 그분의 뜻이 그분의 말씀을 통해 분명하게 드러날 경우 그 말씀에 분명하게 순종하면서 그분의 지시를 따라야 한다. 그것이 우리의 의무이고 지혜다. 우리가 육신의 정욕과 마귀의 간계에 맞서 승리를 거둘 수 있는 다른 방법은 없다. 앞 장에서 보았듯이, 블레셋 사람들이 두 번째로 공격해 왔을 때 여호와께서는 다윗에게 그들의 첫 번째 공격 때 주셨던 것과 동일한 답을 주시지 않았다. 그분의 응답은 이전과는 아주 달랐다. 첫 번째 경우에 그분은 "올라가라"(삼하 5:21)고 말씀하셨다. 그러나 두 번째 경우에는 "올라가지 말라"(23절)고 말씀하셨다. 그러나 바로 여기에 우리를 위한 중요한 교훈이 들어 있다.

명령에 따르는 복된 약속

첫 번째 경우에 여호와께서는 다윗에게 "올라가라 내가 반드시 블레셋 사람을 네 손에 넘기리라"(삼하 5:19) 하고 말씀하셨다. 그러나 두 번째 경우에 그분은 "올라가지 말고 그들 뒤로 돌아서 뽕나무 수풀 맞은편에서 그들을 기습하되 뽕나무 꼭대기에서 걸음 걷는 소리가 들리거든 곧 공격하라 그때에 여호와가 너보다 앞서 나아가서 블레셋 군대를 치리라"(23-24절) 하고 말씀하셨다. 이것은 다윗의 믿음과 인내와 순종과 관련해 이전의 명령보다 훨씬 더 큰 요구였다. 드러내놓고 정면 공격을 하지 말라는 것은 육신의 교만을 낮춰야만 가능한 일이었다. 적진을 우회해서 그들 뒤로 가려면 오랜 행군이 필요했다. 그곳에 도착한 후에도 그는 뽕나무 꼭대기에서 걸음 걷는 소리가 들릴 때까지 기다려야 했다. 기다림은 앞으로 돌진하는 것보다 훨씬 힘든 일이다. 이것이 우리에게 주는 교훈은 여호와께서는 우리가 은혜 안에서 성숙하고 경건을 실천하는 일에서 성장해 나갈 때 우리에게 자신에 대한 보다 온전한 순종을 요구하신다는 것이다.

"뽕나무 꼭대기에서 걸음 걷는 소리가 들리거든." 이것은 하나님이 홍해에서 이스라엘 백성에게 주신 것과 동일한 말씀이었다. 홍해에서 그들은 애굽인들이 자기들을 잡으러 달려오는 것을 보았다. 그때 여호와께서는 모세를 통해 그들에게 "너희는 두려워하지 말고 가만히 서서 여호와께서 오늘 너희를 위하여 행하시는 구원을 보라"(출 14:13)고 말씀하셨다. 뽕나무는 스스로 움직일 수 없다. 그러므로 다윗은 여호와의 숨이 그것들을 움직일 때까지 기다려야 했다. 그는 바람이 뽕나무 잎을 뒤흔드는 소리를 들을 때까지 기다려야 했던 것이다. 그는 잠들지 말고 깨어서 여호와의 신호를 기다려야 했다. 여기에서 우리에게 주어지는 교훈은 우리는 여호와를 기다리는 동안 하나님이 섭리적 행위를 부지런히 관찰해야 한다는 것이다. "기도를 계속하고 기도에 감사함으로 깨어 있으라"(골 4:2).

"뽕나무 꼭대기에서 걸음 걷는 소리가 들리거든 곧 공격하라." 다윗은 하나님이 그에게 제공하시는 암시에 반응해야 했다. 여기에서 우리에게 주어지는 실제적 교훈은 분명하다. 그것은 여호와께서 우리에게 그분의 뜻을 알려 주실 때 우리는 즉각 그 뜻을 따라 행동해야 한다는 것이다. 가만히 서 있어야 할 때가 있고, 움직여야 할 때가 있다. 홍해에서 이스라엘 백성에게 주어진 두 번째 말씀은 "앞으로 나아가라"(출 14:15)는 명령이었다. 이상하게도 이 지점에서 실패하는 사람들이 많다. 그들은 삶에서 어떤 위기에 이른다. 그들은 여호와의 인도를 간구한다. 그들 앞에 하나님의 섭리를 통해 "구름 기둥"이 나타난다. 그러나 그들은 떨치고 일어나 그 구름 기둥을 따라나서지 않는다. 하나님께 빛을 간구한 후 그분이 제공하신 빛에 반응하지 않는 것은 그분을 모욕하는 짓이다. 그분의 "걸음 걷는 소리"에 신중하게 귀를 기울이라. 그리고 그 소리가 들려오면, 즉시 일어나 행동하라.

그때 하나님이 다윗에게 하셨던 명령에 부가된 복되고도 확신을 주는 약속에 주목하라. "그때에 여호와가 너보다 앞서 나아가서 블레셋 군대를 치리라"(삼하 5:24). 만약 우리가 이것을 본문 20절에 기록된 내용과 비교한다면, 우리는 여호와께서 이 경우에 그분이 첫 번째 경우에 하셨던 것보다 훨씬 더 분명하게 행동하셨던 것을 알 수 있을 것이다. 앞에서 우리는 단지 "다윗이 … 그들을 쳤다"고 읽을 뿐이다. 그러나 여기에서 여호와께서는 자신이 직접 블레셋을 치겠다고 약속하신다. 여기에서 찾을 수 있는 위로가 되는 교훈은 다음과 같다. 즉 만약 우리가 적절하게 하나님을 기다리고, 분명하게 그분의 지시에-그것이 아무리 불합리하고 불쾌하게 보일지라도-순종한다면, 만약 우리가 그분의 모든 섭리의 행위를 부지런히 살피고, 그분의 뜻이 분명하게 드러날 경우 그 뜻을 따라 떨치고 일어선다면, 그때 우리는 우리 편에 서서 강력하게 역사하시는 분을 굳게 의지할 수 있을 것이다.

위의 사건의 복된 결과는 사무엘하에서는 언급되지 않으나 역대상 14장 16-17절에 잘 기록되어 있다. "이에 다윗이 하나님의 명령대로 행하여 블레셋 사람들의 군대를 쳐서 기브온에서부터 게셀까지 이르렀더니 다윗의 명성이 온 세상에 퍼졌고 여호와께서 모든 이방 민족으로 그를 두려워하게 하셨더라." 하나님은 인간에게 빚진 자가 되지 않으실 것이다. 그분은 늘 자신의 명령을 지키는 자들에게 보답하신다. 그분은 다윗이 블레셋 사람들을 정복하게 하셨을 뿐 아니라, 또한 자기에게 영광을 돌린 그를 높여 주셨다. 즉 그분은 그의 이름이 온 세상에 퍼지게 하심으로써 이방 민족들이 감히 그를 공격할 마음을 먹지 못하게 하셨다. 오늘날의 상황도 이와 동일하다. 누군가 하나님의 말씀에 온전하게 순종할 경우, 하나님은 사탄에게 그런 사람을 공격하는 것은 헛수고가 될 것이라는 두려움을 갖게 하신다. 이것을 "사람의 행위가 여호와를 기쁘시게 하면 그 사람의 원수라도 그와 더불어 화목하게 하시느니라"는 잠언 16장 7절 말씀과 비교해 보라.

언약궤에 대한 관심

다윗이 블레셋에 대해 승리를 거둔 후 우리가 그에 관해 듣는 다음 이야기는 그가 언약궤에 대해 표명했던 거룩한 관심에 대한 것이다. 그것은 지극히 아름다운 관심이며, 우리의 영웅의 깊은 영성을 잘 드러낼 뿐 아니라, 또한 그가 "하나님의 마음에 맞는 자"라고 불리는 것이 얼마나 적절한지를 다시 한 번 보여 준다. 다윗이 온 이스라엘의 왕으로 확고하게 자리를 잡은 후 가장 먼저 생각한 것은 사람들의 뇌리에서 오랫동안 잊혀 있던 언약궤를 예루살렘으로 가져오는 것이었다. 언약궤는 성막에 속한 여러 가지 거룩한 기물들 중에서도 으뜸가는 것이었다. 여호와께서는 모세에게 그 궤와 관련해 다음과 같이 말씀하신 바 있다. "속죄소를 궤 위에 얹고 내가 네게 줄 증거판을 궤 속에 넣으라 거기서 내가 너와 만나고 속죄소 위 곧 증거궤 위에 있는 두 그룹 사이에서 내가 이스라엘 자손을 위하여 네게 명령할 모든 일을 네게 이르리라"(출 25:21-22).

진정한 왕의 현존에 대한 그 오래된 상징은 여리고 성벽 주위를 돌았던 날 이후 여러 가지 변화를 겪어야 했다. 사사들이 통치하던 타락한 시대에 미신에 사로잡힌 이스라엘 백성들은 마치 그것이 어떤 마술적인 마스코트라도 되는 양 전쟁터로 끌고나갔다. 그리고 의로우신 하나님은 그들의 그런 불경건한 기대를 조롱하셨다. 하나님의 궤가 할례 받지 못한 자들의 손에 떨어지고 말았던 것이다. 승리감에 도취된 블레셋 사람들은 그것을 자기들의 도시로 가져가다곤 신전에 안치했다. 그러나 여호와께서는 다시 자신의 명예를 회복하셨고, 그 궤는 낙심에 빠진 이스라엘 백성에게 돌아왔다. 벧세메스 사람들은 기쁨에 겨워 그것을 맞이했다. 아, 그러나 그 후에 그들은 불경건한 호기심이 발동해 그 거룩한 궤 안을 들여다보았고, 그로 인해 여호와께서는 그들을 "쳐서 크게 살육하셨다"(삼상 6:19).

그 후 그 궤는 기럇여아림이라는 한적한 산지로 옮겨져 아비나답의 집에 안치되었다. 거기에서 그것은 50년 넘게 방치되었다. 사울 시절에 이스라엘 백성들은 "궤 앞에서 묻지 않았다"(대상 13:3). 그러나 다윗은 젊은 시절부터 여호와의 보좌에 가해진 그런 불명예스러운 일로 인해 깊이 고민했다. "여호와여 다윗을 위하여 그의 모든 겸손을 기억하소서 그가 여호와께 맹세하며 야곱의 전능자에게 서원하기를 내가 내 장막 집에 들어가지 아니하며 내 침상에 오르지 아니하고 내 눈으로 잠들게 하지 아니하며 내 눈꺼풀로 졸게 하지 아니하기를 여호와의 처소 곧 야곱의 전능자의 성막을 발견하기까지 하리라 하였나이다 우리가 그것이 에브라다에 있다 함을 들었더니 나무 밭에서 찾았도다"(시 132:1-6). 그는 여호와께 예배할 수 있는 장소, 곧 그분의 임재의 상징이 안치되고 거기에서 그분과 그분의 백성 사이의 교제가 이루어질 수 있는 장소를 마련하기로 결심했다.

하나님의 진노

다윗은 이스라엘의 왕이 된 후에도 자기가 과거에 했던 맹세를 잊지 않았다. 그는 즉시 그 맹세를 실천에 옮기기 위한 절차에 착수했다. "다윗이 이스라엘에서 뽑은 무리 삼만 명을 다시 모으고 다윗이 일어나 자기와 함께 있는 모든 사람과 더불어 바알레유다로 가서 거기서 하나님의 궤를 메어 오려 하니 그 궤는 그룹들 사이에 좌정하신 만군의 여호와의 이름으로 불리는 것이라"(삼하 6:1-2). 의심할 바 없이 다윗은 지금 전심으로, 하나님에 대한 깊은 갈망을 갖고서, 그리고 그분으로 인한 기쁨에 넘쳐서 그렇게 했다(5절을 보라). 의심할 바 없이 그는 그 궤가 그것에 합당한 명예를 얻을 때 따라올 축복을 예견하면서 밝은 미래를 전망했을 것이다. 아, 그러나 그런 소망은 얼마나 크게 곤두박질치고 말았는가! 그 노력의 결과는 참으로 슬펐다!

"그들이 하나님의 궤를 새 수레에 싣고 산에 있는 아비나답의 집에서 나오는데 아비나답의 아들 웃사와 아효가 그 새 수레를 모니라 그들이 산에 있는 아비나답의 집에서 하나님의 궤를 싣고 나올 때에 아효는 궤 앞에서 가고 다윗과 이스라엘 온 족속은 잣나무로 만든 여러 가지 악기와 수금과 비파와 소고와 양금과 제금으로 여호와 앞에서 연주하더라 그들이 나곤의 타작 마당에 이르러서는 소들이 뛰므로 웃사가 손을 들어 하나님의 궤를 붙들었더니 여호와 하나님이 웃사가 잘못함으로 말미암아 진노하사 그를 그곳에서 치시니 그가 거기 하나님의 궤 곁에서 죽으니라 여호와께서 웃사를 치시므로 다윗이 분하여 그곳을 베레스웃사라 부르니 그 이름이 오늘까지 이르니라"(삼하 6:3-8). 이 구절에서 우리는 몇 가지 매우 엄중한 교훈을 발견할 수 있다. 그리고 그것들은 우리에게 경고가 되기 위해 기록된 것이다. 아, 그럼에도 그것들은 오늘날 기독교계 안에서 광범

위하게 무시되고 있다.

"언약궤를 불명예스러운 장소에서 찾아오는 것, 그것을 다시 이스라엘의 품속으로 가져오는 것, 다시 한 번 그것을 이스라엘이 찾아가 여호와의 뜻을 묻는 대상으로 만드는 것, 그리고 무엇보다도 그것을 최고의 통치와 능력을 상징하는 장소인 시온 성에 안치하는 것-바로 그런 것들이 다윗이 원했던 것이다. 그렇게 그는 하나님과 그분의 진리에 통치권을 내어드리면서 자신의 왕직을 수행하고자 했다. 그러나 하나님의 종들은 거듭해서 다음과 같은 사실을 배워야 한다. 즉 그들이 어떤 올바른 목적을 추구한다고 해서 그것이 곧 그들이 올바른 수단을 사용하고 있음을 의미하지는 않는다는 것이다"(B. W. Newton). 여기에서 우리가 무엇보다 마음에 새겨야 할 것이 바로 그것이다.

"그들이 하나님의 궤를 새 수레에 싣고"(삼하 6:3) 그렇게 함으로써 그들은 심각한 잘못을 저질렀다. 자신의 열심에 취해 있던 다윗은 하나님의 명령을 무시했다. 여호와께서는 이스라엘 백성이 언약궤를 옮길 때 따라야 할 절차에 관해 아주 분명한 지침을 주셨다. 여호와께서는 모세를 통해 다음과 같이 말씀하셨다. "진영이 전진할 때에 아론과 그의 아들들이 들어가서 칸 막는 휘장을 걷어 증거궤를 덮고 그 위를 해달의 가죽으로 덮고 그 위에 순청색 보자기를 덮은 후에 그 채를 꿰고"(민 4:5-6). 거룩한 궤는 호기심 어린 사람들의 눈을 피해 숨겨져야 했다. 그러나 다윗은 그런 상세한 지침에 관심을 기울이지 않았다! 그것이 전부가 아니었다. "고핫 자손에게는 주지 아니하였으니 그들의 성소의 직임은 그 어깨로 메는 일을 하는 까닭이었더라"(민 7:9).

하나님의 뜻은 분명하게 계시되었다. 언약궤는 감추어져야 하고, 언약궤 사방 모서리에 달린 고리에는 채가 꿰어져야 하고, 고핫 자손들이 그것을 어깨로 메어 운반해야 했다. 하나님은 언약궤를 "새 수레"(삼하 6:3)에 싣는 문제에 대해서는 아무 말씀도 하시지 않았다. 그것은 인간의 고안(考案)이었고, 여호와의 지침에 어긋나는 것이었다. 다윗의 소원은 거룩했고 그의 동기는 순수했다. 그러나 그는 일을 잘못된 방식으로 수행했고 그 결과는 무서웠다. 여호와의 일을 하는 두 가지 방식, 즉 우리가 그분을 섬길 때 처신하는 두 가지 방식이 있다. 하나는 하나님의 기록된 말씀을 통해 처방된 방식을 따르는 것이다. 다른 하나는 우리 자신의 생각과 성향을 따르거나 아니면 다른 이들의 경우를 본보기 삼아 따르는 것이다 — 사실 어느 쪽이든 그 결과는 같다. 아, 오늘날 얼마나 많은 이들이 후자를 따르고 있는가! 얼마나 자주 옳은 일이 잘못된 방식으로 수행되고 있는가!

하나님의 방식과 인간의 방식

언약궤를 옮기기 위한 올바른 절차는 하나님의 기록된 말씀 안에 분명하게 계시되어 있었다. 여호와께서는 이스라엘 백성에게 언약궤는 거룩한 덮개들로 감추어져야 하고, 거룩한 일을 위해 성별된 사람들에게 맡겨져야 하고, 그들이 어깨로 매어서 운반해야 한다는 분명한 지침을 주셨다. 그것이 하나님의 방식이었다. 언약궤를 소가 끄는 수레에 실어 운반하는 것은 인간의 방식이었다. 어떤 이들은 후자가 더 좋다고 여길 수도 있다. 어떤 이들은 그것은 아무런 결과도 초래하지 않을 만큼 사소한 문제라고 여길 수도 있다. 어떤 이들은 만약 자기들의 목적이 옳고 동기가 순수하기만 하다면, 설령 어떤 의무를 수행하기 위해 처방된 지침을 무시할지라도, 분명히 하나님의 은혜를 기대할 수 있다고 생각할 수도 있다. 하지만 그들이 생각하는 것에 대해 하나님이 어떻게 생각하시는지는 그것의 비극적인 결과를 통해 분명하게 드러난다.

심각한 생략

그러나 우리는 다윗이 하나님의 명령에 유의하지 않았던 심각한 실패를 어떻게 설명해야 하는가? 우리는 그의 선하고 칭찬 받을 만한 노력에 수반된 혼란스러운 결과를 어떻게 설명해야 하는가?

사무엘하 6장의 서두로 돌아가 처음 세 구절을 주의 깊게 읽어보자. 독자들이여, 거기에서 발견되는 아주 심각한 생략에 주목하라. 사무엘하 5장 19절과 23절이 묘사하는 그의 행동과 사무엘하 6장의 처음 세 구절이 묘사하는 그의 모습 사이의 엄중한 차이에 주목하라. 앞에서 다윗은 블레셋 사람들이 자기를 치러 왔을 때마다 "여호와께 여쭈었다." 그러나 그가 언약궤를 그것에 적합한 곳으로 운반할 계획을 세우고 있는 지금, 성경은 그 문제(다윗이 여호와께 여쭙는 문제-역주)에 관해 아무런 언급도 하지 않는다! 그러니 우리가 이후의 결과에 대해 놀랄 필요가 있는가? 만약 우리가 하나님의 은혜를 분명하게 구하지 않는다면, 우리가 어떻게 그것을 당연하게 기대할 수 있겠는가? 만약 우리가 아주 훌륭한 행동을 하기 전과 후에 기도하지 않는다면, 그런 행동이 어떤 결과를 낳겠는가? 만약 우리가 어떤 일에서든 그분을 인정하지 않는다면, 우리가 하는 일들이 재앙을 초래할지라도 놀라서는 안 된다.

"다윗이 천부장과 백부장 곧 모든 지휘관과 더불어 의논하고 다윗이 이스라엘의 온 회중에게 이르되 만일 너희가 좋게 여기고 또 우리의 하나님 여호와께로 말미암았으면 우리가 이스라엘 온 땅에 남아 있는 우리 형제와 또 초원이 딸린 성읍에 사는 제사장과 레위 사람에게 전령을 보내 그들을 우리에게로 모이게 하고 우리가 우리 하나님의 궤를 우리에게로 옮겨오자"(대상 13:1-3). 다윗은 여호와께 여쭙는 대신 그 문제를 자기의 지휘관들과 상의했다. 그가 그 문제를 사람들과 의논할 필요는 전혀 없었다. 왜냐하면 하나님의 뜻이 이미 기록되어 있었기 때문이다! 그런 지휘관들이 제안했던 내용은 무엇이었는가? 그들 주변의 종교계의 방식을 모방하자는 것이었다! 블레셋의 제사장들과 복술자들은 그 궤를 "새 수레"에 실어 이스라엘로 돌려보내자고 제안한 바 있었다(삼상 6:7). 그리고 이제 다윗이 그의 지휘관들의 조언을 받아들여 "하나님의 궤를 새 수레"에 실었던 것이다(삼하 6:3)!

38

언약궤를 찾아옴 (II)

사무엘하 6장

내가 이 책에서 다윗이 언약궤를 찾아온 사건과 관련해 몇 개의 장(章)을 쓰면서 강조하고자 하는 것은 다음 두 가지다. 첫째, 구약성경은 수천 년 전에 일어난 사건들에 대한 역사적 기록 이상의 가치가 있다는 것이다. 둘째, 하나님의 말씀의 모든 부분은 오늘날 우리에게 긴요한 진리들로 가득 차 있다는 것이다. 성경 교사들이 하는 일은 이중적이다. 하나는 성경의 의미를 정확하게 해석하는 것이고, 다른 하나는 그 내용을 청중이나 독자들의 마음과 삶에 적용하는 것이다. "적용하다"라는 말은 우리가 성경의 각 구절이 포함하고 있는 실제적 교훈을 직접 실천하면서 그것이 제공하는 경고에 유의하고, 그것이 제공하는 위로를 우리 자신의 것으로 삼고, 그것이 제공하는 명령에 순종하고, 그것이 제공하는 약속에 대해 권리를 주장하는 것이다. 성경은, 우리가 그렇게 할 때만, 우리에게 살아 있고 유익한 말씀이 된다.

사무엘하 6장 첫머리에는 하나님이 자신을 섬기도록 구별하신 모든 사람들이 기억해 둘 만한 사건이 기록되어 있다. 그 사건은 오직 여호와의 명예와 영광만 생각했던 다윗이 수행한 아주 복된 행위와 관련되어 있다. 아, 그러나 그 행위는 그가 자신의 뜨거운 열정 때문에 여호와의 명예와 영광을 무시했기에 안타깝게 훼손되고 말았다. 그는 오랫동안 수치스럽게 방치되었던 언약궤를 그것의 위상에 어울리게 시온 성 안에 안치하고자 했다. 그의 갈망은 선했고 그의 동기는 순수했다. 그러나 그는 그 일을 수행하는 과정에서 여호와의 심기를 불쾌하게 해드리고 말았다. 값진 목표와 적절한 의도를 갖는 것만으로는 충분하지 않다. 하나님의 일은 올바른 방식으로, 즉 하나님이 정하신 규칙을 따라 수행되어야 한다. 그렇지 않은 그 어떤 일도 자기 뜻의 실현에 불과하다.

편의주의에 대한 경계

오늘날 기독교계 안에는 선한 일을 하고자 하는 갈망을 갖고 있으나 그 갈망을 수행하는 방식과 태도에서 지나치게 느슨하거나 부주의한 사람들이 아주 많다. 그들은 자기들의 목적과 목표가 옳기만 하다면 어떤 수단을 사용하든 혹은 어떤 방법을 택하든 문제가 되지 않는 것처럼 행동한다. 그들은 충동의 지배를 받는-변덕과 감정의 명령을 따르고 다른 이들의 사례를 모방하는-사람들이다. 그들은 주님께서 우리가 그분을 섬기는 데 필요한 행위 규정이 되도록 제공하신 법과 규례들을 알기 위해 그분의 말씀을 부지런히 연구하지 않는다. 결과적으로 그들은 성령이 아닌 육신에 의해 지배되고, 그로 인해 종종 선한 일을 그릇된 방식으로, 즉 하나님의 말씀을 통해 계시된 그분의 방식과 정반대되는 방식으로 수행한다.

오늘날 많은 이들이 예배당 좌석이 가득 차고 헌금함이 돈으로 가득 채워지는 모습을 보고 싶어 한다. 그리고 그런 목적 때문에 사람들을 끌어들이기 위한 친목회나 아이스크림 파티나 기타 여러 가지 세상적인 수단들을 동원한다. 많은 설교자들이 젊은 사람들을 붙들고 싶어 한다. 그리고 그런 목적을 위해 각종 운동모임과 사교성 오락들을 동원한다. 많은 복음 전도자들이 멋진 볼거리를 제공하고, 좋은 결과를 얻고, 전도 집회가 끝날 무렵에 자신이 수많은 회심자들을 얻었음을 공표할 수 있기 위해 "결신자 카드" 같은 인간적이고 고압적인 방법들을 사용한다. 많은 주일학교 선생들이 학생들의 관심을 끌기를 원하고 그런 이유로 각종 "상"을 제공하고, "소풍"을 계획하고, 여러 가지 다른 수단들에 의존한다.

이런 지도자들은 자신들의 행동에 대해 의문을 제기하고, 그런 행동을 성소의 저울로 달아보고, 자기들의 행동이 하나님의 기준과 얼마나 가까운지 혹은 얼마나 먼지 묻지 않는다. 그런 수단과 방법들이 자기들 눈에 옳게 보이는 한, 혹은 다른 교회들에서 일반적으로 통용되고 있는 한, 또한 그것들이 성공적인 듯 보이는 한, 그들에게는 아무것도 문제가 되지 않는다. 그러나 다가오는 날에 하나님은 그들에게 "이것을 누가 너희에게 요구하였느냐"(사 1:12) 하고 물으실 것이다! 위에서 언급된 수단들 중 아무것도 그것의 사용의 타당성을 보증해 줄 만한 그 어떤 성경적 근거도 갖고 있지 않다. 그리고 우리 모두는 성경에 의해 심판을 받게 될 것이다! 모든 일은 하나님이 우리에게 제공해 주신 "본을 따라"(히 8:5; 출 25:40) 수행되어야 한다. 만약 우리가 그분의 "본"을 무시하고 그것을 우리 자신의 것으로 대체한다면, 우리에게는 화가 있을 것이다!

세상 풍조에 대한 순응

오늘날 기독교계 안에 광범위하게 퍼져 있는 무서운 혼란은 우리가 그것에 대해 어떤 이유를 들이대더라도 변명의 여지가 없다. "다수를 따라 악을 행하지 말라"(출 23:2). 하나님의 종들 중 누군가가 아무리 자신을 특별하게 여길지라도, 혹은 그것 때문에 아무리 인기 없는 자가 될지라도, 하나님이 그에게 요구하시는 것은 "충성"이다 (고전 4:2). 그리고 충성은 하나님이 정하신 일을 그분이 정하신 방식대로 수행하는 것을 의미한다. 편의주의가 득세할 수도 있고, 타협이 시대의 조류가 될 수도 있다. 또는 어떤 원칙은 그것이 성경적으로 타당해서가 아니라 실용적이기 때문에 높이 평가될 수도 있다. 그러나 그런 것이 여호와께서 그분의 종들에게 요구하시는 의무의 엄격한 이행을 조금이라도 변경하게 해서는 안 된다. 이 점을 분명하게 이해하지 못한다면, 우리가 사무엘하 6장에 기록된 엄중한 사건을 읽는 것은 헛일이나 다름없다.

오늘날 신앙을 고백하는 수많은 기독교 집단 안에 널리 퍼져 있는 느슨함은 무서울 정도다. 그리스도의 참된 종들 외에는 아무도 대표해서는 안 되는 자리들을 회심하지 않은 자들이 차지하고 있다. 주님의 죽으심을 기념할 때도 편의용품들이 사용되고 있다. 그분의 성만찬은 아침 식사용 빵으로 변질되었다. 구속주의 흠 없는 인격을 가리키기 위해 "이 빵"(고전 11:26, 표준새번역-역주) 대신 발효시킨 빵이 사용되고 있다. 만약 누군가 이런 혁신에 맞서 저항의 목소리를 높인다면, 비록 그가 아무리 부드럽고 사랑스럽게 말할지라도, 그는 "율법주의자" 혹은 "이스라엘을 괴롭게 하는 자"(왕상 18:17)라고 불린다. 그러나 주님으로부터 "잘 하였도다"라는 칭찬을 얻고자 하는 자는 그런 비난조차 두려워해서는 안 된다.

"그들이 하나님의 궤를 새 수레에 싣고"(삼하 6:3a). 그렇게 함으로써 다윗과 그의 "지휘관들"(대상 13:1)은 심각한 잘못을 저질렀다. 그들은 하나님이 정하신 절차를 무시하고 그것을 자기들이 생각해 낸 것으로 대체했다. 민수기 4장 5-6절과 15절 그리고 7장 9절을 보면, 여호와께서는 이스라엘 백성이 언약궤를 한 장소에서 다른 장소로 옮길 때 어떤 방식으로 옮겨야 하는지에 대해 분명한 명령을 주셨다. 그리고 그분은 인간이 자신이 정한 모든 규정에 무조건 순종할 것을 요구하신다. 다윗이 이 경우에 여호와의 명예와 영광에 대해 깊은 관심을 가졌던 것은 사실이다. 그의 그런 고귀한 행동을 촉발했던 것이 그분에 대한 사랑이었다는 것도 사실이다. 그러나 그분은 말씀하셨다. "너희가 나를 사랑하면 나의 계명을 지키리라"(요 14:15). 사랑은 정해진 통로를 통해 흘러나와야 한다. 만약 어떤 사랑이 그 사랑의 대상을 기쁘게 하려면, 그것은 그 대상이 요구하는 방식을 따라야 한다.

"하나님은 영이시니 예배하는 자가 영과 진리로 예배할지니라"(요 4:24). 무엇보다도 이것은 하나님에 대한 예배는 그분이 그분의 말씀을 통해 우리에게 주신 "본을 따라"(히 8:5) 이루어져야 한다는 것을 의미한다. 개신교인들 중 많은 이들이 로마 가톨릭교인들이 갖고 있는 인간적인 고안, 미신적인 혁신, 그리고 비성경적인 행태들을 분명히 인식하고 있다. 가령 미사를 지나치게 높이는 것, 신부들의 제의(祭衣), 향을 태우는 것, 형상을 숭배하는 것, 그리고 우리 구주의 어머니를 숭배하는 것 등이다. 많은 개신교인들이 교회 안에 그런 것들을 도입하는 것이 정당하지 않다는 것을 분명하게 알고 있다. 그러나 그들은 자신들의 비성경적인 혹은 반성경적인 방식들에 대해서는 눈이 멀어 있다! 독자들이여, 잘 듣기 바란다. 우리가 거룩한 봉사와 하나님께 대한 예배에 도입하는 그 어떤 것이라도, 만약 우리가 그것과 관련해 "여호와께서 그렇게 말씀하셨다"라고 말할 수 없다면, 그것은 "자의적 숭배"(골 2:23)에 불과하며, 따라서 마땅히 포기되어야 한다.

앞 장에서 지적했듯이, 이스라엘의 지휘관들이 다윗에게 제공한 조언은 이방인들의 방식을 따르라는 것이었다. 블레셋의 제사장들은 언약궤를 소가 끄는 "새 수레"(삼상 6:7)에 실어 이스라엘로 돌려보냈다. 그리고 역사는 반복된다. 만약 누군가 오늘날 소위 수많은 거룩한 예배 혹은 기독교적 사업에서 사용되는 여러 가지 수단과 방법들에 대해 의문을 제기한다면, 만약 누군가 그것들을 사용하고 있는 이들에게 그 이유를 설명해 달라고 요구한다면, 아마도 그것들을 사용하는 이들이 할 수 있는 최선의 대답은 "다른 이들도 그렇게 하고 있다"가 될 것이다. 그러나 그들은 자기들이 그것들을 사용하는 것을 정당화해 주는 그 어떤 성경 구절도 인용하지 못할 것이다. 이스라엘의 지휘관들은 블레셋 사람들이 사용했던 방식이 "성공을 거뒀다"고, 또 하나님이 그런 방식에 "은혜를 베푸셨다"고 주장했을지 모른다. 아, 그러나 블레셋 사람에게는 하나님의 말씀이 없었지만, 이스라엘 백성은 그것을 갖고 있었다! 마찬가지로 오늘날 많은 이들이 우리가 그것들과 관련해 "여호와께서 그렇게 말씀하셨다"라고 말할 수 없는 많은 것들에 "하나님이 은혜를 주고 계시다"고 주장하고 있다. 그러나, 이제 곧 살펴보겠지만, 하나님은 이스라엘이 자신의 명령을 그렇게 분명하게 어긴 것 때문에 그들에게 저주를 내리셨다!

말씀의 우선성

우리가 다윗의 삶에서 발생한 이 엄중한 사건을 깊이 생각하고 그것을 통해 유익을 얻고자 할 때 유념해야 할 사항은 이때 그가 하나님의 명령 없이 행동했다는 점이다. 그는 거룩한 일에 무언가를 도입했으나 그것에 대해 "하나님이 그렇게 말씀하셨다"라고 말할 수 없었다. 우리가 이것을 통해 배워야 할 교훈은 분명하다. 즉 우리는 우리의 행위-우리가 하는 일, 그것을 수행하는 방식, 그것을 수행하기 위해 사용하는 수단 등-를 엄밀하게 살펴보고 "이것이 하나님이 정해 주신 것인가" 하고 물어야 한다는 것이다. 확실히 교황주의자들은 여러 가지 것들을 숭배하고 있다. 그러나 그런 행위가 하나님께 용납될 수 있는가? 아, 독자들이여, 그러나 만약 우리가 오늘날 진지하고 뜨겁고 열심 있는 개신교인들이 수행하고 있는 여러 가지 기독교적인 일들을 성경의 저울로 달아본다면, 그것들 중 많은 것이 "모자람"이라는 판정을 받게 될 것이다. 그리고, 만약 내가 그런 것들과 관련되어 있다면, 나는 내 자신이 그런 것들에 얼마나 많이 저항했는지와 상관없이 무죄하다고 할 수 없을 것이다. 우리 모두에게 요구되는 것은 그리스도에 대한 개별적인 충성과 그분의 명령에 대한 개인적인 순종이다.

우리는 다윗이 민수기 4장과 7장에 기록된 내용을 알지 못했고, 따라서 그가 그렇게 심하게 비난을 받아서는 안 된다고 생각할 수도 있다. 그러나, 다음 장에서 곧 살펴보겠지만, 과연 그런 결론이 타당한 것인지는 의심스럽다. 또 우리는 다윗이 모세 시절에 주어진 규정들은 이스라엘 백성이 광야에서 행진하던 시기에나 해당되는 것일 뿐 자기 시대에까지 적용된다고 생각하지 않았다고 추측할 수도 있다. 그러나 다윗에 대한 이런 식의 변호는 우리가 다음 장에서 살펴 볼 말씀 앞에서 힘을 잃는다. 설령 실제 상황이 그렇다고 할지라도, 그의 첫 번째 의무는 언약궤를 어디에 실어야 할지에 관해 여호와께 여쭙는 것이었다. 그렇게 하는 대신 그는 혈과 육에게 상의했고(대상 13:1) 그들의 조언을 따랐다.

다윗의 노력은 실패로 끝났다. 엄격하게 하나님의 말씀을 따르지 않는 교회나 개별 그리스도인들의 모든 노력 역시 실패로 끝날 것이다. 그런 노력은 시험과 보응의 날에 "나무나 풀이나 짚"(고전 3:12)으로 판명날 것이다. 하나님은 자신의 이름보다 자신의 말씀을 높이셨다(시 138:2). 그리고 그분은 자신의 종들이 모든 일을 자신이 정하신 계획과 방식을 따라 행할 것을 요구하신다. 그분은 모세에게 성막을 세우라고 명령하시면서 그 일을 자신이 산에서 보여 주신 양식대로 수행하라고 말씀하셨다(출 25:40). 인간의 의견이나 선호(選好)가 개입할 여지는 없었다. 그리고 만약 우리가 그분을 그분이 만족하실 만하게 섬기고자 한다면, 우리는 우리의 방식이 아니라 그분의 방식을 따라야 한다. 우리가 취해야 할 올바른 태도는 베드로가 한 말을 통해 잘 드러난다. "선생님 우리들이 밤이 새도록 수고하였으되 잡은 것이 없지마는 말씀에 의지하여 내가 그물을 내리리이다"(눅 5:5). 그는 그리스도의 지시를 따랐고, 그로 인해 복을 받았다!

제사보다 나은 순종

"그들이 나곤의 타작마당에 이르러서는 소들이 뛰므로 웃사가 손을 들어 하나님의 궤를 붙들었더니"(삼하 6:6). 그렇다, 이 구절의 난외주(欄外註)가 말해 주듯이, "소들이 비틀거렸다." 그것이 우연한 사건이었다고 생각하는가? 아니다, 살아 계신 하나님이 주관하고 계신 세상에 우연은 존재하지 않는다. 하나님이 허락하지 않으시면 머리카락 한 올도 떨어지지 않는다. 세상의 모든 일들은 하나님의 명령을 받을 뿐 아니라, 만약 우리가 그것을 볼 눈과 들을 귀만 갖고 있다면, 그 모든 일에는 의미와 메시지가 들어 있다. "소들이 비틀거렸다." 그렇다, 우리가 달리 무엇을 기대할 수 있겠는가? 하나님의 명령을 떠날 때 우리에게 남는 것은 혼란뿐이다. 여호와께서는 그 소들을 넘어지게 하심으로써 다윗의 잘못을 분명하게 드러내셨다.

"웃사가 손을 들어 하나님의 궤를 붙들었더니." 웃사는 언약궤가 엎어지는 것이 두려웠기에 그런 재앙이 일어나는 것을 막고자 했다. 언약궤를 명예로운 곳에 안치하고자 했던 다윗의 계획처럼, 웃사의 목적은 선했고 그의 동기는 순수했다. 그러나 다윗처럼 그 역시 하나님의 성문법을 무시했다. 여기에서 한 가지 죄가 다른 죄로 이어지는 것을 보라! 다윗이 혈과 육을 지닌 인간들과 상의하고, 지휘관들의 조언을 따르고, 이방인들의 방식을 따른 것이 제사장의 아들이 신성모독의 행위를 저지르는 것으로 이어졌다. 아, 오늘날 기독교계의 지휘관들은 얼마나 많은 것에 대해 책임을 져야 하는가? 그들은 다른 이들에게 너무나 악한 본을 보이고, 젊은이들이 하나님의 거룩하고 권위 있는 명령들을 가볍게 여기도록 부추기고 있으니 말이다!

"여호와 하나님이 웃사가 잘못함으로 말미암아 진노하사 그를 그곳에서 치시니 그가 거기 하나님의 궤 곁에서 죽으니라"(삼하 6:7). 여호와 하나님은 조롱받지 않으신다. 그분은 언약궤에 채를 꿰서 어깨로 메어 운반하도록 지명된 고핫 자손들과 관련해 다음과 같이 선포하셨다. "성물은 만지지 말라 그들이 죽으리라"(민 4:15). 하나님은 그분의 약속을 지키실 뿐 아니라, 또한 그분의 위협도 이행하신다. 웃사는 그렇게 죽었다. 그리고 그분의 명령을 무시하는 다른 자들 역시 그렇게 될 것이다.

"'질투하시는 하나님'이라는 이름을 지니신 분이 크게 화를 내셨다. 진지하고 좋은 의도를 지녔으나 하나님의 명령과 자신이 따라야 할 모범에 주의하지 않았던 그 사람은 주제넘게 나섰던 것에 대한 보응으로 하나님의 진노 앞에서 넘어져 생명을 잃었다. 성경에 그 사건의 이야기가 그토록 상세하게 기록된 이유는 분명하다. 즉 그 이야기는 우리에게 인간이 하나님이 정하신 규례를 함부로 변경하는 것이 얼마나 위험한 것인지 알려 주는 경고로서, 또한 하나님은 그분이 정하신 것을 지키실 뿐 아니라 그분이 하신 약속을 그분의 방식을 따라 이행하신다는 사실을 보여 주는 불변하는 증거로서 주어진 것이다. 사울의 경우와 그 불순종한 군주에 대한 사무엘의 말은 동일한 교훈을 되풀이해서 가르쳐 준다. 사울은 그 존경할 만한 선지자를 향해 말했다. '다만 백성이 그 마땅히 멸할 것 중에서 가장 좋은 것으로 길갈에서 당신의 하나님 여호와께 제사하려고 양과 소를 끌어 왔나이다.' 그러자 사무엘이 그에게 말했다. '여호와께서 번제와 다른 제사를 그의 목소리를 청종하는 것을 좋아하심 같이 좋아하시겠나이까 순종이 제사보다 낫고 듣는 것이 숫양의 기름보다 나으니 이는 거역하는 것은 점치는 죄와 같고 완고한 것은 사신 우상에게 절하는 죄와 같음이라'[삼상 15:21-24]"(A. Booth, 1813).

블레셋 사람들이 언약궤를 수레에 실어 이스라엘로 돌려보냈을 때 그들에게 하나님의 심판이 임하지 않았음에도 "여호와 하나님이 웃사가 잘못함으로 말미암아 진노하사 그를 그곳에서 치셨다"는 사실은 참으로 엄중하다. 이것은 우리에게 하나님은 어떤 문제와 관련해 세상에 대해서는 관용을 베푸시면서도 그분의 거룩한 이름을 지닌 신자들에게는 그렇게 하지 않으신다는 것을 분명하게 보여 준다. 바로 이것이 어째서 심판 날에 소돔과 고모라가 거룩한 가르침을 받고 큰 은혜를 입어 한껏 교만해진 가버나움보다 더 견디기 쉬울지를 설명해 준다(마 10:15). 기독교계가 심판을 받을 때도 동일한 원칙이 적용될 것이다. 하나님의 말씀을 듣고서도 그분의 법을 무시하며 사는 것보다는 가장 어두운 아프리카에서 그분의 말씀을 듣지 못하고 살다가 죽는 편이 훨씬 더 나을 것이다!

39

언약궤를 찾아옴 (III)

사무엘하 6장

앞에서 살펴보았듯이, 다윗은 이스라엘의 왕이 되어 블레셋을 격퇴한 후 오랫동안 안타깝게 무시되어 왔던 언약궤에 대한 거룩한 관심을 드러냈다. 하나님의 영광을 열망했던 그는 여호와께 예배를 드리고 그분의 임재에 대한 상징을 안치할 곳을 마련하기로 결심했다. 그는 언약궤를 예루살렘으로 옮겨오기 위해 이스라엘의 지휘관들을 모두 불러모았다(삼하 6:1). 아, 그러나 그는 그런 경우와 관련해 하나님이 주신 지침을 따르지 않았다. 그는 언약궤를 레위인들의 어깨로 메어 옮기는 대신 이방 사람들의 악한 사례를 따라 새 수레에 실어 옮겼다. 그렇게 함으로써 그는 명백하게 계시된 하나님의 뜻을 무시하고 그것을 인간이 고안한 것으로 대체했다. 다윗이 수행한 일은 참으로 훌륭한 것이었고, 그의 동기는 순수했으며, 그의 계획은 칭찬 받을 만했다. 그러나 그는 그것을 잘못된 방식으로 수행했다. 그는 하나님에 대한 예배 안에 "여호와께서 그렇게 말씀하셨다"라고 주장할 수 없는 것을 도입했다.

다윗은 하나님이 그 문제에 관해 어떤 뜻을 갖고 계신지 묻지 않았다. 즉 언약궤를 어디에 실어야 할지에 대해 묻지 않았다. 오히려 그는 그 문제를 혈과 육을 가진 사람들과 상의했고, 바로 그 점에서 치명적인 실수를 저질렀다. 우리는 이것을 신중하게 유념할 필요가 있다. 그는 성경을 참고하는 대신 사람들의 조언을 구했다. 물론 그가 "천부장과 백부장 곧 모든 지휘관과 더불어 의논"(대상 13:1)했던 것은 사실이다. 그러나 욥기 32장 9절이 말씀하듯이, "어른이라고 지혜롭거나 노인이라고 정의를 깨닫는 것이 아니다." 그런 사실은 이 경우를 통해 잘 드러났다. 그들은 다윗에게 여호와께서 모세를 통해 주셨던 지침들(민 4:5-6; 15:7, 9)을 상기시키는 대신 할례 받지 않은 자들의 방식을 권했다(삼상 6:7-8). 그렇게 함으로써 다윗은 그의 좋은 계획을 망쳤고 하나님의 진노를 초래했다. 그가 하나님이 정하신 절차를 떠났기에 좋은 일이 나쁘게 끝난 것이다.

위의 사건은 우리에게, 특히 하나님을 섬기는 일을 수행하고 있는 이들에게 교훈이 되도록 기록된 것이다. 그것은 엄중한 경고를 제공한다. 그것은 우리의 열정이 올바르게 감독되어야 할 긴급한 필요를 보여 준다. 왜냐하면 "하나님께 열심이 있으나 올바른 지식을 따른 것이 아닌"(롬 10:2) 경우들이 많기 때문이다. 이런 종류의 열심은 하나님의 뜻을 수행하고 그분의 이름에 영광을 돌리고자 하나 그분의 말씀이 제공하는 지식에 의해 규제되지 않는 열심이다. 우리는 그리스도의 나라를 확장하고, 그분의 복음을 널리 전하고, 사람들을 그분께 인도하려는 열정 때문에 그분의 명령을 잊고서 "그분의 일"을 "우리의 방식으로" 수행하기 쉽다. 그런 위험은 아주 실제적이다. 그리고 오늘날처럼 활동적이고 분주한 시대에는 적지 않은 사람들이 그런 악에 빠진다. 많은 이들이 그들이 하는 일의 양(量)에 관심을 갖지만, 그 일의 질(質)에 대해서는 거의 관심을 두지 않는다. 그들은 주님의 포도원에서 적극적으로 일하지만, 그 일을 어떻게 수행해야 할지에 관한 그분의 안내서는 충분히 고려하지 않는다.

당혹과 실망

다윗이 좋은 의도를 갖고 시도했던 일은 실패로 끝났다. 여호와께서는 그분의 진노를 드러내셨다. 다윗은 수많은 연주자들에게 "여러 가지 악기와 수금과 비파와 소고와 양금과 제금으로"(삼하 6:5)

연주를 하게 하면서 언약궤 앞에서 걸어갔다. 그러나 그들이 나곤의 타작마당에 이르렀을 때 언약궤를 실은 수레를 끌던 소들이 비틀거렸고, 웃사가 손을 내밀어 언약궤를 붙들었다. "여호와 하나님이 웃사가 잘못함으로 말미암아 진노하사 그를 그곳에서 치시니 그가 거기 하나님의 궤 곁에서 죽으니라"(삼하 6:7). 이것은 즐거운 행렬을 가로막는 비극적인 사건이었다. 그리고 이것은 우리에게 우리의 마음에 대한 깊은 성찰과 우리의 잘못에 대한 참회의 고백을 불러일으켜야 한다. 하나님은 다음과 같이 말씀하지 않으셨는가? "나의 노여움을 일으키지 말라 그리하면 내가 너희를 해하지 아니하리라"(렘 25:6). 그러므로 하나님이 우리를 괴롭히실 때 우리는 우리가 어쩌다가 그분의 노여움을 일으켰는지 살펴보아야 한다!

하나님의 진노가 분명하게 드러났음에도, 그것은 여전히 적절한 결과를 초래하지 못했다. "여호와께서 웃사를 치시므로 다윗이 분하여 그곳을 베레스웃사라 부르니 그 이름이 오늘까지 이르니라"(삼하 6:8). 다윗의 마음속에는 자신이 중요한 일, 즉 오랫동안 방치되어 왔던 언약궤를 명예롭게 보존하는 일을 하고 있다는 얼마간의 자만이 들어 있었다. 그런데 이제 상황이 기대했던 것과 어긋나게 전개되자 그는 당혹스러웠고, 토라졌고, 불쾌해졌고, 이 구절에서 쓰인 히브리어가 실제로 의미하는 것처럼 "화가 났다." 그의 분노는 웃사가 하나님을 모욕한 것에 대한 의로운 분개가 아니라, 오히려 자신의 계획이 어그러진 것에 대한 원한이었다. 그의 오만함이 상처를 입었다. 다윗은 웃사가 하나님의 심판을 받아 죽은 것 때문에 자기 백성들 앞에서 양양해질 수 없었다. 오히려 그는 백성들 앞에서 우스운 꼴이 되고 말았다. 그러나 잘못은 그에게 있었다. 따라서 그는 스스로 비난을 짊어져야 했으나 오히려 토라진 아이처럼 행동했다.

"여호와께서 웃사를 치시므로 다윗이 분하여." 만약 우리가 하나님의 회초리를 맞으면서 그것 때문에 화를 낸다면, 우리는 죄에 죄를 더하는 셈이다. 그것은 주님의 징계에 대한 모욕이며, 따라서 해서는 안 되는 일이다(히 12:5). "그곳을 베레스웃사라 부르니 그 이름이 오늘까지 이르니라." 베레스웃사란, 난외주가 알려 주듯이, "웃사를 침"이라는 뜻이다. 그렇게 다윗은 하나님이 웃사를 치셨던 것을 기념함으로써 후손들이 성급하고 불경해지는 것에 대한 경고로 삼았다. 여기에 기록된 내용은 사무엘하 5장 20절에 기록된 내용과 엄중하게 대조된다. 거기에서 다윗은 "르바임 골짜기"의 이름을 "바알브라심"("바알을 쳐부순 곳")으로 바꿨는데, 그것은 "여호와께서 물을 흩음 같이 내 앞에서 내 대적을 흩으셨기 때문이었다." 거기에서 그는 하나님의 선하심을 찬양했는데, 반면에 여기에서는 하나님의 심판을 선포하고 있다.

이 경우에 다윗이 취한 태도는 통탄스럽다. 왜냐하면 인간이 여호와의 처사에 대해서 분개하는 것은 지극히 괘씸한 것이기 때문이다. 그러나 그런 경고에 비추어 본다면 우리의 조급함은 훨씬 더 나쁘다. 다윗은 "하나님의 능하신 손 아래에서" 자신을 낮춰야 했고(벧전 5:6), 자신의 죄를 자복하고 잘못을 고쳐야 했고(잠 28:13), 인간이 행한 대로 보응하시는 하나님의 의로우심을 시인해야 했다(시 99:8). 그렇게 했다면 그는 마땅히 비난 받아야 할 것을 비난하고, 다른 이들에게 선한 모범을 보이고, 여호와의 의로우심을 입증했을 것이다. 하지만 그는 오만한 마음을 누그러뜨리지 못했고, 불같은 성격을 다스리지 못했고, 그로 인해 큰 복을 놓치고 말았다. 아, 우리는 얼마나 자주 이와 비슷한 방식으로 실패하는가! 대개 우리는 "불 속에서라도 여호와를 영화롭게"(사 24:15, glorify ye the LORD in the fires, KJV - 역주) 해드려야 한다는 명령에 주의하지 않는다! 그렇게 하기 위한 한 가지 방법은 자신을 가차 없이 심판하고 우리의 불순물을 태워 없애 줄 불꽃의 필요성을 시인하는 것이다.

두려움

"다윗이 그날에 여호와를 두려워하여 이르되 여호와의 궤가 어찌 내게로 오리요 하고"(삼하 6:9). 사람은 느닷없는 열정과 기쁨을 느끼다가도 아주 쉽게 조급해지고 낙심에 빠진다. 우리는 생래적으로 양쪽 극단을 추(錘)처럼 오고가는 피조물이며, 그 추는 열심과 게으름 그리고 환호와 연민 사이를 빠르게 움직인다. 어느 날엔가 혼자서 바알 선지자 4백 명과 맞섰던 엘리야는 그 다음 날 이세벨의 위협에 놀라 도망쳤다. 무장한 군인들 앞에서 칼 뽑기를 두려워하지 않았던 베드로는 어느 하녀 앞에서 두려워 떨었다. 홍해에서 진심으로 하나님을 찬양했던 이스라엘 백성들은 얼마 후 식량이 떨어지자 불평을 쏟아냈다. 변화무쌍한 삶 속에서 마음의 평정을 유지하는 사람은 거의 없다. 이제 노예들이나 갖는 두려움이 다윗을 사로잡았고, 그는 언약궤를 자신의 거주지로 더 가까이 가져가려 하지 않았다. 그로 인해 파멸하고 싶지 않았던 것이다. 그의 숭배의 대상이었던 성막의 거룩한 기물은 이제 두려움의 대상이 되고 말았다.

웃사의 죽음으로 인한 두려움이 다윗을 사로잡았다. 이것은 한 가지 중요한 원리, 즉 두려움은 믿음이 작동되지 않을 때 나타난다는 원리를 예시한다. 선지자 이사야는 다음과 같이 말했다. "내가 신뢰하고 두려움이 없으리라"(사 12:2). 배가 폭풍에 흔들려 두려움에 빠진 제자들이 주님을 깨웠을 때, 그분은 다음과 같이 말씀하셨다. "어찌하여 무서워하느냐 믿음이 작은 자들아"(마 8:26). 두려움의 영이 우리를 사로잡을 때, 그것은 우리의 믿음이 약해졌음을 보여 주는 확실한 증거다. 우리에게 주어진 약속은 다음과 같다. "주께서 심지가 견고한 자를 평강하고 평강하도록 지키시리니 이는 그가 주를 신뢰함이니이다"(사 26:3). 그러므로 이 경우에 다윗에게 임한 두려움은 쉽게 설명될 수 있다. 그의 믿음이 사라진 것이다. 독자들이여, 이 값진 교훈을 배우라. 자신의 마음이 약해지거나 불안해지거나 놀라고 있음을 의식할 때 당신은 자신의 믿음이 강해질 수 있도록 주님께 부르짖어야 한다. 시편 기자와 더불어 다음과 같이 외치라. "내가 두려워하는 날에는 내가 주를 의지하리이다"(시 56:3).

이 경우에 다윗의 취한 태도를 통해 예시되는 또 다른 중요한 원리가 있다. 그것은 그의 믿음이 약해진 것은 그의 행동이 여호와의 계시된 뜻을 따르지 않았기 때문이라는 것이다. 믿음은 하나님의 선물이다. 그리고 우리는 하나님의 도우심이 없이는 믿음을 얻은 후에라도 그것을 발휘할 수 없다. 그러므로 모든 믿음의 작동과 증진은 성령의 은혜의 역사를 통해서만 가능하다. 그러나 잊지 말라. 그분은 거룩한 영이시므로 악한 행동에 대해서는 상을 내리시지 않는다. 오히려 성령께서는 우리의 삶이 우리가 의지해 살아가야 할 법에서 어긋날 때 깊이 탄식하신다. 우리가 자기 뜻을 따라 행동할 때, 그리고 하나님의 진노에 대한 징표를 얻고서도 자신을 심판하려 하지 않을 때, 그분의 복된 역사는 거두어진다. 두려움은 믿음이 작동하지 않고 있음을 보여 주는 증거이며, 믿음이 작동하지 않는 것은 성령이 슬퍼하고 계시다는 증거다. 또 그것은 우리의 삶이 하나님을 불쾌하게 해드리고 있음을 의미한다. 그러므로 독자들이여, 혹시 지금 당신의 믿음이 약해졌다고 느끼는가? 그렇다면 당신의 행위를 살펴보고(학 1:5), 막힌 통로를 청소하라. 그러면 다시 물이 자유롭게 흐를 것이다.

두 종류의 두려움

"다윗이 그날에 여호와를 두려워하여 이르되 여호와의 궤가 어찌 내게로 오리요." 여호와께서 언약궤를 한 장소에서 다른 장소로 옮기는 방법에 관해 그토록 귀하고 분명한 지침을 주신 상황에서 다윗이 이런 질문을 하는 것은 이상하게 보이지 않는가? 더 이상하고 안타까운 것은 그가 자신이 행한 잘못을 바로잡으려 하지 않는다는 것이다. 아, 그러나 우리가 하나님의 길을 벗어났을 때 자신을 비난하는 것은 쉽지 않다. 여호와의 미소가 찡그림으로 바뀔지라도, 우리는 그분 앞에서 자신을 낮추려 하지 않는다. 이것은 우리 마음에 여전히 남아 있는 절망적인 사악함을 잘 보여 준다. 그리고 우리는 이런 사실에 대한 인식을 통해 오만함에서 떠나야 하고, 하나님이 우리를 오래 참아 주시는 것에 대해 더욱 놀라야 하고, 잘못을 범한 형제들을 용서해 주어야 한다.

"다윗이 여호와의 궤를 옮겨 다윗 성 자기에게로 메어 가기를 즐겨하지 아니하고 가드 사람 오벧에돔의 집으로 메어 간지라"(삼하 6:10). 지금 우리는 다윗이 자신의 잘못을 바로잡는 대신 자신에게 베풀어진 은혜를 저버리는 것(욘 2:8)을 보고 있다. 언약궤는 여호와의 분명한 임재에 대한 상징이었고, 따라서 그분의 성도라면 다른 무엇보다도 마땅히 그것을 바라고 갈망해야 했다. 모세는 이런 사실을 깊이 의식하고 있었기에 다음과 같이 말했다. "주께서 친히 가지 아니하시려거든 우리를 이곳에서 올려 보내지 마옵소서"(출 33:15). 아, 그러나 만약 우리가 하나님의 분명한 임재를 즐기고자 한다면, 우리는 우리가 순종의 길에 서야 한다. "나의 계명을 지키는 자라야 나를 사랑하는 자니 나를 사랑하는 자는 내 아버지께 사랑을 받을 것이요 나도 그를 사랑하여 그에게 나를 나타내리라"(요 14:21). 다윗이 언약궤를 예루살렘으로 옮겨오려는 계획을 포기한 것은 자신이 하나님의 계시된 뜻에 순종하는 길에서 벗어났다고 느꼈기 때문이 아닐까? 그가 여호와를 두려워했던 것은 바로 그런 죄의식 때문이었다.

하나님께 대한 적절하고 영적이며 훌륭한 두려움이 있는 반면, 해롭고 인간적이고 가치 없는 두려움도 있다. 후자는 노예가 주인에 대해 갖는 두려움이고, 전자는 자식이 아버지에 대해 갖는 두려움이다. 하나님에 대한 무서운 생각 때문에 발생하는 노예근성의 두려움이 있는 반면, 하나님의 위엄에 대한 숭고한 생각 때문에 발생하는 거룩하고 칭찬할 만한 두려움도 있다. 전자는 악에 대한 인식 때문에 발생하는 공포이고, 후자는 하나님의 한없는 온전하심에 대한 올바른 생각 때문에 나타나는 경외감이다. 전자는 에덴동산에서 아담이 느꼈던—그때 그는 두려워서 몸을 숨겼다—두려움 혹은 마귀가 하나님이 계신 줄 "믿고 떠는"(약 2:19) 두려움이다. 반면에 후자는 아이들이 존경하는 부모에 대해 품는 두려움, 즉 은혜로우신 분을 불쾌하게 해드리지 않고자 하는 두려움이다. 전자는 우리에게 고통인 반면, 후자는 우리에게 보화와도 같다. 전자는 하나님으로부터 도망치는 두려움이고, 후자는 하나님을 향해 나아가는 두려움이다. 전자는 절망으로 이어지고, 후자는 경건한 활동으로 이어진다(히 11:7). 전자는 죄의식의 산물이고, 후자는 교화된 마음의 열매다.

하나님에 대한 생래적 두려움과 영적 두려움이 있다. 전자는 마치 노예가 잔인한 주인에게 하듯이 하나님을 증오한다. 후자는 마치 자녀들이 아버지에게 하듯이 그분을 존경하고 경외한다. 전자는 하나님의 권능과 진노 때문에 그분을 무서워한다. 후자는 그분의 거룩하심과 주권 때문에 그분을 숭배한다. 전자는 구속을 낳고, 후자는 예배를 낳는다. 온전한 사랑은 전자를 내쫓는다(요일 4:18). 하나님의 약속을 자신의 것으로 삼는 것은 후자를 더욱 촉진한다(고후 7:1). 우리가 하나님의 말씀의 빛 안에서 그분과 동행할 경우 자녀가 아버지에 대해 갖는 두려움이 우리를 인도한다. 그러나 우리가 그분의 법을 떠나 죄의식이 우리를 괴롭힐 경우 노예가 주인에 대해 갖는 두려움이 우리의 마음을 사로잡는다. 그때 우리는 하나님에 대한 무서운 생각에 사로잡히고 그분의 진노에 대해 두려워하기 시작한다. 우리는 더는 그분의 임재를 편하게 여기지 못하고, 그분을 우리를 사랑하시는 아버지로 보는 대신, 우리를 움츠러들게 만드는 엄한 주인으로 여기기 시작한다. 다윗의 상황이 그러했다. 웃사에 대한 하나님의 심판에 놀란 그는 더 이상 언약궤와 상관하기를 두려워했다.

오벧에돔이 얻은 축복

"가드 사람 오벧에돔의 집으로 메어 간지라." 이것은 다윗의 손해였다. 그러나, 곧 살펴보겠지만, 그것은 오벧에돔에게는 이익이었다. 언약궤는 이스라엘 가운데 하나님이 분명하게 임재하고 계심을 보여 주는 상징일 뿐 아니라, 주 예수님의 인격에 대한 주목할 만한 예표이기도 했다. 우리는 다윗이 불신앙 때문에 언약궤를 오벧에돔의 집으로 옮겨간 사건을 통해 이스라엘이 그 진가를 알아보지 못해 내버린 것을 이방인들이 받는 것에 대한 예언적 암시를 발견할 수 있다. 하나님은 자기 백성의 실패조차 놀랍게 주관하신다. 오벧에돔은 가드 사람이었고, 가드는 블레셋에 속해 있었다(수 13:3). 그러나 그 무렵에는 그들 중 많은 이들이 다윗을 섬기고 있었다. 그리고 그로 인해 하나님의 섭리가 이루어졌다. "하나님의 말씀을 마땅히 먼저 너희에게 전할 것이로되 너희가 그것을 버리고 영생을 얻기에 합당하지 않은 자로 자처하기로 우리가 이방인에게로 향하노라"(행 13:46).

"여호와의 궤가 가드 사람 오벧에돔의 집에 석 달을 있었는데"(삼하 6:11a). 웃사가 무서운 죽음을 맞이하고 그로 인해 다윗까지 두려움을 느껴 더는 언약궤와 상관하지 않기로 한 마당에, 설령 이 가드 사람이 언약궤를 자기 집에 두기를 거부할지라도, 누가 그것을 비난했겠는가? 블레셋 사람이었던 그는 언약궤가 다곤의 신전에서 일으켰던 문제와 아스돗에 초래했던 재앙에 대해 알고 있었을 것이다(삼상 5:2-4). 블레셋 사람들은 언약궤를 치워버려야 할 만큼 근심해야 했다(삼상 6). 그러나 지금 우리는 그 블레셋 사람들 중 하나가 언약궤를 모시기 위해 자기 집을 제공하고 있는 것을 보고 있다. 의심할 바 없이 그는 진정으로 회심해 여호와께 돌아온 자였을 것이고, 따라서 여호와에 대한 예배와 관련된 것은 무엇이든 존중하는 자였을 것이다. 그의 이름 "오벧"이 "종"을 의미한다는 사실은 참으로 아름답다. 그리고 여기에서 우리는 그가 하나님께 참된 "종노릇"을 하고 있음을 발견한다.

"여호와께서 오벧에돔과 그의 온 집에 복을 주시니라"(삼하 6:11b). 우리가 이것에 대해 놀랄 필요가 있겠는가? 하나님은 인간에게 채무자가 되려 하지 않으신다. 그분은 다음과 같이 선언하셨다.

"나를 존중히 여기는 자를 내가 존중히 여기리라"(삼상 2:30). 그분은 늘 그렇게 하셨다. 라반은 도망자 야곱을 자기 집으로 받아들인 후 "여호와께서 너로 말미암아 내게 복 주신 줄을 내가 깨달았노니"(창 30:27)라고 말했다. 여호와의 종 요셉이 보디발에게 호의를 얻었을 때와 관련해 우리는 다음과 같은 말씀을 읽는다. "여호와께서 요셉을 위하여 그 애굽 사람의 집에 복을 내리시므로 여호와의 복이 그의 집과 밭에 있는 모든 소유에 미친지라"(창 39:5). 사르밧의 과부는 하나님의 선지자에게 거처를 제공한 것 때문에 죽은 아들이 소생하는 보상을 얻었다(왕상 17:23). 그렇다면, 우리가 우리 마음의 보좌를 하나님의 아드님ㅡ언약궤는 그분을 가리킨다ㅡ께 내어드릴 때, 우리는 하나님의 풍성한 은혜를 얼마나 많이 얻겠는가!

"여호와께서 오벧에돔과 그의 온 집에 복을 주시니라." 주님은 성령의 내주하심을 통해 신자들에게 자신을 드러내시겠다고 약속하셨다. 우리의 삶과 가정에 주님이 내주하실 때, 우리는 우리 안에 하나님의 은혜의 한없는 근원을 지니는 셈이 된다. 그 은혜가 우리의 것이 되느냐는 우리가 그분에 대해 종의 태도를 지니느냐에 달려 있다. 만약 우리가 진정으로 "오벧"의 자세를 지니고 우리 자신을 그분의 지배에 맡긴다면, 주님께서 우리의 길을 번성하게 하실 것이다. 만약 우리가 모든 일에서 그리스도께 우선권을 드린다면, 우리는 그것 때문에 손해 보지 않을 것이고, 오히려 이 세상과 오는 세상에서 헤아릴 수 없을 만큼 큰 유익을 얻게 될 것이다. 오, 오벧을 감동시켜 언약궤를 모셔 들이게 하셨던 분께서 우리의 마음을 열어 모든 충만함 가운데 계신 그리스도를 받아들이게 해 주시기를!

40

언약궤를 찾아옴 (IV)

사무엘하 6장

"어떤 사람이 다윗 왕에게 아뢰어 이르되 여호와께서 하나님의 궤로 말미암아 오벧에돔의 집과 그의 모든 소유에 복을 주셨다 한지라 다윗이 가서 하나님의 궤를 기쁨으로 메고 오벧에돔의 집에서 다윗 성으로 올라갈새"(삼하 6:12). 이 구절 안에는 우리가 주목해야 할 다섯 가지 사항이 들어 있다. 첫째, 여호와께서 사람에게 주시는 은혜는 아주 실제적이고 분명하다는 것. 둘째, 그것이 너무나 분명하기에 다른 이들이 그것을 알아차린다는 것. 셋째, 사람들은 여호와의 은혜가 그에게 내리는 까닭이 무엇인지 이해한다는 것. 넷째, 사람들은 그것으로 인해 너무나 큰 인상을 받기에 다른 이들에게 그것에 대해 언급한다는 것. 다섯째, 여호와께서 오벧에돔에게 내리신 분명한 은혜가 다윗에게 어떤 영향을 주었는가 하는 것. 우리는 이 다섯 가지 사항 각각을 간략하게 살피고, 그것들의 분명한 메시지를 마음에 새길 필요가 있다.

오벧에돔의 축복이 주는 교훈

첫째, 여호와께서 사람에게 내리시는 은혜는 아주 실제적이고 분명하다. "네가 네 하나님 여호와의 말씀을 청종하면 이 모든 복이 네게 임하며 네게 이르리니 … 네 광주리와 떡 반죽 그릇이 복을 받을 것이며 네가 들어와도 복을 받고 나가도 복을 받을 것이니라"(신 28:2, 5-6). 하나님이 인간을 다스리시는 방식은 모든 세대에 동일하다. "여호와께서 주시는 복은 사람을 부하게 하고 근심을 겸하여 주지 아니하시느니라"(잠 10:22). 이 구절에서 사용된 "부하게 하다"라는 단어의 의미를 알기 위해서는, 그보다 앞에 있는 "손을 게으르게 놀리는 자는 가난하게 되고 손이 부지런한 자는 부하게 되느니라"(4절)라는 구절을 살필 필요가 있다. 4절의 초점은 부의 수단에, 그리고 22절의 초점은 부의 근원에 맞춰진다. 어느 구절에서도 영적인 부가 물질적인 부를 배제하지 않는다. "여호와께서 은혜와 영화를 주시며 정직하게 행하는 자에게 좋은 것을 아끼지 아니하실 것임이니이다"(시 84:11).

둘째, 그 사람에 대한 하나님의 은혜는 너무나 분명하기에 다른 이들이 그것을 알아차리지 않을 수 없다. 이삭에게 내린 하나님의 은혜가 너무나 분명했기에 아비멜렉은 그를 찾아와 말했다. "여호와께서 너와 함께 계심을 우리가 분명히 보았노라"(창 26:28). 이 얼마나 놀라운 증언인가! 성경은 형들에게서 요셉을 사갔던 사람에 관해 다음과 같이 말씀한다. "그의 주인이 여호와께서 그와 함께 하심을 보며 또 여호와께서 그의 범사에 형통하게 하심을 보았더라"(창 39:3). 사람들이 지금 당신에게서 그것을 보고 있는가? "여호와께서 다윗과 함께 계심을 사울이 보고 알았고"(삼상 18:28). 악한 사람은 하나님의 말씀을 읽지 않는다. 그러나 그들은 그분의 백성들의 삶을 읽을 뿐 아니라, 그들에게 하나님의 은혜가 내릴 때 그것을 재빨리 알아차린다. 그들의 그런 인식이야말로 눈으로 보는 다른 무엇보다도 중요하다!

셋째, 사람들은 여호와께서 그분이 기뻐하시는 사람들을 번영케 하시는 이유가 무엇인지 알아차린다. 이것은 지금 우리 앞에 놓인 본문을 통해 분명하게 드러난다. "어떤 사람이 다윗 왕에게 아뢰어 이르되 여호와께서 하나님의 궤로 말미암아 오벧에돔의 집과 그의 모든 소유에 복을 주셨다 한지라." 이것은 아주 놀라운 말씀이다. 그 "어떤 사람"은 결과를 추적해 원인에 이르렀다. 그는 하나님이 그분을 높여 드렸던 사람을 높여 주셨음을 알아차렸다. 동일한 원리가 사도행전 4장 13절에서도 잘 드러난다. "그들은 베드로와 요한이

본래 배운 것이 없는 보잘것없는 사람인 줄 알았는데, 이렇게 담대하게 말하는 것을 보고 놀랐다. 그리고 그들은 그 두 사람이 예수와 함께 다녔다는 사실을 알았다"(표준새번역-역주). 이런 추론을 한 사람들은 중생한 자들이 아니라 가장 악랄한 그리스도의 대적들이었다. 그럼에도 그들은 사도들이 지닌 영적 은혜의 원인이 그들이 구주와 교제했던 것에 있음을 정확하게 간파했다.

넷째, 사람들은 자기 동료들에게 하나님이 기뻐하시는 방식으로 살아가는 이들에게 임하는 그분의 은혜에 대해 증언한다. 이것은 우리가 살피고 있는 사건을 통해서도 분명하게 드러난다. 오벧에돔이 그가 하는 모든 일에서 복을 받고 있음이 너무나 분명했기에 어떤 사람이 다윗을 찾아가 그것에 대해 말했다. 아, 독자들이여, 우리는 우리에 대한 하나님의 통치적 행위가 우리의 이웃에게 얼마나 강한 인상을 주는지, 또 우리 위에 그분의 미소가 분명하게 임할 때 사람들이 그것에 대해 서로 어떻게 말하는지 알지 못한다. 우리는 기도를 통해 하나님께 우리가 그분의 최선을 놓치지 않고 살아가게 해 주시기를, 또 우리가 "자족하는 마음이 있으면 경건은 큰 이익이 된다"(딤전 6:6)는 사실을 깨달아 우리 주변 사람들을 통해 하나님의 이름에 영광을 돌리기를 간구해야 한다.

다섯째, 이 소식은 다윗에게 영향을 주었다. 그는 전에 하나님이 웃사를 치신 사건에서 그분의 찡그린 얼굴을 지각했던 것처럼 이제 그분이 오벧에돔의 집에 번영을 주신 것에서 그분의 미소를 식별했다. 언약궤가 버거운 물건이 아니라는 사실이 분명해졌다. 왜냐하면 그것을 위해 자신의 집을 제공했던 사람이 그로 인해 손해를 보기는커녕 아주 분명하게 하나님의 복을 받았기 때문이다. 이것은 다윗이 그 성스러운 궤를 예루살렘으로 옮겨오려는 원래의 계획을 다시 시작하도록 고무했다. 이제 그의 두려움은 누그러졌고, 그의 열심이 되살아났다. "우리는 다른 이들이 경건한 행위를 통해 유익을 얻은 경험을 우리 자신이 경건해지기 위한 자극으로 삼아야 한다. 언약궤가 다른 사람의 집에 복이 되었는가? 그렇다면 우리도 그것을 우리의 집으로 영접하자"(Matthew Henry). 주님께 순종하는 사람들이 영적으로 크게 진보하고 있음을 인식하는가? 그렇다면 우리 역시 그것을 자극 삼아 주님께 보다 온전하게 헌신하자.

새로운 깨달음

"[여호와께서] 내 영혼을 소생시키시고 자기 이름을 위하여 의의 길로 인도하시는도다"(시 23:4). 하나님은 자신의 엇나가는 백성의 영혼을 소생시키실 때 항상 과거와 동일하게 행동하시지 않는다. 그분은 그분의 자애, 실수가 없는 지혜, 그리고 주권적 기쁨을 따라서 다양한 수단들을 택하시고 그것들에 복을 주신다. 때로 그 수단은 우리가 그 아래에서 번성하며 만족을 누리던 박 넝쿨을 거둬가심으로써 우리를 낙담시키는 것이다. 때로 그것은 우리가 우리의 양심을 아프게 하거나 마음을 녹이는 성경 구절을 읽게 만드는 것이다. 때로 그것은 사랑하는 자가 죽는 경우처럼 우리가 고통스러운 재앙을 만나 강건함과 위로를 얻기 위해 그분께 보다 가까이 나아가게 만드는 것이다. 우리가 살펴보고 있는 사건의 경우에 그 수단은 다윗에게 언약궤의 존재가 오벧에돔의 집안에 가져다 준 복에 대해 말했던 어떤 이의 말이었다.

다윗의 영혼이 회복된 결과는 역대상 15장 2-3절과 12-13절을 통해 아주 복되게 드러난다. "다윗이 이르되 레위 사람 외에는 하나님의 궤를 멜 수 없나니 이는 여호와께서 그들을 택하사 여호와의 궤를 메고 영원히 그를 섬기게 하셨음이라 하고 다윗이 이스라엘 온 무리를 예루살렘으로 모으고 여호와의 궤를 그 마련한 곳으로 메어 올리고자 하여 … 그들에게 이르되 너희는 레위 사람의 지도자이니 너희와 너희 형제는 몸을 성결하게 하고 내가 마련한 곳으로 이스라엘의 하나님 여호와의 궤를 메어 올리라 전에는 너희가 메지 아니하였으므로 우리 하나님 여호와께서 우리를 찢으셨으니 이는 우리가 규례대로 그에게 구하지 아니하였음이라 하니." 이 구절에는 우리가 마음에 새겨야 할 몇 가지 사항이 들어 있다.

첫째, 이제 다윗은 자신의 계획을 새롭게 이행하면서 여호와께 그분에게 합당한 자리를 내어드리고 그분이 주신 규례에 순복하고 있다. 그는 고통스러운 경험을 통해 하나님의 일은-만약 그 위에 그분의 승인과 은혜가 임하게 하려면-하나님이 정하신 방식대로 수행해야 한다는 것을 배웠다. 하나님이 특별히 택하신 사람들 외에는 성스러운 궤를 메어서는 안 된다. 그것은 레위인들에게 주어진 의무 중 하나였다. 그들은 여호와를 섬기는 일을 위해 구별된 자들이었다. 이것을 오늘날에 적용하는 것은 어렵지 않다. 언약궤는 그리스도의 예표였다. 언약궤를 이 장소에서 저 장소로 옮기는 것은 복음을 통해 그리스도를 전파하는 것을 예시한다. 하나님이 특별히 부르셔서 자신의 거룩한 일을 위해 구별하시고 자격을 부여하신 자들만이 복음을 전해야 한다. 다른 이들이 이 거룩한 일을 침해하는 것은 혼란을 불러일으키고 하나님의 진노를 초래하기 때문이다.

둘째, 다윗은 이제 거룩한 일에는 적절한 준비가 선행되어야 한다는 것을 깨달았다. "너희와 너희 형제는 몸을 성결하게 하고 내가 마련한 곳으로 이스라엘의 하나님 여호와의 궤를 메어 올리라." 독자들은 이 구절을 출애굽기 19장 10-15절 및 역대하 29장 5절과 비교해 보기 바란다. 언약궤를 옮기는 사람들은 모든 제의적 불결함을 제거하기 위해 몸을 성결하게 하고 여호와의 엄중한 일을 위해 준비해야 했다. 동일한 원리가 이 기독교 세대에도 해당된다. "여호와께서 열방의 목전에서 그의 거룩한 팔을 나타내셨으므로 … 너희는 떠날지어다 떠날지어다 거기서 나오고 부정한 것을 만지지 말지어다 그 가운데에서 나올지어다 여호와의 기구를 메는 자들이여 스스로 정결하게 할지어다"(사 52:10-11). 하나님이 거룩한 복음 사역을 위해 구별하신 자들은 "말과 행실과 사랑과 믿음과 정절에 있어서 믿는 자에게 본이 되어야 한다"(딤전 4:12: 딤후 2:21-22 참고). 오늘날 하나님의 종들은 회개와 고백과 믿음과 기도와 묵상을 통해 그들의 명예로운 의무를 수행하기 위해 자신을 정결케 해야 하고, 죄와 불결함을 씻어내기 위해 모두에게 개방되어 있는 값진 샘물을 지속적으로 마셔야 한다.

셋째, 다윗은 자신의 이전의 잘못을 시인했다. "전에는 너희가 메지 아니하였으므로 우리 하나님 여호와께서 우리를 찢으셨으니 이는 우리가 규례대로 그에게 구하지 아니하였음이라." 비슷하게 다니엘 역시 다음과 같이 시인한 바 있다. "주여 공의는 주께로 돌아가고 수치는 우리 얼굴로 돌아옴이 오늘과 같아서 유다 사람들과 예루살렘 거민들과 이스라엘이 가까운 곳에 있는 자들이나 먼 곳에 있는 자들이 다 주께서 쫓아내신 각국에서 수치를 당하였사오니 이는 그들이 주께 죄를 범하였음이니이다"(단 9:7). "믿음 생활은 한편으로는 인간의 서글픈 약점을 드러내고 다른 한편으로는 하나님의 은혜와 권능을 드러내면서 일련의 실패와 회복 그리고 잘못과 수정을 반복하는 과정에 다름 아니다"(C. H. M.).

새로운 시도

"이에 제사장들과 레위 사람들이 이스라엘 하나님 여호와의 궤를 메고 올라가려 하여 몸을 성결하게 하고 모세가 여호와의 말씀을 따라 명령한 대로 레위 자손이 채에 하나님의 궤를 꿰어 어깨에 메니라"(대상 15:14-15). 이제 모든 것은 "규례대로"(13절) 이행되었다. 하나님은 큰일에서와 마찬가지로 작은 일에서도 순종을 요구하신다. 이 레위인들이 모든 면에서 여호와의 계시된 뜻을 따르고 있음을 보는 것은 복되다. "그러므로 우리는 우리 자신과 다른 이들에 대한 하나님의 심판을 선용해 지금까지 잘못되어 왔던 것을 개혁하고 개선하기 위해 깨어 있어야 한다"(Matthew Henry). 오, 우리 모두가 더 자주 다음과 같이 말할 수 있게 되기를! "고난당하기 전에는 내가 그릇 행하였더니 이제는 주의 말씀을 지키나이다"(시 119:67).

"이에 다윗과 이스라엘 장로들과 천부장들이 가서 여호와의 언약궤를 즐거이 메고"(대상 15:25). 하나님이 순종하는 백성에게 주시는 현세의 복은 결코 작은 게 아니다. 사탄은 우리에게 성경의 모든 말씀을 엄격하게 따르는 것은 짜증나는 일이라고 꼬드긴다. 그가 자주 사용하는 논리 중 하나는 율법을 지키는 것은 사람을 속박한다는 것이다. 이것은 그의 여러 거짓말들 중 하나다. 그보다는 시편 기자가 훨씬 더 설득력이 있다. 그는 다음과 같이 말했다. "내가 주의 법도들을 구하였사오니 자유롭게 걸어갈 것입니다"(시 119:45). 우리는 성경의 명령을 잘 지킬수록 죄의 지배로부터 더 잘 해방된다. 하나님은 순종하는 자들의 마음을 기쁨으로 채우신다. 오늘날 그리스도인들 사이에 이토록 많은 슬픔과 불행이 존재하는 이유는 그들의 순종이 냉담하고 산발적이기 때문이다.

"하나님이 여호와의 언약궤를 멘 레위 사람을 도우셨으므로 무리가 수송아지 일곱 마리와 숫양 일곱 마리로 제사를 드렸더라"(대상 15:26). 하나님은 우리가 그분의 도우심을 시인할 때 영광을 얻으신다. 그분이 없다면 우리는 아무것도 할 수 없다. 심지어 우리의 생래적 능력에 속한 일들과 관련해서도 그러하다. 그러나 특히 우리는 우리의 모든 영적 활동에서 그분의 도우심을 시인해야 한다. 바울은 아그립바 왕 앞에서 다음과 같이 말했다. "하나님의 도우심을 받아 내가 오늘까지 서서 높고 낮은 사람 앞에서 증언하는 것은 선지자들과 모세가 반드시 되리라고 말한 것밖에 없으니"(행 26:22). 이 레위인들에게는 특별한 도우심이 필요했다. 웃사의 운명을 기억하고 있던 그들은 언약궤를 메야 했을 때 두려워 떨었을 것이 분명하다. 그러나 하나님은 그들의 두려움을 진정시키고 그들의 믿음을 강화해 주셨다. 하나님은 그들이 아무런 사고도 없이 품위 있고 질서 있게 그들의 의무를 수행하도록 힘을 주셨다.

"하나님이 여호와의 언약궤를 멘 레위 사람을 도우셨으므로 무리가 수송아지 일곱 마리와 숫양 일곱 마리로 제사를 드렸더라." 이것은 놀라운 말씀이다. 이제 모든 것이 변했다. 소가 넘어지는 일도, 흔들리는 언약궤를 붙잡기 위해 주제넘게 손을 내미는 일도, 하나님의 심판도 없었다. 오히려 그분의 분명한 미소가 그들에게 임했다. 사정은 늘 그러하다. 하나님의 일이 하나님의 방식대로 수행될 때, 우리는 확신을 갖고서 그분을 의지할 수 있다. 하나님의 말씀에 대적해 보라. 그러면, 조만간 알게 되겠지만, 하나님이 우리를 대적하실 것이다. 그러나 하나님의 말씀에 순종해 보라. 그러면 하나님이 우리에게 복을 주실 것이다. "제자들이 나가 두루 전파할새 주께서 함께 역사하사 그 따르는 표적으로 말씀을 확실히 증언하시니라"(막 16:20).

"여호와의 궤를 멘 사람들이 여섯 걸음을 가매 다윗이 소와 살진 송아지로 제사를 드리고"(삼하 16:13). 아마도 다윗은 두 가지 의도를 갖고서 여호와께 이 제사를 드렸을 것이다. 첫째는 자신의 이전의 잘못들을 보상하려는 것이고, 둘째는 현재의 은혜에 감사하려는 것이었으리라. 이제 모든 일이 잘 진행되고 있음을 보면서 다윗이 느꼈던 감사와 기쁨은 아주 컸을 것이다. "우리가 어떤 일을 하나님과 함께 시작하고 그분과 보조를 맞추기 위해 부지런히 움직일 때, 우리는 그 일에서 번성하게 될 것이다. 우리가 거룩한 법을 따라 하나님을 섬길 때 우리는 우리의 눈을 그리스도의 희생에 맞춰야 한다. 우리는 바로 그 희생 덕분에 하나님과의 언약 및 교제 관계에 이른다"(Matthew Henry).

춤추는 다윗

"다윗이 여호와 앞에서 힘을 다하여 춤을 추는데 그때에 다윗이 베 에봇을 입었더라"(삼하 6:14). 하나님의 명령은 존경심뿐 아니라 기쁨을 갖고서 수행되어야 한다. 우리는 그분에게 합당한 예의를 지키고 엄숙함을 유지하려는 과정에서 차갑고 형식적이고 기계적인 상태에 빠지지 않도록 조심할 필요가 있다. 의심할 바 없이 다른 경우들보다 큰 기쁨의 표현이 적합한 경우들이 있다. 지금이 바로 그런 경우였다. 앞서 실망을 겪었던 그는 이제 큰 기쁨 때문에 어쩔 줄 모르게 되었다. 한껏 고양된 그의 마음은 그가 기뻐서 춤을 추는 것을 통해 드러났다. 그는 "힘을 다하여" 춤을 췄다. "우리는 온 몸과 마음으로 그리고 우리가 갖고 있는 모든 재능으로 주님을 섬겨야 한다. 우리의 신앙적 감정은, 적절하게 지도되기만 한다면, 절대로 너무 과한 것이 될 수 없다. 또 그런 감정에 대한 표현은, 우리가 그 아래에서 살아가고 있는 시대의 사조를 따라 '품위 있고 질서 있게'[고전 14:40] 제공되기만 한다면, 절대로 너무 강한 것이 될 수 없다"(Thomas Scott).

"그때에 다윗이 베 에봇을 입었더라." 이 상서로운 행사 때 다윗은 자신의 왕복을 벗어 버렸다. 그리고 하나님에 대한 예배를 이끌면서 베 에봇을 입었다. 베 에봇은 제사장이 그의 직무를 수행할 때 입는 평상복이었다. 그러나 그것은 제사장이 아닌 사람들이 종교적 행사에서 입기도 했다. 우리는 사무엘의 경우를 통해 그것에 대한 실례를 얻는다(삼상 2:18). 이것을 통해서 성령께서는 우리에게 다윗이 (비록 그가 온 이스라엘의 왕이기는 했지만) 언약궤를 맡은 자의 옷을 입는 것을 가벼이 여겼던 것이 아님을 적절하게 알려 주셨다. 우리는 그가 제사장 직무를 빼앗으려 했다고 생각해서는 안 된다. 이 이야기를 통해 우리에게 주어지는 실제적 교훈은, 우리는 하나님에 대한 공식적인 예배에 참석할 때 세속적인 아름다운 옷으로 치장하는 대신 평범하게 차려 입어야 한다는 것이다.

끝으로 나는 과거와 현대의 가장 훌륭한 주석가들이 시편 24편을 다윗이 언약궤를 예루살렘으로 옮겨왔던 기쁜 행사 때 지은 거룩한 노래로 여기고 있음을 지적하고자 한다. 여호와의 임재에 대한 외경심을 불러일으키는 상징(언약궤 – 역주)을 둘러싼 기쁨과 화려한 행렬 그리고 승리에 대한 기억들이 합창을 위해 지어진 그 노래를 통해 놀랍게 표현되고 있다. 그 시편은 두 부분으로 나뉜다. 첫번째 부분은 "여호와의 산에 오를 자가 누구며 그의 거룩한 곳에 설 자가 누구인가"(3절)라는 질문—그것은 벧세메스 사람들의 공포에 질린 외침(삼상 6:20)을 반영하고 있다—에 대답한다. 그 대답은 하나님과 거하는 사람들에 대한 묘사를 통해 제공된다. 두 번째 부분은 "영광의 왕이 누구시냐"(8절)라는 위의 질문과 관계된 질문을 다룬다. 그리고 그 질문에 대한 대답은 "사람들과 거하기 위해 오시는 하나님"이다.

7절의 내용은 말할 수 없을 만큼 복되다. 행렬이 예루살렘 성벽에 이르고, 언약궤(그리스도의 예표)가 성 안으로 들어가기 전에, 다음과 같은 외침이 일어난다. "문들아 너희 머리를 들지어다 영원한 문들아 들릴지어다 영광의 왕이 들어가시리로다." 이것은 그 드높은 성문조차 여호와께서 들어가시기에는 너무 낮은 것처럼 보이게 만든다. 다윗은 자기가 갖고 있는 파생된 권력을 분명하게 인식했다. 또 그는 자신이 단지 실제 군주의 어슴푸레한 대리인에 불과하다는 것을 분명하게 인식했다! 새로 정복된 그 도시는 그 도시의 참된 정복자—그분의 보좌는 언약궤였고, 그것이 특별히 "영광"(삼상 4:21)이라는 이름으로 불렸다—를 맞이하도록 호출되었다. 그리고 세상의 왕인 다윗은 그분의 신하로서 그리고 그분을 경배하는 자로서 그분을 맞이하는 행렬을 이끌었다.

41

미갈의 비난

사무엘하 6장

사무엘하 6장 마지막 부분에서 우리는 빛과 그림자의 혼합을 발견할 수 있다. 거기에서는 성령의 복된 열매들과 사탄의 악한 활동이 뒤섞여 나타난다. 그런 현상은 자연계에서뿐 아니라 영적인 영역에서도 자주 나타난다. 자연계에서는 햇빛과 비, 고요함과 폭풍, 여름과 겨울이 번갈아 일어난다. 그러나 우리가 자연계에서 목격하는 현상은 보이지 않는 세계에서 벌어지는 일의 외적 표상에 불과하다. 보이지 않는 세계에서는 서로 정반대되는 강력한 두 존재, 즉 여호와 하나님과 마귀가 늘 대치하고 있다. 이것은 개별 그리스도인의 삶에서도 마찬가지다. 왜냐하면 그는 세계의 축소판이기 때문이다. 그 안에서 "육체의 소욕은 성령을 거스르고 성령은 육체를 거스르나니 이 둘이 서로 대적함으로 너희가 원하는 것을 하지 못하게 한다"(갈 5:17). 그 결과 그의 경험 안에는 빛과 그림자가 뒤섞여 있다.

부전여전

다윗이 언약궤를 예루살렘으로 옮겨오는 기쁜 행사가 벌어진 날이 저물기도 전에, 그의 기쁨은 그의 집안에서 일어난 먹구름에 의해 덮이고 말았다. 그의 집안사람 하나가 하나님을 향한 그의 뜨거운 마음을 이해하지 못하고 그의 헌신에 짜증을 냈던 것이다. 그는 다윗의 그런 열정을 독하게 비난했다. 다윗과 가까웠을 뿐 아니라 그에게 소중했던 사람이 여호와를 향한 그의 열심을 조롱했다. 언약궤에 주어진 영광, 레위인들의 행렬, 이스라엘의 통치자의 기쁨, 그리고 여호와께 드려진 제사 때문에 뱀의 적의(敵意)가 끓어올랐다. 기름 부음을 받은 눈을 가진 자라면 미갈 뒤에서 하나님과 그분의 백성들의 오랜 적을 찾아내는 일에서 별 어려움을 느끼지 않을 것이다. 오늘날의 그리스도인들은 미갈이 다윗을 비난하는 것을 통해 자신들이 주님 안에 있지 않은 자들에게서 무엇을 기대해야 할지 배울 수 있을 것이다.

앞 장은 "다윗과 온 이스라엘 족속이 즐거이 환호하며 나팔을 불고 여호와의 궤를 메어오니라"(삼하 6:15)라는 구절에서 끝났는데, 이 장의 교훈은 "여호와의 궤가 다윗 성으로 들어올 때에 사울의 딸 미갈이 창으로 내다보다가 다윗 왕이 여호와 앞에서 뛰놀며 춤추는 것을 보고 심중에 그를 업신여기니라"(16절)라는 구절로 시작된다. 이후의 결과를 통해 살펴보겠지만, 다윗에 대한 미갈의 은밀한 증오는 곧 공개적으로 드러났다. 주님을 즐거이 섬기고 있는 자들은 자신들에 대한 사람들의 적대감과 마주할 때 놀라지 말아야 한다. 그들은 그들이 한 수고 때문에 모든 사람들로부터 감사를 받기는커녕 오히려 그들을 헐뜯고 비난하는 자들과 부닥치게 될 것이다. 예언자들이 그러했다. 그리스도의 선구자도 그러했다. 영광의 주님 자신도 그러하셨다. 그분의 사도들 역시 그러했다. 그리고 그런 상황은 이 세상이 끝나는 날까지 그분의 모든 신실한 종들에게도 해당될 것이다. 사탄이 무저갱((無低坑)을 벗어나 활동하고 있는 동안에는 상황이 달라질 수 없다.

"여호와의 궤가 다윗 성으로 들어올 때에 사울의 딸 미갈이 창으로 내다보다가 다윗 왕이 여호와 앞에서 뛰놀며 춤추는 것을 보고 심중에 그를 업신여기니라"(삼하 6:16). 안타깝게도 사울은 여호와에 대한 공적 예배를 무시했다. 그리고 그의 딸은 하늘의 일들의 중요성과 가치에 대해 아무것도 알지 못했던 것으로 보인다. 자기 집에 "우상"을 갖고 있던 여자가(삼상 19:13) 언약궤에 관심을 두는 것은 기대할 만한 일이 아니다. 그렇기에 그녀는 자기 남편이 언약궤 때문에 감사하고 기뻐하는 것을 보고서 그를 조롱했다.

그렇다, 중생하지 못한 자연인은 성령의 일을 이해할 수 없을 뿐 아니라, 성령이 주관하시는 일을 어리석은 것으로 여긴다. 주 예수님이 곤경에 처한 많은 이들을 치유하시느라 정신이 없었을 때, 그 분의 친족들이 그분을 붙잡으러 왔다. 그들은 "그가 미쳤다"고 생각했기 때문이다(막 3:21). 사도들이 "방언으로" 말하기 시작했을 때, 어떤 이들이 그들을 조롱하며 말했다. "그들이 새 술에 취하였다"(행 2:13). 바울이 아그립바와 더불어 열심히 변론했을 때, 아그립바가 그를 향해 말했다. "바울아 네가 미쳤도다 네 많은 학문이 너를 미치게 한다"(행 26:24). 독자들이여, 만약 오늘날 우리에게 이와 비슷한 비난이 쏟아지고 있지 않다면, 우리에게는 무언가가 심각하게 부족한 셈이다!

세상은, 만약 그것의 세속적인 평온이 방해받지만 않는다면, 종교를 관용할 것이다. 그렇다, 종교가 그것의 수치를 숨겨 주는 의복을 제공하는 한 세상은 종교를 인정할 것이다. 그러나 세상을 향해 하나님의 지고한 명령을 제시하고, 그분이 우리의 애정과 생각과 삶에서 최우선순위를 요구하신다고 주장해 보라. 그러면 그런 메시지는 즉각 증오의 대상이 될 것이다. 주일에 교회에 출석하고 주중에는 극장에 다니는, 또 가끔씩 선교단체들에 기부하지만 자기가 고용한 자들에게는 충분한 급료를 주지 않고 고객들에게는 바가지를 씌우는 입술만의 그리스도인들은 그들의 관대함이나 명민함 때문에 칭찬을 받는다. 그러나 늘 여호와를 두려워하며 이 세상에서 낯선 자와 순례자로 처신하며 사는 참된 그리스도인들은 "편협한 사람"이나 "엄격한 사람"이라는 비난을 받는다. 한 성도가 여호와께서 그분의 이름을 고백하는 수많은 자들에게서 모욕을 당하시는 것을 보고 슬퍼하거나, 또는 다윗이 그랬던 것처럼 그분을 섬기며 즐거움에 겨워 춤을 출 때, 그는 광신자라는 딱지를 얻을 것이고, 주님을 향한 그의 순전한 마음 역시 그와 비슷하게 비난을 받게 될 것이다.

감사와 축복

"여호와의 궤를 메고 들어가서 다윗이 그것을 위하여 친 장막 가운데 그 준비한 자리에 그것을 두매 다윗이 번제와 화목제를 여호와 앞에 드리니라"(삼하 6:17). 여기에서 "장막"이라는 단어는 나무나 돌로 된 건물이 아니라 천막을 의미한다. 원래 그것은 수백 년 전에 여호수아가 만든 것이었다. 그러나 의심할 것도 없이 그것은 이미 오래 전에 썩어서 사라졌을 것이다. 다윗이 언약궤를 자신의 거처가 아니라 자신이 그것을 위해 제공한 휘장이 드리운 별도의 닫집 안으로 들였던 것은 주목할 만하다. 솔로몬 시절에는 그 성스러운 궤를 안치하기 위해 보다 웅장한 성전이 건립되었다. 분명히 언약궤는 그리스도에 대한 표상이다. 그러므로 그것이 처음에는 하찮은 천막에 머물다가 나중에 웅장한 성전 안으로 들어간 것은 의심할 바 없이 처음에는 비천한 상태에, 그러나 나중에는 영광 가운데 거하시는 우리 구주의 이중의 위상을 예시한다.

"다윗이 번제와 화목제를 여호와 앞에 드리니라." 다윗은 자신의 숭고한 계획이 완벽하게 이루어졌기에 여호와께 합당한 제사를 드렸다. 그가 그렇게 한 데에는 두 가지 목적이 있었을 것이다. 하나는 자신의 계획을 이뤄주신 하나님께 깊이 감사드리는 것이고, 다른 하나는 그분의 은혜가 지속되게 해달라고 탄원하는 것이었으리라. 여기에서 우리를 위한 중요한 교훈 하나가 반복된다. 그것은 우리의 기도는 찬양과 섞여야 한다는 것이다. 하나님은 우리가 슬픔 속에서 찾아야 할 분일뿐 아니라, 또한 우리가 기뻐하며 인정하고 시인해야 할 분이시기도 하다. "너희 중에 고난당하는 자가 있느냐 그는 기도할 것이요 즐거워하는 자가 있느냐 그는 찬송할지니라"(약 5:13). 첫 번째 권면은 쉽게 기억된다. 하지만 두 번째 권면은 자주 잊힌다. 하나님은 우리를 위해 "금식"(fast)뿐 아니라 "잔치"(feast)도 정하신 분이시다. 이것은 우리가 어떤 상황에서도 그분께 첫 번째 자리를 내어드리게 하시기 위함이다.

"다윗이 번제와 화목제 드리기를 마치고 만군의 여호와의 이름으로 백성에게 축복하고"(삼하 6:18). 이것은 하나님이 그를 올려놓으신 자리에 어울리는 공적인 행위로 보인다. 이런 표현은 창세기 14장 19절에서 처음 나타나는데, 거기에서 우리는 가장 높으신 분의 제사장인 멜기세덱이 아브라함을 축복하는 것을 발견한다. 나중에는 모세(출 39:43), 여호수아(수 22:6), 그리고 솔로몬(왕상 8:14)이 백성들을 축복했다. 그 각각의 경우에 백성들을 축복한 자들은 백성들의 지도자 자격으로 그렇게 했다. 다윗이 백성들을 "만군의 여호와의 이름으로" 축복했다는 것은 그가 공적으로 그리고 권위를 갖춰서 하나님이 자기에게 위탁하신 백성들에게 그분의 은혜를 선포했음을 의미한다.

다윗이 그렇게 한 것은 하나님의 선지자요 백성들의 왕인 그의 특권이자 의무였다. "논란의 여지없이 낮은 자가 높은 자에게서 축복을 받느니라"(히 7:7). 우리는 다윗이 이런 행위를 통해 그 자신보다 위대한 후손이자 주님이신 분을 예표하고 있는 것을 알 수 있다. 그분에 관해 성경은 다음과 같이 기록하고 있다. "축복하실 때에 그들을 떠나 [하늘로 올려지시니] 그들이 [그에게 경배하고] 큰 기쁨으로 예루살렘에 돌아갔다"(눅 24:50-51). 거기에서 우리는 교회에 대한 예언자와 왕이신 그리스도께서 교회의 사역자들을 공식적으로 축복하시는 모습을 발견한다. 그것은 그분이 자기 백성을 위해 값 주고 사신 모든 복을 주관하기 위해 이 세상을 떠나 높은 곳에 있는 그분의 자리에 오르기 전에 하신 마지막 행위였다. 그리고 그분의 축복의 효과는 세상 끝날까지 지속될 것이다. 만약 그분의 은혜로 우리 모두가 그분이 축복하신 자들 사이에 속해 있다면, 우리는 참으로 은혜를 입은 것이다.

"모든 백성 곧 온 이스라엘 무리에게 남녀를 막론하고 떡 한 개와 고기 한 조각과 건포도 떡 한 덩이씩 나누어 주매 모든 백성이 각기 집으로 돌아가니라"(삼하 6:19). 다윗을 따라 그 기쁜 일에 참여했던 이들은 이제 풍성한 대접을 받았다. 다윗은 여호와께 감사 제물을 드린 후 백성들에게도 선물을 제공했다. "사람이 즐거운 일에 빠져들면 손이 커지게 마련이다. 하나님의 자비를 얻은 이들은 남들에게 관대하게 베풀어야 한다"(Matthew Henry). 이 본문을 에스더 9장 22절과 비교해 보라. 유대인들이 하만의 계략에서 구원을 얻은 것을 축하하는 부림절에 유대인들은 "잔치를 베풀고 즐기며 서로 예물을 주며 가난한 자를 구제"했다. 이런 행위를 통해 다윗은 자신이 백성들에게 관심을 갖고 있음을 확증했고, 그로 인해 그들에게서 사랑을 받게 되었다. 또 그로 인해 백성들은 혹시라도 그가 다시 자기들을 부를 경우 기꺼이 그를 따라나설 마음을 갖게 되었다. 이것의 예표적 의미는 분명하다.

미갈의 본성

"다윗이 자기의 가족에게 축복하러 돌아오매"(삼하 6:20a). 다윗은 자신의 공식적 의무를 수행하면서도 자기 가족에 대한 의무를 간과하지 않았다. "사역자들은 자기들이 공적인 의무를 수행하고 있다는 이유로 가정을 섬기는 일에서 면제되리라고 생각해서는 안 된다. 그들은 엄숙한 모임에서 가르침이나 기도를 통해 사람들을 축복한 후에는 반드시 가정으로 돌아가 동일한 방식으로 가족들을 축복해야 한다. 왜냐하면 그들은 자기 가족에 대해 특별한 방식으로 책임을 맡고 있기 때문이다"(Matthew Henry). 설령 그들의 집에 그런 거룩한 일에 동참할 마음이 없는 사람들이 있을지라도, 그들은 그런 의무와 특권을 수행하는 일을 단념해서는 안 된다. 하나님은, 설령 사탄이 아무리 그것을 반대할지라도, 한 가족의 가장을 통해 영광을 받으셔야 하고, 그 가족의 제단은 유지되어야 한다.

"사울의 딸 미갈이 나와서 다윗을 맞으며 이르되 이스라엘 왕이 오늘 어떻게 영화로우신지 방탕한 자가 염치 없이 자기의 몸을 드러내는 것처럼 오늘 그의 신복의 계집종의 눈앞에서 몸을 드러내셨도다 하니"(삼하 6:20b). 미갈은 다윗을 사로잡고 있던 하나님에 대한 열정에 대해 완전히 무지했고, 따라서 그가 언약궤를 옮겨온 것 때문에 한껏 마음이 고양된 것을 도무지 이해할 수 없었다. 그래서 미갈은 다윗이 기쁨에 넘쳐 춤을 춘 것을 왕에게 적합하지 않은 일로 여겼고 그가 백성들 앞에서 왕의 체통을 지키지 못했다고 생각할 수밖에 없었다. 하나님을 향한 마음을 갖고 있지 않았던 그녀는 그런 마음을 갖고 있던 자의 충일한 기쁨을 조롱했다. 세상적 위엄과 영광에만 마음을 두고 있던 그녀는 다윗이 백성들 앞에서 종교적 열정에 빠진 것을 그의 고귀한 신분의 품격을 떨어뜨리는 것으로 여겼다. "그녀는 백성을 이끌고 전장으로 나갔다가 승리를 거두고 돌아오는 용감한 장수 다윗을 존경했다. 그러나 하나님의 명령을 따라 백성들을 이끌고 그들에게 하나님을 섬기는 일에 뜨겁게 열중하는 모범을 보이는 성도 다윗은 경멸했다"(Thomas Scott).

미갈이 자신에게 아주 헌신적이었던-그렇기에 만약 그녀를 되찾아올 수 없다면 왕관을 얻는 것까지도 포기하려 했던(삼하 3:13)-자기의 남편을 그런 식으로 헐뜯는 것은 비열한 배은망덕이었다. 미갈이 하나님이 그녀에게 그에 대한 존경을 요구하셨던 지신의 주인 다윗을 모욕하고 비난한 것은 무서운 죄였다. 마음속으로 은밀하게 그를 조롱했던 그녀는 이제 드러내놓고 입을 놀렸다. 우리는 "마음에 가득한 것을 입으로 말한다"(마 12:34). 그녀는 다윗이 언약궤를 그토록 숭배하는 것을 몹시 불쾌하게 여겼고, 그가 언약궤 앞에서 품위를 지키지 못하고 춤을 춘 것을 비난하면서 그의 행동에 대해 아주 잘못된 평가를 내렸다. 그녀의 비난이 잘못된 것이었음은 의심할 여지가 없다. 신앙을 갖지 않은 자들이 자기들과 다른 사람을 잘못된 색깔로 칠하고 그들을 아주 불쾌한 인물로 제시하는 것은 흔히 있는 일이다.

미갈의 사악한 행위를 설명하기란 어렵지 않다. 심정적으로 그녀는 타락한 사울 집안의 일원이었고 여호와와 그분에 대한 예배를 조롱하는 자였다. 나이를 먹어가면서 그녀의 성격은 더욱더 그런 쪽으로 굳어졌다. 또한 만족을 모르는 교만과 다윗에 대해 절반의 두려움과 절반의 증오를 갖고 있었다는 점에서 더욱더 자기 아버지를 닮아갔다. 이제 그녀는 이런 조롱의 말을 통해 자신의 원한을 쏟아냈다. 다윗이 왕복을 벗어버리고 평범한 "베 에봇"(14절)을 입은 것 때문에 그녀는 무례할 정도로 독한 말로 그를 비난했다. 오늘날 입만 살아 있는 신앙 고백자들은 참된 순례자의 영혼을 얼마나 증오하는가! 그들에게는 하나님의 자녀들이 세상의 사치스럽고 육신을 즐겁게 해 주는 유행에 순응하기를 거부하고, 세상에 계실 때 "머리 둘 곳이 없었던"(눅 9:58) 분을 따르는 자들에게 적합한 옷을 입고 그것에 걸맞게 행동하는 것보다 더 보기 싫은 것은 없다.

미갈이 받은 징계

"다윗이 미갈에게 이르되 이는 여호와 앞에서 한 것이니라 그가 네 아버지와 그의 온 집을 버리시고 나를 택하사 나를 여호와의 백성 이스라엘의 주권자로 삼으셨으니 내가 여호와 앞에서 뛰놀리라"(삼하 6:21). 이제 다윗은 자신을 옹호했다. 그는 자신의 행위에 대해 부끄러워할 아무런 이유도 갖고 있지 않았다. 왜냐하면 그가 행한 일은 오직 하나님의 영광을 위한 것이었기 때문이다. 미갈의 사악한 눈이 아무리 그것을 왜곡된 렌즈를 통해 볼지라도, 그의 양심은 깨끗했다. 만약 우리 자신의 마음이 우리를 비난하지 않는다면, 우리는 경건하지 않은 자들의 비난 때문에 괴로워할 필요가 없다. 더구나 최근에 하나님은 그를 왕위에 올려주시지 않았던가? 그러므로 그가 그분께 기쁨의 감사를 드리는 것은 적절한 일이었다.

"내가 이보다 더 낮아져서 스스로 천하게 보일지라도 네가 말한 바 계집종에게는 내가 높임을 받으리라 한지라"(삼하 6:22). 다윗은 미갈의 악한 비난에 대해 빈정거리는 말로 대응했다. 다음의 말씀은 적절하다. "미련한 자에게는 그의 어리석음을 따라 대답하라"(잠 26:5). 그의 말은 다음과 같은 뜻이었다. "만약 내가 왕의 위엄에 걸맞은 화려한 옷을 내던지고 평범한 베옷을 입고 하나님의 영광의 궤 앞에서 춤을 춘 것 때문에 너에게 비천한 사람 취급을 받는다면, 전능자가 보시기에 먼지와 재에 불과한 나는 그분 앞에서 이보다 더 낮아질지라도 상관없다. 그리고 그런 일 때문에 나를 조롱하는 이들과 멀리 떨어져 서 있는 이들은 여호와 앞에서 낮은 자리를 차지하는 이들을 존경할 것이다." 우리가 잘한 일 때문에 비난을 받을수록, 우리는 그런 일에서 더욱 확고한 입장을 취해야 한다.

"그러므로 사울의 딸 미갈이 죽는 날까지 그에게 자식이 없으니라"(삼하 6:23). 하나님은 다윗의 아내의 죄를 그런 식으로 벌하셨다. "그녀는 다윗의 신앙을 부당하게 비난했고, 하나님은 그녀가 영원토록 자식을 갖지 못하게 하심으로써 그녀를 질책하셨다. 하나님은 자기를 높이는 자들을 높이시고, 자신과 자신의 종들과 자신을 섬기는 일을 조롱하는 자들을 가볍게 여기신다"(Matthew Henry). 이 구절을 오늘날에 엄중하게 적용하는 방법이 있다. 우리는 사무엘상 2장 30절의 전반부를 자주 인용하지만 그 구절의 후반부는 거의 인용하지 않는다. 여호와를 존중히 여기는 자들이 그분께 존중히 여김을 받는 것만큼이나 그분을 멸시하는 자들은 그분께 조롱을 당하게 될 것이다. 이에 대한 엄중한 예가 여기에 있다. 미갈은 다윗을 조롱함으로써 그의 주님을 모욕했다! 영적 불모(不毛)의 상태에 이르지 않으려면, 하나님의 종들을 경시하거나 그들에 대해 나쁘게 말하지 않도록 조심하라!

42

하나님의 집에 대한 관심

사무엘하 7장

성공은 그것을 경험한 사람에게 얼마나 자주 파멸의 원인이 되는가! 출세 뒤에는 얼마나 자주 영적 퇴보가 뒤따르는가! 그러므로 다윗의 경우에 상황이 아주 달랐음을 보는 것은 좋은 일이다. 나는 이 책의 제35장에서 독자들에게 다윗이 왕위에 오른 후 얼마나 복되게 행동했는지에 주의를 환기시킨 바 있다. 그는 편안함과 사치에 탐닉하지 않고 다음과 같은 훌륭한 일들을 해냈다. 첫째, 시온 산성을 탈취했다. 둘째, 블레셋 사람들을 정복했다. 셋째, 언약궤를 안치할 장소를 마련했다. 넷째, 여호와에 대한 예배를 위해 성전을 건립하는 문제에 깊은 관심을 보였다. 이런 각각의 사건들은 너무나 복되고 그 영적·예표적 의미가 너무나 풍부하기에 나는 그것들 각각을 고찰하는 데 한 장(章)씩 할애할 계획을 세웠다. 그리고 주님의 은혜로 처음 세 가지에 대한 고찰을 끝냈으므로 이제 여기에서는 네 번째 것에 대해 생각하기로 하자.

휴식

"여호와께서 주위의 모든 원수를 무찌르사 왕으로 궁에 평안히 살게 하신 때에"(삼하 7:1). 이 구절은 우리의 영웅의 격렬하고 사건으로 가득 찬 삶속에 있었던 어느 평안한 휴식기에 대해 알려 준다. 앞에서 살펴보았듯이, 다윗은 거듭해서 칼을 차야 하는 상황에 처했다. 그리고 앞으로 살펴보겠지만, 그의 앞에는 여전히 그가 수행해야 할 심각한 싸움들이 놓여 있었다. 더 나아가 과거에 그에게는 평안과 휴식을 즐길 기회가 거의 없었다. 사울이 살아 있던 시절과 그의 아들 이스보셋이 통치하던 시절에 다윗은 많은 고초를 겪었고 이리저리 도망 다녀야 했다. 앞으로도 마찬가지였다. 그의 앞에는 그가 겪어야 할 불안하고 고통스러운 경험들이 그를 기다리고 있었다. 그러나 사무엘하 7장에서는 아주 다른 장면이 나타난다. 여호와께서 그의 종에게 짧은 기간이나마 휴식을 주고 계신 것이다.

이상에서 언급한 내용은 모든 그리스도인들의 삶속에서 얼마간

닮은꼴을 발견한다. 많은 경우 그들의 내적·외적 경험은 다윗의 그것과 아주 비슷하다. 그리스도인들은 육과 세상과 마귀에 맞서서 "믿음의 선한 싸움을 싸우라"(딤전 6:12)는 부르심을 받고 있다. 새사람의 오랜 적은 그들에게 휴식을 허락하지 않는다. 종종 그리스도인들이 하나님의 은혜를 입어 주목할 만한 승리를 거둘 때가 있는데, 그때도 그들은 자신들이 곧 새로운 싸움을 시작해야 한다는 것을 깨닫는다. 그러나 때로 그들은 외적인 문제와 내적인 갈등의 한 가운데서서 짧지만 숨 돌릴 틈을 허락받는다. 그리고 그들이 그들의 집에서 휴식할 때와 관련해 우리는 다음과 같이 말할 수 있다. "여호와께서 그들 주위의 모든 원수를 무찌르사 그들로 집에서 평안히 살게 하셨다."

폭풍 후에는 조용한 평안이 찾아온다. 주님은 자기 백성을 다루시는 일에서 자비롭고 부드러우시다. 그분은 여러 가지 절망 가운데 있는 자기 백성들을 격려하신다. "사람이 감당할 시험 밖에는 너희가 당한 것이 없나니 오직 하나님은 미쁘사 너희가 감당하지 못할 시험 당함을 허락하지 아니하시고 시험 당할 즈음에 또한 피할 길을 내사 너희로 능히 감당하게 하시느니라"(고전 10:13). 우리 주님은 힘든 사역을 마치고 돌아온 제자들에게 말씀하셨다. "너희는 따로 한적한 곳에 가서 잠깐 쉬어라"(막 6:31). 그분은 길고 황량한 광야의 모래밭을 걸어온 우리를 "물 샘 열둘과 종려나무 일흔 그루가 있는"

(출 15:27) 엘림으로 이끌어가신다. 우리가 사탄과 맞서 특별히 격렬한 싸움을 마치고 나면, 여호와께서는 우리에게 잠시 평안을 허락하신다. 그리고 그때 우리는, 다윗이 그랬던 것처럼, 우리의 모든 적들과 떨어져 편히 지내게 된다.

거룩한 관심

그렇다면 이 휴식기에 다윗은 어떤 일에 몰두했던가? 그는 세상의 하찮은 문제들이나 육적인 방종이 아니라 하나님의 영광에 골몰했다. "왕이 선지자 나단에게 이르되 볼지아다 나는 백향목 궁에 살거늘 하나님의 궤는 휘장 가운데에 있도다"(삼하 7:2). 이 구절은 매우 복되며 하나님 자신이 "내 마음에 맞는 사람이라"(행 13:22) 하고 선포하셨던 사람의 인물됨에 관한 통찰을 제공해 준다. 우리가 여가 시간에 무엇에 골몰하느냐 하는 것 이상으로 우리의 영성－혹은 그것의 부족－의 확실한 지표가 될 만한 것은 아무것도 없다. 싸움이 끝나서 칼을 내려놓을 때, 우리는 영적 관심사들에 대해 느슨하고 부주의해지기 쉽다. 그리고 사탄이 우리와 관련해 유리한 입장이 되는 데 성공하는 것은 바로 그런 때, 즉 우리가 경계를 늦출 때다. 그러나 지금 우리가 살펴보고 있는 사람의 경우는 사정이 아주 달랐다.

"왕이 선지자 나단에게 이르되 볼지아다 나는 백향목 궁에 살거늘 하나님의 궤는 휘장 가운데에 있도다." 첫째, 이 휴식기에 다윗의 동료가 되었던 이가 선지자였음에 주목하라. 이 구절이 우리에게 큰 소리로 외치게 하라! 경건한 동료는 우리가 짧은 휴식을 즐기는 동안 우리의 영성을 보존하는 데 아주 소중한 도움이 된다. "휴양"(recreation)의 시간은, 만약 우리가 그 시간을 주님과 가까이 살아가는 이들과 경건한 대화를 나누는 데 사용한다면, "재창조"(re-creation)의 시간이 될 수 있다. 여기에서 다윗은 그가 했던 다음과 같은 단언(斷言)의 증거를 제공한다. "나는 주를 경외하는 모든 자들과 주의 법도들을 지키는 자들의 친구라"(시 119:63). 사람은 그가 사귀는 동료에 의해 알려질 뿐 아니라, 그들로 인해 형성된다. "지혜로운 자와 동행하면 지혜를 얻고 미련한 자와 사귀면 해를 받느니라"(잠 13:20). 독자들이여, 친구를 사귀되 그들의 인격과 대화에서 그리스도의 모습을 드러내는 자들과 사귀라.

다음으로 다윗이 선지자 나단을 동료 삼아 자기 궁에 앉았을 때 무엇이 그의 마음을 사로잡았는지에 주목하라. "볼지어다 나는 백향목 궁에 살거늘 하나님의 궤는 휘장 가운데에 있도다." 이것 역시 다윗의 마음의 생각을 얼마나 잘 드러내는가! 우리는 다윗의 이 말을 느부갓네살의 오만한 말과 비교하지 않을 수 없다. "이 큰 바벨론은 내가 능력과 권세로 건설하여 나의 도성으로 삼고 이것으로 내 위엄의 영광을 나타낸 것이 아니냐"(단 4:30). 다윗은 자신이 이룬 업적에 도취하거나 자신이 갖고 있는 지위에 만족하는 대신 하나님의 궤가 허름한 곳에 놓여 있는 것에 대해 고민했다. 이제 막 왕위에 오른 군주가 자신의 위엄에 대해서가 아니라 자신이 섬기는 분의 영광에 대해 염려하는 모습은 참으로 아름답다!

높은 지위에 있는 사람들이 영적인 문제들에 관심을 보이는 경우는 많지 않다. 하나님의 백성들 중 세상에서 큰 물질을 얻은 이들이 그분의 계획을 이루는 일에 많은 관심을 보이는 경우도 많지 않다. 자신의 일보다 하나님을 섬기는 일에 더 많은 시간을 쓰기로 작정하는 사람은 많지 않다. 성도들의 순례자적 특성이 거의 사라진 이 시대에, 세상과의 구별됨이 과거의 유물이 된 이 시대에, 자기에 대한 탐닉과 모든 변덕을 만족시키는 것이 시대의 조류가 된 이 시대에, 하나님에 대한 예배가 쇠퇴하고 있다는 생각 때문에 괴로워하면서 자신들의 휴식을 망치는 사람은 거의 없다. 오늘날 신앙을 고백하는 수많은 그리스도인들은 하나님의 종들과 가난한 신자들의 필요를 채우는 문제보다 자기들이 키우는 애완견의 안녕에 대해 더 많은 생각을 하고, 선교사들을 지원하는 데보다 자기들의 자동차를 유지하는 데 더 많은 돈을 쓴다. 그러니 오늘날 수많은 곳에서 성령의 불길이 꺼지고 있는 것은 놀랄 일도 아니다.

나단의 반응

"나단이 왕께 아뢰되 여호와께서 왕과 함께 계시니 마음에 있는 모든 것을 행하소서 하니라"(삼하 7:3). 어떤 이들은 거의 모든 사람과 모든 일에 대해 비난하기를 좋아하고 자기들이 영적 문제와 관련해 자기들보다 앞서 살았던 모든 이들보다 더 깊은 통찰력을 갖고 있는 것처럼 보이고 싶어 한다. 그리고 그런 이들 중 일부가 이 경우를 두고 다윗과 나단을 모두 싸잡아 비난해 왔다. 그러나 내가 보기에 그것은 마리아가 구주의 머리 위에 값비싼 향유를 쏟아 부었을 때 유다가 그녀에게 했던 비난과 다름없어 보인다. 우리의 본문에는 다윗이 실제로 여호와께 성전을 지어드릴 계획을 세웠다는 그 어떤 언급도 나오지 않는다. 다만 그는 아직 그런 성전이 세워지지 않았기에 불편한 자신의 마음을 드러냈을 뿐이다. 나단은 자기가 다윗의 말을 듣고 어떤 결론을 내렸는지와 상관없이 다윗의 거룩한 관심을 수정하려 하지 않았고, 오히려 그의 영적 열망을 고무하고자 했다. 아, 오늘날 얼마나 많은 이들이 누군가의 열심을 잠재우고, 누군가의 열정에 찬물을 끼얹고, 멸망해가는 영혼들을 향해 자기들보다 더 큰 사랑을 품고 있는 자들을 방해하려 하고 있는가!

나단은 그를 비방해 왔던 자들보다 하나님의 일에 대해 더 잘 알고 있었다. 그는 왕이 드러낸 그런 이타심과 거룩한 관심은 여호와께서 그와 함께 계심을 보여 주는 좋은 증거라는 것을 재빨리 인식했다. 왜냐하면 한 사람의 마음이 그렇게 영적으로 움직이는 것은 인간의 본성에서 나올 수 있는 것이 아니기 때문이다. 만약 이때 다윗이, 그를 헐뜯는 어리석은 자들이 주장하듯이, "율법주의적 정신"(legalistic spirit)을 따라 움직이고 있었던 것이라면, 그 신실한 하나님의 종이 즉각 그를 꾸짖거나 아니면 적어도 그의 계획을 수정해 주었을 것이다. 그러나 나단은 그렇게 하는 대신 다음과 같이 말했다. "여호와께서 왕과 함께 계시니 마음에 있는 모든 것을 행하소서." 오, 오늘날 우리에게서 이런 식의 "율법주의"(legality) — 여호와의 풍성한 자비로 인해 녹아내리고 그분의 계획과 일을 촉진함으로써 감사를 표현하고자 갈망하는 마음 — 이 더 분명하게 드러나기를! 그러나 하나님의 율법이 그리스도인을 위한 법이 되는 것에 격렬하게 반대하는 자들이 은혜에 대해 혹은 율법주의를 구성하는 것에 대해 무언가 온당한 생각을 갖기를 기대하기란 어려운 일이다.

나단이 전한 메시지

"그 밤에 여호와의 말씀이 나단에게 임하여 이르시되"(삼하 7:4). 이 구절에 대한 《컴패니언 바이블》(*The Companion Bible*)의 짧은 주(註)에는 다음과 같은 설명이 나온다. "모든 사본들은 이 말['그 밤에'] 이후에 엄중한 휴지[休止]를 표시하는 공백을 갖고 있다." 고대 히브리인들의 계획은 이 구절을 또 다른 밤 장면인 창세기 15장 12-17절과 연결시키는 것이었다. 그 둘 모두에서 여호와의 놀라운 계시가 나타난다. 그 둘 모두에서 메시아와 관련된 그분의 위대한 계획이 드러난다. 그 둘 모두에서 영원한 언약에 관한 놀라운 암시가 나타난다.

"가서 내 종 다윗에게 말하기를 여호와께서 이와 같이 말씀하시되 네가 나를 위하여 내가 살 집을 건축하겠느냐"(삼하 7:5). 역대상 17장 4절은 그 이야기를 다음과 같이 전한다. "가서 내 종 다윗에게 말하기를 여호와의 말씀이 너는 내가 거할 집을 건축하지 말라." 어떤 이들은 이 말씀이 다윗이 여호와를 위해 성전을 건축하기로 결심했음을 알려 준다고 주장한다. 그러나 나는 이런 진술들을 하나님이 자신의 종의 거룩한 관심을 두고 하셨던 은혜로운 해석으로 여긴다. 이런 해석은 구주께서 자신에게 기름을 부은 마리아의 사랑스러운 행동을 두고 "그는 나의 장례 날에 쓰려고 간직한 것을 쓴 것이다"(요 12:7, 표준새번역 – 역주)라고 친절하게 해석하신 것과, 또 심판 날에 그분이 자신의 우편에 선 자들을 향해 "내가 주릴 때에 너희가 먹을 것을 주었고 목마를 때에 마시게 하였고 나그네 되었을 때에 영접하였고…"(마 25:35ff)라고 말씀하시는 것을 통해 뒷받침될 수 있다.

"할 마음만 있으면 있는 대로 받으실 터이요 없는 것은 받지

제42장 하나님의 집에 대한 관심 147

아니하시리라"(고후 8:12). 하나님이 관심을 두시는 것은 사람의 마음의 성향과 갈망이다. 그분은 선한 일을 하고자 하는 진지한 의도를 인정해 주신다. 비록 그분이 섭리를 통해 그런 계획의 실행을 허락하지 않으실지라도 그러하다. 다윗의 경우가 그랬다. 그는 자신이 천장이 있는 집에서 사는 동안 거룩한 궤가 휘장 아래 놓여 있는 것 때문에 염려했다. 그런 거룩한 관심은 웅장한 성전에서 여호와께 예배하고자 하는 마음과 동일한 것이었다. 또한 바로 그것이 하나님이 어떤 행위를 하고자 하는 뜻을 받으시면서 그 뜻에 대해 은혜롭게 내리시는 해석이다. 비록 다윗이 성전 건립을 위한 구체적인 계획은 세우지 않았을지라도, 하나님은 그의 마음의 움직임을 그렇게 해석하셨다. 이것은 마치 그리스도께서 남자가 여자를 음탕하게 바라보는 것 자체가 이미 "간음"(마 5:28)이라고 해석하셨던 것과 마찬가지다.

내가 이 구절을 이렇게 길게 해석하는 까닭은 그동안 주석가들이 이 구절이 지니고 있는 힘을 보지 못했기 때문이다. 뿐만 아니라 몇몇 교사들 — 그들은 어떤 서클 안에서 거의 완벽한 주해를 하는 것으로 간주되고 있다 — 이 다윗에게 "율법주의자"라는 누명을 씌워 왔기 때문이다. 그들은 (여호와께서 다윗을 양 우리를 떠나 왕위에 오르게 하시고 모든 적들에게서 벗어나 휴식을 얻게 하셨음을 전제한 상태에서) 다윗이 언약궤가 놓여 있는 장소에 대해 염려하는 것은 여호와께서 그에게 행하신 일에 대한 보상 차원에서 그분을 위해 무언가를 하고자 하는 갈망의 표현이었다고 왜곡했다. 그러나 그런 이들은 "성경도, 하나님의 능력도 알지 못하는 고로"(마 22:29) 오해하고 있는 것이다. 그들의 어린애 같은 오해를 논박하고 내가 위에서 말한 것을 증명하기 위해서는 성경의 한 구절을 인용하는 것만으로도 충분하다. "여호와께서 내 아버지 다윗에게 이르시되 네가 내 이름을 위하여 성전을 건축할 마음이 있으니 이 마음이 네게 있는 것이 ['네가 율법주의의 정신을 따라 행하였으니'가 아니다] 좋도다"(왕상 8:18).

메시지에 대한 해설

나는 여호와께서 나단을 통해 주신 메시지의 나머지를 상세하게 주해할 생각이 없다. 그보다는 그 메시지에 대한 나의 의견을 개괄하면서 이 장을 마치고자 한다. 첫째, 여호와께서는 자기 백성이 이 땅에서 거류민이요 순례자로 살아가고 있는 것에 은혜롭게 적응하시기 위해 자신을 무한히 낮추셨던 것에 대해 언급하신다(6절). 크신 여호와께서 황공하게도 "이스라엘 자손과 더불어"(7절) 살고자 하셨던 것이다. 레위기 25장 23절에 실려 있는 말씀은 얼마나 놀랍고 또 우리의 마음을 녹이는가! "토지를 영구히 팔지 말 것은 토지는 다 내 것임이니라 너희는 거류민이요 동거하는 자로서 나와 함께 있느니라." 다윗은, 시편 39편 12절에 실려 있는 그의 진술이 분명하게 밝히듯이, 그 말씀을 붙잡았다. "여호와여 나의 기도를 들으시며 나의 부르짖음에 귀를 기울이소서 내가 눈물 흘릴 때에 잠잠하지 마옵소서 나는 주와 함께 있는 나그네이며 나의 모든 조상들처럼 떠도나이다." 이스라엘이 그들의 유업으로 받은 땅에 정착할 때까지 초라한 장막이 여호와의 요구를 충족시켰다. 이를 통해 그분은 우리가 따라야 할 본을 남겨 주셨다. 그것은 겉치레와 과시와 낭비와 사치는 이 땅에 "영구한 도성"(히 13:14)을 갖고 있지 않은 자들에게는 적합하지 않다는 것이다.

둘째, 여호와께서 자신에 대한 예배를 위해 웅장한 건물을 세우는 것에 대해 아무런 명확한 지침도 주지 않으셨으므로(7절), 그분이 그런 지침을 주시기 전까지는 그분이 정하신 장막이 인간이 고안한 성전보다 더 낫다는 것이다. 우리의 갈망은 물론이고 우리의 유용성까지도 하나님의 가르침에 의해 통제되어야 한다. 우리의 영적 갈망이 무엇이든, 그것은 하나님의 계시된 뜻에 의해 제어되어야 한다. 그분은 모든 이에게 그분의 일을 맡기신다. 그리고 우리 모두는 그분이 우리에게 적절하게 맡기신 일에 감사하는 마음으로 신실하게 임해야 한다. 오, 우리 모두가 하나님이 우리에게 할당하신 자리에 만족하고, 그분이 우리에게 맡기신 의무를 충실하게 이행하고, 보다 명예로운 일들은 그분이 택하신 다른 이들에게 맡길 수 있기를! 성전은 다윗의 이름이 아니라 솔로몬의 이름으로 지어져야 했다.

셋째, 다윗은 하나님이 그를 위해 이미 행하신 놀라운 일들에 대한 말씀을 들었다. 이것은 비록 그가 성전을 건축하도록 부르심을 받지는 않았을지라도 여전히 하나님의 은혜를 입은 자들 중 하나임을 알려 주시기 위함이었다(8절). 더 나아가 하나님은 그가 모든 적들에게서 승리를 거두게 하셨고, 다른 모든 나라들 중에서도 높은 자리에 오르게 하셨다(9절). 그러므로 우리는 하나님이 보시기에 적합하지 않아서 거둬 가신 것 때문에 투덜거릴 것이 아니라, 그분이 이미 우리에게 주신 자비 때문에 그분께 감사해야 한다.

넷째, 다윗은 그의 백성의 복된 미래에 대한 보장을 얻었다(10절). 이로써 그는 그 백성이 그 땅에서 보다 확고하게 터를 잡게 될 때 영구적인 예배 처소를 건립할 날이 있으리라는 결론을 내릴 수 있었을 것이다.

마지막으로, 하나님은 다윗 가문에 귀한 은총이 임하리라고 선포하셨다. 그 은총이란 육신을 따라 그의 씨에서 메시아가 나타나리라는 것이었다(11-16절). 즉 다윗이 여호와께 물질로 된 일시적인 집을 지어드리기는커녕 오히려 여호와께서 그를 위해 영원히 존재할 영적인 집을 세워주시겠다는 것이었다. 이로써 우리는 우리가 "할 마음만 있으면"(고후 8:12) 주님께서 그 마음을 받아 주실 뿐 아니라 풍성하게 보답해 주신다는 것을 알 수 있다. "우리 가운데서 역사하시는 능력대로 우리가 구하거나 생각하는 모든 것에 더 넘치도록 능히 하실 이에게 교회 안에서와 그리스도 예수 안에서 영광이 대대로 영원무궁하기를 원하노라 아멘"(엡 3:20-12).

43

깊은 겸손

사무엘하 7장

앞 장에서 우리는 다윗이 왕위에 오르기 전까지 겪어야 했던 고통스러운 경험을 뒤로 하고 짧은 휴식을 즐기도록 허락 받았던 것에 대해 살펴보았다. 그는 자신이 그동안 수많은 시련과 극심한 변화를 겪었으므로 이제 얼마간 사치스러운 휴식을 즐겨도 좋다고 생각할 수도 있었다. 그러나 경건한 자들은 그들의 수고뿐 아니라 그들의 여가까지도 하나님께 바치고, 그런 평화로운 시기를 이용해 자기들이 싸움터에서 간절하게 도움을 호소했던 분께 감사의 제사를 드린다. 어떤 이가 말했듯이, "성공은 우리가 그것을 나태한 방종의 기회가 아니라 새로운 형식의 경건의 기회로 여길 때만 해롭지 않다." 우리의 영웅의 경우가 그러했다. 그는 성공 때문에 타락하지 않았다. 그의 마음은 지금 그가 차지하고 있는 높은 자리 때문에 들뜨지 않았다. 그는 자신에게 성공이 허락되었을 때 여호와를 잊지 않았다. 오히려 그는 하나님의 영광에 대해, 특히 그분을 위한 공적 예배에 적합한 장소가 마련되지 않은 것에 대해 깊이 염려했다.

다윗이 궁에 홀로 앉아 이런저런 생각에 잠겼을 때, 그처럼 성경에 정통한 사람이 성경에 실려 있는 다음과 같은 오래된 약속에 생각이 미쳤으리라는 것은 의심할 여지가 없다. "너희가 요단을 건너 너희 하나님 여호와께서 너희에게 기업으로 주시는 땅에 거주하게 될 때 또는 여호와께서 너희에게 너희 주위의 모든 대적을 이기게 하시고 너희에게 안식을 주사 너희를 평안히 거주하게 하실 때에 너희는 너희의 하나님 여호와께서 자기 이름을 두시려고 택하실 그곳으로 내가 명령하는 것을 모두 가지고 갈지니"(신 12:10-11). 우리의 영웅이 나단에게 "볼지어다 나는 백향목 궁에 살거늘 하나님의 궤는 휘장 가운데에 있도다"(삼하 7:2)라고 말했던 것은 바로 그 말씀 때문이었으리라. 이스라엘의 왕은 자신이 평안과 안락을 누리고 있는 것에 얼마간 불편함을 느꼈고, 자신이 누리고 있는 그런 평온을 이기적인 게으름을 위한 기회가 아니라 하나님의 목적 혹은 그분의 왕국에 대한 진지한 성찰을 위한 부르심으로 여겼다. 그는 자신이 자기에게 모든 것을 허락하신 분을 예배하는 것보다 자신의 기쁨을 위한 일에 많은 것을 사용하고 있다는 생각을 견딜 수가 없었다.

여호와의 응답

여호와께서 자기 종의 마음의 이런 영적 움직임에 대해 주신 응답은 참으로 복되다. 그분은 선지자를 통해 다윗에게 자신이 그를 향해 품고 계신 계획을 훨씬 더 분명하게 알려 주셨다. "내가 네 몸에서 날 네 씨를 네 뒤에 세워 그의 나라를 견고하게 하리라 그는 내 이름을 위하여 집을 건축할 것이요 나는 그의 나라 왕위를 영원히 견고하게 하리라"(삼하 7:12-13). 하나님은 다윗에게 자신이 그의 후손에게 특별한 은혜를 베푸시리라는 것을 알려 주셨다. 그런 은혜는 그분이 아브라함이나 모세나 여호수아에게도 허락하시지 않았던 것이다. 즉 그분은 다윗의 후손들이 이스라엘의 왕위를 이어가게 하실 계획이셨다. 더구나 그분은 다윗의 뒤를 이어 왕위에 오를 후손과 관련해 다음과 같이 선포하셨다. "그는 내 이름을 위하여 집을 건축할 것이요" 이 말씀에 대해서는 나중에 좀더 상세하게 다루겠지만, 여기서는 그것이 궁극적으로 주 예수 그리스도의 인격과 그분의 나라에 대한 영적인 언급이었음을 지적하는 것으로 만족하자.

다윗에게 주어진 계시에는 그의 감사와 찬양을 불러일으킬 만한 것들이 많이 있었으나, 또한 그의 순종과 겸손과 인내에 대해 실제적인 시험이 될 만한 요소도 들어 있었다. 그의 후손이 계속해서 왕위를 차지할 것이고 그의 아들이 여호와의 집을 지으리라는 것은 충분한 감사의 이유가 되었지만, 반면에 그 자신이 그 집을 세우는 영광을 얻지는 못하리라는 것은 자부심이 강하고 자신이 중요한 인물이라는 생각으로 가득 차 있는 사람에게는 분개할 만한 일이었다. 다윗이 바라는 일은 그의 생전에는 이루어지지 않을 것이다. 또 그는 비록 미래의 성전을 위한 재료들을 모을 수는 있으나 그것의 완성된 결과물을 보지는 못할 것이다. 그러므로 여기에는 그의 인물됨에 대한 실제적인 시련이 들어 있었다. 그러나 그가 그 시련을 잘 이겨내는 것을 지켜보는 것은 복된 일이다.

우리가 심고 다른 이가 거두는 경우가 얼마나 많은가! 수고는 이 세대가 하고 그것의 이익은 저 세대가 누리는 경우는 또 얼마나 많은가! 우리는 우리의 통치자이시며 가장 현명하신 하나님이 상황을 그렇게 만드시는 것을 볼 때 그것에 대해 불평하지 말아야 한다. 다윗은 불평하지 않았고, 자신의 소망이 실현되는 일이 훗날로 연기되는 것에 대해 짜증 섞인 실망감을 드러내지도 않았다. 오히려 그는, 이제 곧 살펴보겠지만, 하나님이 기뻐하시는 뜻 앞에서 겸손하게 머리를 조아렸고 그것으로 인해 그분을 찬양했다. 아, 독자들이여, 우리의 기도가 하나님께 상달되어 그분이 우리에게 은혜를 내려주실 수는 있으나, 그 복된 일은 우리의 생전에 일어나지 않을 수도 있다. 오늘날 하나님의 종들의 신실한 노력은 광야 같은 오늘의 시온산의 상태를 즉각 풍성한 열매로 가득 찬 동산으로 만들지 못할 수도 있다. 그러나 만약 우리의 그런 수고가 그런 복된 상태에 이르기 위해 꼭 필요한 쟁기질과 써레질이라면, 우리는 기꺼이 그런 수고를 감당해야 하지 않겠는가?

여호와 앞에 앉음

이제부터 살필 구절을 통해 우리는 하나님이 나단을 통해 밝혀주신 놀라운 계시가 다윗의 마음에 어떤 결과를 낳았는지 알 수 있다. "다윗 왕이 여호와 앞에 들어가 앉아서 이르되 주 여호와여 나는 누구이오며 내 집은 무엇이기에 나를 여기까지 이르게 하셨나이까"(삼하 7:18). 이 구절은 말할 수 없을 만큼 복되다. 그런 소식은 많은 사람들을 우쭐하게 만들고, 자신이 중요한 사람이라는 생각을 갖게 하고, 동료들을 향해 교만하게 행동하도록 만들 것이다. 그러나 "하나님의 마음에 맞는 자"의 경우는 아주 달랐다. 여호와의 무한한 겸양에 대한 놀라운 기쁨으로 가득 찼던 다윗은 즉시 자신의 왕궁을 떠나 거룩한 궤가 안치되어 있던 초라한 성막을 찾아가 그곳에서 경배와 찬양을 드리며 그의 마음을 쏟아 놓았다. 하나님의 통치적이고 자유로우며 풍성한 은혜에 대한 예리한 인식만큼 우리의 영혼을 녹이고, 우리의 마음을 낮추고, 우리로 하여금 진실되고 수용될 만한 예배를 드리도록 만드는 것은 아무것도 없다.

"다윗 왕이 여호와 앞에 들어가 앉아서"(삼하 7:18a). 이것은 본문 1절과 의도적인 대조를 이룬다. 거기에서 왕은 "그의 집에 앉아 있었다"(sat in his house, KJV. 한글 성경에는 그렇게 번역되어 있지 않다 – 역주). 그러나 여기에서 그는 성막 안 여호와 앞에 앉는다(sat before the Lord, KJV). "여호와 앞에 앉다"라는 표현은 그가 단지 기도하는 척만 했던 것이 아니라 성막 안에 오래도록 머물렀음을 가리키는 것으로 보인다. "이르되 주 여호와여 나는 누구이오며 내 집은 무엇이기에 나를 여기까지 이르게 하셨나이까"(18b절). 오늘날 자신들의 낮음을 이처럼 인식하는 왕들이 얼마나 되는가! 다윗이 위대하신 여호와 앞에 앉았을 때, 그의 개인적인 위대성에 대한 모든 인식은 완전히 사라졌다. 아, 독자들이여, 참으로 우리가 여호와 앞에 앉을 때, 우리의 모든 "나"는 완전히 무의미한 것이 되고 만다! 그러나 우리에게서 자기 뜻이 사라지는 것은 오직 우리가 그분의 완전하심 – 그분의 무한하심, 그분의 위엄, 그분의 전능하심 – 에 열중해 있을 때뿐이다.

겸손의 징표들

"주 여호와여 나는 누구이오며 내 집은 무엇이기에." 이 말은 우리에게 다윗의 깊은 겸손을 얼마나 잘 제시해 주는가! 참으로 그는 "여호와여 내 마음이 교만하지 아니하고 내 눈이 오만하지 아니하오며"(시 131:1)라고 말할 수 있었다. 다윗의 삶에서는 이런 사랑스러운 장점을 보여 주는 실례들이 많이 나타난다. 그는 하나님이 그를 높은 공직에 올려 주시기 전까지 목동이라는 비천한 직업을 수행하는 것에 만족했다. 그는 자신의 왕권을 즐겨 사용하지 않았을 뿐 아니라, 설령 하나님이 그를 간과하시고 다른 이를 왕으로 삼으실지라도, 그것 때문에 슬퍼하지 않았을 것이다. 그가 사울과 관련해 아비새에게 했던 말, 즉 "죽이지 말라 누구든지 손을 들어 여호와의 기름 부음 받은 자를 치면 죄가 없겠느냐"(삼상 26:9)라는 말은 그가 왕관을 탐내지 않았으며 기스의 아들이 이스라엘의 왕위를 계속해서 차지하는 것에 불만이 없었음을 분명하게 보여 준다.

"하나님의 마음에 맞는 자"에게서 이런 낮아짐과 자기 포기의 정신이 나타나는 것은 아름다운 일이다. 그가 골리앗과 맞서 싸우러 나갔을 때 그를 지탱해 주었던 것은 자신의 능력에 대한 믿음이 아니라 "오늘 여호와께서 너를 내 손에 넘기실 것이다"(삼상 17:46)라는 거룩한 확신이었다. 아비가일이 그의 격한 기분을 가라앉혔을 때 그는 "오늘 너를 보내어 나를 영접하게 하신 이스라엘의 하나님 여호와를 찬송할지로다"(삼상 25:32)라고 말했다. 나발이 죽었을 때 그는 "나발에게 당한 나의 모욕을 갚아 주사 종으로 악한 일을 하지 않게 하신 여호와를 찬송할지로다"(39절)라고 말했다. 또 그는 아말렉 사람들에게서 주목할 만한 승리를 거둔 후 다음과 같이 말했다. "나의 형제들아 여호와께서 우리를 보호하시고 우리를 치러 온 그 군대를 우리 손에 넘기셨은즉 …"(삼상 30:23). 겸손은 여호와께 그분에게 합당한 자리를 돌려드리는 미덕이다.

우리는 다윗이 자신의 지혜를 불신하며 거듭 여호와께 여쭸던 것을 발견한다(삼상 23:2, 4; 30:8; 삼하 2:1; 5:19 등). 우리 자신의 지혜와 경험과 능력을 신뢰하지 않고 위로부터 오는 조언과 지시를 구하는 것이야말로 참된 겸손의 또 다른 확실한 징표다. 사울이 자기 신하들을 시켜 다윗에게 자신의 딸 미갈을 아내로 주겠다고 약속했을 때, 그는 다음과 같이 대답했다. "왕의 사위 되는 것을 너희는 작은 일로 보느냐 나는 가난하고 천한 사람이라"(삼상 18:23). 그가 자신의 죄를 꾸짖은 사람들에게 보였던 사랑에 주목하라. "의인이 나를 칠지라도 은혜로 여기며 책망할지라도 머리의 기름 같이 여겨서 내 머리가 이를 거절하지 아니할지라"(시 141:5). 그보다 훨씬 못한 사람일지라도 자신을 비난하는 자들에게 그렇게 친절하게 대응하지는 않는다! 그는 그의 모든 영웅적 행위를 통해 그 자신의 영광이 아니라 하나님의 영광을 구했다. "여호와여 영광을 우리에게 돌리지 마옵소서 우리에게 돌리지 마옵소서 오직 주는 인자하시고 진실하시므로 주의 이름에만 영광을 돌리소서"(시 115:1).

그가 징계를 받을 때 어떻게 하나님께 순종했는지 주목하라. "왕이 사독에게 이르되 보라 하나님의 궤를 성읍으로 도로 메어 가라 만일 내가 여호와 앞에서 은혜를 입으면 도로 나를 인도하사 내게 그 궤와 그 계신 데를 보이시리라 그러나 그가 이와 같이 말씀하시기를 내가 너를 기뻐하지 아니한다 하시면 종이 여기 있사오니 선히 여기시는 대로 내게 행하시옵소서 하리라"(삼하 15:25-26). 하나님과 관련된 모든 일에서 그는 자신의 의를 의지하려 하지 않았고, 전적으로 그분의 은혜의 언약에 의존했다. "여호와여 주께서 죄악을 지켜보실진대 주여 누가 서리이까"(시 130:3). "주의 종에게 심판을 행하지 마소서 주의 눈 앞에는 의로운 인생이 하나도 없나이다"(시 143:2). 그러나 다윗이라고 완전한 사람은 아니었다. 우리 모두처럼 그에게도 여전히 교만이 남아 있었다. 육신을 벗어버리기 전까지 우리는 결코 교만을 완전히 제거하지 못할 것이다. 시편 30편 6절과 사무엘하 24장 2절 등은 다윗의 교만이 드러나는 모습을 보여 준다.

내가 다윗의 겸손에 대해 이처럼 길게 논의하는 까닭은 오늘날의 교회들이 라오디게아 교회의 그것과 같은 자만과 허영으로 가득 차 있기 때문이다. 우리는 하나님이 가장 강력하게 사용하셨던 이들은 대개 비정상적인 능력이나 재능을 타고난 자들이 아니라 오히려 깊은 겸손을 지닌 자들이었음을 알 필요가 있다. 그런 칭찬할 만한 특징이 "나는 티끌이나 재와 같사오나"(창 18:27)라고 말하는 아브라함에게서, "내가 누구이기에 바로에게 가며 이스라엘 자손을 애굽에서 인도하여 내리이까"(출 3:11)라고 말하는 모세에게서, "나는 사도 중에 가장 작은 자라 나는 하나님의 교회를 박해하였으므로 사도라 칭함 받기를 감당하지 못할 자니라"(고전 15:9)라고 말하는 바울에게서 나타나는 것을 보라. 오, 하나님의 은혜가 우리를 우리 자신의 눈으로 보기에도 작은 자로 만들어 주시기를!

그러나 다시 우리는 다윗이 "나는 누구이오며"라고 말했던 것이 그가 "여호와 앞에 들어가 앉았을 때"였음에 주목해야 한다. 아브라함이 자신을 "티끌이나 재"로 간주했던 것 역시 그가 여호와 앞에 섰을 때였다. 마찬가지로, 모세가 "내가 누구이기에 바로에게 가며"라고 말했던 것도 여호와께서 불타는 가시떨기 사이에서 그에게 모습을 드러내셨을 때였다. 또한 욥이 "내가 회개하나이다"라고 외쳤던 것 역시 그가 "내가 주께 대하여 귀로 듣기만 하였사오나 이제는 눈으로 주를 뵈옵나이다"라고 말할 수 있게 되었을 때였다(욥 42:5-6).

메시아의 비밀

"내 집은 무엇이기에 나를 여기까지 이르게 하셨나이까"(삼하 7:18b). 다윗은 동일하게 겸손한 어조로 말했다. 그의 "집"은 왕족에 속해 있었다. 그는 이스라엘 왕의 사위였다. 그렇기에 그는 이스라엘에서 가장 명예로운 집안과 관련되어 있었다. 그럼에도 그는 그런 세속적인 특징을 가볍게 여겼다. "여기까지"-왕위에까지 그리고 모든 적들에게서 벗어나 쉬기까지-라는 말은 하나님께 그분에게 합당한 영광을 돌리는 말이었다. "이것은 만약 하나님이 그를 이끌어 주시지 않았다면 그가 자신의 힘만으로 거기까지 오지 못했을 것임을 암시한다. 우리의 모든 위업은 하나님이 하사하신 것으로 간주되어야 한다"(Matthew Henry).

"주 여호와여 주께서 이것을 오히려 적게 여기시고 또 종의 집에 있을 먼 장래의 일까지도 말씀하셨나이다 주 여호와여 이것이 사람의 법이니이다"(삼하 7:19). "여기까지"(18b절) 여호와께서 자기에게 베풀어 주신 선하심을 시인한 후 이제 다윗은 하나님이 미래와 관련해 약속하신 영광스러운 일들에 대해 언급하려 한다. 하나님이 그에게 주신 말씀에 따르면, 앞으로 일어날 일들은 이미 있었던 일들과는 비교도 할 수 없을 만큼 중요했다. 그래서 다윗은 자신이 이스라엘의 왕위에 오른 일을 "주 여호와여 주께서 이것을 오히려 적게 여기시고"라는 말로 요약한다. 나는 이것이 앞 절에 나오는 "앉았다"(sat)라는 단어를 설명해 준다고 믿는다. 그 구절은 주석가들에게 어려움을 제기해 왔는데, 그들은 그것이 성도가 자리에 앉아서 기도하는 모습을 묘사하는 유일한 구절이라고 지적해 왔다. 그러나 우리는 이 구절을 다윗이 기도하면서 취했던 "몸짓"이라기보다는 그가 자기에게 베푸신 놀랄 만큼 풍성한 하나님의 은혜를 주의 깊게 헤아리며 취했던 "마음가짐"을 뜻하는 것으로 여겨야 하지 않을까?

사무엘하 7장 전체는 그 장의 첫 구절에서 제시된 내용의 복되고도 교훈적인 결과로 간주되어야 한다. 은혜롭게도 하나님은 자신의 종에게 휴식기를 허락하심으로써 그가 자신을 향한 하나님의 계획에 대해 보다 온전한 계시를 얻게 하셨다. 그리고 이제 그는 성막 안에서 자신이 나단을 통해 들었던 말씀을 깊이 생각하고 있다. 그가 묵상하고 있는 동안 거룩한 빛과 지혜가 그에게 임했고, 그로 인해 그는 (적어도 어느 정도는) 그 놀라운 예언의 신비한 깊이를 꿰뚫어 볼 수 있었다. 이제 그에게는 세상의 영광과 축복을 능가하는 빛나는 미래가 열려 있었다. "그는 마음속으로 솔로몬 이상의 다른 아들, 돌과 백향목으로 지어진 성전 이상의 다른 성전, 자기가 왕위를 차지하고 있는 이 세상의 왕국 이상의 다른 왕국을 보았다. 그는 시온산 위에서 자신이 갖고 있는 것들이 단지 그것에 대한 희미하고 침침한 형상에 불과한 홀[笏]과 왕관을 바라보았다"(Krummacher).

이런 사실은 그의 다음과 같은 말을 통해 아름답게 드러난다. "주 나의 하나님, 이것이 인간의 방식이니이까[7:19b, KJV-역주] 주 여호와는 주의 종을 아시오니 다윗이 다시 주께 무슨 말씀을 하오리이까 주의 말씀으로 말미암아 주의 뜻대로 이 모든 큰 일을 행하사 주의 종에게 알게 하셨나이다"(삼하 7:19b-21). 의심할 바 없이, 다윗은 바로 그와 같은 지식에 근거해 시편 40편, 45편, 그리고 110편 등을 썼을 것이다. 본문 19b절 문장은 보다 문자적으로 번역되려면 "주 여호와여 이것이 사람의 법이니이다"가 되어야 한다(개역 성경에는 이미 그렇게 번역되어 있다 – 역주). 여기에서 "사람"은 시편 8편 5절과 6절 그리고 시편 80편 17절에 나오는 "사람[혹은 인자]"(The Man)을 의미한다! 다윗은 이제 선지자를 통해 자기에게 주어진 그 복된 약속들이 자신의 허리에서 나와서 "인자"가 되실 메시아, 곧 성육하신 "여호와 하나님" 안에서 성취되리라는 것을 깨달았다. 그렇다, 하나님은 자신의 비밀을 겸손한 자에게는 드러내시고, 지혜롭고 신중해서 존경을 받는 자들에게는 감추신다.

44

모범적인 기도

사무엘하 7장

사무엘하 7장 후반부에는 다윗이 나단을 통해 여호와로부터 은혜로운 계시를 받은 후(삼하 7:5-16) 성막에 들어가 드렸던 기도의 내용이 기록되어 있다. 이 기도는 "무엇이든지 전에 기록된 바는 우리의 교훈을 위하여 기록된 것이니"(롬 15:4)라는 말씀에 해당된다. 그것은 우리가 마음에 새겨 두면 좋은 값진 교훈을 포함하고 있다. 또 그것은 우리에게 기도의 영을 자극하는 소중한 예비적 보조 수단들을 소개해 준다. 그것은 우리에게 피조물들이 위대한 창조주께 다가가기를 갈망할 때 취해야 하는 적합한 마음자세를 보여 준다. 그것은 하나님께 상달되고 "역사하는 힘이 큰"(약 5:16) 탄원들에서 발견되는 몇 가지 요소들을 보여 준다. 만약 오늘날의 그리스도인들이 구약성경과 신약성경에 실려 있는 기도들에 좀더 깊이 관심을 기울이고 그것들을 본받는다면, 의심할 바 없이 그들은 좀더 효과적인 그리고 응답을 얻는 기도를 드리게 될 것이다.

기도 제정의 목적

앞 장에서 나는 다윗이 여호와 앞에 앉았던 것은(삼하 7:18) 그가 그분에게서 받은 메시지에 보다 진지하게 관심을 기울이고, 그것에 대해 숙고하고, 자기의 마음의 눈앞에 펼쳐진 하나님의 풍성한 은혜를 경건하게 바라보았음을 의미한다고 지적한 바 있다. 그 일이 기도보다 먼저 일어났는데, 이것은 우리가 염두에 두어야 할 소중한 교훈을 암시한다. 우리가 하나님의 선하심과 풍성하심 그리고 그분의 언약 안에 포함된 영광스러운 일들에 관해 묵상하는 것은 우리의 기도의 영을 놀라울 만큼 자극하고 우리를 적절하게 준비시킴으로써 우리가 담대하게 자비의 보좌를 향해 나아가도록 만든다. 우리가 과거에 하나님이 우리를 어떻게 대하셨는지 살펴보고 우리의 믿음을 미래에 대한 그분의 약속과 접목시킬 때 우리 안에서는 감사와 사랑의 불길이 타오른다. 우리가 하나님이 하신 말씀에 관심을 갖고, 양심에 괴로움을 느끼고, 감정이 동요하는 것을 제어하기가 어려운 때가 있다. 그리고 그때야말로 우리가 골방으로 물러가 그분 앞에 우리의 마음을 털어놓기에 가장 적합한 때다.

우리는 가끔 자신의 마음이 차가워지고 더 이상 기도의 영이 우리 안에서 활동하시지 않는다고 느끼는 때가 있다. 그러나 대개 그것은 한가한 변명에 불과하다. 그럴 경우 우리는 스스로 부끄러워하면서 하나님께 우리의 상태를 고백해야 하고, 그분이 우리의 마음의 병을 고쳐 주시고 다시 그분과 교제할 수 있도록 회복시켜 주시기를 간구해야 한다. 더 나아가 우리는 그런 불평의 원인을 찾아 시정해야 한다. 십중팔구 그것은 우리가 하나님의 말씀을 읽지 않기 때문이며, 설령 말씀을 읽을지라도 거룩한 반성이나 개인적인 적용 없이 기계적으로 읽기 때문이다. 만약 우리가 정기적으로 생명의 떡을 받아먹지 않는다면, 우리는 병들게 될 것이다. 하나님의 약속들에 대해 묵상하는 것 이상으로 우리의 마음을 따뜻하게 만들어 주는 것은 없다. "가슴 속 깊은 데서 뜨거운 열기가 치솟고 생각하면 할수록 괴로움만 더욱 커져서 주님께 아뢰지 않고는 견딜 수 없었다"(시 39:3, 표준새번역 – 역주).

앞 장에서 우리는 다윗이 이 경우에 보였던 깊은 겸손에 대해 살펴보았다. 이것 역시 우리의 교훈을 위해 기록된 것이다. 만약 우리가 적절한 방식으로 지존자께 나아가고자 한다면, 우리는 그분 앞에서 겸손한 자세를 지녀야 한다. 바로 그것이 기도의 주된 목적이며, 하나님이 그것을 거룩한 의식으로 삼으신 일차적인 이유다. 즉 하나님이 기도를 제정하신 이유는 우리의 마음을 낮춰 우리로 하여금 먼지 가운데 앉게 하고, 그분의 풍성하심에 의지하면서 그분 앞에서 거지처럼 무릎을 꿇게 하고, 그분이 채워 주시기를 바라며 빈손을 내밀게 하는 데 있다. 아, 오늘날 오만하고 뒤틀린 사람들은 얼마나 자주 하나님의 자비의 발등상을 그들이 뻔뻔스럽게 걸터앉는 의자로 바꾸는가! 또 그들은 얼마나 자주 전능자께 탄원하는 대신 그분을 향해 명령하는 죄를 짓는가! 아, 독자들이여, "나의 원대로 마시옵고 아버지의 원대로 하옵소서" 하고 기도하셨던 분이 하나님 앞에서 "얼굴을 땅에 대시고 엎드려 기도"하셨던 것을 신중하게 주목하라 (마 26:39).

은혜에 대한 시인

이제 다윗이 드렸던 모범적인 기도에 대해 생각하면서 – 그것에 선행되었던 것에 대해서는 위에서 충분히 살펴보았다 – 그 안에서 나타나는 여러 가지 요소들을 통해 유익을 얻어 보자. 다윗이 드린 기도에서는, 첫째, 모든 것이 값없는 은혜의 덕분으로 간주된다. "주 여호와는 주의 종을 아시오니 다윗이 다시 주께 무슨 말씀을 하오리이까 주의 말씀으로 말미암아 주의 뜻대로 이 모든 큰 일을 행하사 주의 종에게 알게 하셨나이다"(삼하 7:20-21). 다윗의 마음은 하나님의 주권적인 자비에 대한 의식으로 인해 깊이 동요되었다. 그는 자신과 자신의 후손에게 그런 복이 주어진 까닭을 이해할 수가 없었다. 그는 놀라서 정신이 멍해졌고, "다윗이 다시 주께 무슨 말씀을 하오리이까"라는 그의 말을 통해 드러나듯이, 할 말을 찾지 못했다. 때로 모든 참된 신자들의 상황이 그렇지 않은가? 그가 하나님의 넘치는 자비와 풍성한 은혜 그리고 자신에게 주어진 복된 미래에 대해 생각할 때, 그는 마음이 움직여 "내게 주신 모든 은혜를 내가 여호와께 무엇으로 보답할까"(시 116:12)라고 외치지 않겠는가?

이제 다윗은 자신의 하찮음과 무가치함을 인식하고(18절), 자신에게 약속된 영광스러운 미래를 내다보고(19절), 자신에게는 그런 복을 받을 만한 것이 아무것도 없음을 인식하면서, 그 모든 것의 참된 원인을 추적한다. "주의 말씀으로 말미암아 주의 뜻대로 이 모든 큰 일을 행하사 주의 종에게 알게 하셨나이다"(21절). 여기에서 다윗이 염두에 두었던 것은 "인격적인 말씀"(personal Word)으로, 성경이 그분에 관해 "태초에 말씀이 계시니라 이 말씀이 하나님과 함께 계셨으니 이 말씀은 곧 하나님이시니라"(요 1:1)라고 선포하는 그 말씀이다. 이것은 "그리스도로 말미암아 주님이 나를 높여 주셨습니다"라는 시인이다. "주의 뜻대로"는 "주님의 은혜로운 계획을 따라, 주님 자신의 기쁨 때문에"를 의미한다. 그렇다, 그런 것들이 그리고 오직 그런 것들만이 하나님이 우리에게 행하시는 모든 일의 원인이다. 그분은 그분이 사랑하시는 아들을 위해 그분의 백성에게 "그의 은혜의 풍성함을 따라" 그리고 "그의 기뻐하심을 따라" 은혜를 베푸신다(엡 1:7, 9).

하나님의 위대하심에 대한 찬양

둘째, 하나님의 위대하심이 인식되고 찬양된다. "그런즉 주 여호와여 이러므로 주는 위대하시니 이는 우리 귀로 들은 대로는 주와 같은 이가 없고 주 외에는 신이 없음이니이다"(삼하 7:22). 하나님의 선하심에 대한 다윗의 인식은 어떤 식으로도 하나님의 위엄에 대한 경외감 어린 숭배를 감소시키지 않았다. 이 문제와 관련해서는 지속적인 위험이 존재한다. 종종 우리는 하나님의 사랑에 지나치게 집착하다가 그분의 거룩하심을 망각하고, 그분의 자비를 지나치게 즐기다가 그분의 무한한 권능을 무시한다. 우리는 다른 모든 것에서처럼 여기에서도 균형을 잡을 필요가 있다. 그렇기에 구주께서는 우리에게 "하늘에 계신 우리 아버지시여"라고 말하도록 가르치셨다. 이 "하늘에 계신"이라는 말은 우리에게 황공하옵게도 우리를 자신의 가족으로 삼아 주신 분의 드높은 위엄을 상기시켜 주는 말이다. 우리를 향하신 하나님의 놀라운 은혜에 대한 우리의 인식이 그분이 우리보다 무한히 높이 계신 분이라는 사실에 대한 우리의 인식을 밀어내게 해서는 안 된다.

우리는 높이 계신 지존자께 기도를 드리고자 할 때 그분의 위대하심을 적절하게 시인해야 한다. 그것은 그분에게 합당한 영광을 그분께 돌려드리는 일이다. 기도는, 만약 우리가 그것을 우리의 요구 사항을 제시하는 것으로 제한한다면, 아주 낮은 수준으로 축소된다. 예배하는 자가 "여호와여 신 중에 주와 같은 자가 누구니이까 주와 같이 거룩함으로 영광스러우며 찬송할 만한 위엄이 있으며 기이한 일을 행하는 자가 누구니이까"(출 15:11)라고 외치기 위해서는 그의 영혼이 하나님의 완전하심에 매료될 필요가 있다.

우리는 하나님의 비할 바 없는 탁월하심을 진심으로 그리고 거리낌 없이 시인해야 한다. 솔로몬이 그렇게 했다. "이스라엘의 하나님 여호와여 위로 하늘과 아래로 땅에 주와 같은 신이 없나이다"(왕상 8:23). 여호사밧이 그렇게 했다. "우리 조상들의 하나님 여호와여 주는 하늘에서 하나님이 아니시니이까 이방 사람들의 모든 나라를 다스리지 아니하시나이까 주의 손에 권세와 능력이 있사오니 능히 주와 맞설 사람이 없나이다"(대하 20:6). 예레미야가 그렇게 했다. "여호와여 주와 같은 이 없나이다 주는 크시니 주의 이름이 그 권능으로 말미암아 크시니이다 이방 사람들의 왕이시여 주를 경외하지 아니할 자가 누구리이까"(렘 10:6-7). 이런 말씀들은 우리가 마음에 새겨야 할 얼마나 유익한 본보기인가! 우리가 하나님의 위대하심을 진심으로 시인할수록, 그분은 우리의 요구에 더 잘 응답해 주실 것이다.

하나님의 선하심에 대한 시인

셋째, 자기 백성에 대한 하나님의 특별한 선하심이 시인된다. "땅의 어느 한 나라가 주의 백성 이스라엘과 같으리이까 하나님이 가서 구속하사 자기 백성으로 삼아 주의 명성을 내시며 그들을 위하여 큰 일을, 주의 땅을 위하여 두려운 일을 애굽과 많은 나라들과 그의 신들에게서 구속하신 백성 앞에서 행하셨사오며"(삼하 7:23). 이방 나라들의 "신들" 중 아무것도 여호와와 비견될 수 없다. 그러므로 세상 사람들 중 그분이 택하신 백성들만큼 은혜를 입고 풍성한 복을 누리는 이들은 없다(마 21:43; 벧전 2:9). 오, 택하신 백성에게 놀라운 자비와 특별한 은혜를 베푸신 하나님께 그 어떤 찬양이 적합하겠는가! "주께서 사랑하시는 형제들아 우리가 항상 너희에 관하여 마땅히 하나님께 감사할 것은 하나님이 처음부터 너희를 택하사 성령의 거룩하게 하심과 진리를 믿음으로 구원을 받게 하심이니"(살후 2:13). 하나님의 특별한 은혜는 그것에 대한 특별한 시인을 요구한다. 우리가 그리스도 예수 안에서 그리고 그분을 통해서 얻는 구속은 우리의 가장 우렁찬 "호산나"를 요구한다. 오늘날 우리의 기도에는 찬양이 거의 들어 있지 않다. 그것이 없다는 것은 우리의 영성이 그만큼 낮은 상태에 있음을 의미한다. 즉 오늘 우리는 주님 대신 우리 자신에게 사로잡혀 있는 것이다. 성경에는 "감사로 제사를 드리는 자가 나를 영화롭게 하나니"(시 50:23)라고 말씀한다.

언약에 대한 찬양과 의존

넷째, 하나님의 언약이 찬양된다. "주께서 주의 백성 이스라엘을 세우사 영원히 주의 백성으로 삼으셨사오니 여호와여 주께서 그들의 하나님이 되셨나이다"(삼하 7:24). 본문 전체의 맥락에 비추어 볼 때, 여기에서 삼위일체 여호와와 언약 관계를 맺은 것으로 간주되는 대상이 영적 이스라엘임은 분명하다. 중요한 것은 "언약 관계"다. 아브라함에 대한 하나님의 약속 역시 마찬가지다. "내가 내 언약을 나와 너 및 네 대대 후손 사이에 세워서 영원한 언약을 삼고 너와 네 후손의 하나님이 되리라"(창 17:7). 이것은 새로운 언약에서도 마찬가지다. "나는 그들에게 하나님이 되고 그들은 내게 백성이 되리라"(히 8:10). 이런 사실은 기도하는 영혼을 크게 고무하고 담대해지게 한다.

다섯째, 약속을 믿고 탄원함. "여호와 하나님이여 이제 주의 종과 종의 집에 대하여 말씀하신 것을 영원히 세우셨사오며 말씀하신 대로 행하사"(삼하 7:25). 이것은 우리가 모방해야 할 복되고도 중요한 탄원이다. 이 구절에서 다윗의 신앙은 두 가지 방식으로 표현된다. 하나는 하나님의 말씀을 "믿는 것"이고, 다른 하나는 그 약속의 성취를 "탄원하는 것"이다. 그것이 우리의 탄원 기도의 핵심이 되어야 한다. 하나님은 말씀하시는 분일 뿐 아니라 또한 행동하시는 분이다.

"하나님은 사람이 아니시니 거짓말을 하지 않으시고 인생이 아니시니 후회가 없으시도다 어찌 그 말씀하신 바를 행하지 않으시며 하신 말씀을 실행하지 않으시랴"(민 23:19). 아, 그러나 우리가 이런 선언에 대해 마음으로 동의하는 것과, 우리의 마음이 실제로 그것에 의해 영향을 받고 그것을 우리의 것으로 삼는 것은 아주 다른 문제다.

참된 신앙인은 약속하시는 하나님을 바라보고, 그분이 우리에게 그 약속을 이행하시는 하나님이 되어 주시기를 기대한다. "너희를 부르시는 이는 미쁘시니 그가 또한 이루시리라"(살전 5:24). 기도중에 있는 신앙인이 해야 할 일은 하나님의 약속을 자신의 것으로 삼아 하나님께 그 약속을 이행해 주실 것을 요청하는 것이다. 야곱이 그렇게 했다. "주께서 말씀하시기를 내가 반드시 네게 은혜를 베풀어 네 씨로 바다의 셀 수 없는 모래와 같이 많게 하리라 하셨나이다"(창 32:12). 다윗은 또 다른 주목할 만한 예를 보여 준다. "주의 종에게 하신 말씀을 기억하소서 주께서 내게 소망을 가지게 하셨나이다"(시 119:49). 성경에서 "소망"은 모호하고 불확실한 갈망 이상의 것을 의미한다. 그것은 확신에 찬 기대를 의미한다. 다윗이 그런 확신에 찬 기대를 가졌던 것은 그가 여호와의 확실한 약속을 믿었기 때문이다. 그리고 그는 여기에서 하나님께 정중하게 그 약속을 상기시켜 드리고 있다. 독자들이여, 이 시편 전체를 살펴보라. 그리고 다윗이 얼마나 자주 하나님께 "주의 말씀대로" 행하시라고 요청하는지 주목하라(119:25, 28, 41, 58 등).

"말씀하신 대로 행하사." 신앙이 의지해야 할 유일한 토대는 하나님의 말씀이다. 하나님이 우리에게 그분의 말씀을 주신 중요한 이유들 중 하나는 그분의 백성들이 그것을 그들 자신의 것으로 삼게 하시기 위함이다(요 20:31; 요일 5:13). 우리가 그분이 우리에게 약속하신 것에 의지하는 것 이상으로 그분을 높여 드릴 수 있는 다른 방법은 없다(롬 4:20).

지금 우리의 상황이 어떠하든, 하나님의 말씀 속에는 그것에 정확하게 들어맞는 무언가가 들어 있다. 그리고 우리가 그것을 붙잡고 하나님 앞에서 그 말씀의 이행을 탄원하는 것은 우리에게 주어진 특권이다. 혹시 지금 더러운 죄 아래에서 신음하고 있는가? 그렇다면 이사야 1장 18절 말씀을 의지해 하나님께 탄원하라. 혹시 지금 너무나 약해져서 자신이 어떤 의무를 수행할 힘을 갖고 있지 않다고 느끼고 있는가? 그렇다면 이사야 40장 29-31절 말씀에 의지해 하나님께 탄원하라. 혹시 지금 자신의 길에 대해 너무나 혼란스러워 하나님의 긴급한 인도가 필요한 상태인가? 그렇다면 잠언 3장 6절과 야고보서 1장 5절 말씀에 의지해 하나님께 탄원하라. 혹시 지금 극심한 시험에 빠져 당황하고 있는가? 그렇다면 고린도전서 10장 13절 말씀에 의지해 하나님께 탄원하라. 혹시 지금 빈곤한 상태에 빠져 굶어죽지 않을까 두려워하고 있는가? 그렇다면 빌립보서 4장 19절 말씀에 의지해 하나님께 탄원하라. 정중하게 그분이 약속하신 것을 상기시키고 "말씀하신 대로 행해 주십시오"라고 탄원하라.

하나님의 영광에 대한 갈망

여섯째, 최고의 갈망—하나님이 영광 받으시는 것. "사람이 영원히 주의 이름을 크게 높여 이르기를 만군의 여호와는 이스라엘의 하나님이라 하게 하옵시며 주의 종 다윗의 집이 주 앞에 견고하게 하옵소서 만군의 여호와 이스라엘의 하나님이여 주의 종의 귀를 여시고 이르시기를 내가 너를 위하여 집을 세우리라 하셨으므로 주의 종이 이 기도로 주께 간구할 마음이 생겼나이다"(삼하 7:26-27). 이것이 우리가 드리는 모든 기도의 최고의 갈망이자 목표가 되어야 한다. "그런즉 너희가 먹든지 마시든지 무엇을 하든지 다 하나님의 영광을 위하여 하라"(고전 10:31). 그리스도께서 우리의 모범이 되도록 가르쳐 주신 기도는 "하늘에 계신 우리 아버지여 이름이 거룩히 여김을 받으시오며"라는 말로 시작되고, "영광이 아버지께 영원히 있사옵나이다"는 말로 끝난다(마 6:9, 13). 주 예수님은 자신이 선포하셨던 것을 실천하셨다. "지금 내 마음이 괴로우니 무슨 말을 하리요 … 아버지여, 아버지의 이름을 영광스럽게 하옵소서"(요 12:27, 28). 또한 그분의 제사장적인 기도 역시 "아버지여 때가 이르렀사오니 아들을 영화롭게 하사 아들로 아버지를 영화롭게 하게 하옵소서"(요 17:1)라는 말로 시작된다. 오, 그분의 가르침이 우리를 사로잡기를, 그래서 하나님의 영광이 우리의 큰 관심사가 되고, 그분의 영광이 우리의 지속적인 목표가 되기를!

일곱째, 말씀을 이행해 주시기를 바라는 최후의 탄원. "주 여호와여 오직 주는 하나님이시며 주의 말씀들이 참되시니이다 주께서 이 좋은 것을 주의 종에게 말씀하셨사오니 이제 청하건대 종의 집에 복을 주사 주 앞에 영원히 있게 하옵소서 주 여호와께서 말씀하셨사오니 주의 종의 집이 영원히 복을 받게 하옵소서"(삼하 7:28-29). 다윗은 그의 모든 소망을 하나님의 신실하심에 두었다. "내가 전심으로 주께 간구하였사오니 주의 말씀대로 내게 은혜를 베푸소서"(시 119:58). 이것은 "나는 그 이상도, 그 이하도 바라지 않습니다"라는 뜻이다. 우리는 하나님이 우리에게 주시겠노라고 약속하셨던 모든 것을 담대하게 요구할 수 있다. 매튜 헨리(Matthew Henry)가 말했듯이, "하나님의 약속을 탄원으로 바꾸면 그 약속은 이행된다." 그렇기에 우리는 "잘못 구하지" 않기 위해(약 4:3) 성경을 부지런히 읽어야 한다. 우리가 아무것도 의심하지 않고 믿음으로 행동하기 위해 말씀이 우리 안에 풍성히 거하는 것은 얼마나 필요한 일인가!

지면이 다 되었기에 여기에서 줄인다. 하지만 독자들이여, 다윗이 하나님께 영광을 돌리며 드렸던 기도에 포함된 이 일곱 가지 요소들을 신중하게 상고하라. 그리고 당신의 탄원을 그가 보인 모범을 따라 드리기 위해 성경의 도움을 구하라.

45

정복 (I)

사무엘하 8장

사무엘하 8장은 다음과 같은 구절로 시작된다. "그 후에 다윗이 블레셋 사람들을 쳐서 항복을 받고 블레셋 사람들의 손에서 메덱암마를 빼앗으니라 … 르홉의 아들 소바 왕 하닷에셀이 자기 권세를 회복하려고 유브라데 강으로 갈 때에 다윗이 그를 쳐서"(삼하 8:1-3). 생각이 많은 독자들은 이 구절을 읽고서 다음과 같이 물을지 모른다. "이게 나와 무슨 상관이 있는가? 어째서 이런 것들이 하나님의 말씀 안에 기록되어 모든 세대의 하나님의 사람들이 읽어야 하는 것인가?" 만약 그렇다면, 그들은 성경에서 역사적인 문제들 외에 다른 것을 보지 못하는 셈이다. 하지만 그런 식의 결론은 하나님의 모든 말씀

안에는 경건한 질문을 던지는 자들에게 유익이 될 만한 무언가가 있다고 확신하는 자들에게 만족스러운 것이 되지 못한다. 이런 구절이 갖고 있는 영적 가치와 실제적 교훈들을 규명하는 일은 적지 않은 사람들을 당혹스럽게 만든다. 주님께서 내게 능력을 주셔서 이 문제와 관련해 그들에게 얼마간이라도 도움을 줄 수 있게 하시기를!

성경에 영감을 불어넣으신 분 외에는 아무도 우리에게 이런 구절이 갖고 있는 숨겨진 깊이와 풍부한 보화를 열어 보일 수 없다는 것은 분명하다. 하지만 그분이 게으른 자들에게 상을 주시지 않는다는 것 또한 사실이다. 기도하고 묵상하는 이들은 성령께서 그들의 마음을 밝혀주실 때 하나님의 말씀에서 놀라운 것들을 발견하는 보상을 받는다. "게으른 자는 마음으로 원하여도 얻지 못하나 부지런한 자의 마음은 풍족함을 얻느니라"(잠 13:4). 그러므로, 만약 우리가 성경의 어느 한 구절이 우리의 마음을 향해 말을 하게 하려면, 우리는 하나님께서 우리에게 듣는 귀를 허락해 주시기를 간구해야 할 뿐 아니라, 또한 정신을 바짝 차리고 그 구절의 각 단어들을 신중하게 숙고해야 한다.

정복 기사의 의미

"그 후에 다윗이 블레셋 사람들을 쳐서 항복을 받고 블레셋 사람들의 손에서 메덱암마를 빼앗으니라 … 르홉의 아들 소바 왕 하닷에셀이 자기 권세를 회복하려고 유브라데 강으로 갈 때에 다윗이 그를 쳐서." 영적으로 깨어 있는 독자라면 이런 진술들을 읽을 때 그 안에서 다윗보다 탁월하신 분, 즉 그보다 위대한 그의 후손이자 그의 주님이신 분을 식별하는 데 실패하지 않을 것이다. 여기에서 우리는 유다 지파―이새의 아들 다윗은 그 지파에 속해 있었다―의 사자 (Lion, 창 49:9-10 참고)가 몸을 솟구쳐 일어나 그의 적들을 정복하는 모습을 분명하게 볼 수 있다. 예표적으로 이것은 "이기고 또 이기려고"(계 6:2) 앞으로 나아가는 "전쟁의 사람"(출 15:3)이신 주님의 모습이다. 그분에 관해 성경은 "그가 모든 원수를 그 발 아래에 둘 때까지 반드시 왕 노릇 하시리니"(고전 15:25)라고 말씀하고 있다. 그러나 이것은, 그 자체로는 아주 귀한 설명일지라도, 우리가 그 구절을 우리의 특별한 경우에 실제로 적용하도록 해 주지는 못한다.

그러므로 우리는 다시 묻지 않을 수 없다. "이 구절이 오늘날의 그리스도인들에게 주는 직접적인 메시지는 무엇인가? 이 구절에는 단순히 몇 분간의 오락거리로서 그들을 기쁘게 해 줄 수 있는 미묘한 의미를 넘어서는 어떤 실제적 교훈들, 즉 그들이 기독교적 삶을 살아가기 위해 싸우는 과정에서 유용하게 쓰일 수 있는 무엇이 들어 있는가?" 사탄에게 괴롭힘을 당하고, 죄로 인해 고통을 당하고, 시련에 의해 지친 영혼이 도움과 교훈과 힘과 위로를 얻기 위해 하나님의 말씀을 읽을 때, 그에게는 다른 무엇보다도 바로 그런 교훈이 필요하다. 그리고 만약 그가 올바른 마음으로 자신의 깊은 필요를 고백하고, 지극히 강력한 그리스도의 이름에 탄원하고, 구속주로 인해 하나님이 자신에게 자신이 그토록 갈망하는 지혜와 이해와 신앙을 허락해 주시기를 간구하면서 하나님을 찾는다면, 그분은 결코 그를 실망시키지 않으실 것이다. 그러나 한 가지 덧붙여야 할 것이 있다. 그것은 기도는 게으름을 부추기기 위해 고안된 것이 아니라는 것이다. 기도는 부지런한 노력에 대한 대체물이 아니다. 만약 우리가 성경을 통해 우리의 영혼에 필요한 음식을 얻고자 한다면, 우리는 그것을 연구하고 공부해야 한다(요 5:39).

그러나 경건하고 사려 깊은 독자가 위에 인용된 구절에서 영적 의미와 실제적 교훈을 얻고자 한다면, 그는 어떻게 해야 하는가? 첫째, 그는 그 구절의 핵심이 다윗이 그의 적을 정복했다는 것에 있음을 유념해야 한다. 여기에서 다윗은 안팎의 강력한 적들에게 위협 당하고 있는 그리스도인들에 대한 예표로 간주되어야 한다. 우리는 그런 적들이 우리를 지배하도록 묵인해서는 안 되며, 오히려 그것들에 맞서서 생명을 건 싸움을 전개해야 한다. 둘째, 우리는 다윗이 그 적들을 몰살하거나 전멸시킨 것이 아니라 그들을 "정복했다"(11절)는 것에 유념해야 한다. 이것은 이 구절들의 해석을 위한 열쇠를 제공해 준다. 셋째, 우리는 이 구절들의 첫머리에 나오는 시간에 대한 언급에 주목할 필요가 있다. "그 후에 다윗이 블레셋 사람들을 쳐서." 이것은 우리가 그 구절의 의미를 풀 수 있게 해 주는 또 다른 열쇠다. 우리는 그런 상세한 부분들에 신중하게 주목함으로써 이 구절의 표면 밑을 파고 들어갈 수 있다.

싸움을 위한 휴식

"그 후에 다윗이 블레셋 사람들을 쳐서"(삼하 8:1a) 이 표현은 우리가 사무엘하 7장 1절에서 살펴보았던 내용을 가리킨다. "여호와께서 주위의 모든 원수를 무찌르사 왕으로 궁에 평안히 살게 하신 때에." 우리는 이 말씀을 무거운 죄책의 짐을 지고 영혼의 악한 적들에게 심각하게 압박을 받던 죄인이 최초로 그리스도께 나아와 오직 그분 안에서만 그리고 그분을 통해서만 얻을 수 있는 영적 쉼을 얻는 문제에 적용해서는 안 된다. 그때까지 다윗은 그를 둘러싸고 있는 적들로부터 거듭해서 공격을 당했다. 그러나 이제 여호와께서 그에게 잠시 쉴 틈을 주셨다. 그는 그 시간을 말씀 안에서(삼하 7:4-17) 그리고 기도 안에서(삼하 7:18-29) 하나님과 달콤한 교제를 즐기며 보냈다. 이것은 참으로 복되다. 그러나 우리는 우리가 하나님과 교제하는 목적이 우리의 의무의 수행에 필요한 새로운 힘을 얻기 위함이라는 것을 깨달을 필요가 있다. 신자는 꽃으로 장식된 편안한 침대에 누워 천국에 이르지 않는다. 우리가 잔잔한 물가로 인도되고 푸른

초장에 눕는 것은 복된 경험이다. 하지만 우리는 그런 경험이 목적을 위한 수단, 즉 우리에게 의무를 수행하기 위한 힘을 제공해 주기 위한 방편이라는 것을 잊어서는 안 된다.

"그 후에 다윗이 블레셋 사람들을 쳐서." 우리는 여기에서 아주 주목할 만한 변화를 발견할 수 있다. 전에는 블레셋 사람들이 공격자였다. 사무엘하 5장에서 우리는 다음과 같은 말씀을 읽는다. "이스라엘이 다윗에게 기름을 부어 이스라엘 왕으로 삼았다 함을 블레셋 사람들이 듣고 블레셋 사람들이 다윗을 찾으러 다 올라오매 다윗이 듣고 요새로 나가니라 블레셋 사람들이 이미 이르러 르바임 골짜기에 가득한지라 … 블레셋 사람들이 다시 올라와서 르바임 골짜기에 가득한지라"(삼하 5:17, 18, 22). "여호와께서 주위의 모든 원수를 무찌르사 왕으로 궁에 평안히 살게 하신 때에"(삼하 7:1). 그러나 이제 그는 분명히 여호와로부터 명령을 받아 그들에 대해 전쟁을 수행하고 있다. 이런 상황은 그리스도인의 초기 경험에서도 마찬가지다. 그를 그리스도께 나아오게 만드는 것은 죄의식 – 죄의 악함, 더러움, 그리고 죄책 – 이다. 그리고 그는 그리스도께 나아와 "쉼"을 얻는다. 그러나 죄의 용서와 양심의 평안을 얻은 그는 이제 자신이 "죄와 싸우되"(히 12:4) 믿음의 선한 싸움을 해야 한다는 것을 배운다. 자신이 다가오는 진노에서 구원을 받았음을 아는 젊은 신자는 이제 자신이 "그리스도 예수의 훌륭한 군인답게, 고난을 함께 달게"(딤후 2:3,

표준새번역-역주) 받아야 하고 자신 안에서 하나님과 맞서는 그 어떤 것도 용서해서는 안 된다는 것을 깨닫는다.

"그 후에 다윗이 블레셋 사람들을 쳐서 항복을 받고"(삼하 8:1a) 이 구절은 신자들의 초기 경험에 적절하게 적용될 수 있는 반면, 어떤 의미로도 그것에만 국한되지 않는다. 이 구절은 기독교적 삶 전체와 그 각각의 단계에 해당되는 한 가지 원리를 포함하고 있다. 그 원리란, 우리는 우리의 영적 대적들과 싸움을 시작하기에 앞서 한동안 하나님과 교제하면서 지내야 한다는 것이다. 오직 그렇게 할 때만 그리고 그렇게 한 후에야 우리는 우리 앞에 놓인 싸움을 수행하기 위한 힘을 얻을 수 있다. 우리는 오직 성령을 통해 우리의 속사람이 새롭게 된 후에야 우리의 끈질긴 적들을 정복하기 위해 새로운 노력을 시작할 수 있다. 또 그렇게 해야만 얼마간이라도 그 싸움에서 성공을 거둘 수 있다. 그리고 우리의 속사람이 새로워지는 것은 오직 말씀을 먹고(삼하 7:4-17) 기도를 드리는 것(삼하 7:18-29)을 통해서만 가능하다. 말씀과 기도는 하나님과 교제하기 위한 두 가지 중요한 수단이다.

메덱암마 탈취의 예표적 의미

"블레셋 사람들의 손에서 메덱암마를 빼앗으니라"(삼하 8:1b). 여기에서 우리의 본문은 일반적인 것에서 특별한 것으로 나아간다. 또 여기에서는 한 가지 아주 중요한 실제적 진리가 거듭 제기된다. 이것은 우리가 성경의 뜻을 이해하기 위해서는 성경을 성경과 비교해야 한다는 것을 보여 주는 또 다른 경우다. 성경에서 사무엘하 8장과 병행을 이루는 본문은 역대상 18장이다. 그리고 우리는 역대상 18장의 첫 구절을 우리의 본문과 비교해 봄으로써 본문의 의미를 보다 정확하게 이해할 수 있다. "그 후에 다윗이 블레셋 사람들을 쳐서 항복을 받고 블레셋 사람들의 손에서 가드와 그 동네를 빼앗고"(대상 18:1). 그렇게 해서 "메덱암마"가 "가드와 그 동네"를 가리킨다는 사실이 드러난다. 블레셋의 주요 도시인 가드(그리고 그 주변 동네들)는 고지대에 위치한 요새화된 지역이었다. 우리의 본문에서 그것은 "메덱암마"라고 불리는데, 그것은 "모성[母城]의 굴레"(the bridle of the mother city, 개역 성경 난외주 참고 – 역주)라는 의미를 갖고 있다. 그 도시는 오랫동안 이스라엘에게 굴레 혹은 재갈의 역할을 해왔다. 그 도시는 이스라엘이 가나안을 추가적으로 정복하는 것을 가로막는 장애물이었다. 그 도시의 어원적이고 역사적인 의미에 대해서는 그쯤 해두고, 이제 그것의 예표적 의미를 살펴보도록 하자.

"가드와 그 동네"란 영적으로 무엇을 의미하는가? 이 질문에 대한 해답을 찾는 과정에서 우리는 위에서 언급된 다음 세 가지 사항에 유념할 필요가 있다. 첫째, 가드는 강력한 고지대를 점유하고 있었다. 둘째, 그것은 주요 도시 혹은 모성(母城)이었다. 셋째, 그것은 이스라엘에 대한 "굴레"의 역할을 하고 있었다. 이런 내용을 우리 자신에게 실제적으로 적용하는 것은 어렵지 않다. 여기에서 "가드와 그 동네"가 의미하는 것은 우리의 영혼 안에 있는 주된 욕망 혹은 우리의 삶 속에 들어 있는 지배적인 죄가 아니겠는가?

만약 어떤 그리스도인이 자신의 내적 타락을 극복하는 일에서 진척을 이루고자 한다면, 그에게 필요한 일은 속눈썹을 정리하는 것이 아니라 "눈"을 빼내는 것이고, 손톱을 깎는 것이 아니라 "오른손"을 잘라버리는 것이다(마 5:29-30). 그는 특별히 자신을 괴롭히는 죄에 관심을 두어야 한다. 그는 그 죄와 휴전하거나 그것에 대해 변명해서는 안 된다. 그 죄가 아무리 든든한 참호를 파놓았을지라도, 또 그것이 아무리 오랫동안 그를 지배해 왔을지라도, 그는 그것을 정복하기 위해 부지런히 그리고 끈질기게 은혜를 구해야 한다. 악한 마음이 오랫동안 품어 왔던 매력적인 죄는 죽임을 당해야 한다. 만약 그것이, 마치 사울이 아각을 살려 두었던 것처럼(삼상 15:1-9), 죽임을 당하지 않는다면, 그 죄가 그를 죽일 것이다. 죄는 "완화[緩和]의 작업"이 시작되는 곳에서 우리에게 가장 강력한 힘을 행사한다.

이스라엘이 가나안 땅에 대한 권리를 얻기 위해서는 블레셋을 정복하는 것, 특히 그중에서도 가드를 탈취하는 것이 꼭 필요했다.

당시에 그들은 하나님의 약속에 의해 그들의 것이 된 땅을 아직 완전히 소유하고 있지 않았다. 가나안은 하나님이 그들에게 유업으로 주신 땅이었다. 그러나 그들이 그것을 실제로 점유하기 위해서는 맹렬한 노력과 힘겨운 싸움이 필요했다. 이런 사실은 많은 이들을 당혹스럽게 만든다. 가나안 땅이 천국에 대한 상징이라는 것은 성경을 통해 분명하게 드러난다. 그러나 천국에는 아무런 싸움도 없다! 옳은 말이다, 그러나 신자들은 아직 천국에 있지 있다. 그럼에도 천국은 그들 안에 있어야 한다. 이것은 신자들은 지금도 매일 그들이 그리스도와 공동 상속자가 됨으로써 이미 그들의 것이 된 천국이라는 놀라운 유업이 제공하는 기쁨을 누리며 살아야 한다는 뜻이다. 아, 오늘날 하나님의 소중한 백성들 중 이런 사실을 이해하는 이들은 얼마나 적은가? 또 그들 중 "자기 기업"(욥 17)을 실제적으로 소유하고 있는 이들은 얼마나 적은가?

오늘날 너무나 많은 성도들이 그들의 승리와 기쁨과 축복의 시간을 미래로 미뤄둔 채 영적 거지들처럼 현재의 삶에 만족하고 있는 것은 너무나 유감스러운 일이다. 예를 들어, "이같이 하면 우리 주 곧 구주 예수 그리스도의 영원한 나라에 들어감을 넉넉히 너희에게 주시리라"(벧후 1:11)라는 말씀은 일반적으로 신자의 죽음의 순간을 가리키는 것으로 간주되고 있다. 그러나 그 말씀 속에는 그런 견해를 보증할 만한 것이 아무것도 들어 있지 않다. 즉 그 말씀 속에는

"넉넉히 들어감"을 미래에 속한 것으로 이해하거나 그 일을 우리 마음대로 늦추는 것을 정당화할 만한 것은 아무것도 들어 있지 않다. 오히려 그것과 반대되는 내용이 많이 들어 있다. 그보다 앞선 구절들에서 사도는 신자들에게 그들의 부르심과 택하심을 굳게 하라고 권면하는데(10절), 그는 그들의 믿음에 "덕"을 비롯한 여러 가지 것들을 더함으로써 그렇게 하라고 권면한다(5-7절). 또 그는 그들이 그렇게 하면 "언제든지 실족하지 아니하리라"고 보증한다.

법적으로 신자들은 이미 흑암의 권세에서 건짐을 받아 그리스도의 나라로 옮겨졌다(골 1:13). 그러나 실제로 그곳으로 넉넉히 들어가는 일은 그들의 영적 성장 여하에 그리고 그들이 자기들이 받은 은사들을 얼마나 발전시키느냐에 달려 있다. 신자들은 이미 "썩지 않고 더럽지 않고 쇠하지 아니하는 유업"(벧전 1:4)을 얻었다. 그러나 그들이 실제로 그것들을 즐기려면 그들의 신앙이 작동해야 한다. 그리스도께서는 "너희 조상 아브라함은 나의 때 볼 것을 즐거워하다가"(요 8:56a)라고 말씀하신 바 있다. 그러나 그가 어떻게 그것을 볼 수 있었을까? "믿음으로"다. 그가 그것을 볼 수 있는 다른 방법은 없었다. 아브라함은 하나님의 약속에 대한 믿음을 가짐으로써 그것을 볼 수 있었다. 믿음이 가져다준 이 황홀한 비전이 아브라함에게 끼친 영향은 어떠했던가? 그는 그것을 "보고 기뻐했다"(56b절). 마찬가지로 오늘날의 신자들도 믿음이라는 장거리 렌즈를 사용해 그들에게 약속된 유업을 바라보고 그로 인해 기뻐해야 한다. 그러면 "여호와로 인하여 기뻐하는 것"이 그들의 "힘"이 될 것이다(느 8:10).

죄, 영적 메뎩암마

이스라엘은 가나안 땅에 대해 적법한 소유권을 갖고 있었다. 그 땅은 하나님이 그들에게 주신 선물이었다. 그러나 적들은 그 땅에 대한 자신들의 점유를 지속하려 했다. 마찬가지로 오늘날 적들은 그리스도인들이 그들의 유업을 믿음으로 점유하고 즐기는 것을 방해하려 하고 있다. 그렇다면 그런 적들이란 도대체 무엇인가? 주로 육신의 정욕, 죄로 가득 찬 습관들, 그리고 사악한 생활 방식 등이다. 우리가 육신의 정욕에 굴복하는 한 믿음은 건강하게 작동하지 못한다. 오늘날 얼마나 많은 성도들이 자신들의 믿음이 연약하고, 간헐적이고, 열매가 없는 것 때문에 한숨을 쉬고 있는가! 그렇다면 그들이 그렇게 된 원인은 무엇인가? 그것은 그들이 죄를 허용했기 때문이다! 믿음과 죄는 서로에게 적이다. 그러므로 죄를 정복하기 전에는 믿음이 왕성해질 수 없다. 우리가 자신의 정욕을 진지하게 억제하고, 그리스도의 명예를 더럽히는 부패를 십자가에 못 박고, 우리를 괴롭히는 죄와 맞서면서 그것을 극복하기 전에는, 더 큰 믿음을 얻기 위해 아무리 기도해봤자 소용없다.

"다윗이 블레셋 사람들을 쳐서 항복을 받고" 예표적으로 이것은 신자들이 "신중함과 의로움과 경건함으로 이 세상에 살기 위해" "경건하지 않은 것과 이 세상 정욕을 다 버리고"(딛 2:12) 그들의 내부에서 하나님께 대적하고 있는 모든 것들과 맞서 치열한 싸움을 전개하는 것을 가리킨다. 이것은 사도 바울이 고린도전서 9장 27절에서 말씀하는 "내가 내 몸을 쳐 복종하게 하는 일"이다. 거기에서 그의 "몸"은 육체적 몸이라기보다는 그의 내부에 있는 "옛 사람"(엡 4:22), "죄의 몸"(롬 6:6), 그리고 "이 사망의 몸"(롬 7:24)을 가리킨다. 혹은 그가 다른 곳에서 말했던 "육신의 죄의 몸"(골 2:11, the body of the sins of the flesh, KJV-역주)을 가리킨다. 이 구절에서 우리 안에 있는 죄는 "몸"으로 말해지는데, 그것은 그 몸이 일련의 완전한 지체들 혹은 그 자신의 기능들을 갖고 있기 때문이다. 그리고 그리스도인들은 이런 지체나 기능들을 정복해야 한다. "하나님 아는 것을 대적하여 높아진 것을 다 무너뜨리고 모든 생각을 사로잡아 그리스도에게 복종하게 하니"(고후 10:5).

"블레셋 사람들의 손에서 메덱암마를 빼앗으니라"(삼하 8:1b). 예표적으로 이것은, 앞에서 이미 말했듯이, 일반적인 것에서 특별한 것으로, 즉 전반적인 금욕에서 성도를 제압하고 있는 특별한 죄를 십자가에 못 박는 일로 넘어가는 것을 가리킨다. 이것은 신자들이 그들의 주된 욕망 혹은 가장 고통스러운 죄, 즉 너무나 많은 무도한 일들의 비옥한 근원이 되는 "근본적인"(mother) 악과 그들이 하나님이 그들을 위해 준비해 두신 가장 좋은 것들을 얻지 못하도록 오랫동안 방해해 왔던 "굴레"(bridle)에 관심을 집중하는 것을 가리킨다. 지면이 다 되었지만 이 주제는 너무나 중요하기에 다음 장에서 계속하기로 한다.

46

정복 (II)

사무엘하 8장

앞 장에서 우리는 사무엘하 8장의 주요 내용이 다윗이 그의 적들을 정복하는 것이며, 이것은 이스라엘 백성으로 하여금 그들이 그것에 대해 정당한 권리를 가진 땅으로 들어가 하나님이 그들에게 주신 유업을 얻어 누리게 하기 위한 것임을 지적했다. 또 우리는 사무엘하 8장이 "그리고"(And, KJV. 한글 성경에는 번역되어 있지 않다 - 역주)라는 단어로 시작된다는 사실에 주목했으며, 그것은 우리에게 그것보다 앞선 내용을 살펴보도록 만들었다. 사무엘하 7장에서 우리는 "여호와께서 주위의 모든 원수를 무찌르사 왕으로 궁에 평안히 살게"(1절) 하셨다는 것과, 그가 여호와와 교제하면서 그분의 말씀을 묵상하고

(4-17절) 기도하면서(18-29절) 휴식의 시간을 가졌다는 것을 살펴보았다. 그 후 다윗은 하나님으로부터 그의 가장 강력한 적들을 공격하고 정복하라는 명령을 받은 것이 분명했다. 왜냐하면 곧 이어서 다음과 같은 말씀이 나오기 때문이다. "그 후에 다윗이 블레셋 사람들을 쳐서 항복을 받고"(삼하 8:1a).

이 구절을 신자들에게 영적으로 적용하는 것은 놀랍고도 복되다. 다윗이 그동안 그를 공격했던 자들로부터 "쉼"을 얻었다는 것은, 첫째, 회심하고 죄에 지친 영혼이 처음으로 그리스도께 나아와 그분 안에서 쉼을 얻는 것을 예표한다. 둘째, 그리스도인의 죄악된 욕망에 대한 하나님의 제어하시는－그런 욕망의 공격으로부터 얼마간 쉼을 얻게 하시기 위한－손길을 예표한다. 만약 우리가 삼위일체 하나님과의 달콤하고 유익한 교제를 얻고자 한다면 이것은 필수적인 요소다. 왜냐하면 우리는 우리 안에서 죄가 발호하는 동안에는 그분의 완전하심을 즐길 수 없기 때문이다. 그러므로 주님은 종종 그분의 자비하심 때문에 우리에게 강력한 손을 얹으시고 "우리의 죄악을 발로 밟으신다"(미 7:19). 그러므로 우리는 약속의 말씀을 받아먹고 감사와 찬양과 진정어린 예배를 통해 하나님 앞에 우리의 마음을 쏟아 놓음으로써 그런 기회를 증진시켜야 한다. 다윗은 자신의 "쉼"을 그렇게 이용했고, 우리 역시 그렇게 해야 한다. 왜냐하면 그렇게 함으로써 우리는 또 다른 싸움을 위한 새로운 힘을 얻을 수 있기 때문이다.

블레셋 정복의 예표적 의미

다윗이 블레셋 사람들을 쳐서 정복한 사건은 하나님이 그리스도인들에게 요구하시는 "죽임"(mortification)에 대한 상징이다. "그러므로 땅에 있는 지체를 죽이라[mortify] 곧 음란과 부정과 사욕과 악한 정욕과 탐심이니 탐심은 우상 숭배니라"(골 3:5). 하나님이 자기 백성들에게 분명하게 요구하시는 것은 다음과 같다. "그러므로 너희는 죄가 너희 죽을 몸을 지배하지 못하게 하여 몸의 사욕에 순종하지 말라"(롬 6:12). 그리스도인은 육신의 욕망이 자기를 지배하도록 허용해서는 안 되며, 그것들에 맞서서 죽음을 각오하고 싸워야 한다. 그리고 자기 안에서 하나님과 맞서서 일어서는 그 어떤 것도 용서하지 말아야 한다. 다윗이 블레셋 사람들의 손에서 "메덱암마"(이것은 "모성[母城]의 굴레"를 의미한다)를 빼앗은 것은 신자들이 그들의 주된 욕망에 대해 혹은 그들을 가장 괴롭히는 죄에 대해 특별한 관심을 가져야 한다는 것을 의미한다. 그것을 은혜를 통해 정복하지 않고서는, 영적인 일에서 의미 있는 참된 진전이 불가능하기 때문이다. "그런즉 거짓을 버리고 각각 그 이웃과 더불어 참된 것을 말하라 … 도둑질하는 자는 다시 도둑질하지 말고 돌이켜 가난한 자에게 구제할 수 있도록 자기 손으로 수고하여 선한 일을 하라 무릇 더러운 말은 너희 입 밖에도 내지 말고 오직 덕을 세우는 데 소용되는 대로 선한 말을 하여 듣는 자들에게 은혜를 끼치게 하라"(엡 4:25, 28-29).

다윗이 블레셋을 치고 그들의 요새 메덱암마를 빼앗은 것은 이스라엘이 그들의 유업을 얻어 누리기 위해서는 반드시 필요한 일이었다. 그리고 바로 그것이 내가 독자들에게 강조하고 싶은 내용이다. 그리스도인들은 하늘에 있는 복되고 영원한 유업을 얻도록 지음을 받았다. 그들이 일단 그 안으로 들어가기만 하면, 사탄은 더는 그를 어쩌지 못한다. 그러나 사탄은 온 힘을 다해 그리스도인들이 지금 그것을 얻어 누리지 못하도록 가로막는다. 그리고 만약 신자들이 적절한 가르침을 받지 못하거나 지속적으로 저항하지 않는다면, 유감이지만 그 적은 그 일에서 성공할 것이다. 아, 오늘날 하나님의 백성들 중 자신들이 지금 누리고 있는 특권이 무엇인지 깨닫지 못하는 자들이 얼마나 많은가! 아, 그들 중 얼마나 많은 이들이 그들이 지금 누릴 수 있는 것을 미래로 미루고 있는가! 아, 그들은 사탄의 계략에 대해 얼마나 무지하고 그 큰 적에 맞서 자신들의 영혼을 지키는 일에 얼마나 게으른가!

지금 누리는 영원한 유업

신자들은 지금도 그리스도 안에서 풍성하고도 놀라운 그들의 몫을 갖고 있다. 그 몫은 믿음으로 얻을 수 있다. "만물이 다 너희 것임이라 바울이나 아볼로나 게바나 세계나 생명이나 사망이나 지금 것이나 장래 것이나 다 너희의 것이요 너희는 그리스도의 것이요 그리스도는 하나님의 것이니라"(고전 3:21-23). 오, 그러나 우리는 이런 놀라운 선언에도 그다지 깊은 인상을 받지 않는다. 우리는 그런 선언들에 실제적으로 공감하지 않고, 그것들을 우리 자신의 것으로 삼지 않는다. 마치 우리는 자신에게 아주 값진 재산이 남겨졌음을 알지 못한 채 가난 속에서 죽어가는 사람과도 같다. 우리는 위에 있는 것들에만 마음을 두고서 마치 우리가 죽음의 문을 통과하기 전까지 우리가 누릴 수 있는 것이 아무것도 없는 것처럼 행동한다. 그러나 "주의 앞에는 충만한 기쁨이 있고 주의 오른쪽에는 영원한 즐거움이 있나이다"(시 16:11)라는 말씀은 미래에뿐 아니라 현재에도 해당되는 말씀이다!

그리스도인이 그의 영원한 유업을 현재에도 즐기며 사는 것과 그렇게 살지 않는 것은 굉장한 차이를 낳는다. 높은 곳에 마음을 두고 사는 이에게 이 세상의 매력적인 것들이 무슨 힘을 쓸 수 있겠는가? 전혀 쓰지 못한다. 오히려 그는 그것들을 참된 빛 안에서 바라본다. 그에게 그것들은 무가치한 허섭스레기들에 불과하다. 그는 몇 가지 세속적인 것들을 잃는다 해도 크게 영향을 받지 않는다. 그는 그것들을 자신의 보화나 중요한 재산으로 여기지 않는다. 따라서, 설령 그가 그것들을 잃는다 해도, 그의 평안이 파괴되거나 그의 기쁨이 사라지지 않는다. "너희가 … 너희 소유를 빼앗기는 것도 기쁘게 당한 것은 더 낫고 영구한 소유가 있는 줄 앎이라"(히 10:34). 우리가 그런 믿음을 갖고 있다면, 고난이나 고통도 우리가 계속해서 의무의 길을 걸어가는 것을 가로막지 못한다. "믿음의 주요 또 온전하게 하시는 이인 예수를 바라보자 그는 그 앞에 있는 기쁨을 위하여 십자가를 참으사 부끄러움을 개의치 아니하시더니 하나님 보좌 우편에 앉으셨느니라"(히 12:2).

그러나 우리가 우리의 영원한 유업을 현재에도 즐기기 위해서는 믿음이 작동되어야 한다. 왜냐하면 "믿음은 바라는 것들의 실상이요 보이지 않는 것들의 증거"(히 11:1)이기 때문이다. 믿음은 눈에 보이지 않는 것에 가시성(可視性)과 가촉성(可觸性)을 제공한다. 믿음은 우리가 소망하는 것에 실제성(實際性)을 제공한다. 믿음은 멀리 떨어져 있는 것을 가까이 끌어온다. 믿음은 우리의 마음을 시간과 감각에 속한 것들 위로 들어올린다.

"믿음으로 모세는 장성하여 바로의 공주의 아들이라 칭함 받기를 거절하고 도리어 하나님의 백성과 함께 고난 받기를 잠시 죄악의 낙을 누리는 것보다 더 좋아하고 그리스도를 위하여 받는 수모를 애굽의 모든 보화보다 더 큰 재물로 여겼으니 이는 상 주심을 바라봄이라"(히 11:24-26). 아, "상 주심"은 모세에게는 생생한 실제였다. 그러므로 그가 "상 주심"이라는 고양시키는 힘의 지배를 받고 있는 한, 애굽의 공주가 제공하는 매혹적인 제안들은 그를 밑으로 끌어내릴 수 없었다. 아, 독자들이여, 만약 실제로 "우리의 시민권이 하늘에"(빌 3:20) 있다면, 우리를 유혹하는 사탄의 미끼들은 우리에게 불쾌한 것이 될 것이다.

선행 조건

그러나, 앞 장에서 지적했듯이, 우리가 "죽임"(육신의 정욕을 물리치는 일 – 역주)을 무시한다면, 우리의 믿음은 건강하게 작동할 수 없다. 만약 우리가 우리의 육신과 세상적 욕망의 유혹에 굴복한다면, 만약 우리가 끊임없이 우리를 괴롭히는 죄악들을 십자가에 못 박지 않는다면, 만약 우리가 그 어떤 악이라도 허용한다면, 그때 우리의 믿음은 질식될 것이고 우리는 수동적인 상태에 빠질 것이다. 가나안 사람들과 이스라엘 사람들이 약속의 땅을 동시에 점유할 수 없었던 것처럼 – 그들 중 어느 한쪽은 다른 쪽에게 그 땅에 대한 점유권을 넘겨주어야 했다 – 믿음과 죄 역시 사람의 마음을 동시에 차지할 수 없다. 하나님이 가나안 땅을 이스라엘 백성에게 주시기로 약속하셨을 때, 그 땅은 이미 우상을 숭배하는 가나안 사람들에게 점유된 상태였다. 마찬가지로 원래 그리스도인의 마음을 사로잡고 있는 것은 죄로 가득 찬 정욕이다. 따라서 그리스도인의 마음에서 그것들을 털어내고 그 빈자리를 하늘의 것으로 채우기 위해서는 거친 싸움을 하는 수밖에 없다.

이스라엘 백성들은 가나안 사람들의 자리를 차지하기 위해 그들을 정복해야 했다. 이것은 영적으로도 마찬가지다. 영성을 회복하기 위해서는 먼저 죄를 죽여야 한다. 정원에 채소와 꽃을 심으려면 먼저 그 안에 있는 잡초와 쓰레기를 깨끗이 치워야 한다. 그렇기에 성경에는 다음과 같은 말씀들이 반복되어 나타난다. "너희 악한 행실을 버리며 행악을 그치고 선행을 배우라"(사 1:16-17), "악을 버리고 선을 행하라"(시 34:14), "너희는 악을 미워하고 선을 사랑하라"(암 5:15). 전자가 수행되기 전까지는 후자가 이루어질 수 없다. "너희는 유혹의 욕심을 따라 썩어져 가는 구습을 따르는 옛 사람을 벗어 버리고 … 하나님을 따라 의와 진리의 거룩함으로 지으심을 받은 새 사람을 입으라"(엡 4:22, 24). 이것은 하나님의 불변하는 명령이다. 만약 우리가 "하나님을 두려워하는 가운데서 거룩함을 온전히" 이루려면, 우리는 "육과 영의 온갖 더러운 것에서 자신을 깨끗하게" 해야 한다(고후 7:1).

오바댜 17절 말씀의 순서는 얼마나 교훈적이며 얼마나 놀라운가! "오직 시온 산에서 피할 자가 있으리니 그 산이 거룩할 것이요 야곱 족속은 자기 기업을 누릴 것이며." 첫째, 구원은 시온 산에 있다. 시온 산은 그리스도가 계신 곳이다. (시편 2편 6절에서 하나님은 "내가 나의 왕을 내 거룩한 산 시온에 세웠다"고 선포하신다.) 죄에 시달리는 신자들이 그들의 평안과 기쁨과 유용성을 파괴하려는 적들로부터 구원을 얻는 것은 그리스도를 통해서만 가능하다. 둘째, 구원 다음에 거룩에 대한 약속이 나온다. 거룩은 적극적인 요소로서 순결이라는 도덕적 자질을 가리키는데, 거기에는 또한 "하나님께 바쳐진 것"이라는 추가적인 의미가 내포되어 있다. 그러나 이것이 "구원"보다 앞설 수 없음에 주목하라! 셋째, 다음으로 하나님의 백성들이 "자기 기업을 누리리라"는 보장, 즉 그들이 그 기업을 실제로 즐기며 그로 인해 힘을 쓰며 살아가리라는 확실한 약속이 나타난다.

모압 정복의 예표적 의미

"다윗이 또 모압을 쳐서"(삼하 8:2a). 이 구절을 우리 자신에게 적용하기 위해서는 구약 성경의 앞 부분으로 돌아갈 필요가 있다. 창세기 19장 36-37절에서 우리는 모압이 타락한 롯이 근친상간을 통해 낳은 아들이었음을 배울 수 있다. 그들의 영토는 가나안 땅과 인접해 있었고, 요단강이 그들을 갈라놓고 있었다(민 22:1; 31:12). 발람을 시켜서 이스라엘을 저주하게 했던 것은 모압 왕 발락이었다 (민 22:4-5). 모압 땅은 이스라엘 자손들에게는 일종의 덫이었다(민 25:1). 또 그것은 나오미와 그녀의 가족들에게도 덫이었다(룻 1:1).

사사 시대에 하나님은 모압 사람들을 그분의 엇나가는 백성들을 징계하기 위한 회초리 중 하나로 사용하셨다(삿 3:12-14). 모압 사람들은 십 대가 지나갈지라도 여호와의 총회에 들어올 수 없었다(신 23:3). 그리스도께서 그들을 "치시리라"는 예언이 있었다(민 24:17). 성경에 나오는 그들에 대한 마지막 언급 속에서 우리는 다음과 같이 읽는다. "장차 모압은 소돔 같이 될 것이다"(습 2:9).

이상의 사실로부터 우리는 모압 사람들이 이스라엘 사람들에게 위협이 되었다는 것과 그 두 민족 사이에 교제란 있을 수 없는 일이었다는 것을 분명하게 알 수 있다. 그러나 여기에서 우리가 분명하게 해둘 필요가 있는 것은, 모압 사람들이 정확하게 무엇을 상징하느냐 하는 것이다. 이 질문에 대한 답을 찾는 것은 어렵지 않다. 그들은 하나님을 떠난 세상을 상징한다. 보다 특별하게는 교회와 인접한 세상, 즉 계속해서 하나님의 백성들을 그들의 유업에서 떠나 자기네 수준으로 내려오도록 유혹하는 세상을 상징한다. 모압 사람들은 태생적으로 그리고 지역적으로 이스라엘과 가까웠다. 그들 사이에는 오랜 그리고 강력한 경계선이 있었다. 그 경계선은 바로 죽음의 강인 요단강이었다. 하나님의 백성들이 그들의 영토 속으로 들어가려면 요단강을 건너야만 했다. 그러므로 모압은 교회와 인접한 세상을 예표한다. 다시 말해, 모압은 거룩한 일들에 대한 일종의 세속적인 고백(worldly profession)을 대표한다.

"그러나 내게는 우리 주 예수 그리스도의 십자가 외에 결코 자랑할 것이 없으니 그리스도로 말미암아 세상이 나를 대하여 십자가에 못 박히고 내가 또한 세상을 대하여 그러하니라"(갈 6:14). 그리스도의 십자가는 요단강의 대형(對型, Antitype)이다. 그리스도인이 세상과 구별되는 것은 십자가 때문이다. 십자가의 원리, 즉 자기희생과 죄에 대한 죽음의 원리가 그리스도인을 다스리는 동안, 그는 세상의 감언이설로부터 보호된다. 그러나 십자가의 원리, 즉 죽음과 자기 부정이 우리를 지배하기를 그칠 때, 우리는 아름다운 "모압 여자들"에게 넘어가 그들과 더불어 영적 간음을 행한다(민 25:1). 다시 말해, 우리의 증언은 알맹이 없는 고백으로 타락하고, 우리는 하늘의 순례자가 되기를 그치고, 소중한 경건은 과거의 유물이 되고 만다. "우리로 하여금 우리의 참된 집을 잊게 만드는 세상의 모든 매력적인 기쁨은 '모압 여자들'이다"(F. C. Jennings).

"다윗이 또 모압을 쳐서." 이 구절을 오늘날의 우리에게 영적으로 적용해 보자. 우리는 배교한 기독교계와 단호하게 갈라서야 하고, 우리로 하여금 세상적인 교회들과 시시덕거리게 만드는 우리 안에 있는 모든 갈망들을 가차 없이 죽여야 한다. 하나님의 자녀가 모압의 세력권 안으로 들어가는 것은 그의 유용성과 능력과 기쁨을 비참함과 무능과 불명예로 대체하는 것이다. 그러므로 우리는 다음과 같은 단호한 명령에 순종해야 할 긴급한 필요가 있다. "경건의 모양은 있으나 경건의 능력은 부인하니 이같은 자들에게서 네가 돌아서라"(딤후 3:5). 이것은 우리가 마치 구약 시대의 이스라엘 사람들처럼 오늘날의 모압인들과 싸워야 한다는 뜻이 아니라, 세상의 매력적인 것들에 대한 우리의 갈망을 억눌러야 한다는 것을 의미한다. 다윗이 "모압 사람들 중 삼분의 일을 살려 주고"(삼하 8:2 난외주 참고- 역주) 그들로부터 조공을 받은 것 때문에 발생한 슬픈 결과는 열왕기하 3장 4-5절과 그 이하의 이야기들을 통해 잘 드러난다.

무수히 많은 적들

나는 사무엘하 8장에 실려 있는 모든 내용을 살피고 그것들을 우리에게 영적으로 적용할 만한 충분한 지식과 분별력을 갖고 있지 못하다. 그러므로 나는 거기에서 분명하게 드러나는 몇 가지 다른 요점들에만 주목하기로 하겠다. "르홉의 아들 소바 왕 하닷에셀이 … 유브라데 강으로 갈 때에 다윗이 그를 쳐서"(삼하 8:3). "다윗이 아람 사람 이만 이천 명을 죽이고"(5절). 하나님의 백성들이 맞서 싸워야 하는 (영적인) 적들의 수효는 얼마나 많은가! 우리는 다윗이 블레셋과 모압 사람들을 정복한 후 전쟁을 그만 둔 것이 아니라, 계속해서 다른 적들을 공격했다는 사실에 신중하게 주목할 필요가 있다. 그러므로 그리스도인들 역시 그렇게 하는 데 지치지 말아야 한다. 예수 그리스도의 군사들에게는 휴가가 없다. 그들은 "견실하며 흔들리지 말고 항상 주의 일에 더욱 힘쓰는 자들이 되라"(고전 15:58)는 부르심을 받고 있다. 그리고 그리스도께서 그들에게 맡기신 일이나 과업은, 이어지는 본문이 잘 보여 주듯이, 죄에 대해 승리를 거두는 것이다.

이제 하나님의 백성들 중 어떤 이들이 내가 이 장과 앞 장에서 말했던 내용에 대해 제기할 수도 있는 반론에 대해 살펴보자. "그동안 당신은 인간의 자기 충족성과 피조물의 능력에 대해 부정적으로 말해 오지 않았는가?" 맞다, 정말로 그렇다. 그러나 다른 한편으로 나는 그리스도인들의 무능을 옹호하는 사람도 아니다. 영적 무기력과 관련해 중생한 자와 중생하지 못한 자 사이에는 아주 큰 차이가 존재한다. 더 많은 믿음과 더 많은 능력을 얻는 방법은 우리가 이미 갖고 있는 것을 사용하는 것이다. 그러나 지금 나는 그리스도인이 자신의 힘으로 영적인 적들을 제압할 수 있다고 말하는 게 아니다. 다윗도 마찬가지였다. 그가 맞서야 했던 수많은 적들을 생각해 본다면, 여호와께서 그를 위해 싸워주시지 않았다면, 다윗과 그의 소수의 병력이 그런 큰 승리를 거두는 것은 불가능했을 것이다.

"다윗이 어디로 가든지 여호와께서 이기게 하시니라"(삼하 8:6). 이 말씀이 14절에서 정확하게 반복되고 있음에 주목하라. 바로 이것이 다윗의 성공에 대한 설명이다. 그는 그 자신의 힘으로 싸웠던

게 아니다. 믿음의 선한 싸움을 싸우는 그리스도인 역시 마찬가지다. 비록 그 자신은 약할지라도, 그는 하나님의 은혜로 힘을 얻는다. 다윗이 블레셋과 모압 사람들을 공격했던 것은 창세기 15장 18절과 민수기 24장 17절에 실려 있는 하나님의 약속들과 일맥상통한다. 그리고 아마도 그런 약속들이 다윗으로 하여금 싸울 용기를 갖게 해 주었을 것이다. 이것은 그리스도인들에게도 마찬가지다. 하나님 께 "네 모든 대적으로 네게 복종하게 하리라"(대상 17:10) 또는 "죄가 너희를 주장하지 못하리니 이는 너희가 법 아래에 있지 아니하고 은혜 아래에 있음이라"(롬 6:14) 등처럼 그분이 하셨던 약속들을 상기시켜 드리고 그분 앞에서 그 약속들을 이행해 주실 것을 탄원하는 것이야말로 그리스도인들이 갖고 있는 특권이다. 오, 우리 모두가 "주께서 나를 전쟁하게 하려고 능력으로 내게 띠 띠우사 일어나 나를 치는 자들이 내게 굴복하게 하셨나이다"(시 18:39) 하고 말할 수 있게 되기를!

이제 한 가지 요점만 더 살피고 이 장을 마치자. "다윗 왕이 그것도 여호와께 드리되 그가 정복한 모든 나라에서 얻은 은금 곧 … 하닷에셀에게서 노략한 것과 같이 드리니라"(삼하 8:11-12). 다윗은 우상들을 파괴하는 한편, 적들에게서 빼앗은 은 그릇과 금 그릇들 모두를 하나님께 바쳤다. 그러므로 그리스도인들은, 그들의 모든 정욕을 죽이기 위해 애쓰는 한편, 또한 그의 모든 생래적이고 영적인 재능들을 주님께 성별해 바쳐야 한다. 우리는 하나님과 맞서는 것은 무엇이든 십자가에 못 박아야 한다. 그러나 또한 그분께 영광을 돌릴 수 있는 것은 무엇이든 그분께 바쳐야 한다. 이 요점은 아주 귀하다. 다윗은 그 은과 금의 운명을 전적으로 바꿔놓았다. 전에 우상숭배자들을 치장했던 것이 이제 성전을 세우는 일에 사용되었다. 우리는 다음과 같은 말씀에서 이것에 대한 영적 적용을 찾을 수 있다. "전에 너희가 너희 지체를 부정과 불법에 내주어 불법에 이른 것 같이 이제는 너희 지체를 의에게 종으로 내주어 거룩함에 이르라"(롬 6:19). 주님께서 우리 앞에 있는 모든 일들에 은혜롭게 복을 내려주시기를!

47

므비보셋에게 친절을 베풂 (I)

사무엘하 9장

사무엘하 9장은 다윗의 삶에서 가장 사랑스러운 장면들 중 하나를 보여 준다. 우리가 그 장면을 적절하게 이해하려면 그의 초기의 경험들, 특히 그가 사울에게 받았던 불친절한 대우를 회상할 필요가 있다. 여기에서 나는 이스라엘 여인들이 이새의 젊은 아들이 골리앗에게 거둔 승리를 축하하며 노래하는 소리를 들었을 때 사울 왕의 가슴에서 불타올랐던 질투심에 대해서만 간략하게 언급하겠다. 나중에 그는 다윗에게 창을 던지는 등 거듭해서 그를 죽이고자 했기에 결국 다윗은 목숨을 보존하기 위해 도망쳐야 했다. 그럼에도 사울 왕은 그를 잡아 죽이기로 결심하고 무자비하게 그를 뒤쫓았다. 그러나 이제 상황이 완전히 바뀌었다. 사울과 그의 아들들은 전장에서 학살당했고, 다윗은 이스라엘의 왕위에 올랐다. 그리고 이제 그런 상황에서 우리의 영웅은 아주 존경할 만한 태도를 보여 주었다. 그는 그의 왕권을 무도하게 혹은 악의적으로 사용하지 않고 오히려 가장 고결한 방식으로 사용했다. 그는 자기의 적의 후손에게 악을 선으로 갚았고 동정을 베풀었다. 그는 자기의 손에 죽을 것을 두려워하던 자에게 친절을 베풀었다.

다윗의 친절의 예표적 의미

"다윗이 이르되 사울의 집에 아직도 남은 사람이 있느냐 내가 요나단으로 말미암아 그 사람에게 은총을 베풀리라 하니라"(삼하 9:1). 무엇보다도 우리는 이 질문에 담겨 있는 애수(哀愁)에 주목할 필요가 있다. 역대상 8장 33절은 사울의 네 아들들의 이름들을 열거하는데, 이제 그의 후손들은 "사울의 집에 아직도 남은 사람이 있느냐?" 하고 물을 필요가 있을 만큼 줄어들었다. 확실히 조상들의 죄는 후손들에게까지 이른다(출 20:5). 오, 부모들은 이런 사실을 마음에 새겨둘 필요가 있다. 그러나, 둘째로, 우리는 다윗이 품었던 자비로운 계획에 주목할 필요가 있다. 그가 사울 집안에 혹시라도 생존자가 있는지 물었던 것은 그런 자를 감옥에 가두거나 죽이기 위해서가 아니라 그에게 "은총"을 베풀기 위함이었다. 그를 움직였던 것은 일시적인 변덕이 아니었다. 그는 늘 요나단을 염두에 두고 있었다. 그는 "요나단으로 말미암아" 사울 집안의 생존자에게 관용과 아량을 베풀고자 했던 것이다. 마침내 사람들이 사울 집안의 늙은 가신 한 명을 다윗에게 데려왔다. 그는 그 집안이 얼마나 비참한 상태에 떨어졌는지 잘 아는 자였다. 다윗이 그를 향해 다시 말했다. "사울의 집에 아직도 남은 사람이 없느냐 내가 그 사람에게 하나님의 은총을 베풀고자 하노라"(삼하 9:3).

이때 다윗의 처신은 아름다웠을 뿐 아니라, 그것이 예시하는 내용은 복되기까지 하다. 나는 여기에서 특히 그것에 관심을 집중하려고 한다. 다른 저자들이 이 아름다운 사건과 관련해 지적하듯이, 온 이스라엘의 군주로서의 다윗은 우리에게 하늘 보좌에 앉으신 하나님을 암시한다. 그리고 다윗이 그의 대적의 후손에게 친절을 베푸는 모습은 죄인들을 은혜롭게 다루시는 하나님의 모습을 예시한다. 또한 다윗이 호의를 베풀었던 자의 이름, 그가 살던 장소, 당시의 그의 처지, 그리고 그가 받은 놀라운 선물 등은 모두 하나님으로부터 구원의 은총을 얻은 자들의 상황을 예표한다. 여기에서 묘사되는 모습은 그 상세한 부분들에서 아주 정확하다. 따라서 그것을 면밀히 살필수록, 우리는 그것이 지닌 복음적 특성을 보다 분명하게 알 수 있을 것이다. 오, 우리의 마음이 그 절묘한 빛과 그림자에 의해 녹아지기를!

"다윗이 이르되 사울의 집에 아직도 남은 사람이 있느냐 내가 요나단으로 말미암아 그 사람에게 은총을 베풀리라 하니라." 먼저 이 장면에서 주도권을 쥔 사람이 다윗이었음에 주목하자. 사울의 후손들 중 생존자 한 사람이 다윗에게 무언가를 제안한 게 아니라, 다윗이 먼저 그를 찾아 나섰던 것이다. 그의 대형(對型)이신 분 역시 마찬가지다. 먼저 움직이는 쪽은 죄인들이 아니라 하나님이시다. 그분은 복음을 통해 자비의 제안을 하신다. 그리고 각각의 구원 사건의 경우에 그분은 그분을 찾지 않는 자들을 찾아가신다. "우리는 다 양 같아서 그릇 행하여 각기 제 길로 갔다"(사 53:6). 그리고 길을 잃은 양의 본성은 점점 더 먼 곳으로 나가며 방황하는 것이다. 목자 자신이 구하는 일을 수행해야 한다. 왜냐하면 길을 잃은 양은 결코 목자를 찾을 수 없기 때문이다. 이것은 영적 측면에서도 마찬가지다. 우르에서 아브람을, 베델에서 야곱을, 미디안에서 모세를, 다메섹 도상에서 다소의 사울을 찾으셨던 분은 하나님이셨다. 그들이 하나님을 찾았던 게 아니다.

다음으로 우리는 다윗이 찾고 있는 사람에게 주목할 필요가 있다. 그는 다윗이 곤경에 처해 있을 때 그에게 호의를 베풀었던 자가 아니었다. 그는 세상 사람들이 "그럴 만도 하다"고 말하는 사람이 아니었다. 그는 다윗이 친절을 베푼 후에 그에게서 무언가 보답을 기대할 만한 사람이 아니었다. 오히려 그는 다윗의 가장 무자비하고 사나운 적의 직계 후손이었다. 그는 다윗을 피해 몸을 숨기고 있던 사람이었다. 그는 그의 유산을 모두 잃고 자신의 것이라고는 아무것도 없는 사람이었다. 이것은 하나님의 은혜의 복음이 묘사하는 것과 얼마나 정확하게 일치하는가! 하나님은 그들 스스로 내세울 만한 무언가를 갖고 있는 자들을 찾지 않으신다. 그분이 인간에게 구원을 제공하시는 것은 훗날 그들로부터 무언가를 얻으려 하심이 아니다. 하나님의 풍성한 은혜는 비참할 정도로 무가치한 사람들, 영적인 거지들, 회복이 불가능할 만큼 망한 죄인들을 위한 것이다. 그리고 그 은혜는 그런 자들에게 "돈 없이 값없이"(사 55:1) 제공된다.

언약의 은혜

그러나 여기에서 우리는 다윗을 움직였던 동기에 대해 주목할 필요가 있다. 우리의 예표적 인물에서 나타나는 이런 모습은 매우 아름답다. "사울의 집에 아직도 남은 사람이 있느냐 내가 요나단으로 말미암아 그 사람에게 은총을 베풀리라." 바로 그것이 다윗 왕으로 하여금 그의 공공연한 적의 후손에게 자비를 베풀게 했던 원인이었다. 비록 사울 집안의 생존자 자신에게는 왕에게서 호의를 얻을 만한 한 것이 아무것도 없을지라도, 다윗은 자신이 그에게 호의를 베풀 이유를 그 사람 밖에서, 즉 자기와 요나단 사이에 존재하는 사랑과 우정의 끈 안에서 찾았던 것이다. 이것은 다윗의 대형이셨던 분에게서도 마찬가지다. "우리도 전에는 어리석은 자요 순종하지 아니한 자요 속은 자요 여러 가지 정욕과 행락에 종 노릇 한 자요 악독과 투기를 일삼은 자요 가증스러운 자요 피차 미워한 자였으나 우리 구주 하나님의 자비와 사람 사랑하심이 나타날 때에 우리를 구원하시되 우리가 행한 바 의로운 행위로 말미암지 아니하고 오직 그의 긍휼하심을 따라 중생의 씻음과 성령의 새롭게 하심으로 하셨나니"(딛 3:3-6). 하나님이 자기 백성에게 은혜를 베푸시는 것은 다른 누군가 때문이다. "하나님이 그리스도 때문에 너희를 용서하신 것처럼"(엡 4:32, KJV, even as God for Christ's sake hath forgiven you – 역주).

한 가지 추가적인 요소가 이 요점을 완성시키는데, 그것은 아주 놀라운 요소다. 사울의 가신이었던 시바가 다윗에게 불려왔을 때, 다윗은 그에게 "사울의 집에 아직도 남은 사람이 없느냐 내가 그 사람에게 하나님의 은총을 베풀고자 하노라"(삼하 9:3) 하고 말했다. 이 말은 본문 1절에 실려 있는 말보다 더 멀리 나간다. 이 말은 우리를 사무엘상 20장으로 돌아가게 만든다. 거기에서 우리는 요나단이 사울과 다윗 사이에서 중재자 역할을 했던 것을 보게 된다(27-34절). 또한 거기에서 우리는 요나단과 다윗 사이에 맺어졌던 엄중한 "언약"에 대해 읽는다(16, 17, 42절). 그 언약을 통해 다윗은 요나단의 후손들에게 영원토록 친절을 베풀겠노라고 맹세했다. "다윗에 대한 요나단의 사랑이 그를 다시 맹세하게 하였으니 이는 자기 생명을 사랑함 같이 그를 사랑함이었더라"(17절). 다윗이 "내가 그 사람에게 하나님의 은총을 베풀고자 하노라"라고 말했던 이유가 거기에 있었다. 하나님 자신이 그런 은총에 대한 증인 역할을 하고 계셨다. 그리고 다윗이 사울 집안에 베풀겠노라고 약속했던 은총은 바로 그런 "언약의 은총"이었다.

그러므로 다윗에게 은총을 얻은 자는 그가 행한 그 무엇이나 그 자신의 어떤 인격적 가치 때문이 아니라 전적으로 그가 태어나기도 전에 있었던 언약 때문에 그것을 얻은 셈이다. 이것은 오늘날 하나님이 값없는 주권적 은혜를 통해 다루고 계신 사람들의 경우도 마찬가지다. 하나님이 그들에게 은총을 베푸시는 것은 그들이 그분께 제시할 수 있는 어떤 개인적인 자격 때문이 아니라 그분이 중재자에 대해 갖고 계신 사랑 때문이다. 그것이 전부가 아니다. 아주 오래 전에, 즉 그들이 처음으로 빛을 보기도 훨씬 전에, 하나님은 그리스도와 언약을 맺으시고 그분의 집에 속한 모든 자들에게 은혜를 베푸시겠노라고 약속하셨다. "하나님은 약속을 기업으로 받는 자들에게 그 뜻이 변하지 아니함을 충분히 나타내시려고 그 일을 맹세로 보증하셨나니 이는 하나님이 거짓말을 하실 수 없는 이 두 가지 변하지 못할 사실로 말미암아 앞에 있는 소망을 얻으려고 피난처를 찾은 우리에게 큰 안위를 받게 하려 하심이라"(히 6:17-18). 하나님이 자신의 뜻을 행하게 하시기 위해 자기 백성들을 모든 선한 일에 온전하게 하시는 것은 "영원한 언약의 피"를 통해서다(히 13:20, 21).

므비보셋, 우리의 모습

다음으로 다윗이 하나님의 은총을 베풀었던 사람에 대해 좀더 상세히 살펴보도록 하자. 첫째, 그의 이름에 대해 살펴보자. 요나단의 아들은 "므비보셋"(삼하 9:6)이라고 불렸다. 이것은 "수치스러운 물건"이라는 뜻을 갖고 있다. 그 이름은 거듭나지 않은 자연인의 상태를 얼마나 정확하게 묘사하는가! 하나님의 말씀은 "무릇 우리는 다 부정한 자 같아서"(사 64:6)라고 말씀한다. 우리 모두가 죄로 인해 오염되었다는 뜻이다. 우리는 태어날 때부터 그리고 살아가는 동안 철저히 타락하고 부패한 상태에 있다. 우리의 이해력은 영적인 일들을 이해할 수 없을 만큼 어두워져 있다. 우리의 의지는 하나님의 그것과 맞서고, 우리의 마음은 절망적일 만큼 악하고, 우리의 양심은 무감각하고, 우리의 힘은 사탄을 섬기는 데 쓰이고 있다. 그리고 거룩하신 분이 보실 때 "우리의 의는 다 더러운 옷 같다." 그러므로 실제로 우리는 "수치스러운 물건"이다. 본래 우리 안에는 "발바닥에서 머리까지 성한 곳이 없이 상한 것과 터진 것과 새로 맞은 흔적뿐이다"(사 1:6). 오, 우리는 나병환자와 더불어 "부정하다 부정하다"(레 13:45)라고, 또 욥과 더불어 "나는 비천하오니"(욥 40:4)라고 외쳐야 할 수많은 이유를 갖고 있다!

둘째, 므비보셋은 다윗을 피해 달아난 자였다. 사울과 그의 아들들이 전장에서 살해당했고 다윗이 왕위에 올랐다는 소식이 사울 집안의 생존자들에게 전해지자 므비보셋과 그의 유모는 공포에 질려 도망쳤다. "전에 사울과 요나단이 죽은 소식이 이스르엘에서 올 때에 그의 나이가 다섯 살이었는데 그 유모가 안고 도망할 때 급히 도망하다가 아이가 떨어져 절게 되었더라"(삼하 4:4). 그들은 다윗을 피하기를 바랐다. 이것은 죄인들의 경우에도 해당된다. 그들은 하나님을 두려워하고 그분에 대한 생각을 하지 않으려 한다. 하나님의 거룩하심과 전능하심과 전지하심에 대한 지식은 그들을 낙심케 한다. 따라서 그들은 그분과 아무 관계도 맺지 않으려 한다. "악인은 쫓아오는 자가 없어도 도망친다"(잠 28:1).

셋째, 므비보셋은 절름발이였다. "그는 두 발을 다 절더라"(삼하 9:13). 이것은 그리스도를 떠난 자들의 상황을 얼마나 정확하게 묘사하는가! 자연인은 하나님의 명령의 길을 따라 달리거나 생명으로 이어지는 좁은 길을 따라 걷지 못한다. 그는 영적인 절름발이다. 중생하지 못한 자가 하나님의 요구를 충족시키고 그분 앞에서 온전하게 걷는 일에 완전히 실패한다는 것은 성경 곳곳에 분명하게 쓰여 있는 진리다. 비록 오늘날의 설교들에서는 그런 사실이 그다지 강조되지 않지만 말이다. 인간의 위대성, 그의 자유의지, 아무 때라도 그리스도를 받아들이지 못함 등은 오늘날 수많은 사람들을 마비시키고 있는 마취제다. "나를 보내신 아버지께서 이끌지 아니하시면 아무도 내게 올 수 없다"(요 6:44). 그리스도의 이런 말씀은 죄인은 곧 절름발이라는 엄중한 사실을 얼마나 정확하게 증명하는가!

넷째, 므비보셋은 떨어져서(through a fall) 절름발이가 되었다. "그 유모가 안고 도망할 때 급히 도망하다가 아이가 떨어져 절게 되었더라"(삼하 4:4). 참으로 성경은 얼마나 놀라운 책인가! 그럼에도 그것이 갖고 있는 경이와 아름다움을 인식하려면 하나님의 영에 의해 기름 부음을 받은 눈이 필요하다! 영적 분별력을 지닌 자들은 내가 여기에서 한 개인에게 속한 역사적인 이야기 이상을 말하고 있음을 알 것이다. 오히려 이 이야기는 모든 인간에게 보편적으로 적용할 수 있는 예표적 측면을 지니고 있다. 인류는 날 때부터 지금과 같은 상황에 있었던 게 아니다. 인류는 그의 창조주께서 그를 보시고 "좋다"고 선언하셨을 때 절름발이 상태에 있지 않았다. 인간의 영혼의 기능들이 영적으로 절름발이가 된 것은 타락(the fall)－아담 안에서의 우리의 넘어짐－의 결과였다. 그 타락 때문에 "육신에 있는 자들은 하나님을 기쁘시게 할 수 없다"(롬 8:8).

다섯째, 므비보셋이 거주하던 곳에 주목해 보자. 그는 예루살렘에 살고 있지 않았다. 그리스도를 떠난 사람들은 결코 예루살렘에서 살지 않는다. 예루살렘은 "평화의 터"를 의미한다. 그리고 성경이 선포하듯이, "악인에게는 평강이 없다"(사 48:22). 그들이 오직 그 안에서만 평강을 발견할 수 있는 분을 무시하는데 어떻게 그들 안에 평강이 있을 수 있겠는가? "그러나 악인은 평온함을 얻지 못하고 그 물이 진흙과 더러운 것을 늘 솟구쳐 내는 요동하는 바다와 같다"(사 57:20). 그들은 불평하고 불만족스러워한다. 아니다, 가련한 므비보셋이 거주하던 곳은 예루살렘이 아니었다. 그는 "로드발"에서 살았다(삼하 9:4). 로드발은 "목초지가 없는 곳"을 의미한다. 이것은 얼마나 의미심장한가! 분명히 이것은 단순한 인간의 창의력이 지어낸 말씀이 아니다. 이것은 우리가 살고 있는 세상, 즉 하나님을 떠난 자들이 그 안에서 악한 자들과 함께 살아가고 있는 세상을 얼마나 정확하게 묘사하는가! 이것은 영혼을 위한 아무런 양식도 없는 세상이다. 영적 식량과 관련해 말한다면, 이것은 거대한 "황무지"라고 할 수 있다(신 32:10). 그러나 그런 세상에서 그리고 그 세상의 일부가 되어 살아가고 있는 자들은 이런 사실을 전혀 깨닫지 못한다!

하나님의 주도권

다른 요소 하나만 더 언급하고 이 장을 마무리하자. 그것은 다윗이 므비보셋에게 제공한 것과 관련되어 있다. 다윗과 대적했던 집안에 속한 가련한 사람 하나가 있다. 그는 절름발이고 목초지가 없는 곳에서 살아가고 있다. 그리고 왕위에 앉은 왕이 있다. 그는 그 가련한 자에게 다른 이를 위해 은총을 베풀 계획을 갖고 있다. 그렇다면 다음 단계의 일은 무엇이 될까? 다윗은 그 가련한 자에게 환영의 메시지를 전하고 그를 예루살렘으로 초청했던가? 그는 므비보셋에게 만약 그가 그의 몫의 일을 한다면 그에게 자비를 베풀겠노라고 통보했던가? 그는 그 절름발이에게 목다리 한 벌을 보내고, 그것을 사용해 절름거리면서 예루살렘까지 최선을 다해 걸어오라고 명령했던가? 아니다, 그렇게 하지 않았다. 만약 그렇게 했다면, 우리의 예표적 인물은 하나님이 그토록 큰 구원을 베풀고 계신 자들에게 하나님의 은총을 보여 주는 데 완전히 실패했을 것이다. 하나님은 단순히 은혜의 수단을 제공하시는 것 이상의 큰 일을 하신다.

"다윗 왕이 사람을 보내어 로드발 암미엘의 아들 마길의 집에서 그를 데려오니"(삼하 9:5). 이 복된 말씀은 하나님이 자신에게 이끄시는 자들에게서 나타나는 성령의 효과적인 역사를 보여 준다. 만약 하나님이 그분의 아들을 보내 죄인들을 위해 죽게 하시고 그분의 종들을 보내 복음의 메시지를 전하는 것 이상의 다른 일을 하지 않으셨다면, 우리 중 아무도 구원에 이르지 못할 것이다. 이것은 큰 잔치에 관한 비유를 통해 분명하게 드러난다. 모든 것이 준비된 후 사람들이 초청을 받았다. 그때 사람들의 반응이 어떠했던가? 다음과 같았다. "다 일치하게 사양했다"(눅 14:18). 그러나 하나님은 그런 일로 좌절하시지 않았고, 그분의 종(성령)에게 다음과 같이 말씀하셨다. "빨리 시내의 거리와 골목으로 나가서 가난한 자들과 몸 불편한 자들과 맹인들과 저는 자들을 데려오라"(21절). 우리에게 은혜를 주신 하나님께 감사드린다. 그분 자신이 자기 백성들을 위해서 그리고 그 백성들 안에서 모든 일을 하신다.

> 잔치를 베푼 것도
> 나를 부드럽게 잔치 자리로 안내한 것도
> 그분의 동일한 은혜였다네.
> 그렇지 않았다면,
> 나는 그 잔치를 즐기지 못한 채
> 내 죄 속에서 멸망했을 것이네.

48

므비보셋에게 친절을 베풂 (II)

사무엘하 9장

우리는 다윗이 그의 대적이었던 사울의 마지막 후손에게 보인 고귀한 아량을 통해 타락해서 죄에 물든 자신의 백성을 향한 하나님의 은혜의 영광을 인식할 수 있다. 아, 그러나 하나님의 이 놀라운 속성에 대한 우리의 이해는 얼마나 모자라며, 그것의 탁월함을 드러내려는 우리의 최선의 노력은 얼마나 부적절한가! 하나님의 은혜에 가장 크게 빚진 자들은 대개 자신들의 언어가 자기들이 그분에게 바쳐야 마땅한 감사와 찬양과 존경과 숭배를 드러내는 데 얼마나 부족한지를 너무나 잘 알고 있다. 가련한 추방자요 절름발이였던 요나단의 아들이 로드발에서 예루살렘으로 불려와 친절한 대접을 받고 왕의 가족의 일원으로 인정되고 다윗과 함께 먹을 수 있는 특권을 얻었을 때, 그는 그 어떤 말로도 자신의 심정을 표현할 수 없었을 것이다. 죄의 노예이자 사탄의 포로였던 자가 그리스도 때문에 자유를 얻을 뿐 아니라 그분과 공동 상속자가 될 때, 그는 너무나 놀라워 말을 잃을 것이다. 그가 하나님께 합당한 예배를 드리려면 영원의 시간도 모자랄 것이다.

값없는 은혜

은혜는 공의의 반대다. 공의(公義)는 각 사람에게 그에게 합당한 몫을 제공한다. 그것은 사람에게 은혜를 베풀지 않으며 자비에 대해 알지 못한다. 그것은 모든 이에게 공평하게 그들에게 합당한 죗값을 정확하게 요구할 뿐이다. 그러나 은혜는 그것을 받는 자에게 적절하거나 타당하지 않은 값없는 호의다. 은혜는 반역하는 죄인들에게 가장 합당하지 않은 그 무엇이다. "은혜를 받을 만함"(deserving grace)이라는 말은 용어상의 모순이다. 은혜는 하나님의 주권과 자발성에 의한 자비의 문제일 뿐, 그것을 얻는 대상 안에 있는 어떤 소중한 것에 의해 촉발되는 것이 아니기 때문이다. 하나님의 은혜는 그분께서 선한 것을 아무것도 갖고 있지 않을 뿐 아니라 아무런 보답도 기대할 수 없는 자들에게 자비와 은총을 베풀며 보여 주시는 값없는 호의다. 아니, 그 이상이다. 하나님의 은혜는 아무런 공덕을 갖고 있지 않은 자들에게뿐 아니라, 분명한 결점들로 가득 찬 자들에게도 제공된다. 그것은 냉대 받아야 마땅한 자들뿐 아니라 지옥에 떨어져야 마땅한 자들에게도 주어진다.

하나님의 은혜가 개인의 장점에 관한 모든 생각을 얼마나 무색하게 만드는지는 다음의 성경 구절만으로도 분명해진다. "하나님의 은혜로 값없이 의롭다 하심을 얻은 자 되었느니라"(롬 3:24). 여기에서 "값없이"라는 단어는, 비록 그것의 헬라어가 "풍부함"(abundance)보다는 "무료"(gratuitousness)라는 이미지를 강조할지라도, "은혜"는 말에 강도를 더한다. 요한복음 15장 25절에서는 동일한 말이 "이유 없이"로 번역되어 있다. 우리 주 예수님은 그분의 적들로부터 그처럼 악한 대우를 받아야 할 아무런 이유가 없었다. 그분은 적들이 그분에게 그처럼 악한 적대감을 품을 만한 그 어떤 일도 하지 않으셨다. 마찬가지로, 죄인에게는 거룩하신 하나님의 호의적인 관심을 초래할 만한 것이 아무것도 없고, 그가 그분의 사랑을 얻기 위해 행한 일도 아무것도 없다. 오히려 모든 것이 정반대다. 그러므로 은혜(grace)는 무료(gratis)다. 즉 그것은 값없이 제공되는 선물이다.

"하나님의 은혜"라는 표현은 죄인의 상황이 처절할 정도로 절망적이어서 하나님이 그를 멸망하도록 내버려 두셔도 무방하다는 것을 의미한다. 그렇다, 그가 아직 지옥에 떨어지지 않은 것은 참으로 놀라운 일이다. 은혜는 너무나 타락해서 이제 더는 자신의 본성을 바꿀 수 없는, 또는 하나님을 너무나 싫어하기에 그분에게로 돌아가려고 하지 않는, 또는 너무나 눈이 멀어 있기에 자신의 질병은 물론이고 그것에 대한 치유책도 찾아볼 수 없는, 또는 이미 영적으로 죽어 있기에 만약 다시 새 생명을 얻어 살려면 하나님이 그들을 무덤에서 끌어내주셔야만 하는 자들에게 하나님이 제공하시는 그 무엇이다. 은혜는 죄인들을 위한 마지막이자 유일한 희망이다. 만약 그가 은혜로 구원을 얻지 못한다면, 그는 결코 구원을 얻지 못할 것이다. 은혜는 모든 차별을 없앤다. 그것은 가장 열정적인 종교인을 최악의 난봉꾼과, 그리고 순결한 처녀를 더러운 창녀와 동일시한다. 그러므로 하나님은 죄인들의 괴수를 구원하시고 세상에서 가장 악한 자에게 자비를 베푸시는 일에서 완전히 자유로우시다.

두려워하지 말라

앞 장에서 우리는 므비보셋이 다윗 앞으로 불려왔던 데까지 살펴보았다. 그것은 어떤 만남이었는가! 므비보셋은 자기 할아버지가 무자비하고 불의하게 박해했던 사람과 처음으로 대면했다. "사울의 손자 요나단의 아들 므비보셋이 다윗에게 나아와 그 앞에 엎드려 절하매"(삼하 9:6a). 이것은 자신의 목숨이 왕의 자비에 달려 있는 사람이 취해야 할 적절한 태도였다. 그때 그는 왕의 입에서 나오는 죽음의 선고 외에 달리 기대할 것이 아무것도 없었다! 처음으로 거룩하신 삼위일체 하나님 앞으로 불려와 그분과 대면하는 자는 그분 앞에서 엎드려 떠는 죄인의 모습을 취하지 않을 수 없다. 그는 그분을 너무나 오랫동안 조롱했고, 너무나 악하게 무시했고, 너무나 안타깝게 공격해 왔기 때문이다. 주님께서 다소의 사울에게 처음으로 나타나셨을 때 그의 상황이 그러했다. "땅에 엎드러져"(행 9:4). 독자들이여, 당신은 하나님 앞에서 먼지 가운데 앉아본 적이 있는가?

아마도 다윗은 전에 므비보셋을 본 적이 없었을 것이다. 그러나 지금 그는 그에게 가장 친밀한 말을 사용해 말을 건다. "다윗이 이르되 므비보셋이여"(삼하 9:6b). 침묵을 깬 사람이 다윗 왕이었음을 아는 것은 복되다. 이것은 우리에게 하나님이 자기 백성의 구원과 관련된 모든 국면에서 항상 주도권을 행사하신다는 사실을 예표적으로 보여 준다. 이것은 우리에게 사도 바울이 갈라디아 교인들에게 했던 말을 상기시킨다. "이제는 너희가 하나님을 알 뿐 아니라 더욱이 하나님이 아신 바 되었거늘"(갈 4:9). 다윗이 한 말이라고는 한 마디뿐이었다. "므비보셋이여!" 그러나 이 한 마디 속에 얼마나 많은 의미가 들어 있는가! 그것은 우리에게 선한 목자의 입에서 나왔던 값진 선언을 상기시킨다. "그가 자기 양의 이름을 각각 불러 인도하여 내느니라"(요 10:3). 여호와께서는 불타는 떨기나무 사이에서 자기 백성을 애굽으로부터 구해낼 자에게 처음으로 모습을 드러내시면서 다음과 같이 말씀하셨다. "모세야 모세야"(출 3:4). 구주께서 돌무화과나무 위에 있는 자를 향해 하셨던 첫 번째 말씀은 "삭개오야"(눅 19:5)였다. 그분이 자신의 무덤 앞에서 눈물로 앞을 가리고 있던 여인에게 모습을 보이시며 하셨던 첫 번째 말씀은 "마리아야"(요 20:16)였다. 그분이 자신의 교회를 박해하던 자에게 하셨던 첫 번째 말씀은 "사울아"(행 9:4)였다. 우리가 살피고 있는 사건에서도 마찬가지였다. "그가 이르기를 보소서 당신의 종이니이다"(삼하 9:6c).

그러나 다윗의 그 다음 말은 더 복되다. 그는 자기 앞에 엎드린 절름발이를 향해 "무서워하지 말라"(삼하 9:7a) 하고 말했다. 다윗은 그가 자기를 그토록 오랫동안 피했던 것을 비난하지도 않았고, 그가 사울의 후손이라는 이유로 그를 망신시키지도 않았다. 오히려 그는 그에게 확신을 주며 그를 안심시켰다. 오, 이것은 모든 참회하는 영혼들에게 얼마나 큰 위로가 되는가! 우리는 일단 주님 앞에서 먼지 가운데 앉기만 하면 아무것도 두려워할 필요가 없다. "하나님이 교만한 자를 물리치시고 겸손한 자에게 은혜를 주신다"(약 4:6). 회개하는 탕자가 돌아와 자비를 구할 때 그의 아버지가 그렇게 하지 않았던가! 그의 입술에서는 그 어떤 비난의 말도 나오지 않았다! 오히려 그는 그 아들에게 즉시 자신의 사랑을 확인시켜 주었다. 다윗이 므비보셋에게 했던 이 "무서워하지 말라"라는 말은 우리에게 구주께서 그분의 제자에게 하셨던 말씀을 상기시킨다. 영광을 받으신 구주께서 밧모 섬에서 요한에게 나타나셨을 때, 요한은 죽은 사람처럼 그분의 발 아래 엎드렸다. 그때 그를 일으켜 세웠던 말씀이 바로 그 익숙한 "두려워하지 말라"(계 1:17)였다.

다윗은 므비보셋의 이름을 불러주고 "무서워하지 말라"는 말로 그의 마음을 진정시켰을 뿐 아니라, 또한 "내가 반드시 네 아버지 요나단으로 말미암아 네게 은총을 베풀리라 내가 네 할아버지 사울의 모든 밭을 다 네게 도로 주겠고 또 너는 항상 내 상에서 떡을 먹을지니라"(삼하 9:7b) 하고 말했다. 이것은 순전한 은혜, 놀라운 은혜, 지극히 풍성한 은혜(엡 2:7)였다. 여기에는 아무런 부대조항이나 거래나 조건이 없었다. 오히려 다윗은 "내가 반드시"라고 말하고 있다. 그는 "만약 네가 이런저런 일을 한다면, 혹은 만약 네가 너의 거래 조건을 지킨다면, 나도 내 몫의 일을 충실히 이행하겠다"라고 말하지 않았다. 아니다, 결코 아니다. 그것은 값없는 은혜, 조건 없는 자비, 공로 없이 얻은 박애였다. 므비보셋은 아무것도 하지 않은 채 모든 것을 얻은 것이다. 다윗은 왕답게 행동했다. 백성과 거래를 하는 것은 군주에게는 적절한 일이 아니기 때문이다. 그러니 왕 중의 왕께서는 얼마나 더 그러하겠는가! 그분은 "모든 은혜의 하나님"(벧전 5:10)이시다. 그리고 영생은 그분이 그것을 베풀기 원하시는 모든 곳에서 늘 "하나님의 은사"(롬 6:23)로 나타난다. 행위로 인한 구원을 선포하는 것은 무능한 죄인들을 조롱하는 것일 뿐 아니라, 입에 올리기에도 황송한 여호와 하나님을 조악하게 모독하는 짓이다.

므비보셋의 반응

이런 놀라운 은총은 므비보셋에게 어떤 영향을 주었는가? 그것은 그에게 자만심을 불어넣어 마치 자기가 가난한 절름발이가 아닌 것처럼 행동하도록 만들었는가? 아니다, 마음으로 하나님의 은혜를 느낀 사람들은 그렇게 행동하지 않는다. "그가 절하여 이르되 이 종이 무엇이기에 왕께서 죽은 개 같은 나를 돌아보시나이까 하니라"(삼하 9:8). 참으로 아름답지 않은가? 예상치 못했던 다윗의 친절은 므비보셋을 의기양양하거나 교만하게 하기는커녕 오히려 자신을 낮추게 만들었다. 그 친절은 그에게 자기가 얻은 느닷없는 은총에 대한 생각에 앞서 자신의 철저한 무가치함에 대한 보다 깊은 의식을 일깨워주었다. 그는 왕이 자기처럼 하찮은 사람을 알아보고 그토록 우호적으로 대하는 것에 놀랐다. 그리고 지금 그가 자신을 "죽은 개"라고 부른 것은 그의 이름에 걸맞게 행동했던 것이 아닌가? 왜냐하면 "므비보셋"은 "수치스러운 물건"을 의미하기 때문이다. 그런데 성경이 우리에게 붙여준 이름은 무엇인가? "죄인"이다. 우리는 우리의 태도를 통해 그것의 진실성을 시인하고 있는가?

우리가 살고 있는 이 시대에는 내가 방금 한 말에 대해 특별한 주의가 요구된다. 이 시대에는 너무나 많은 자부심, 피조물의 자기 자랑, 라오디게아 교회가 가졌던 것과 같은 자기만족, 그리고 바리새 주의적인 자기의(自己義)가 존재하기 때문이다. 오, 현대 기독교의 오만함은 전능자의 코에 얼마나 큰 악취를 풍기고 있는가! 오늘날 "아무 일에든지 다툼이나 허영으로 하지 말고 오직 겸손한 마음으로 각각 자기보다 남을 낫게 여기라"(빌 2:3)는 명령이 실행되는 경우는 얼마나 적은가! 오늘날 바울이 그랬던 것처럼 자신들을 "죄인 중의 괴수"(딤전 1:15)라고 느끼는 이들은 얼마나 적은가! 그리고 상황이 이렇게 된 이유는 무엇인가? 그것은 참으로 하나님의 은혜에 접촉하고 그것에 의해 영향을 받은 사람들이 너무 적기 때문이다. 은혜는 늘 사람을 낮춘다. 하나님의 선하심은 인간의 회개로 이어진다(롬 2:4). 참으로 하나님의 은혜를 느낄 때, 우리는 우리 눈에도 작은 자가 된다. 다윗의 관대함이 므비보셋으로 하여금 자신이 단지 "죽은 개"에 불과함을 시인하며 그 앞에서 부복하게 만들었던 것처럼, 하나님의 사랑이 우리의 굳은 마음을 녹일 때 우리는 우리가 얼마나 무가치하고 비참한 존재인지, 얼마나 악한 피조물인지, 그리고 얼마나 부패한 벌레인지 깨닫고 시인하게 된다.

므비보셋이 얻은 것

이제 우리는 므비보셋이 다윗이 베푼 큰 친절을 통해 얼마나 놀라운 "몫"을 얻었는지에 대해 생각할 필요가 있다. 왜냐하면 이것은 하나님의 은혜가 그리스도 안에서 영적 축복을 입은 자들에게 제공하는 풍성한 은혜의 놀라운 모습을 보여 주기 때문이다. 첫째, 그에게는 "생명"(life)이 주어졌다. 다윗은 그렇게 할 수 있었음에도 그를 죽이려 하지 않았다. 므비보셋의 생명이 보존된 것은 다윗이 그에게 베푼 고귀한 관용 때문이었다. 이것은 하나님의 권위를 경멸하고 그분의 법을 어겼기에 가차 없는 심판 외에는 아무것도 받을 것이 없는 자들에게 베푸시는 하나님의 넘치는 은혜를 복되게 예시한다. 죄의 삯은 사망이지만, 하나님의 은혜는 우리 주 예수 그리스도를 통한 "영생"이다.

둘째, 그에게는 "평안"(peace)이 주어졌다. "무서워하지 말라"라는 말은 그의 두려움을 진정시키고, 그의 마음을 가라앉히고, 그로 하여금 왕 앞에서 완전한 평안을 누리게 하기 위해 의도된 말이었다. 이것은 신자들에게도 마찬가지다. "그러므로 우리가 믿음으로 의롭다 하심을 받았으니 우리 주 예수 그리스도로 말미암아 하나님과 화평을 누리자"(롬 5:1).

셋째, 그에게는 "유산"(inheritance)이 주어졌다. "왕이 사울의 시종 시바를 불러 그에게 이르되 사울과 그의 온 집에 속한 것은 내가 다 네 주인의 아들에게 주었노니"(삼하 9:9). 이것은 우리의 예표적 서술에서 참으로 놀라운 내용이다! 다시 한 번 나는 이것은 인간이 지어낼 수 있는 말일 수 없다고 말하지 않을 수 없다. 이것은 비참하게 파산한 거지들에게 자신의 풍성한 은혜를 부어 주시는 우리의 하나님의 관대하심을 얼마나 잘 보여 주는가! 비록 우리가 그분에게 빈손으로 나아갈지라도, 그분은 우리가 계속해서 그런 상태로 남아 있게 하시지 않는다. 그러나 이 사건에는 그것보다 더 두드러진 무언가가 있다. 즉 므비보셋은 몰수되었던 유산을 되찾았다. 원래 사울의 것이었던 그 유산은 빼앗겼었다. 마찬가지로, 우리는 우리의 첫 번째 조상의 배교로 인해 원래 우리의 것이었던 유산, 즉 하나님이 우리에게 주신 생명과 모습과 은총을 모두 빼앗겼다. 우리는 그것을 되찾기 위해 아무것도 할 수 없었다. 그러나 다윗이 "요나단으로 말미암아" 므비보셋에게 그의 아버지의 재산을 돌려 주었듯이, 하나님은 "그리스도로 말미암아" 자기 백성들에게 그들이 아담 안에서 잃어버린 모든 것을 돌려주신다.

넷째, 그에게는 "놀랄 만한 몫"(wondrous portion)이 허락되었다. 다윗은 므비보셋에게 다음과 같이 말했다. "므비보셋은 왕자 중 하나처럼 왕의 상에서 먹으니라"(삼하 9:11b). 그는 이방인이나 낯선 자가 아니라 왕족의 일원으로서 왕의 식탁에서 먹었다. 그는 단지 값비싼 음식만 먹은 것이 아니라 아주 귀하게 높임을 받았다. 이제 그는 왕궁 안에 그의 자리를 갖게 되었다. 그것도 종이 아니라 아들의 자리였다. 이것은 우리에게 "보라 아버지께서 어떠한 사랑을 우리에게 베푸사 하나님의 자녀라 일컬음을 받게 하셨는가"(요일 3:1)라는 말씀을 얼마나 분명하게 상기시키는가! 오, 하나님의 은혜는 그것의 수혜자들에게 얼마나 놀라운 자리를 제공하는가! 모든 신자들은 하나님의 자녀로, 즉 그분의 영원한 은혜의 대상으로서 그분 앞에 선다. 그것은 사울도 누려보지 못했던 것이다. 그러나 이제 므비보셋은 "요나단으로 말미암아" 그가 전에 잃었던 것보다 훨씬 더 많은 것을 얻었다. 마찬가지로 신자들은 그리스도를 통해 그가 아담 안에서 잃었던 것보다 훨씬 더 많은 것을 얻는다. 죄가 넘치는 곳에는 은혜가 더욱 넘친다. "이는 죄가 사망 안에서 왕 노릇 한 것 같이 은혜도 또한 의로 말미암아 왕 노릇 하여 우리 주 예수 그리스도로 말미암아 영생에 이르게 하려 함이라"(롬 5:21). 왕의 식탁 아래에서 므비보셋의 절름거리는 발은 더 이상 눈에 띄지 않는다. 마찬가지로 그리스도 안에서 우리의 모든 결점들은 감춰진다!

은총의 결과

사무엘하 후반부에는 애처롭기도 하고 복되기도 한 이 일의 결과가 기록되어 있다. 간략하게나마 그것에 대해 살피기로 하겠다. 왜냐하면 그것은 우리 앞에 놓인 본문의 사랑스러운 결말을 제공해 주기 때문이다. 첫째, 사무엘하 16장 1-4절에서 우리는 다윗이 압살롬을 피해 달아났을 때 므비보셋의 종 시바가 다윗의 사람들을 위해 풍성한 음식을 가지고 다윗을 맞이하는 모습을 보게 된다. 그때 다윗이 그에게 므비보셋은 어디에 있느냐고 묻자 시바는 다음과 같이 대답한다. "예루살렘에 있는데 그가 말하기를 이스라엘 족속이 오늘 내 아버지의 나라를 내게 돌리리라 하나이다"(3절). 이것은 성경에 실려 있는 성도들을 위한 여러 가지 경고들 중 하나로 성도는 마땅히 중상과 불친절한 말에 대해 대비해야 한다는 것을 보여 준다. 그런 악한 말들은, 이 경우가 보여 주듯이, 전혀 예상치 못했던 자들에게서 나올 수 있다.

둘째, 압살롬이 죽은 후 이스라엘 백성의 무리가 귀환하는 왕을 맞으러 나갔다. 그들 중에 므비보셋이 있었는데, 성경은 그에 관해 다음과 같이 기록하고 있다. "사울의 손자 므비보셋이 내려와 왕을 맞으니 그는 왕이 떠난 날부터 평안히 돌아오는 날까지 그의 발을 맵시 내지 아니하며 그의 수염을 깎지 아니하며 옷을 빨지 아니하였더라"(삼하 19:24). 이것은 우리에게 충성스러운 영혼의 아주 사랑스러운 모습을 보여 준다! 그의 마음은 일시적으로 쫓겨난 왕에 대한 참된 사랑을 간직하고 있었던 것이다! 므비보셋의 상태는 다윗이 없는 동안 그의 마음이 어디에 가 있었는지 아주 분명히 보여 주었다! 이제 다윗은 시바가 자기에게 했던 말을 되풀이했다. 그리고 그 말이 완전히 거짓임을 알게 되었다. 그때 므비보셋은 자신의 주인의 영적 분별력과 주권에 자신을 온전히 맡겼다(27-28절). 그때 왕은 므비보셋의 땅을 그와 그의 종이 나눠가지라고 제안하면서 그의 마음을 시험했다. 이것은 한 아기를 서로 자신의 아기라고 주장하는 두 여인에게 그 살아 있는 아기를 나눠 가지라고 했던 솔로몬의 제안과 유사한 것이었다(왕상 3:16-28 참고).

만약 므비보셋이 시바가 말했던 것처럼 거짓 마음을 품은 악당이었다면, 그는 즉각 다윗의 제안을 받아들이고 그것을 "현명한 판단"이라고 칭송하며 자신이 그렇게 쉽게 위기를 모면하게 된 것을 기뻐했을 것이다. 그러나 그는 그렇게 하는 대신 다음과 같이 훌륭하게 대답했다. "내 주 왕께서 평안히 왕궁에 돌아오시게 되었으니 그로 그 전부를 차지하게 하옵소서"(삼하 19:30). 이것은 시바의 비난이 거짓이었음을 얼마나 잘 보여 주는가! 또 이것은 그가 그 어떤 세상적 탐욕도 갖고 있지 않음을 얼마나 잘 보여 주는가! 그가 원하는 것은 땅이 아니었다. 그는 자기가 사랑하는 주인이 돌아온 것만으로 만족했다. 오, 이것은 우리에게 다음과 같은 질문을 제기한다. 우리의 마음은 부재한 왕을 향하고 있는가? 우리는 그분의 임재를 다른 그 무엇보다 갈망하고 있는가?

49

신하들이 모욕당함

사무엘하 10장

다윗의 생애와 관련해 기록된 다음의 사건은 한 가지 이상의 관점에서 고찰될 필요가 있다. 이것은 이 사건이 사무엘상 10장에서는 그가 므비보셋에게 친절을 베푼 직후에 기록된 반면, 역대상 19장에서는 사무엘하 8장과 동일한 내용(다윗이 주변 국가들을 정복하는 이야기들 – 역주)에 대한 언급 직후에 기록되어 있는 것을 통해 암시된다. 비록 사무엘하 10장과 역대상 19장의 정황은 다르지만, 그 이야기들은 모두 "그 후에"(삼하 10:1; 대상 19:1)라는 동일한 말로 시작된다. 이 사건이 사무엘하와 역대상에서 거의 동일한 언어로 길게 묘사되고 있는 것은 그것이 이중의 의미를 갖고 있음을 보여 주며, 또한 이 사건이 서로 다른 정황 속에서 서술된다는 것은 그것이 그 각각의 정황과의 관계에서 별도로 고찰될 필요가 있음을 보여 준다. 여기에서는 먼저 이 주제를 앞 장에서 살펴보았던 내용 직후에 나오는 사건이라는 맥락에서 살피도록 하겠다.

이방을 향한 복음 전파

암몬의 왕이 죽자 다윗은 이웃으로서 그리고 친구로서 그 왕의 아들에게 조의를 표하고자 했다. 다윗은 자기의 신하들을 보내 그를 위로하려고 했다. 그러나 암몬 사람들은 이 친절한 행위를 고맙게 받아들이기는커녕 불신과 의심으로 대응했다. 암몬의 관리들은 다윗이 자기들의 도시에 대해 악한 계획을 품고 있으며, 표면상 자기들의 죽은 군주를 조문하러 온 자들은 실제로는 자기들을 전복시킬 목적으로 정보를 얻기 위해 접근한 첩자들에 불과하다고 상상했다. 그로 인해 하눈 왕은 자기를 찾아온 자들을 조악하게 모욕하고 공개적으로 수치를 주었다. 그의 행동은 다윗에 대한 선전포고였고, 이스라엘의 왕은 그것을 그렇게 해석했다. 이 장의 나머지 부분은 그들의 모욕 때문에 촉발된 전쟁에 대해 기록하고 있다. 그러나 여기에서 내가 관심을 갖고자 하는 것은 그 사건의 예표적이고 영적인 의미다. 그런 의미를 확인하는 것은 그다지 어려운 일이 아니다.

사무엘하 9장과 10장 사이의 연결고리는 아주 분명하다. 9장은 "다윗이 이르되 사울의 집에 아직도 남은 사람이 있느냐 내가 요나단으로 말미암아 그 사람에게 **은총을 베풀리라**"라는 말로 시작되고, 10장은 "그 후에 암몬 자손의 왕이 죽고 그의 아들 하눈이 대신하여 왕이 되니 다윗이 이르되 내가 나하스의 아들 하눈에게 **은총을 베풀되** 그의 아버지가 내게 은총을 베푼 것 같이 하리라"라는 말로 시작된다. 그러나 이 두 구절에서는 내가 볼드체로 표시한 말들을 제외하고 다른 모든 것들이 날카롭고 엄중하게 대비된다. 다윗은 9장에서는 이스라엘 사람에게 친절을 베풀고, 10장에서는 암몬 사람에게 친절을 베푼다. 9장에서 그 친절은 그의 대적의 후손에게 주어지고, 10장에서는 자기에게 호의를 베풀었던 사람의 아들에게 주어진다. 9장에서 그의 은혜로운 제안은 깊은 감사를 얻고, 10장에서 그것은 악의에 찬 조롱을 당한다.

우리는 앞의 두 장에서 사무엘하 9장의 내용을 상세히 고찰하면서 하나님이 자신이 택하신 사람에게 베푸시는 값없는 주권적 은혜에 대한 사랑스러운 예표적 측면을 살펴보았다. 그렇다면 이제 사무엘하 10장에서 분명하게 예시되는 내용은 무엇인가? 이 문제에 대한 답을 찾기 위해 나는 사무엘하 10장의 처음 다섯 구절에 사용된 단어들을 면밀하게 살펴보고 그것들에 대한 추가적인 대조 작업을 실시할 것이다. 사무엘하 9장 전체에서 두드러지는 것은 다윗 자신이다. 반면에 사무엘하 10장에서 무대의 중심을 차지하는 것은 다윗의 신하들이다. 2-4절에서 "다윗의 신하들"이라는 말은 네 번이나 언급된다. 반면에 앞 장에서 그의 신하들은 한 번도 언급되지 않는다. 그러므로 바로 거기에 이 사건의 핵심이 들어 있다. 예표적으로 여기에서 관심의 대상이 되는 것은 다윗의 후손이신 분의 종들이다.

복음을 맡은 자들의 자세

"우리 구주 하나님의 자비와 사람 사랑하심이 나타날 때에"(딛 3:4). 그러면 이런 "자비와 사람 사랑하심"은 무엇을 통해 나타나는가? 복음을 통해서다. 그리고 그분의 복음은 누구에게 선포되는가? "만인에게"(막 16:15)다. 독자들－그리고 설교가들－중에는 이런 사실을 상기할 필요가 있는 이들이 있다. 그리스도께서는 그분의 종들에게 복음을 선포하고, 그분의 "자비와 사람 사랑하심"을 널리 알리라고 명령하셨다. 그리고 그분이 그런 복음 선포의 대상으로 삼으신 자들 중에는 성령의 일깨움을 받았다는 증거를 지닌 자들뿐 아니라, 중생하지 못한 자들까지 포함되어 있었다. 만약 그 어떤 신조나 신학 체계가 복음의 값없는 선포와 관련해 설교자를 속박하고 족쇄를 채운다면, 거기에는 무언가 심각한 잘못이 있는 것이다. 복음이 택함을 입은 자들만을 위한 것이라고 생각하는 이들은 심각한 오류에 빠져 있는 것이다. 다른 한편, 우리가 "전도자의 일을 하기 위해"(딤후

4:5) 반드시 보편 구원이나 타락한 인간의 자유 의지를 믿어야 하는 것은 아니다.

그리스도는 씨 뿌리는 자의 비유에서 자신이 "옥토"뿐 아니라 모든 종류의 밭에 씨를 뿌리셨음을 분명히 보여 주신다. 마태복음 13장에 실려 있는 마지막 비유에서 그분은 "좋은 것"은 물론이고 "못된 것"까지 포함해 온갖 종류의 물고기를 잡는 복음이라는 그물을 대표하신다. 큰 잔치의 비유에서 종은 밖으로 나가 "모든 것이 준비되었나이다"라고 전해야 했는데, "다 일치하게 사양하는" 사람들에게까지 그렇게 해야 했다(눅 14:17, 18). 예수님은 두 아들의 비유의 마지막 장면에서 맏아들(자기의에 빠져 마음이 완악한 바리새인들)과 관련해 다음과 같이 선포하셨다. "아버지가 나와서 권했다"(눅 15:28). 오, 사역에 임하는 형제들이여, 당신의 사역의 범위를 그리스도의 그것과 일치시키기 위해 은혜와 지혜를 구하라!

그리스도의 뒤를 이었던 자들 역시 마찬가지였다. 베드로는 무차별적으로(행 3:9) 그리고 믿지 않는 사람들에게(17절) "회개하고 돌이켜 너희 죄 없이 함을 받으라"(19절) 하고 말했다! "빌립이 사마리아 성에 내려가 그리스도를 백성에게 전파하니"(행 8:5). 우리는 빌립이 복음을 전한 대상이 성령에 의해 깨우침을 받은 소수의 무리가 아니라 사마리아 주민 전체였다는 말씀을 듣는다. 그리고 그의 설교의 주제는 무엇이었는가? 죄인들 중의 괴수에게라도 충분한 구주이신 그리스도였다! 사도 바울의 메시지는 어디에도 묶여 있지 않았다. "유대인과 헬라인들에게 하나님께 대한 회개와 우리 주 예수 그리스도께 대한 믿음을 증언한 것이라"(행 20:21). 그는 뉘우치지 않는 자들에게 회개를 촉구했고, 믿지 않는 자들에게 구주에 대한 믿음을 명령했다. 이것들은 우리가 따라야 할 선례가 되도록, 또한 우리를 위한 교훈이 되도록 기록된 것 아닌가!

내가 앞의 세 문단에서 강조한 내용은 우리가 이제부터 살피려 하는 사건을 통해 놀라운 예시와 확증을 얻는다. 만약 사무엘하 9장이 하나님이 그분의 택하신 백성들 중 한 사람에게 베푸시는 은총에 대한 복된 실례를 제공한다면, 지금 우리가 다루고자 하는 본문은 주님께서 택함을 받지 못한 자들에게까지 확대해서 제공하시는 은혜를 분명하게 예표한다. 그 두 가지 사건들이 나란히 놓여 있는 이유가 바로 거기에 있다. 후자가 전자를 보완한다. 만약 앞 장에서 우리가 다윗이 자기와 언약 관계에 있는 자를 향해 베푸는 "은총"을 보았다면, 이 장에서 우리는 그가 이스라엘 밖에 있는 이방인에게 베푸는 "은총"을 발견할 수 있다. 바로 거기에 우리의 본문의 아름다운 예표적 의미가 들어 있다. 또 이것은 우리가 이 본문을 통해 배워야 할 필요가 있는 위대한 복음적 교훈이다.

죽음, 은혜의 배경

"그 후에 암몬 자손의 왕이 죽고 그의 아들 하눈이 대신하여 왕이 되니 다윗이 이르되 내가 나하스의 아들 하눈에게 은총을 베풀되 그의 아버지가 내게 은총을 베푼 것 같이 하리라"(삼하 10:1-2a). 우리는 이 구절의 각각의 세부 사항을 면밀하게 살필 때만 우리의 예표적 설명의 타당성을 이해할 수 있다. 이 이야기의 어두운 배경을 이루는 것은 죽음이다. 다윗은 나하스의 죽음 때문에 그의 마음에서 우러나오는 친절을 베풀 기회를 얻었다. 일단 우리가 이 점에 분명하게 관심을 갖는다면, 기름 부음을 받은 눈이 그것의 영적 의미를 놓치는 일은 없을 것이다! 타락하기 이전의 인간에게는 "위로"가 필요 없다. 아담이 그의 창조주와 거리낌 없는 교제를 나눴던 짧은 기간 동안 그에게는 복음이 필요하지 않았다. 그러나 죄가 들어오자 상황이 완전히 뒤바뀌었다.

아담의 죄는 에덴의 평화로운 장면 위에 검은 장막을 드리웠다. 그 어두움은 복음의 빛(창 3:15)이 뚫고 들어오기 전까지는 어떤 식으로도 경감되지 않았다. 인간에게 구주가 필요함을 일깨워 준 것은 "죄"였다. 그리고 온 인류는 타락으로 인해 "영적 죽음"에 빠졌고, 그것은 "그리스도 안에 있는 생명"을 "좋은 소식"으로 만들어 주었다. 모두에게 의사가 필요한 것은 아니다. 그러나 아픈 사람에게는 의사가 필요하다. "죄가 더한 곳에 은혜가 더욱 넘친다"(롬 5:20). 그러므로 종종 죄는 하나님 안에 있는 놀라운 은혜를 초래한다. 만약 주님께서 인류의 조상이 그분을 배신했을 때 온 인류를 멸망시키기로 결정하셨을지라도, 그것은 결코 부당한 일이 아니었을 것이다. 그러나 그분은 그렇게 하시지 않았다. 그분은 "진노 중에라도 긍휼을 잊지 않으셨다"(합 3:2).

바로 거기에 우리의 예표적 설명의 첫 번째 요소가 들어 있다. 죽음이 그것에 적합한 배경을 제공한다. 우리가 그것이 예시하는 영적 죽음 때문에 무서워 떨수록, 우리는 하나님의 자비가 제공하는 놀라운 위로가 얼마나 복된 것인지 더 잘 이해할 수 있다. 영적 죽음을 초래한 무서운 타락은 너무나 심각한 것이어서 그것은 아담이 대표하는 온 인류를 변명의 여지가 없도록 만들어 놓았다. 우리의 영적 죽음의 특성은 에베소서 4장 18절을 통해 잘 묘사된다. "그들의 총명이 어두워지고 그들 가운데 있는 무지함과 그들의 마음이 굳어짐으로 말미암아 하나님의 생명에서 떠나 있도다." 그것은 우리 안에 "하나님과 원수가 되는" "육신의 생각"을 심어놓았다(롬 8:7). 그렇다면 어째서 주님은 우리에게 관심을 보이시는 것인가? 어째서 그분은 빛보다 어두움을, 선보다 악을, 그리고 생명보다 죽음을 더 좋아하는 자들에게 관심을 보이시는가? 그분이 우리를 파멸하도록 내버려두셨을지라도, 우리는 항변할 여지가 없었을 것이다.

적극적 구원에 대한 예시

"다윗이 이르되 내가 나하스의 아들 하눈에게 은총을 베풀되"(삼하 10:2a). 여기에 우리의 예표적 설명의 두 번째 요소가 나온다. 이것은 모든 선하고, 부드럽고, 동정적이고, 이타적인 것들을 지으셨을 뿐 아니라, 그분 자신이 "인애가 크신"(욘 4:2) 분을 가리켜 준다. 오, 주님이 하늘의 영광을 버리고 죄 때문에 저주받은 이 땅에 오신 것은 우리에게 얼마나 큰 은총이었던가! 주님이 몸소 종의 형체를 취하시고 우리를 섬기셨던 것은 우리에게 얼마나 큰 은총이었던가! 그분이 굶주리고 고통당하고 불행에 빠진 자들 앞에 자신의 모습을 보이셨던 것은 우리에게 얼마나 큰 은총이었던가! 그분이 우리의 모든 병과 모든 약한 것을 고쳐 주신 것은(마 4:23) 우리에게 얼마나 큰 은총이었던가! 다윗이 하눈에게 베푼 은총은 그의 후손이자 주님이신 분이 제공하실 무한히 더 큰 은총에 대한 예시였다.

"다윗이 그의 신하들을 보내 그의 아버지를 조상하라 하니라"(삼하 10:2b). 이것은 우리의 예표적 설명의 세 번째 요소를 드러낸다. 육신을 입고 계셨을 때 그리스도께서는 다음과 같이 선언하신 적이 있다. "주의 성령이 내게 임하셨으니 이는 가난한 자에게 복음을 전하게 하시려고 내게 기름을 부으시고 나를 보내사 포로 된 자에게 자유를, 눈 먼 자에게 다시 보게 함을 전파하며 눌린 자를 자유롭게 하고 주의 은혜의 해를 전파하게 하려 하심이라"(눅 4:18-19). 그분은 승천하신 후에는 그분의 사신과 종들을 통해 이 은혜로운 사역을 계속하고 계시다(고후 5:20; 막 16:20). 오, 그리스도의 사역자들은 그들의 말을 듣고자 하는 모든 가련한 죄인들을 위한 얼마나 큰 위로의 메시지를 갖고 있는가! 그것은 다가오는 진노를 피할 길을 알려 주고, 죄의 용서를 얻는 방법을 일러 주고, 평화와 기쁨과 영생과 축복이 어떻게 우리의 것이 될 수 있는지를 가르쳐 주는 메시지다.

우리의 예표적 설명의 네 번째 요소는 다음 구절을 통해 제시된다. "다윗의 신하들이 암몬 자손의 땅에 이르매"(삼하 10:2c). 다윗의 신하들은 니느웨로 가서 복음을 전파하라는 부르심을 받았을 때 난색을 표했던 요나와 같지 않았다. 아니다, 그들은 하나님의 언약 백성들의 경계 밖으로 나아가는 일에 대해 그리고 우상 숭배자들이 사는 곳까지 여행하는 일에 대해 이의를 제기하지 않았다. 그런 그들은 다윗의 후손의 순종적인 종들을 예표한다. 그들의 임무는 죄 사함을 받게 하는 회개를 예루살렘에서 시작하여 모든 족속에게 전파하는 것이었다(눅 24:47).

은총을 거부하는 세상

"암몬 자손의 관리들이 그들의 주 하눈에게 말하되 왕은 다윗이 조객을 당신에게 보낸 것이 왕의 아버지를 공경함인 줄로 여기시나이까 다윗이 그의 신하들을 당신에게 보내 이 성을 엿보고 탐지하여 함락시키고자 함이 아니니이까 하니"(삼하 10:3). 이 구절을 굳이 해석할 필요가 있는가? 여기에서 우리의 예표적 설명의 다음 요소가 아주 분명하게 드러나지 않는가? 기독교의 복음 전도자들의 공통된 경험은 본질적으로 다윗의 신하들이 겪은 경험과 동일하다. 그들의 의도는 가장 훌륭한 것이었음에도, 사람들은 그들의 의도를 악한 것으로 곡해했다. 그들이 참된 위로의 메시지를 전할지라도, 가련하게 눈이 멀어서 사탄에게 잘 속아넘어가는 자들은 그들을 "흥을 깨는 사람"으로 간주했다. 비록 그들의 유일한 목적이 신실한 주님의 은총을 알리는 것일지라도, 그들이 접촉하는 대다수의 사람들은 그들이 하는 일에 대해 분개했다. 아, 지금은 신앙을 고백하는 그리스도인들의 모임들조차 그리스도의 참된 종을 바라지 않는다. 오히려 그들은 그런 이들을 "자기의 이익을 추구하는 자"나 "평화를 깨뜨리는 자"로 여기며 의심에 찬 눈으로 바라본다.

"이에 하눈이 다윗의 신하들을 잡아 그들의 수염을 절반만 깎고 그들의 의복의 중동볼기까지 자르고 돌려보내매"(삼하 10:4). 우리의 예표적 설명에서 이 요소가 뜻하는 바는 너무나 분명하기에 특별한 설명이 필요 없다. 이것은 다윗의 후손이신 분의 종들이 누군가에게 복을 안겨 주고자 할 때 그들로부터 받게 될 대접이 어떠할지를 예시해 준다. 그 종들은 조롱과 모욕을 당했고, 거부되었고, 수치스러운 꼴을 당한 채 "돌려보내졌다." 오늘날의 사람들은 이 암몬 사람들이 사용했던 방법들 외에도 복음의 사역자들을 모욕하고 조롱하는 또 다른 방법들을 갖고 있다. 그러나 그것들은 이전의 것들과 마찬가지로 효과적이다. 그들은 복음 사역자들에게 터무니없는 비난을 퍼붓고 그들에 관한 엉터리 보고를 퍼뜨린다. 그리고 그렇게 함으로써 결국 그들을 많은 곳에서 쫓아버린다.

보복

"사람들이 이 일을 다윗에게 알리니라 그 사람들이 크게 부끄러워하므로 왕이 그들을 맞으러 보내 이르기를 너희는 수염이 자라기까지 여리고에서 머물다가 돌아오라 하니라"(삼하 10:5). 이것이 다윗의 신하들이 당했던 불친절한 대접의 결과였다. 그들은 사람들의 눈을 피해 물러나 있으라는 명령을 받았다. 그들은 한동안 – 적어도 몇 달 정도 – 사람들과의 교제를 삼간 채 격리되어 있어야 했다. 우리는 오늘날 얼마나 많은 이들이 "여리고에 머물러 있는지" 알면 놀랄 것이다. 오늘날 적지 않은 스승들이 "숨겨져" 있다(사 30:20). "사람이 바른 교훈을 받지 않는"(딤후 4:3) 때가 이르렀기 때문이다. 옛 이스라엘과 관련해 우리는 다음과 같은 말씀을 읽는다. "그의 백성이 하나님의 사신들을 비웃고 그의 말씀을 멸시하며 그의 선지자를 욕하여 여호와의 진노를 그의 백성에게 미치게 하여 회복할 수 없게 하였다"(대하 36:16). 이런 일이 기독교의 역사 안에서 되풀이 되어야 하겠는가?

우리의 예표적 설명의 마지막 요소는 엄중하다. 그것은 사무엘하 10장의 나머지 부분과 관련되어 있다. 다윗은 모욕을 당한 자신의 종들을 위해 복수를 했다. 그는 자기 신하들이 당한 수치를 자신에 대한 직접적인 모욕이라고 간주했다. 이것은 그의 대형(對型)이셨던 분에게도 마찬가지였다. 그리스도께서는 자신의 사역자들과 관련해 다음과 같이 말씀하셨다. "너희 말을 듣는 자는 곧 내 말을 듣는 것이요 너희를 저버리는 자는 곧 나를 저버리는 것이요 나를 저버리는 자는 나 보내신 이를 저버리는 것이라"(눅 10:16). 그분은 자기 제자들에 대한 푸대접을 곧 자신에 대한 선전 포고로 간주하셨다. 또 그분은 "나의 기름 부은 자를 손대지 말며 나의 선지자들을 해하지 말라"고 말씀하셨다. 그분은 무제한 조롱당하지 않으실 것이다. 그분의 종들을 조롱하고, 중상하고, 모욕하고, 내쫓았던 자들이 다윗의 후손이신 분께 직접 대답해야 할 날을 예견하는 것은 참으로 엄중하다.

이 사건에 내포된 그리스도의 종들을 위한 교훈은 많을 뿐 아니라 중요하기도 하다. 그것들 중 중요한 것 몇 가지는 다음과 같다. 첫째,

그들은 주님의 명령이 아무리 비이성적으로 보일지라도, 또는 그것을 수행하기가 아무리 싫을지라도, 그 명령을 이행해야 한다. 둘째, 그들은 자신들의 최선의 의도와 가장 친절한 행동에도 불구하고 고통스러운 의심의 눈총에 노출될 것에 대비해야 한다. 그들은 배은망덕과 조롱과 학대를 받을 것을 예상해야 한다. 그러나 종들은 그들의 주인만큼만 대접을 받아도 족한 줄로 여겨야 한다(마 10:24). 셋째, 그들은 이런 일들로 인해 낙심하지 말아야 한다. 왜냐하면 결국에는 그리스도께서 그들의 원을 풀어주실 것이기 때문이다. 넷째, 그들은 스스로 복수하려 하지 말고 그들의 주님이 보여 주신 모범을 따라야 한다(벧전 2:23). 다섯째, 만약 어떤 이유에선가 그들이 "여리고에 머물러" 있어야 한다면, 그들은 자기들을 그런 곳에 격리시키신 분이 그들의 주님이시라는 사실로부터 위로를 얻어야 한다.

50

거부된 친절

사무엘하 10장

"내가 보니 모든 완전한 것이 다 끝이 있어도 주의 계명들은 심히 넓으니이다"(시 119:96). 갈대아어역 성경(The Chaldee Paraphrase)은 이 구절을 다음과 같이 번역한다. "나는 내가 관심을 가졌던 모든 일들의 끝을 보았다. 그러나 주님의 계명들은 매우 크다." 시리아역 성경(The Syriac Version)은 이 구절을 다음과 같이 읽는다. "나는 모든 종교와 나라들의 끝을 보았다. 그러나 주님의 계명들의 범위는 광대하다." 시편 기자는 "피조물의 일들"과 "창조주의 말씀"을 구별한다. 세상의 일들 중 가장 완벽한 것조차 불완전하다. 최상의 상태에 있는 인간조차 "모두가 허사뿐이다"(시 39:5). 우리는 인간의 일들의 끝과 한계를 즉각 알 수 있다. 왜냐하면 인간의 지혜의 가장 심원한 산물조차 얕고 피상적이며 한계가 있기 때문이다. 그러나 성경의 진리의 경우는 상황이 아주 다르다.

"주의 계명들은 심히 넓으니이다." 하나님의 말씀은 하나님의 완전함에 참여한다. 그분의 놀라운 특성들 중에는 거룩함, 무오함, 무한함, 그리고 영원함 등이 포함되어 있다. 하나님의 말씀은 너무나 깊어서 아무도 그것을 지어낼 수 없고(시 36:6), 너무나 높아서 하늘에 굳게 서 있고(시 119:89), 너무나 길어서 영원의 세월을 견디고(벧전 1:23), 너무나 넓어서 아무도 측량할 수 없고, 너무나 충만하기에 그 내용이 결코 고갈되지 않는다. 그것은 너무나 풍성한 영적 보화의 저장소이기에 아무리 많은 사람들이 그것에 의지할지라도 그 부요함이 줄어들지 않는다. 그것은 상상할 수도 없을 만큼 광대한 지혜를 포함하고 있기에 그 안에 있는 어느 한 구절도 사람이 지어낸 것일 수 없다. 그 중 어느 한 장에 대해 전에 아무리 많은 사람들이 글을 썼을지라도, 여전히 성령께서는 전에는 그 안에서 결코 인식되지 않았던 놀라움과 아름다움들을 계시하실 수 있다.

동일한 사건에 대한 다른 관점

이제 나는 앞 장에서 살폈던 사건을 다시 살필 생각이다. 그러나 이번에는 전과는 완전히 다른 각도에서 그렇게 할 것이다. 그리고 독자들이 혼란에 빠지지 않도록 약간의 설명적 진술을 할 것이다. 성경에는 우리가 몇 가지 측면에서 적절하게 적용할 수 있을 뿐 아니라, 또한 서로 다른 각도에서 고찰할 필요가 있는 말씀들이 많이 들어 있다. 종종 하나님의 선하심과 은혜를 드러내는 사건들이 또한 인간의 타락과 죄를 드러내기도 한다. 삼손의 삶의 많은 부분은 아주 뚜렷하게 그리스도를 예표하지만, 그와 동시에 우리는 그 안에서 삼손 개인의 안타까운 실패들을 목격하기도 한다. 구약 성경의 다른 위대한 인물들의 삶에서도 그와 동일한 이중적 모습이 예시된다. 우리는 그로 인해 혼란에 빠지는 대신 오히려 그토록 다양한 것들을 한데 모으시는 분의 지혜에 감탄할 필요가 있다.

모세는 안타깝게도 잘못을 저질렀다. 그는 바로에게 말씀하시기 위해 그를 부르셨던 분께 믿음을 갖고서 즉각 반응하는 대신, 불신앙에 굴복해 거듭 반대 의견을 제시했다(출 3, 4). 그럼에도 한편으로 우리는 그 모세 안에서 하나님의 일을 하도록 부르심을 입은 자들이 두려워 떠는 모습에 대한, 그리고 자기에게는 그런 일을 할 만한 자격이 없을 뿐 아니라 자신은 완전히 무가치한 존재라고 여기는 겸손에 대한 사랑스러운 예시를 발견할 수 있다. 그 두 측면은, 비록 그것들이 모세의 개인적 실패라는 동일한 사건에서 나타날지라도, 서로 아주 다르다. 그러나 그의 실패는 하나님의 참된 종 안에 있는 겸손에 대한 복된 예표를 제공한다. 사무엘하 10장에 기록된 이야기 역시 한 가지 사건이 갖고 있는 병립하는 두 측면을 보여 준다. 다윗이 암몬 왕에게 조의를 표하고자 했던 것은 그리스도께서 죄인들에게 위로의 메시지를 전하기 위해 그분의 종들을 파송하시는 것에 대한 아름다운 예표를 제공한다. 그러나, 곧 살펴보겠지만, 사사로운 관점에서 본다면, 다윗의 그런 행위는 비난 받아 마땅했다.

동일한 모습이 요나와 관련해서도 나타난다. 우리는 주님 자신이 하신 말씀을 따라 그를 그분에 대한 "표적"으로 간주할 수 있고(마 12:30-40), 또 그 선지자가 실제로 여러 가지 다른 모습으로 구주를 예시하는 것에 놀랄 수도 있다. 그러나 어떤 식으로도 그것은 우리가 그의 이야기를 읽을 때 발견하게 되는 그의 몇 가지 안타까운 죄들을 가려 주지 못한다. 그러므로 독자들이여, 설령 지금 내가 사무엘하 10장 내용에 대해 앞장에서 했던 것과 아주 다른 설명을 할지라도, 그것을 이상하게 여기지 말라. 앞 장의 설명과 이 장의 그것 사이에는 아무런 모순도 존재하지 않는다. 그런 상이한 설명들은 동일한 사건을 두 가지 아주 다른 각도에서 접근함으로써 나온 결과일뿐이다. 이런 주장은 그 사건이 역대상 19장에서 동일한 모습으로 묘사되지만, 그 사건의 정황이 사무엘하 9장과는 아주 다르다는 사실을 통해 정당화될 수 있다.

다윗의 동기

여기에서 나는 사무엘하 10장에 기록된 사건이 제시하는 구원의 은총에 대한 사랑스러운 예표적 측면을 서술하는 대신 다윗의 개인적 동기를 살피고 그것이 거듭해서 알려 주는 교훈과 경고에 주목할 것이다. "그 후에 암몬 자손의 왕이 죽고 그의 아들 하눈이 대신하여 왕이 되니 다윗이 이르되 내가 나하스의 아들 하눈에게 은총을 베풀되 그의 아버지가 내게 은총을 베푼 것 같이 하리라 하고 다윗이 그의 신하들을 보내 그의 아버지를 조상하라 하니라"(삼하 10:1-2).

우리가 이 구절들에 내포된 실제적 가르침을 얻기 위해 고찰할 필요가 있는 첫 번째 질문은, "어째서 다윗이 신하들을 보내 암몬 왕에게 위로의 메시지를 전했는가"이다. 그를 움직였던 동기는 무엇이었나? 그 질문에 대해 "그의 친절한 마음"이라고 대답하는 것으로는 충분하지 않다. 왜냐하면 그것은 단지 그 질문을 "어째서 그가 그 이방 민족의 수장에게 친절을 베풀기로 결심했는가"라는 질문으로 바꿀 뿐이기 때문이다. 그렇다면 우리는 이 질문에 대한 대답을 어떻게 찾을 수 있는가? 본문의 정황을 면밀하게 살피는 것을 통해서다. 역대상 19장의 정황은 사무엘하에서는 약간 멀리 있다. 왜냐하면 역대상 18장은 사무엘하 8장(지금 다루고 있는 10장 직전에 있는 9장이 아니라 - 역주)과 병행을 이루기 때문이다. 우리는 거기에서 무엇을 발견하는가? 다윗은 전쟁을 벌이고, 블레셋 사람들(삼하 8:1), 모압 사람들(2절), 하닷에셀(3절), 그리고 아람 사람들(5절)을 정복하고, 에돔에는 수비대를 두고, 왕국의 질서를 세웠다(15-16절).

그렇게 많은 싸움을 치룬 다윗은 이제 잠시 휴식을 취하고 싶었던 것 같다. 이것은 다음 장의 첫 구절이 "그 해가 돌아와 왕들이 출전할 때가 되매 다윗이 요압과 그에게 있는 그의 부하들과 온 이스라엘 군대를 보내니 그들이 암몬 자손을 멸하고 랍바를 에워쌌고 다윗은 예루살렘에 그대로 있더라"(삼하 11:1)라는 말로 시작되는 것을 통해 입증된다. 그러므로, 이 사건의 직접적인 정황에 비추어 볼 때, 즉 사무엘하 10장과 역대상 19장의 전과 후의 내용에 비추어 볼 때, 다윗이 하눈의 아비가 죽었을 때 그에게 위로의 메시지를 보낸 것은 암몬과 이스라엘 사이에 평화를 확보하기 위한 그의 외교적 노력이었음이 분명하다. 다시 말해, 그것은 불경건한 자와 경건한 자 사이에 우호관계를 형성하려는 시도였던 것이다. 그리고 여호와께서는 이런 시도를 깨뜨리고 무위로 돌리셨다.

"간음한 여인들아 세상과 벗된 것이 하나님과 원수 됨을 알지 못하느냐 그런즉 누구든지 세상과 벗이 되고자 하는 자는 스스로 하나님과 원수 되는 것이니라"(약 4:4). 우리는 그것을 이론적으로는 안다. 아, 그러나 우리는 너무나 자주 실제로는 그 말씀에 순종하지 않는다! 하나님은 자신의 백성들이 세상과 구별되고, 세상에서 낯선 자와 순례자가 되고, 세상의 백성들과 친밀한 관계를 맺지 않고, 그들과 함께하는 모든 "멍에"를 거부할 것을 요구하신다. 그리고 그것은 옳을 뿐 아니라 필요하기도 하다. 사실 하나님의 아들을 사랑하는 자들과 그를 미워하는 자들 사이에, 하나님의 주권에 순종하는 자들과 사탄과 연합한 자들 사이에 어떤 교제가 있을 수 있는가? 그러나 이런 원리가 자명함에도 우리 중 많은 이들은 우리의 삶의 방식을 그 원리의 요구들에 맞추는 데 얼마나 느린가! 우리는 얼마나 쉽게 하나님의 적들과 시시덕거리는가!

하나님의 훼방

그러나 우리는 부주의하고 불순종할지라도 하나님은 신실하시다. 그분은 우리에 대한 사랑 때문에 종종 세상 사람들로 하여금 우리의 우호적인 접근을 거부하고, 우리의 친절한 제안을 곡해하고, 우리를 조롱하고 모욕하게 하신다. 만약 우리가 하나님이 그분의 아들의 나라와 사탄의 나라 사이에 그어놓으신 선의 우리 쪽 편에 머물지 않는다면, 우리는 그분이 사악한 자들을 사용해 우리를 그들의 영토 밖으로 내쫓으실지라도 놀라지 말아야 한다. 독자들이여, 바로 여기에 종종 그리스도인들을 당혹스럽게 만드는 여러 가지 고통스러운 경험들에 대한 열쇠가 있다. 어째서 의로우신 하나님이 우리를 우리가 좋게 보이고 싶어 하는 사람들에게서 그토록 부당하고 잔인한 대접을 받게 하시는가? 하나님이 사탄의 후손들과 여자의 후손들 사이에 정해 놓으신 적대감이 여자의 후손들을 향해 폭발하도록 허락하시는 것은 그들이 사탄의 후손들과 지나치게 친밀해져 있기 때문이다.

하나님이 우리를 꾸짖으시는 것은 우리가 그분이 세상과 교회 사이에 그어놓으신 선을 무시했기 때문일 뿐 아니라, 또한 그분이 촉진하기 원하시는 우리의 영적 유익을 위한 것이기도 하다. "우리가 알거니와 하나님을 사랑하는 자 곧 그의 뜻대로 부르심을 입은 자들에게는 모든 것이 합력하여 선을 이루느니라"(롬 8:28). 그렇다, 그리스도인 독자들이여, 그리고 이 "모든 것"에는 전에 당신에게 친절했던 불신자들이 지금 당신을 서름서름하게 대하는 것이나, 그리스도를 알지 못하는 친지들의 차가운 반응, 이웃들의 불친절, 사무실과 가게와 직장에서 당신 곁에서 일하는 사람들이 당신에게 보이는 비우호적인 태도 등이 포함된다. 설령 당신은 그것을 보지 못할지라도, 하나님은 당신에게 닥친 위험을 보신다. 그분은 당신에 대한 사랑 때문에 당신이 은혜 안에서 성장하는 것을 크게 방해할 수도 있는 사람들과 가까워지는 것을 막으신다. 그러므로 당신의 동료들의 태도에 대해 안달하는 대신 주님의 신실하심에 대해 감사하라.

이상에서 언급한 내용에 대한 반대가 있을 수 있다. 그러나 그리스도인이 세상과 분리된다는 것은 사회와 격리되어 은둔자처럼 살아가거나, 하나님이 우리에게 비사교적이 되거나 동료 인간들에게 까다롭게 굴 것을 요구하신다는 의미가 아니라는 점을 분명히 해두겠다. 아니다, 독자들이여, 내가 말하고자 하는 것은 그런 것이 아니다. 우리는 "형제를 사랑하며 불쌍히 여기며 겸손할 것"(벧전 3:8)을, 특히 "모든 이에게 착한 일을 하되 더욱 믿음의 가정들에게"(갈 6:10) 그렇게 할 것을 요구받고 있다. 더 나아가 그리스도인들은 동료 인간들을 향해 "나는 너보다 거룩하다"는 식의 태도를 갖지 않도록 조심해야 한다. 그럼에도 구원 받지 못한 자들을 향한 정중하고 친절한 행위와 그들과의 부적절한 교제―그들을 절친한 친구로 삼는 것―사이에는 분명한 차이가 있다.

또 다른 반대도 있을 수 있다. 사실 이 경우에 다윗이 취한 행동은 적절할 뿐 아니라 마땅히 그렇게 해야 하는 것처럼 보이기도 한다. 왜냐하면 본문 2절은 분명하게 하눈의 아버지가 그에게 은총을 베풀었다고 진술하고 있기 때문이다. 그러므로, 만약 다윗이 얼마간이라도 그에게 적절하게 보답하지 않는다면, 그는 비난받아 마땅한 배은망덕을 하는 셈이 되지 않겠는가? 그런데 암몬 왕 나하스가 다윗에게 베푼 친절의 본질은 정확하게 무엇이었는가? 성경은 그것에 대해 아무런 정보도 제공하지 않는다. 따라서 추론은 쓸모가 없다. 그러나 만약 다윗이 전에 가드 왕 아기스에게 했던 것처럼(삼상 27:1-7) 그에게서 얼마간 호의를 얻기를 바랐다면, 그는 하나님의 부르심과 자기가 의지해야 할 대상이 살아 계신 하나님 한분뿐인 자가 누리는 특권적 지위를 모두 포기하는 어리석은 죄를 지은 셈이었다. 상황이 그럴 경우, 즉 우리가 사람을 믿고 피조물에게 의지할 경우, 우리는 하나님이 우리의 인간적인 소망을 책망하고 좌절시키실지라도 놀라지 말아야 한다.

파멸을 향한 돌진

여기에는 우리가 분명히 알아두어야 할, 그러나 그것을 적용하기 위해서는 민감한 양심을 지닌 자들이라도 어느 정도 훈련이 필요한 중요한 원리가 들어 있다. 그리스도인이 불신자들로부터 호의를 얻는 것은 어느 정도까지 가능한 것일까? 어떤 것은 그런 호의를 제공하는 자와의 관계가 어느 정도인가에 달려 있다. 어떤 것은 그런 호의를 제공하는 자의 동기가 무엇인가에 달려 있다. 어떤 것은 제공된 호의의 성격이 무엇인가에 달려 있다. 분명히 그리스도인은 그것을 제공할 권리를 갖고 있지 않은 자(가령 정직하지 않은 고용인 같은)가 제공하는 것을 덥석 받아서는 안 된다. 그리스도인은 하나님의 말씀이 정죄하고 있는 것(천박한 옷차림이나 극장표 같은)을 받아서도 안 된다. 또한 그들은 그들을 세상 사람들에게 얽매이게 만드는 그 어떤 호의도 단호하게 거부해야 한다. 종종 사탄이 신자들을 함정에 빠뜨리는 것은 바로 그런 방식을 통해서다. 즉 그들을 세상 사람들에 대한 채무자로 만들어 그들의 힘에 굴복하게 함으로써다.

비록 우리가 나하스가 다윗에게 언제 그리고 이떻게 호의를 베풀었는지 알 수는 없으나, 성령께서는 그 왕의 인품을 보여 주는 한 사건을 성경에 기록해 놓으셨다. "암몬 사람 나하스가 올라와서 길르앗 야베스에 맞서 진 치매 야베스 모든 사람들이 나하스에게 이르되 우리와 언약하자 그리하면 우리가 너를 섬기리라 하니 암몬 사람 나하스가 그들에게 이르되 내가 너희 오른 눈을 다 빼야 너희와 언약하리라 내가 온 이스라엘을 이같이 모욕하리라"(삼상 11:1-2). 그렇다면, 어째서 지금 다윗은 하나님의 백성들에게 그토록 잔인했던 적을 추모했던 것일까? 이 경우에 이스라엘 왕을 움직였던 것이 영적인 원리일리는 없다. 성경에는 우리가 공공연한 하나님의 적들을 상대하는 문제와 관련해 따라야 할 지침이 분명하게 제공되어 있다. "하나니의 아들 선견자 예후가 나가서 여호사밧 왕을 맞아 이르되 왕이 악한 자를 돕고 여호와를 미워하는 자들을 사랑하는 것이 옳으니이까 그러므로 여호와께로부터 진노하심이 왕에게 임하리이다"(대하 19:2).

그러나 다윗은 나하스의 악한 성품(性品)의 문제에도 불구하고 그를 추모했을 뿐 아니라, 그가 속한 족속(族屬)의 문제에도 불구하고 그렇게 했다. 나하스는 암몬 사람이었고, 암몬 사람들은 여호와의 금지 명령을 받은 족속이었다. 그들은 이스라엘 백성이 애굽에서 나올 때에 떡과 물로 그들을 영접하지 않았고, 그로 인해 모압 사람들—그들은 이스라엘 백성에게 맞서기 위해 발람을 고용한 적이 있었다—과 함께 "십 대뿐 아니라 영원히 여호와의 총회에 들지 못하도록" 되어 있었다(신 23:3-4). 뿐만 아니라, 하나님은 암몬과 모압 사람들과 관련해 분명하게 다음과 같은 금지 명령을 내리셨다. "네 평생에 그들의 평안함과 형통함을 영원히 구하지 말지니라"(신 23:6). 그러므로 이 경우에 다윗은 하나님의 분명한 명령을 거역한 셈이었다.

나는 다윗이 그 특별한 하나님의 명령을 개인적으로 알고 있었는지 여부에 대해 알지 못한다. 아마도 그가 염두에 두었던 유일한 것은 그 두 나라 사이에 평화를 확보하기 위해 제때에 외교적인 노력을 하려는 것이었으리라. 그러나 하나님은 그의 정치적 계획을 좌절시키셨고, 그렇게 하심으로써 모든 세대의 그분의 백성들에게 불경건한 자들과의 친교를 바라는 자들이 얻을 것은 오직 낙심과 당혹뿐임을 미리 알려 주셨다. "암몬 자손의 관리들이 그들의 주 하눈에게 말하되 왕은 다윗이 조객을 당신에게 보낸 것이 왕의 아버지를 공경함인 줄로 여기시나이까 다윗이 그의 신하들을 당신에게 보내 이 성을 엿보고 탐지하여 함락시키고자 함이 아니니이까"(삼하 10:3). 반역하는 사람들은 늘 다른 사람들의 배반에 대해 염려한다.

"이에 하눈이 다윗의 신하들을 잡아 그들의 수염 절반을 깎고 그들의 의복의 중동볼기까지 자르고 돌려보내매"(삼하 10:4). 어째서 하나님은 암몬의 관리들이 다윗의 친절을 곡해하게 하시고, 그들의 왕이 그들의 말에 주의를 기울이고, 이제 다윗의 신하들을 욕보임으로써 다윗을 조롱하도록 허락하셨던 것일까? 그것은 그분이 그분의 종과는 아주 다른 계획을 갖고 계셨기 때문이다. 이 사람들은 그들의 죄악의 "분량"을 가득 채웠다(창 15:16; 마 23:32). 그들의 마음은 파멸을 향해 무르익어 가고 있었고, 그로 인해 결국 파멸에 이르고 말았다(삼하 11:1). 하나님은, 비록 여러 해 전에 있었던 일이지만, 사무엘상 11장 1-2절에 기록된 사건을 잊지 않으셨다. 그분의 맷돌은 천천히 돌아가지만, 결국에는 아주 작은 것까지도 갈아낸다.

제5부

타락과 징계

51

무서운 타락

사무엘하 11장

이제 우리 앞에는 한 가지 어렵고도 달갑지 않은 과제가 놓여 있다. 우리는 다윗의 탁월한 삶 속에 찍혀 있는 가장 어두운 오점을 살펴보고 그것에 대해 언급해야 한다. 그러나 내가 누구이기에-나는 죄로 가득 차 있고 다윗의 신발 끈을 풀기에도 적합하지 않다-감히 이스라엘의 그 탁월한 시인을 심판하는 자리에 앉고자 하겠는가! 분명히 말하지만, 나는 이 주제를 좋아서 택한 것이 아니다. 왜냐하면 하나님의 탁월한 종이 악의 진창에서 자신을 더럽히고 있는 모습을 보는 것은 내게 아무런 기쁨도 주지 않기 때문이다. 오, 우리가 참된 겸손과 눈물과 떨림을 갖고서 또한 "물에 비치면 얼굴이 서로 같은 것 같이 사람의 마음도 서로 비치느니라"(잠 27:19)는 말씀을 기억하면서 이 주제에 접근할 수 있기를! 우리는 그럴 때만 이 사건에서 유익을 얻어낼 수 있을 것이다. 우리 모두 이 엄중한 이야기를 통해 두려워하는 마음을 얻게 되기를 간구하자.

성경의 사실성

성령께서 다윗의 무서운 타락에 관한 이 이야기를 기록해 놓으신 것은 하나님의 영광과 우리의 유익을 위한 것임이 분명하다. 그렇지 않다면 그것은 성경 안에서 영구한 자리를 차지하지 못했을 것이다. 그러나 우리가 이 이야기에서 유익을 얻으려면 무엇보다도 이 슬픈 사건에 대해 "자신을 살펴보아 우리도 시험을 받을까 두려워하는"(갈 6:1) 진지한 마음과 온유한 심령을 갖고서 접근해야 한다. 우리는 영감을 받아 작성된 이 기록을 다윗의 삶을 좌초시킨 암초에 대해 경고하는 하나님의 횃불로, 또한 우리가 그와 비슷한 재앙을 당하지 않으려면 스스로 조심해야 한다는 것을 알려 주는 위험 신호로 간주해야 한다. 이 사건을 그런 시각으로 바라볼 경우, 우리는 그 안에서 소중한 교훈들과 겸손한 마음으로 받아들이기만 한다면 크게 도움이 될 수 있는 여러 가지 지침들을 발견할 수 있을 것이다.

다윗의 무서운 타락은 타락한 인간의 본성 및 특성과 관련된 성경의 여러 가지 엄중한 증언들에 대한 분명한 실례를 제공한다. 이 사건이 인간의 타락과 관련해 제공하는 가르침들은 매우 신랄하고 불쾌하며, 종종 사악한 조롱꾼들에 의해 불경한 농담의 주제가 되었다. 오만한 인간들은 "사람의 마음이 계획하는 바가 어려서부터 악함이라"(창 8:21), "만물보다 거짓되고 심히 부패한 것은 마음이라"(렘 17:9), "내 속 곧 내 육신에 선한 것이 거하지 아니하는 줄을 아노니 원함은 내게 있으나 선을 행하는 것은 없노라"(롬 7:18) 같은 선언들을 아주 못마땅하게 여긴다. 그러나 그런 선언들의 진실성은 부정될 수 없다. 타락한 인간에 관한 그런 묘사들은 무섭고 불길하다. 그럼에도 그것들의 정확성은 성경 인물들의 삶속에서뿐 아니라 오늘의 세계 안에서도 거듭해서 예시되고 증명되고 있다.

어떤 이가 다음과 같이 옳게 말한 적이 있다. "성경의 진리에 대한 가장 놀라운 증거들 중 하나는 그것이 하나님을 따른다고 고백하는 사람들의 삶 속에서 나타나는 죄를 거리낌 없이 드러내고 비난한다는 사실이다. 성경은 아무것도 숨기지 않는다. 오히려 그것은 베일을 치워버리고 모든 것을 드러낸다. 그것은 아무것도 묵인하지 않는다. 오히려 그것은 죄 지은 자를 향한 하나님의 무서운 진노에 대해 이야기하고, 불행한 죄인들에게 임하는 ─ 그것도 삼사 대에 이르기까지 임하는 ─ 하나님의 심판에 대해 기록하고 있다[출 34:7].

"그것은 노아를 악하고 난폭한 세대에서 의를 선포했던 자로 높이지만, 또한 그의 술취함과 수치에 대해서도 동일하게 충실히 기록하고 있다[창 9:20-21]. 아브라함은 우리에게 믿음의 사람으로 제시된다. 그러나 그는 기근이 닥쳐오자 하나님의 지시를 기다리지 않고 애굽으로 내려간다. 거기에서 그는 자기 아내를 설득해 그녀가 자기의 아내가 아닌 것처럼 행동하게 하고, 그로 인해 자신과 자기 아내를 위험에 빠뜨린다[창 12:12-13]. 롯은 소돔에서 구출된 후 타락한다. 그리고 술에 취해 자신의 음탕한 딸들과 근친상간을 행한다. 아론과 미리암은 질투에 휩싸여 자기들의 형제 모세에 대해 나쁜 말을 한다. 모세는 무분별한 말을 했다가 약속의 땅에 들어가지 못한다. 성경의 매 쪽에서 진리의 환한 빛이 비춘다. 그러나 성경에는 또한 하나님의 백성과 종으로 자처하는 이들의 잘못과 어리석음과 죄와 변명할 수 없는 무도한 일들 역시 온갖 불쾌한 모습으로 등장한다"(I. M. H.).

신자 안에 있는 육

우리 앞에 놓인 비극적인 사건의 경우가 그러했다. 다윗의 무서운 행동은 우리에게 거듭나지 않은 자연인은 타락한 피조물에 불과할 뿐 아니라, 구속되어 거듭난 사람들 역시 가장 가증스러운 악에 떨어지기 쉽다는 사실을 무서울 정도로 생생하게 보여 준다. 그렇다,

만약 하나님이 주권을 행사하며 개입하시지 않는다면, 신자들 편의 부주의함은 주님의 영광을 크게 가리고 그 자신들에게는 두려울 만큼 치명적인 결과를 초래한다. 바로 그런 사실이 우리가 지금 다루고자 하는 이야기를 말할 수 없을 만큼 엄중하게 만든다. 여기에서 우리는 세상에 속한 사람이 아니라 우리와 같은 믿음을 지닌 사람을 완전하게 사로잡고 있는 육신의 욕망을 보게 된다. 또 탁월할 만큼 성결했던 성도가 잠시 방심하는 사이에 마귀에 의해 놀라고, 유혹당하고, 결국 포로가 되는 것을 보게 된다. 신자들 안에 있는 육(flesh)은 불신자들 안에 있는 그것과 다르지도 더 훌륭하지도 않다!

그렇다, 이스라엘의 그 감미로운 시인은 하나님과 오랫동안 긴밀한 교제를 즐겼음에도 여전히 그 안에 육을 지니고 있었고 그것의 욕망을 죽이는 데 실패했다. 그는 하나님과 교제하는 기쁨을 내팽개치고, 자신의 양심을 더럽히고, 자신의 영혼의 번영을 파괴하고, 자신에게 (그의 남은 생애 내내) 재앙의 폭풍을 초래하고, 자신의 이름과 믿음을 이후의 모든 세대의 조롱과 모독이라는 화살의 과녁이 되게 했다. 하나님이 그에게 하셨던 모든 요구, 그가 누리고 있는 높은 지위에 따르는 모든 의무, 하나님의 자비가 제공했던 모든 울타리 등은 그 안에서 불타오르는 격한 욕망에 의해 사정없이 짓밟혔다. 곤고했던 시절에 "내 영혼이 하나님 곧 살아 계시는 하나님을 갈망하나니 내가 어느 때에 나아가서 하나님의 얼굴을 뵈올까"(시 42:2)라고 외쳤던 자가 이제 금지된 것을 갈망하고 있다. 아, 도대체 인간이란 무엇인가? 참으로 "사람은 그가 든든히 서 있는 때에도 진실로 모두가 허사뿐이다"(시 39:5).

그러나 우리는 다윗의 무서운 타락을 어떻게 설명해야 하는가? 그는 어째서 그렇게 쉽게 유혹에 빠졌던 것인가? 도대체 무엇이 그의 무서운 죄를 촉발했던 것인가? 이런 질문들에 대해서는, 우리가 그것들을 하나님의 드높은 주권의 견지에서 바라보는지, 아니면 인간의 책임의 견지에서 바라보는지에 따라 이중의 대답이 가능하다. 여기에서 우리는 그것들을 후자의 견지에서 고찰할 것이다. 그리고 그렇게 함으로써 우리 자신의 영혼을 위한 가장 실제적인 도움을 이끌어낼 것이다.

우리는 하나님의 징계와 그것을 촉발한 것 사이의 그리고 인간의 죄와 그것을 촉발한 것 사이의 관계를 추적함으로써 우리가 마음에 새겨두어야 할 가장 중요한 교훈을 찾아 낼 수 있다. 아브라함이 "애굽에 거류하려고 그리로 내려갔던"(창 12:10) 까닭은 그 이야기의 정황을 통해 밝혀진다. 베드로가 그리스도를 부인했던 까닭은 그가 주님을 "멀찍이 따라"(막 15:54) 가며 보였던 자신에 대한 확신에까지 추적될 수 있다. 그리고, 곧 살펴보겠지만, 우리는 성경을 통해 다윗의 타락을 촉발했던 원인 역시 추적할 수 있다.

의무의 길을 벗어남

"그 해가 돌아와 왕들이 출전할 때가 되매 다윗이 요압과 그에게 있는 그의 부하들과 온 이스라엘 군대를 보내니 그들이 암몬 자손을 멸하고 랍바를 에워쌌고 다윗은 예루살렘에 그대로 있더라 저녁 때에 다윗이 그의 침상에서 일어나 왕궁 옥상에서 거닐다가 그곳에서 보니 한 여인이 목욕을 하는데 심히 아름다워 보이는지라 다윗이 사람을 보내 그 여인을 알아보게 하였더니 그가 아뢰되 그는 엘리암의 딸이요 헷 사람 우리아의 아내 밧세바가 아니니이까 하니 다윗이 전령을 보내어 그 여자를 자기에게로 데려오게 하고 그 여자가 그 부정함을 깨끗하게 하였으므로 더불어 동침하매 그 여자가 자기 집으로 돌아가니라"(삼하 11:1-4). 나는 이 구절들을 설명하는 문제와 관련해 매튜 헨리가 취했던 방식보다 나은 것을 알지 못한다. 그 방식이란 첫째, 그 죄의 원인, 둘째, 그 죄의 진행 단계, 셋째, 그 죄의 악한 모습에 대해 설명하는 것이다.

다윗의 타락의 원인 혹은 그것을 촉발했던 요소는 위의 구절들에서 분명하게 암시되고 있다. 그 구절들에서 나타나는 시간에 대한 언급에 주목해 보자. "그 해가 돌아와 왕들이 출전할 때가 되매"(삼하 11:1a). 이것은 겨울이 끝나고 봄이 돌아왔음을 의미한다. 어쩔 수없이 활동을 접어야 했던 시간이 끝나고 활동하기 좋은 날이 돌아왔다.

그리고 암몬에 대한 군사 활동이 재개되었다. 요압과 온 이스라엘 군대가 싸우러 나갔다. "[그러나, But, KJV. 한글 성경에는 번역되어 있지 않다 - 역주] 다윗은 예루살렘에 그대로 있더라"(1b절). 이것은 성령께서 왕의 행동을 인정하지 않으심을 보여 주는 아주 불길한 "그러나"이다. 바로 이 구절 안에 이후의 사건들을 설명해 줄 첫 번째 열쇠가 들어 있다. 우리는 이 구절을 주의 깊게 살펴볼 필요가 있다. 왜냐하면 그것은 우리에게 교훈이 되도록, 또한 가장 단순한 말로 축소시킨 경고가 되도록 기록된 것이기 때문이다. 여기에서 이 구절이 의미하는 것은 다윗이 의무의 길을 따르는 데 실패했다는 것이다.

이때 왕이 있어야 할 자리가 이스라엘의 적들을 타도하기 위해 그의 전사들을 이끄는 선봉이었음은 분명하다 - 사실 그동안 그는 줄곧 그 자리를 지켜왔다(삼하 10:7을 보라). 만약 그때 그가 여호와를 위한 싸움을 하러 나갔다면, 그는 곧 그에게 닥쳐올 시험에 빠지지 않았을 것이다. 다윗 왕이 예루살렘에 머물렀던 것은 우리의 눈에는 사소한 문제처럼 보일 수도 있다. 그러나, 만약 그렇다면, 우리는 그 상황을 적절한 견지에서 바라보는 데 실패하고 있는 셈이다. "의무의 자리"(the post of obligation)를 저버림으로써 그 자리를 아주 천한 것으로 만드는 것은 결코 사소한 문제가 아니기 때문이다. 의무의 길을 벗어날 때 우리는 하나님의 보호하심에 의지할 수 없다. 마귀가 우리 주님에게 성전 꼭대기에서 뛰어내리라고 요구했을 때 그분이 하셨던 답변의 힘이 거기에 있었다. 그런 일은 그분의 의무의 길과 무관했다. "주 너의 하나님을 시험하지 말라 하였느니라"(마 4:7).

다윗은 칼을 차야 했을 때 느슨해졌다. 그는 전장의 역경보다 왕궁의 향락을 더 좋아했다. 아, 우리가 편안한 길을 따르기는 얼마나 쉬운가! "너는 그리스도 예수의 좋은 병사로 나와 함께 고난을 받으라"(딤후 2:3)는 말씀을 따르기 위해서는 은혜가 필요하다. 아, 다윗은 이전에 겪었던 유사한 실패를 통해 아무런 유익도 얻지 못했다. 그는 블레셋 사람들 사이에서 쉼을 얻고자 했을 때 죄에 빠지고 말았다(삼상 21:13). 그가 예루살렘에서 편안함을 추구하고 있는 지금의 사정도 마찬가지다. 여기에 그리스도인들이 마음에 새겨 두어야 할 중요한 원리가 나온다. 다윗은 그의 갑옷을 벗었고, 그로 인해 적이 그를 공격할 때 보호를 얻지 못했다. 아, 독자들이여, 이 세상은 우리가 쉴 곳이 아니다. 오히려 이 세상은 믿는 자들이 싸움을 벌여야 하는 곳이며, 만약 우리가 "하나님의 전신 갑주를 입으라"(엡 6:11)는 권면을 무시한다면, 우리는 그 싸움에서 실패할 것이다.

게으름

"저녁 때에 다윗이 그의 침상에서 일어나 왕궁 옥상에서 거닐다가"(삼하 11:2a). 여기에 우리가 주목해야 할 두 번째 요소가 나온다.

다윗은 의무의 자리를 회피했을 뿐 아니라, 또한 "게으름"(slothfulness)이라는 죄에 빠졌다. 여기에서 언급되는 잠은 밤에 자는 잠이 아니었다. 왜냐하면 그가 침상에서 일어나 호사를 즐겼던 것은 "저녁 때"였기 때문이다. 다윗은 시간을 아끼는 데 실패했다. 당시 그는 다른 이들에게 유익을 주는 일은 물론이고 자기를 향상시키는 일을 하고 있지도 않았다. 게으름은 유혹자에게 큰 기회를 제공한다. 원수가 와서 밭에 가라지를 뿌렸던 것은 "사람들이 잘 때"(마 13:25)였다. 또 성경에는 다음과 같이 쓰여 있다. "부지런한 자의 손은 사람을 다스리게 되어도 게으른 자는 부림을 받느니라"(잠 12:24).

이런 말씀은 어떠한가! "내가 게으른 자의 밭과 지혜 없는 자의 포도원을 지나며 본즉 가시덤불이 그 전부에 퍼졌으며 그 지면이 거친 풀로 덮였고 돌담이 무너져 있기로"(잠 24:30-31). 이 말씀의 영적 의미를 이해하지 못하겠는가? 여기에서 "밭"은 모든 사람들 앞에 놓여 있는 그들의 삶이고, "포도원"은 그들의 마음이다. 지금 그 밭과 포도원의 상태는 어떠한가? 게으른 방치로 인해 하나님께는 역겹고 사람들에게는 무가치한 것들로 가득 차 있지 않은가? "내가 보고 생각이 깊었고 내가 보고 훈계를 받았노라"(32절). 우리는 어떠한가? 우리는 우리 주변에 파산하고 열매를 맺지 못하는 삶 – 영적 게으름으로 인해 망한 삶 – 이 그토록 많은 것을 보면서 그것을 마음에 새기고 그것을 통해 유익을 얻고 있는가? "네가 좀더 자자, 좀더 졸자, 손을 모으고 좀더 누워 있자 하니 빈궁이 강도 같이 오며 네 곤핍이 군사 같이 이르리라"(33-34절). 이 구절들은 사무엘하 11장 2절에 대한 엄중한 주석이 아닌가!

두리번거리는 눈

"그곳에서 보니 한 여인이 목욕을 하는데 심히 아름다워 보이는지라"(삼하 11:2b). 여기에 우리가 주목해야 할 세 번째 요소가 나온다. 그것은 바로 "두리번거리는 눈"(wondering eye)이다. 이사야 33장 15-16절에서 우리는 "눈을 감아 악을 보지 아니하는 자, 그는 높은 곳에 거하리니 견고한 바위가 그의 요새가 되며"라는 말씀을 읽는다. 아, 다윗은 그렇게 하지 않았다. 오히려 그는 자기 눈이 어느 매혹적이지만 금지된 대상에 머무는 것을 허락했다. 그가 드렸던 기도들 중에는 다음과 같은 탄원이 있었다. "내 눈을 돌이켜 허탄한 것을 보지 말게 하소서"(시 119:37). 만약 우리가 다른 이들의 은밀한 모습을 염탐하고 있다면, 우리는 하나님이 우리의 기도에 응답해 주실 것을 기대해서는 안 된다. 이제 그의 타락의 실제적 단계들에 대해 살펴보자.

타락의 단계들

"다윗이 사람을 보내 그 여인을 알아보게 하였더니"(삼하 11:3a).

이제 그는 자신의 욕망을 채우기로 작정했다. 한때 "내가 완전한 길을 주목하오리니 주께서 어느 때나 내게 임하시겠나이까 내가 완전한 마음으로 내 집 안에서 행하리이다 나는 비천한 것을 내 눈 앞에 두지 아니할 것이요 배교자들의 행위를 내가 미워하오리니 나는 그 어느 것도 붙들지 아니하리이다 사악한 마음이 내게서 떠날 것이니 악한 일을 내가 알지 아니하리로다"(시 101:2-4)라고 떠벌였던 자가 간음을 하기로 결심한 것이다. 이 구절에서 반복되고 있는 "내가 …하리니"(I will)라는 말에 주목하라. 그리고 그것을 통해 인간의 "의지"(will)가 얼마나 하찮은 것인지 배우라!

"그가 아뢰되 그는 엘리암의 딸이요 헷 사람 우리아의 아내 밧세바가 아니니이까 하니"(삼하 11:3b). 다윗은 은밀하게 검토하고 미리 생각했다. 그러나 여기에서도 하나님이 자비롭게 개입하셨다. 왜냐하면 다윗의 종들 중 하나가 그에게 그가 신원을 알아보라고 지시했던 여인이 "다른 이의 아내"임을 상기시켜 주었기 때문이다. 은혜롭고 신실하신 주님은 우리가 악한 일을 계획할 때 얼마나 자주 우리의 길을 가로막는 장애물을 설치하시는가! 우리가 하나님이 섭리를 통해 우리 주변에 놓으신 울타리를 부수며 돌진할 때 우리의 죄가 더욱 커지는 것은 바로 그런 이유 때문이다. 오, 그런 장애물들이 우리를 가로막을 때 우리가 마치 수소가 도살자를 향해 돌진하듯 하지 말고 몸서리를 치면서 뒤로 물러설 수 있기를!

"다윗이 전령을 보내어 그 여자를 자기에게로 데려오게 하고 그 여자가 그 부정함을 깨끗하게 하였으므로 더불어 동침하매"(삼하 11:4). 일의 순서가 매우 엄중하다. 첫째 그는 그녀를 "보았다"(2절). 다음으로 "사람을 보내 그 여인을 알아보게 했다"(3절). 그리고 이제 그녀와 "더불어 동침했다." 그러나 이것이 사건의 전모는 아니다. 우리는 그 전모를 이해하기 위해 본문 1절로 돌아갈 필요가 있다. 그렇게 할 때 우리는 야고보서 1장 14-15절이 선언하는 내용에 대한 생생하고도 엄중한 실례를 얻게 된다. 첫째, 다윗은 "자기 욕심에 끌렸다." 그 욕심은 육신의 편안함과 게으름이었다. 둘째, 그 후 그는 어느 아름다운 여인의 모습에 "미혹되었다." 셋째, "욕심이 잉태한 즉 죄를 낳았다." 그 죄는 간음이었다. 넷째, 그로 인한 무서운 결과가 보여 주듯이, "죄가 장성한 즉 사망을 낳았다." 그녀의 남편 우리아가 죽은 것이다.

다윗의 죄의 악한 모습은 분명하고도 다양하다. 첫째, 다윗은 더 이상 피가 끓는 청년이 아니라 오십 줄에 접어든 사람이었다. 둘째, 그는 독신자가 아니라 이미 여러 명의 아내를 둔 사람이었다. 이 사실은 하나님이 그에게 선지자를 보내 그의 사악함을 비난하시는 장면을 묘사하는 사무엘하 12장 8절에서 강조되어 나타난다. 셋째, 그는 이제 거의 성년이 된 아들들을 두고 있었다. 그러니 이 사건은 아버지가 자기 아들들에게 보여 준 얼마나 무서운 본보기가 되었을까! 넷째, 그는 이스라엘의 왕이었고, 따라서 자기 백성들에게 의(義)에 대한 모범을 보여야 할 의무를 지니고 있었다. 다섯째, 그가 그토록 악하게 처리했던 우리아는 그를 섬기기 위해 전장에서 목숨을 걸고 싸우고 있었다. 그리고 무엇보다도 그는 하나님의 자녀였고, 따라서 그분의 이름을 높이고 영화롭게 해야 할 의무를 갖고 있었다.

52

가공할 죄 (I)

사무엘하 11장

다윗이 쓴 시편들에서는 아주 다른 두 가지 특징이 거듭해서 나타난다. 그의 시편들 중 일부에서는 자신의 의로움을 자각하지만 악한 자들에게 비난을 받는, 그럼에도 하나님의 능력을 확신하면서 그분의 오른손 안에 들어 있는 온전한 기쁨을 내다보는 자의 슬픔이 표현된다. 다른 시편들에서는 양심의 가책을 지닌 자, 즉 자신의 개인적인 죄로 인해 깊이 괴로워하며 하나님의 자비를 구하고 하나님의 무한하고 충분한 은혜가 자신의 깊은 필요를 채워주시리라는 복된 믿음을 허락받은 자의 탄식소리가 들려온다. 그 두 가지 특징은 다윗의 삶의 중요한 두 단계에 상응한다. 그리고 그것들은 각각 사무엘상과 사무엘하를 통해 드러난다. 사무엘상에서 우리는 그가 어두운 곳에서 명예롭고 평온한 자리로 불려나오고 악한 자들의 박해 속에서도 의로우신 하나님에 의해 높임을 받는 것을 발견한다. 사무엘하에서 우리는 그가 죄로 인해 명예로운 자리에서 추락해 타락과 혼란에 빠지고, 그곳에서 그렇게 깊은 진창에 빠진 자를 인내하시고 용서하시는 하나님의 놀랍도록 풍성한 은혜를 배우는 모습을 발견한다.

사무엘상과 사무엘하가 묘사하는 다윗의 모습의 차이는 참으로 엄중하다. 전자에서 그는 강력한 골리앗을 정복한다. 그러나 후자에서 그는 그 자신의 욕망에 의해 정복된다. 성경에 하나님의 종들의 죄가 기록되어 있는 것은 우리에게 교훈이 되게 하기 위함이다. 즉 그것은 우리가 그것들을 방패삼아 우리의 죄에 대해 변명하게 하기 위해서가 아니라, 오히려 우리가 그것들을 마음에 새겨 두고 그로 인해 온 힘을 다해 동일한 죄를 피하게 하기 위해 기록된 것이다. 우리가 그들이 지은 죄들을 반복하지 않기 위한 최선의 방책은 그런 죄들을 촉발한 것들로부터 멀어지는 것이다. 앞 장에서 나는 다윗의 무서운 타락에 앞서 다음 세 가지 일들이 있었음을 지적한 바 있다. 첫째, 칼을 차야 했을 때 무장을 해제했던 것. 둘째, 전장에서 군인으로서 어려운 일들을 겪어야 했을 때 왕궁에서 게으름에 빠졌던 것. 셋째, 허망한 것들을 바라보지 않도록 눈을 돌려야 했을 때 두리번거리는 눈으로 금지된 것을 바라보았던 것.

깨어 있음의 중요성

"시험에 들지 않게 깨어 기도하라 마음에는 원이로되 육신이 약하도다"(마 26:41). 기도만으로는 충분하지 않다. 우리가 "우리를 시험에 들게 하지 마시고 다만 악에서 구하시옵소서"라고 기도하는 것이 곧 우리의 의무를 다 이행하는 것이 되지는 않는다. 우리는 우리의 갈망의 방향, 우리의 행동의 동기의 본질, 그 자체로는 적법할 수도 있는 것들의 참된 성향, 그리고 우리가 더불어 교제하고 있는 자들의 영향력 등에 주목하면서 늘 깨어 있어야 하고 방심하지 말아야 한다. 우리는 우리의 속사람을 지켜볼 필요가 있다. "모든 지킬 만한 것 중에 더욱 네 마음을 지키라 생명의 근원이 이에서 남이니라"(잠 4:23). 그러므로, 만약 우리가 자신의 개인적 약함과 불충분성을 의식하면서 "깨어 있음"에 충실하고자 한다면, 우리는 자신을 지탱하기 위해 은혜로우신 하나님의 도움에 의지할 필요가 있다. 우리가 "깨어 있음" 없이 기도만 하는 것은 자신의 책임을 방기함으로써 하나님을 조롱하는 것에 불과하다.

하나님이 우리에게 기도를 알려 주신 것은 우리가 그것으로 우리의 개인적 노력과 성실을 대체하게 하시려는 것이 아니다. 오히려 기도는 우리가 자신의 의무를 다하고 성실하기 위해 하나님의 은혜를 구하는 데 따르는 부가물이라고 할 수 있다. "기도를 계속하고 기도에 감사함으로 깨어 있으라"(골 4:2). 하나님은 우리에게 기도하기 전에뿐 아니라 그 이후에도 깨어 있으라고 요구하신다. 다시 말하지만, 우리가 가장 주의 깊게 살펴보아야 할 것은 우리 자신이다. 우리의 마음 안에는 기회만 주어진다면 언제라도 우리를 배신할 수 있는 반역자가 들어 있다. 다윗 같은 인물이 그처럼 무섭게 타락하리라고 누가 감히 생각이나 했겠는가! 아, 독자들이여, 하나님과 단 한 번 친밀하게 동행하는 것은 말할 것도 없고 일생 동안 탁월할 정도로 경건하게 사는 것조차 성도 안에 여전히 남아 있는 죄로 가득 찬 본성을 근절하거나 변화시키지 못한다. 이 세상에서 사는 한 우리는 결코 유혹을 넘어설 수 없다. 오직 깨어 있음과 기도만이 우리를 그것으로부터 지켜 줄 수 있다.

하나님의 참된 자녀가 얼마나 처참하게 타락하고 얼마나 깊은 진창 속으로 빠져들 수 있는지 말하기는 쉽지 않다. 죄는 만족을 모른다. 그것은 결코 만족되지 않는다. 죄의 본성은 우리를 점점 더 낮은 곳으로 이끌어가고, 우리가 더욱더 하나님의 뜻과 어긋나는 일을 원하도록 만든다. 그리고, 만약 하나님의 회복의 은총이 없다면, 그것은 결국 우리를 지옥으로까지 이끌어갈 것이다. 이스라엘 백성을 생각해 보자. 그들이 홍해에서 불신앙에 빠졌던 것, 광야에서 불평했던 것, 시내산에서 송아지 우상을 만들었던 것 등을 생각해 보자. 요한계시록 2장과 3장에 개괄되어 있는 교회들의 타락에 대해 생각해 보자. 첫사랑을 잃어버린 교회들은 그리스도께서 입에서 토해내시리라고 위협하실 정도까지 타락해 세상과 완전히 뒤섞인다. 다윗의 경우도 마찬가지다. 그는 늦게까지 침상에 누워 있는 것에서 시작해 눈을 두리번거리는 일로, 밧세바를 훔쳐보는 것에서 시작해 그녀와 간통을 저지르는 일로, 그리고 마침내 간통에서 살인으로까지 나아갔다. 그러고도 그는 그런 영적 죽음 안에서 회개하지 않은 채 머물러 있었고, 결국 하나님은 그를 마비상태에서 일으켜 세우기 위해 자신의 사자를 보내셔야 했다.

드러나는 죄악

"그 여인이 임신하매 사람을 보내 다윗에게 말하여 이르되 내가 임신하였나이다 하니라"(삼하 11:5). 고의적으로 하나님께 반항하고 그분의 법을 짓밟는 남자와 여자들은 조만간 고통스러운 경험을 통해 "사악한 자의 길은 험하니라"(잠 13:15)는 말씀의 참됨을 깨닫게 된다. 다음 세상에서 사악한 자들에 대한 최종적 형벌이 있으리라는 것은 사실이다. 또한 어떤 무모한 반역자들이 한 동안 이 세상에서 아무런 벌도 받지 않은 채 계속해서 하나님을 조롱하는 것처럼 보이는 것도 사실이다. 그럼에도 그분의 일반적인 통치 방식은 그들로 하여금 이 세상에서 그들이 뿌린 것을 거두게 하시는 것이다. 죄의 쾌락은 일시적이고 그 기간도 아주 짧다(히 11:25). 그럼에도 "그것이 마침내 뱀 같이 물 것이요 독사 같이 쏠 것이다"(잠 23:32). 독자들이여, 다음의 말씀을 잊지 말라. "너희 죄가 반드시 너희를 찾아낼 줄 알라"(민 32:23). 다윗과 밧세바의 경우가 그러했다. 그들은 죗값을 치러야 할 날을 기다려야 했다.

이스라엘에서 간음에 대한 형벌은 죽음이었다. "누구든지 남의 아내와 간음하는 자 곧 그의 이웃의 아내와 간음하는 자는 그 간부와 음부를 반드시 죽일지니라"(레 20:10). 밧세바는 자기 남편의 의로운 진노와 율법의 무서운 선고를 두려워할 충분한 이유를 갖고 있었다. 다윗 역시 심각한 문제에 직면했다. 그와 불법적인 성관계를 맺었던 여인이 임신을 했고, 그녀의 남편은 이미 한 동안 집을 떠나 있었던 것이다. 우리아가 돌아오고 그의 아내의 부정이 드러난다면, 어둠에 감쳐졌던 일들이 밝혀질 수밖에 없을 것이다. 그것은 우리아에게 자기 아내를 돌로 쳐 죽일 권리를 제공할 것이다. 그리고 다윗은, 비록 그가 갖고 있는 왕이라는 지위 덕분에 그런 죽음을 당하지는 않겠지만, 그의 죄가 온 세상에 드러나고 그로 인해 백성들이 그를 반대하는 폭동을 일으키는 일을 겪게 될 수도 있었다. 그러나 다윗이 빠졌던 곤경보다 더 안타까운 것은 그가 자신을 구하기 위해 취한 방법이었다.

다윗과 빌라도의 유사성

이 이야기의 안타까운 내용을 살피기에 앞서 이후에 전개될 이야기를 개괄할 필요가 있다. 나는 독자들에게 먼저 사무엘하 11장 6-21절에 실린 이야기를 읽어볼 것을 권한다. 다윗은 우리아의 목숨을 취할 마음이 없었다. 다윗이 극단적인 방법을 취한 것은 우리아를 이용해 자신의 죄를 가리고자 했던 그의 인간적인 노력이 수포로 돌아간 후였다. 어떤 이가 다윗과 빌라도의 무서운 유사성을 지적한 바 있다. 처음에 그 로마 관리는 우리 구주의 목숨을 거둘 생각이 없었다. 오히려 그는 그분의 목숨을 보존하기 위해 이런저런 노력을 했다. 그가 주 예수님을 십자가에 못 박으라는 명령을 내린 것은 그 모든 노력들이 실패한 후였다. 아, 이스라엘의 감미로운 시인 역시 빌라도와 같은 상황에 처했다. 그러나 신자 안에 있는 육(flesh)은 불신자 안에 있는 그것과 다르지 않다. 그리고 그것은 기회를 얻는다면 신자와 불신자 모두에게 동일한 일을 행한다.

그러나 다윗과 빌라도의 유사성은 그 이상이다. 도대체 무엇이 다윗으로 하여금 자신을 보호하기 위해 우리아를 희생시키도록 만든 것인가? 그것은 세상에 대한 사랑과 그 어떤 값을 치르더라도 자신의 지위와 명성을 지키겠노라는 그의 결의였다. 이 세상에서 자신의 명성을 지키고자 했던 그의 마음이 그로 하여금 어떻게 해서든 자신이 간음한 자로 낙인찍히는 상황은 만들지 않겠다고, 또 자신을 가로막는 것은 무엇이든 제거하겠노라고 결심하게 했던 것이다. 그는 자신의 명성을 지키기 위해 몇 가지 일을 시도했다. 그러나 그것들은 모두 허사가 되었다. 안목의 정욕이 그를 밧세바와 간음하도록 이끌었던 것처럼, 교만한 마음이 그를 몰아세워 그녀의 남편을 죽이도록 만들었다. 이것은 빌라도의 상황과 동일하지 않은가? 그는 그리스도를 죽일 마음이 없었다. 그러나 그는 다른 무엇보다도 자신의 명성을 지키는 것을 소중하게 여겼다. 그는 황제의 친구, 즉 세상의 친구였다. 그리고 그는 그 관계를 해칠 수도 있는 틈을 내주기보다는 예수님을 죽이는 쪽을 택했다.

다윗의 꼼수

"다윗이 요압에게 기별하여 헷 사람 우리아를 내게 보내라 하매 요압이 우리아를 다윗에게로 보내니"(삼하 11:6). 다윗은 여호와께 돌아서지 않았다. 이제 그의 머릿속에는 더 이상 그분이 들어 있는 것 같지 않았다. 성도가 죄에 사로잡힐 때 그의 머릿속에는 하나님이 계시지 않는다. 아, 우리는 하나님을 진노케 하고 망신시킨 후 진지한 회개와 겸손한 고백을 통해 그분과의 관계를 바로 세우는 일에 얼마나 느린가, 또 그런 일을 얼마나 꺼리는가! 다윗은 그의 하나님이신 여호와의 용서를 구하기보다 자신의 죄를 숨기고 그 죄로 인한 결과를 회피하는 데 더 골몰했다. 이것 역시 우리에게 교훈이 되기 위해 기록된 것이다. 성경은 다음과 같이 말씀한다. "자기의 죄를 숨기는 자는 형통하지 못한다"(잠 28:13). 이 법에는 예외가 없다. 오, 하나님이 우리에게 은혜를 주셔서 우리 모두가 이 말씀을 마음에 새기고 그것에 의지해 행동하게 해 주시기를! 지금 하나님의 백성들 중 얼마나 많은 이들이 이 점에서 실패하기 때문에 그분의 징계의 회초리를 맞고, 그들의 영혼이 시들고, 마음의 기쁨을 누리지 못하고 있는지는 오직 하나님만이 아신다!

우리가 하나님께 자신의 죄를 고백함으로써, 또 할 수 있는 한 다른 이들에게 보상함으로써 하나님과의 관계 및 동료 인간들과의 관계를 바르게 세우기를 거부할 경우, 우리는 사탄에게 우리를 제압할 수 있는 유리한 위치를 내주게 된다. 죄의식은 우리의 마음을 하나님으로부터 멀어지게 만들고, 그로 인해 우리가 그분의 보호하심에 의지하지 못하도록 만든다. 그럴 경우 우리 안에 계신 성령이 탄식하시며 그분의 은혜를 거둬 가신다. 그리고 우리는 사물을 그분의 빛을 통해 보지 못하게 된다. 우리의 마음이 그런 상태가 되면 우리는 사탄의 거짓말을 쉽게 받아들이고, 그로 인해 우리의 모든 행동은 더욱더 그에 의해 통제된다. 인간적인 계획이 위로부터 오는 지혜를 구하는 것보다 앞선다. 은밀함과 꼼수가 드러냄과 정직함을 대체한다. 그리고 우리는 하나님의 영광과 다른 이들의 유익을 구하기보다는 자신의 유익을 구하는 일에 모든 에너지를 쏟는다. 이런 사실은 우리의 본문에 실려 있는 탄식할 만한 결과를 통해 분명하게 드러난다. 다윗의 모든 행동은 이 시기에 그가 성령이 아닌 사탄의 지시를 따라 움직이고 있었음을 보여 준다.

"우리아가 다윗에게 이르매 다윗이 요압의 안부와 군사의 안부와 싸움이 어떠했는지를 묻고"(삼하 11:7). 다윗은 전황 보고를 듣는다는 명목하에 전쟁터에서 호출된 우리아와 만난다. 그러나 사실 다윗의 질문은 그가 사람을 시켜 그를 부르러 보내면서 품었던 진짜 계획을 숨기기 위한 가리개에 불과했다. 겉으로 다윗은 우리아에게 자신이 전쟁의 진행 상황과 관련해 이스라엘의 다른 누구보다도 그의 말을 더 신뢰하고 있다는 인상을 주고자 했다. 그러나 다윗이 우리아를 불러들인 것이 아주 다른 목적 때문이었음은 이어지는 이야기를 통해 분명하게 드러난다. 우리는 우리에게 질문을 던지는 이들의 동기에 대해 거의 알지 못한다. 그러므로 우리는 다음과 같은 권면에 유의할 필요가 있다. "귀인들을 의지하지 말며 도울 힘이 없는 인생도 의지하지 말지니"(시 146:3).

"그가 또 우리아에게 이르되 네 집으로 내려가서 발을 씻으라 하니"(삼하 11:8a). 이것은 왕이 우리아를 예루살렘으로 호출한 은밀한 목적이 무엇이었는지를 분명하게 보여 준다. 다윗은 자신이 밧세바와 간음했다는 사실이 알려지는 수치를 면하기로 결심했다. 그리고 그런 수치를 피할 수 있는 유일한 길은 그녀의 남편을 불러들여 그녀의 집에서 하루나 이틀을 지내게 함으로써 그를 밧세바의 뱃속에 있는 아이의 아버지로 만드는 것뿐이었다. "우리아가 왕궁에서 나가매 왕의 음식물이 뒤따라 가니라"(8b절). 다윗은 자기의 죄를 감춰줄 사람이 자기에게 허락된 짧은 휴가를 온전하게 즐겨도 좋다는 느낌을 갖게 되기를 바랐다. 다시 말하지만, 우리는 우리에게 선물을 제공하면서 선한 의지를 표명하는 자들의 교묘한 계획에 대해 거의 알지 못한다.

충직한 우리아

"그러나 우리아는 집으로 내려가지 아니하고 왕궁 문에서 그의 주의 모든 부하들과 더불어 잔지라"(삼하 11:9). 인간이 큰 공을 들여 마련한 계획들이 얼마나 자주 실패로 끝나는가! 사라를 자신의 누이로 보이게 하려 했던 아브라함의 계획이 그러했다. 니느웨 사람들에게 설교하는 일을 피하고자 했던 노아의 노력이 그러했다. 여기서도 마찬가지다. 다윗의 계획은 수포로 돌아갔다. 그는 자기가 상대하고 있는 사람의 탁월한 인품을 제대로 평가하지 못했던 것이다. 우리아는 자기 동료들이 전쟁터에서 힘든 싸움을 하는 동안 개인적인 탐닉에 빠질 수 있는 사람이 아니었다. 이것은 우리의 마음에 큰 울림을 주어야 하지 않은가? 오늘날 우리는 그리스도인들이 편안함과 인간적인 만족을 추구하는 것을 정당한 것으로 여기는 시대에 살고 있지 않은가?

"어떤 사람이 다윗에게 아뢰되 우리아가 그의 집으로 내려가지 아니하였나이다 다윗이 우리아에게 이르되 네가 길 갔다가 돌아온 것이 아니냐 어찌하여 네 집으로 내려가지 아니하였느냐 하니"(삼하 11:10). 다윗은 우리아의 고귀한 이타심을 칭찬하기는커녕 그를 비난했다. 아, 독자들이여, 이 세상에서 "낯선 자와 순례자"로 살아가는 이들을 향해 "완고한 자", "엄격한 자", "극단주의자", "청교도"라고 비난하는 자들은 곧 그들의 정체를 드러내지 않을 수 없다. 이 세상에서 자기를 부인하며 사는 사람들은 인간적인 갈망 때문에 이 세상을 최대한 이용하고자 하는 자들에게 골치 아픈 존재가 된다.

"우리아가 다윗에게 아뢰되 언약궤와 이스라엘과 유다가 야영 중에 있고 내 주 요압과 내 왕의 부하들이 바깥 들에 진 치고 있거늘 내가 어찌 내 집으로 가서 먹고 마시고 내 처와 같이 자리이까 내가 이 일을 행하지 아니하기로 왕의 살아 계심과 왕의 혼의 살아 계심을 두고 맹세하나이다 하니라"(삼하 11:11). 이것은 다윗을 향한 얼마나 큰 비난의 소리가 되었겠는가! 여호와와 그분의 백성들이 들에서 이스라엘의 적들과 싸우고 있는 동안, 다윗은 왕궁에 머물면서 편안함을 즐기고 욕망에 탐닉했다. 우리아의 이런 고귀한 대답은 다윗의 마음을 녹였어야 마땅하다! 그런 말들은 다윗으로 하여금 자신이 죄로 가득 찬 열정에 굴복한 것에 대해, 또 그처럼 충성스러운 신하에게 그렇게 악한 일을 저지른 것에 대해 통회하며 마음을 찢게 만들었어야 마땅하다! 아, 그러나 다윗의 마음은 이제 더는 하나님의 영광에 관심이 없었다. 그의 마음은 동료 인간의 권고나 비난을 받아들일 만한 상태가 아니었다. 다윗은 자신의 명성에 대한 집착과 사람들에 대한 두려움에 사로잡혀 있었기에 우리아를 자신의 죄를 가려줄 보호막으로 삼기로 결심했다.

"다윗이 우리아에게 이르되 오늘도 여기 있으라 내일은 내가 너를 보내리라 우리아가 그 날에 예루살렘에 머무니라"(삼하 11:12). 우리의 마음이 악을 행하기로 작정할 때 그것은 어려움 앞에서도 굴하지 않는다. 우리는 자신이 원하는 것을 얻기 위한 한 가지 방법이 실패할 경우 기꺼이 또 다른 방법을 시도한다. 아, 그러나 선한 일을 추구할 때 우리는 그런 끈질긴 결의를 보이지 않는다. 오히려 그럴 경우에 우리는 너무 쉽게 좌절한다! 인내는 덕이다. 그러나 악한 일에 사용될 경우 그것은 천한 것이 된다. 지금이 그러했다. 다윗은 실패를 인정하지 않았고, 자신의 비루한 계획을 실현하기 위해 우리아를 조금 더 예루살렘에 머물게 했다.

"다윗이 그를 불러서 그로 그 앞에서 먹고 마시고 취하게 하니" (삼하 11:13a). 성도가 일단 악한 길로 들어서면, 죄는 무서울 정도로 오랫동안 그를 이리저리 끌고 다닐 수 있다! 다윗이 세운 계획은 참으로 무서웠다. 그 계획이란 교묘한 방법을 써서 그 충직한 우리아로 하여금 그가 한 맹세(11절)를 깨뜨리게 하는 것이었다. 다윗이 우리아가 술기운에 그의 아내에게 가기를 바라며 그에게 술을 먹이는 모습은 참으로 슬프다! 그러나 그는 또다시 실패했다. "저녁 때에 그가 나가서 그의 주의 부하들과 더불어 침상에 눕고 그의 집으로 내려가지 아니하니라"(13b절). 다윗은 자신의 계획이 이렇게 무산되는 것을 보고서 잠들어 있던 그의 양심을 일깨워야 했다. 왜냐하면 분명히 하나님의 섭리가 그의 계획과 맞서서 진행되고 있었기 때문이다. 계속되는 이야기는 더 나쁘다. 그러나 우리는 여기에서 이 장을 마쳐야 한다.

53
가공할 죄 (II)

사무엘하 11장

　다윗과 밧세바의 간통이라는 무서운 타락은 보다 증오할 만한 죄악으로 이어졌다. 다윗은 우리아를 곧 태어날 사생아의 아비로 만들고자 했다. 그러나 그런 노력은 실패로 끝났고, 이제 그는 난감한 상황에 처했다. 우리아가 살아 있는 한 그는 곧 자기 아내의 부정을 알게 될 것이다. 그리고 다윗은 어떤 대가를 치르더라도 이것만은 막기로 결심했다. 다윗은 그것이 죄에 죄를 더해 자신을 악의 구렁텅이 속으로 더 깊이 밀어 넣는 것을 의미할지라도 사람들 앞에서 자신의 명성을 유지하고자 했다. 그리고 여기에서 우리는 다시 한 번 그와 빌라도의 유사성을 발견한다. 그들은 무고한 생명과 세상에서 그들이 누리던 명예를 모두 지키고자 했다. 그러나 그렇게 할 수 없게 되었을 때 그들은 기꺼이 후자를 위해 전자를 희생시켰다. 그들은 "이생의 자랑"(요일 2:16)을 유지하려는 욕망이 너무나 강했기에 다른 이의 죽음을 초래하는 일을 주저하지 않았던 것이다.

사람이 일단 하나님의 요구를 무시하면, 그는 다른 사람과의 우정의 요구들 역시 아주 쉽게 무시하게 된다. 우리 앞에 놓인 안타까운 경우가 그러했다. 이제 다윗은 끝까지 가는 것을 주저하지 않았다. 첫째, 그는 우리아를 꼬여서 그가 한 맹세(삼하 11:11)를 깨뜨리게 하고자 했다. 둘째, 그는 우리아를 술에 취하게 만들려 했다(11:13). 그리고 이제 그는 자신의 헌신적인 신하의 죽음을 교묘하게 획책했다. 그는 자신의 명성이 더럽혀지는 것보다는 무고한 피를 흘리고 그의 전 군대가 패배하는 위험을 무릅쓰고자 했다. 보라, 하나님의 자녀가 죄의 요구에 굴복하고 나면, 그 죄가 그를 얼마나 오랫동안 몰아대는지를! 이제 간음은 살인을 낳았다! 오, 독자들이여, 참으로 당신은 하나님이 당신으로 하여금 이 세상에 나그네로 있는 동안 두려움 가운데 살게 해 주시기를 간구할 필요가 있다(벧전 1:17)!

사탄의 그물

"어떤 이가 마귀에게 넘어가 추악한 죄를 저지를 뿐 아니라 그 죄가 사람들에게 드러날 것이 두려워 그것을 감추기 위해 부정하고 천한 수단들을 사용할 경우, 그가 그 죄가 상상할 수 없을 만큼 악화되어 결국 그의 모든 고귀한 생각들이 다 사라져버릴 때까지 배신과 음모와 살인을 향해 돌진하는 것을 우리가 도대체 무슨 수로 막을 수 있겠는가?"(Thomas Scott). 여기서도 마찬가지였다. 다윗은 무슨 일이 일어나든 상관없이 자신의 명성을 지키고자 했다. 이것은 그 당시 그가 "교만하여져서 마귀를 정죄하는 그 정죄에 빠진다"(딤전 3:6)라는 성경의 말씀처럼 완전히 사탄에게 사로잡혀 있었음을 보여 주는 확실한 증거였다. 하나님이 우리를 그런 교만에서 지켜주시기를!

당시 다윗이 완전히 사탄의 그물에 걸려 있었음을 보여 주는 또 다른 증거는 그가 고안해 낸 교묘하고 악한 책략을 통해 찾아볼 수 있다. 자신의 무서운 죄를 보다 큰 악을 통해 숨기기로 결심한 그는 가련한 우리아를 제거하기로 작정했다. "자기의 왕을 위해 기꺼이 죽을 각오가 되어 있던 무고하고 용감하고 씩씩한 사람이 바로 그 왕에 의해 죽임을 당해야 했다"(Matthew Henry). 그렇다, 그러나 직접적으로는 아니었다. 다윗은 그렇게 하기에는 너무나 영악했고, 사람들 앞에서 자신의 명성을 유지하는 데 너무나 신중했다. 그는 자신의 손으로 우리아를 죽이거나 자기의 신하들을 시켜 그를 암살하려고 하지 않았다. 그런 일은 그의 명성을 더럽힐 수 있었기 때문이다. 그는 보다 교활한 수단을 택했다. 그것은 그의 손을 가려 줄지 모르나 여전히 가증스러운 것이었다. 우리아의 용맹함과 조국에 대한 그의 열정이 다윗 왕에게 그를 죽일 방법을 암시해 주었다.

"아침이 되매 다윗이 편지를 써서 우리아의 손에 들려 요압에게 보내니 그 편지에 써서 이르기를 너희가 우리아를 맹렬한 싸움에 앞세워 두고 너희는 뒤로 물러가서 그로 맞아 죽게 하라 하였더라" (삼하 11:14-15). 냉혹한 계획을 세운 다윗은 자기 군대의 사령관에 통지문을 썼다. 내용인즉, 그의 충실한 장수를 적들의 공격에 가장 쉽게 노출될 만한 곳으로 내보낸 후 군대를 뒤로 물려서 그가 적에게 맞아 죽게 하라는 것이었다. 우리아는 자신의 죽음을 명령하는 왕의 서한을 들고 가 요압에게 전했다. 그리고 요압은 자기의 주군이 명령한 것을 이행했고, 우리아는 적에 의해 살해되었다. 다윗의 혐오스러운 계획은 성공했다. 다윗이 그 사람 때문에 자기가 비난 받게 될 것을 두려워했던 자는 이제 말 못하는 송장이 되어 무덤에 묻혔다. 그러나 그를 살해한 자의 명예는 세상이 끝나는 날까지 더럽혀진 채 남아 있게 되었다.

뻔뻔한 인간들

하나님은 이 끔찍한 죄를 다윗이 저지른 그 어떤 죄보다도 크게 비난하셨다. 그것은 그 죄가 심각하고 하나님의 수많은 대적들로 하여금 그분을 모독하게 하는 원인을 제공했을 뿐 아니라, 그것이 갑자기 일어난 우발적인 사건이라기보다는 고의적이고 미리 계획된 범죄였기 때문이다. 성경에는 다윗이 저지른 여러 가지 잘못들이 기록되어 있다-아히멜렉에게 거짓말했던 일(삼상 21:2), 가드 왕 앞에서 미친 체했던 일(삼상 21:12), 나발을 파멸시키겠다고 성급하게 맹세했던 일(삼상 25:33), 불신앙에 가득 차 "내가 후일에는 사울의 손에 붙잡히리니"(삼상 27:1)라고 말했던 일, 므비보셋과 시바의 문제를 부당하게 처리했던 일(삼하 16:4), 압살롬의 응석을 받아 주었던 일, 그리고 백성들을 계수했던 일(삼하 24) 등. 그럼에도 성경은 다윗과 관련해 다음과 같이 기록하고 있다. "이는 다윗이 헷 사람 우리아의 일 외에는 평생에 여호와 보시기에 정직하게 행하고 자기에게 명령하신 모든 일을 어기지 아니하였음이라"(왕상 15:5).

우리아가 죽은 후 다윗의 상태는 그 이전의 상태보다 더 안타깝고 무서웠다. 그는 자기의 악한 계획이 성공했다는 소식을 접한 후 그 소식을 전한 자에게 냉혹한 어투로 말했다. "너는 요압에게 이같이 말하기를 이 일로 걱정하지 말라 칼은 이 사람이나 저 사람이나 삼키느니라"(삼하 11:25a). 자신의 충실한 지지자가 잔혹하게 살해된 것에 대해 아무런 양심의 가책도 없었다. 그 사건과 관련된 죄책감이나 두려움도 없었다. 그는 자신의 죄를 덮기 위해 우리아뿐 아니라 다른 군사들까지 희생된 것에 대해서도 아무런 슬픔을 보이지 않았다. 오히려 그는 그런 일은 전쟁터에서 흔히 있는 일이므로 심각하게 생각할 것 없다는 식의 태도를 보였다. 그는 자기 군사들이 크게 학살된 사실을 무시한 채 요압이 자신의 혐오할 만한 명령을 이행한 것을 칭찬했고, 그 소식을 전한 자에게 돌아가서 "그를 담대하게 하라"(25절)고 명령했다.

"우리아의 아내는 그 남편 우리아가 죽었음을 듣고 그의 남편을 위하여 소리내어 우니라"(삼하 11:26). 이 얼마나 사악한 웃음거리인가! 죽은 자들을 위해 소리 내어 우는 사람들이 실제로는 그들이 사라진 것 때문에 느끼는 자신들의 만족감을 가리기 위해 겉으로만 우는 경우가 얼마나 많은지는 오직 하나님만이 아신다. 꼭 이 경우가 아니더라도, 배우자의 죽음을 슬퍼하던 과부나 홀아비가 서둘러 재혼하는 것은 그들의 슬픔이 얼마나 얕은 것인지 보여 준다. "그 장례를 마치매 다윗이 사람을 보내 그를 왕궁으로 데려오니 그가 그의 아내가 되어 그에게 아들을 낳으니라 다윗이 행한 그 일이 여호와 보시기에 악하였더라"(삼하 11:27). 다윗은 자신을 기쁘게 했으나, 여호와를 크게 진노하시게 했다! "그러므로 아무도 다윗의 예를 따라 담대히 죄를 지어서는 안 된다. 만약 그들이 그가 했던 것처럼 죄를 짓는다면, 그들은 그가 했던 것처럼 여호와의 진노를 사게 될 것이다"(Matthew Henry).

다음과 같은 질문이 제기되어 왔다. "그런 흉악한 죄를 저지르고도 회개하지 않은 사람이 여전히 하나님의 자녀, 그리스도의 지체, 성령의 전, 그리고 영원한 영광의 상속자가 될 수 있는가? 그처럼 큰 악의 대양[大洋] 안에서 하나님의 형상의 불꽃이 여전히 꺼지지 않고 남아 있을 수 있는가?" 만약 우리가 아무런 도움도 없이 이런 질문에 대답해야 한다면, 우리는 거의 모두 "아니다, 그런 것은 생각조차 할 수 없다"라고 대답할 것이다. 그러나 성경의 빛에 비추어 본다면, 그런 일이 가능하다는 것이 분명해진다. 나중에 다윗은 진지하고 깊은 회개와 고백을 통해 자신이 참으로 거듭났음을 보여 주었다. 그러나 분명히 말하지만, 우리는 누군가 그런 죄를 짓고 있는 동안에는 그리고 진정으로 그 죄를 회개하기 전에는 그가 신자라는 결론을 내려서는 안 된다. 그럴 때는 오히려 모든 것이 그 반대의 것을 가리킨다. 그럴 경우, 비록 하나님의 은혜가 상실되지는 않을지라도, 그분의 위로와 그분이 주시는 확신은 유보된다.

난처한 질문과 대답

그러나 이제 다음과 같은 질문이 제기된다. "어째서 하나님은 다윗이 그토록 심하게 타락하고 끔찍한 죄를 저지르는 것을 허락하셨는가?" 그 질문에 대한 첫 번째 대답은 "두려움을 불러일으킬 만큼 드높은 하나님의 주권을 드러내시기 위해서"이다. 이것은 참으로 인정하기 어려운 답이다. 그럼에도 우리는 이 특별한 사건 안에서 자기 백성을 향한 여호와의 은혜가 그들이 부르심을 받기 전과 후 모두에서 놀랄 만큼 주권적으로 드러난다는 사실을 부정하기 어렵다. 택함을 받은 자들 중 어떤 이들은 회심하기 이전에 매우 안타까운 죄를 짓는 반면, 다른 이들은 회심하기 전에도 놀라운 방식으로 죄로부터 보호를 받는다. 또 택함을 받은 자들 중 어떤 이들은 회심한 후에도 아주 무서운 불경한 일들에 빠져드는 반면, 다른 이들은 회심한 때로부터 그들의 삶이 끝나는 날까지 결코 죄에 빠지지 않고 보호된다(호세아 14장 1절에 대한 S. E. Pierce의 주해에서 요약함).

이것은 우리가 꿰뚫어 보려고 시도하는 것조차 불경한 것이 될 수 있는 굉장한 신비다. 마땅히 우리는 그 신비 앞에서 머리를 조아리며 다음과 같이 말해야 한다. "옳소이다 이렇게 된 것이 아버지의 뜻이니이다"(마 11:26). 이것은 빠져나갈 길이 없는 엄중한 사실이다. 어떤 이들은 회심하기 전에 많은 죄를 짓는다. 그리고 어떤 이들-특히 생애 초기에 구원을 얻은 자들-은 회심 후에 더 많은 죄를 짓는다. 또한 하나님이 어떤 성도들에게는 그분의 "제어하시는 은혜"(restraining grace)를 더 많이 드러내시고, 다른 성도들에게는 그분의 "용서하시는 은혜"(pardoning grace)를 더 많이 드러내신다는 것 역시 분명한 사실이다. 우리가 죄 혹은 성도와 관련해 유념해야 할 세 가지 사항이 있다. 첫째, 하나님은 죄를 사소한 것으로 여기지 않으신다. 죄는 그분이 미워하시는 혐오스러운 것이다(렘 44:4). 둘째, 죄는 우리 자신에 의해 용서되거나 완화되지 않는다. 셋째, 그 점에서 하나님의 주권이 인정되어야 한다. 우리는, 설령 그것이 우리 마음에 어떤 어려움을 일으키더라도, 하나님은 자신이 기뻐하시는 일을 행하시고 자신의 행동에 대해 일일이 설명해 주시지 않는다는 것을 알아야 한다(욥 33:13).

위에서 제기했던 질문에 대한 두 번째 대답은 "우리가 '만물보다 거짓되고 심히 부패한 것은 마음이라'[렘 17:9]라는 무서운 사실을 보다 분명하게 깨닫게 하기 위해서"이다. 거짓말을 하실 수 없는 분이 하신 이 말씀의 의미는 오해할 수 없을 만큼 명백하다. 그러나 우리는 그 말씀을 있는 그대로 받아들이거나 그 말씀이 모든 인간의 (인간이신 그리스도 예수님의 경우만은 제외하고) 마음의 본질적 상태를 정확하게 묘사한다는 사실을 시인하는 데 아주 느리다. 그러나 하나님은 이런 분명한 진술을 하시는 것 이상의 일을 하셨다. 그분은 성경에 그 말씀의 진실성에 대한 실례와 예증들을 남겨 놓으셨다. 특히 우리에게 다윗의 마음에 여전히 남아 있던 말할 수 없는 사악함을 보여 주심으로써 그렇게 하셨다.

세 번째 대답은 "중년과 장년의 삶을 살고 있는 신자들에게 아주 엄중한 경고를 주시기 위해서"이다. "여러 정복자들이 승리 후의 부주의함 때문에 파멸했다. 많은 사람들이 죄에 대해 큰 승리를 거둔 후 영적으로 상처를 입었다. 다윗도 그랬다. 그는 오랫동안 하나님을 경험하고 그분에 대한 신앙을 고백한 후에, 또한 죄를 짓지 않기 위해 무척 조심한 후에 아주 놀랄 만한 죄에 빠졌다. 신앙을 고백하는 많은 이들이 말년에 타락했다. 그들은 그들의 모든 일이 끝나기 전에 죄를 죽이는 일에 실패했다. 우리가 발견할 수 없을 만큼 깊이 숨어 있는 죄를 내쫓기 위해서는 죄를 죽이는 작업을 끊임없이 계속하는 것 외에는 다른 방법이 없다. 하나님이 골로새서 3장 5절을 통해 주신 명령은 삶의 경주의 출발선상에 서 있는 사람들뿐 아니라 그 경주의 마지막 단계를 향하고 있는 사람들도 유념할 필요가 있다"(John Owen).

네 번째 대답은 "하나님이 그분의 타락한 백성을 회복시키면서 보여 주시는 놀라운 은혜가 드러나게 하기 위해서"이다. 만약 우리가 인간의 마음의 타락상과 죄의 넘침에 관한 성경의 가르침을 받아들이는 데 느리다면, 우리는 또한 하나님이 그분의 언약에 충실하시다는 것과 그리스도의 보혈이 그 피의 뿌림을 받은 자들에게서 가장 더러운 얼룩을 깨끗이 지울 수 있다는 것과 "자비의 아버지"(고후 1:3)이신 분이 넘치도록 풍성한 은혜를 갖고 계시다는 것을 믿는 데도 느릴 수밖에 없다. 만약 다윗이 그토록 심각한 죄를 짓고 그렇게 깊은 진창에 빠지지 않았다면, 그는 하나님의 마음 안에 있는 자비의 무한한 깊이에 대해서도 알지 못했을 것이다. 또한, 만약 그의 가공할 죄와 그로 인한 마음을 찢는 회개의 고백과 그에 대한 하나님의 용서가 성경에 기록되지 않았다면, 그 이후의 모든 세월 동안 하나님이 백성들 중 적지 않은 이들이 비참한 절망에 빠지게 되었을 것이다.

다섯 번째 대답은 "뻔뻔스러운 반역자들에게 치명적인 걸림돌을 제공하기 위해서"이다. "확실히 이후의 수많은 사람들이 '하나님의 마음에 맞는 자'의 타락을 이유 삼아 참된 종교에 대해 반감을 품고, 마음을 굳게 하여 불충을 범하고, 대담하게 신성을 모독해 왔다. 반면에 다른 이들은 자기들이 입으로는 신앙을 고백하고 겉으로는 확고한 신앙을 과시하면서도 습관적으로 악을 행하면서 복음을 훼손시키는 것에 대한 변명거리를 그 사건에서 찾아 왔다. 그러나 그런 자들은 참된 종교에 대한 공공연한 적들이거나 위선적인 사기꾼들이다. 의로우신 하나님의 계획은 그런 자들의 길에 걸림돌을 놓아 그들이 그것에 걸려 넘어지고, 혼란에 빠지고, 사로잡히고, 망하게 하시는 것이다. 그러므로 하나님의 거룩하신 뜻은 그들의 마음의 은밀한 악의를 찾아내고 자신의 정의를 드러내심으로써 그들을 정죄하시는 것이다. 다른 한편, 여러 세대의 수많은 사람들이 이 악한 실례를 통해 자신들에 대해 보다 큰 의구심을 품고, 좀더 깨어 경계하고, 유혹에 대해 보다 두려워하고, 주님을 좀더 의지하고, 기도에 더 열심을 내왔다. 그리고 다윗의 타락을 본보기 삼아 자기들이 타락하는 것을 막아 왔다"(Thomas Scott).

그러므로 하나님은 다윗이 그토록 흉악한 죄를 짓도록 내버려 두시고 그것을 영원히 변치 않을 기록으로 남겨 두실 만한 충분히 타당한 이유를 갖고 계셨던 셈이다. 따라서 진리에 반대하거나 그것을 조롱하는 자들은 다음과 같이 냉소적으로 물어야 할 그 어떤 이유도 갖고 있지 않다. "이런 것이 은혜와 믿음의 열매란 말인가?" 나는 그들에게 다음과 같이 답한다. "아니다, 그것들은 은혜와 믿음의 열매가 아니라 소름끼치는 육신의 소행이고 타락한 인간의 본성에서 나오는 오물들일 뿐이다." 그런 성향은 너무나 강해서 때로 하나님의 탁월한 성도들의 마음 안에 있는 진리와 은혜의 저항을 무력화하는 데 성공하기도 한다! 그러므로 본문의 맥락(삼하 11:1-2)에 비추어 우리는 게으름과 자기에 대한 탐닉이 시작되는 것을 경계해야 하고, 다윗이 떨어졌던 절벽에서 최대한 멀리 서 있기 위해 애써야 한다. 그리고 하나님께서 우리를 우리에게 금지된 모든 것들로부터 구해 주시기를 간구해야 한다.

그러나 이 사건은 어떤 이들에게 또 다른 어려움을 제기한다. 그것은 이 사건을 요한일서 3장 15절에 나오는 "살인하는 자마다 영생이 그 속에 거하지 않는다"는 말씀과 어떻게 조화시킬 수 있는가 하는 문제다. 많은 이들이 이 구절을 다윗의 경우와 조화시키는 일에서 어려움을 겪고 있다는 것은 참으로 놀랍다. 대개 그 어려움은 그 말씀의 맥락을 무시하기 때문에 발생한다. 요한일서 3장 11절에서 사도 요한은 그리스도인들이 서로 사랑하는 문제를 다룬다. 그리스도인들은 서로 사랑함으로써 자신들이 "그리스도 안에 있는 형제들"임을 증명한다. 세상은 그들을 사랑하지 않고, 미워하고, 가인이 아벨을 죽였던 것처럼 그들을 죽이려 한다. 그러나 그 어떤 참된 그리스도인도 "그리스도 안에 있는 형제"에 대해 그런 악한 마음을 품지 않는다. 다윗 역시 그러했다. 우리아는 이스라엘 백성이 아니라 "헷 사람"(삼하 11:3; 왕상 15:5)이었다!

결론적으로, 우리가 이 안타까운 사건에서 배울 수 있는 엄중한 교훈들 몇 가지를 요약해 보자. 첫째, 죄의 시작에 조심하라. 전장에서 의무를 수행해야 할 시간에 편안함을 추구했던 것이 간음으로 이어지고 살인으로 끝날 줄 누가 상상이나 했겠는가? 둘째, 고백 대신 숨김을 택함으로써 심각한 잘못을 바로 잡기를 거부하는 것은 사탄이 우리에 대해 승기를 잡게 해 주고 우리를 더 나쁜 악으로 이끌어가게 해 준다. 셋째, 그러므로 우리는 살아 있는 날 동안 안전이란 없으며, 혹시라도 지금 우리가 부주의하다면, 우리가 과거에 하나님과 나눴던 교제도 우리를 시험에서 구해 줄 수 없다는 것을 알아야 한다. 넷째, 가련한 인간의 본성이 얼마나 변덕스러운지 알아야 한다. 다윗은 사울의 옷자락을 벤 것 때문에 마음 아파했다. 그러나 훗날 그는 우리아를 죽이기 위해 교묘한 계획을 세웠다. 다섯째, 오만한 인간이 사람들 앞에서 자신의 명성을 유지하기 위해 얼마나 끈질기게 애를 쓰는지에 유념하라. 여섯째, 일단 양심을 버리고 나면 인간의 마음이 얼마나 굳어질 수 있는지 보라. 일곱째, 비록 우리가 동료 인간들의 분노를 피하는 데 성공할지라도, 죄는 늘 여호와의 진노를 만나게 되리라는 것을 알라.

54

유죄 판결

사무엘하 12장

사무엘하 11장에 기록된 사건과 12장 초반에 실려 있는 사건 사이에 여러 달의 시간이 흘렀다. 그 기간 동안 다윗은 자신이 범죄를 통해 얻은 것을 온전히 즐겼다. 그가 그것을 즐기는 것을 가로막을 수 있었던 유일한 장애물은 제거되었다. 이제 밧세바는 그의 여자였다. 분명히 왕은 왕궁에서 안전하게 그리고 아무런 벌도 받지 않은 채 살아가고 있었다. 하나님이 개입하셔서 그를 심판하시기 전까지 몇 달 동안 그는 자신이 저지른 무서운 죄에 대해 회개하지 않고 있었다. 아, 성도의 양심은 얼마나 무뎌질 수 있는가! 그러나 다윗이 자신의 악한 계획이 성취된 것을 기뻐하는 동안 그로 인해 진노하고 계신 분이 있었다. 하나님의 눈이 그의 악한 행위를 지켜보고 계셨던 것이다. 그리고 하나님의 의는 그냥 지나칠 수 있는 것이 아니다. "네가 이 일을 행하여도 내가 잠잠하였더니 네가 나를 너와 같은 줄로 생각하였도다," 그러나 이어서 그분은 다음과 같이 말씀하신다. "그러나 내가 너를 책망하여 네 죄를 네 눈 앞에 낱낱이 드러내리라"(시 50:21).

하나님은 자기 백성이 육신의 정욕과 안타까운 죄에 빠지는 것을 허락하실지 모르나, 그들이 그런 상태에 만족스럽게 머물러 있도록 허락하시지는 않는다. 오히려 그들은 "사악한 자의 길은 험하니라"(잠 13:15)라는 말씀의 진실성을 깨닫게 될 것이다. 성령께서는 욥기 20장을 통해 악행자가 경험하는 비참한 상황을 생생하게 묘사하셨다. "그는 비록 악을 달게 여겨 혀 밑에 감추며 아껴서 버리지 아니하고 입천장에 물고 있을지라도 그의 음식이 창자 속에서 변하며 뱃속에서 독사의 쓸개가 되느니라 그가 재물을 삼켰을지라도 토할 것은 하나님이 그의 배에서 도로 나오게 하심이니 그는 독사의 독을 빨며 뱀의 혀에 죽을 것이라 … 큰 어둠이 그를 위하여 예비되어 있고 사람이 피우지 않은 불이 그를 멸하며 그 장막에 남은 것을 해치리라 하늘이 그의 죄악을 드러낼 것이요 땅이 그를 대항하여 일어날 것인즉 그의 가산이 떠나가며 하나님의 진노의 날에 끌려가리라 이는 악인이 하나님께 받을 분깃이요 하나님이 그에게 정하신 기업이니라"(12-16, 26-29절). 특히 이것은 타락자의 상황에 대한 묘사일 수 있다. 하나님은 계속해서 조롱받는 분이 아니시다.

내적 고통

죄가 제공하는 조악한 쾌락은 하나님의 자녀를 오랫동안 만족시켜 주지 못한다. 어떤 이가 다음과 같이 옳게 말한 적이 있다. "선한 사람이라면 아무도 악에서 일시적인 쾌락을 얻기 위해, 또 그것을 그토록 짧게 누리기 위해 그렇게 큰 값을 치르지 않는다." 의로운 자의 양심은 곧 그에게 재차 자신을 주장하고 그로 하여금 당혹스러운 음성을 듣게 만든다. 그는 참된 회개에 이르기에는 아직도 멀었을 수 있다. 그러나 그는 날카로운 자책을 경험하게 될 것이다. 그가 다시 하나님과 교제할 수 있기 전에 여러 달이 흘러갈 수도 있다. 그러나 그의 영혼은 신속하게 자신에 대한 혐오감에 사로잡힐 것이다. 성도가 일순간의 쾌락을 즐기고자 할 경우 그는 무서울 만큼 큰 대가를 치러야 한다. 훔쳐서 마시는 물은 잠시 달콤할 수 있다. 그러나 곧 그의 입은 "모래가 가득하게 될 것이다"(잠 20:17). 죄를 지은 자는 곧 다음과 같이 외치게 될 것이다. "내 사슬을 무겁게 하셨으며 … 나를 적막하게 하셨도다 … 나를 쓴 것들로 배불리시고 … 주께서 내 심령이 평강에서 멀리 떠나게 하시니 내가 복을 내어버렸음이여"(애 3:7, 11, 15, 17).

사무엘서의 저자가 우리아를 살해한 후 다윗의 비참한 마음상태에 대해 서술하지는 않았지만, 우리는 그가 유죄 판결을 받고 깊이 참회한 후에 썼던 시편을 통해 당시 그의 마음상태에 대한 분명한 인식을 얻을 수 있다. 그 시편은 당시 그의 입이 침울하게 닫혀 있었음을 보여 준다. "내가 입을 열지 아니할 때에"(시 32:3a). 비록 그의 마음이 자주 그를 괴롭혔으나, 여전히 그는 하나님께 자신의 죄를 고백하려 하지 않았다. 사실 그는 자신의 죄 외에는 하나님께 말씀드릴 수 있는 것이 아무것도 없었다. 그 시편은 다윗의 마음을 가득 채우고 있던 내적 동요에 대해 다음과 같이 전한다. "종일 신음하므로 내 뼈가 쇠하였도다"(3b절). 아직 깨지지 않은 그의 마음에서 지책의 신음소리가 배어나왔다. "주의 손이 주야로 나를 누르시오니"(4절). 이런 표현은 비록 그의 마음을 녹이지는 못했으나 그를 억누르고 계신 하나님의 거룩하심과 능력에 대한 그의 인식을 보여 준다.

비통한 자책에 빠진 자에게는 왕궁도 아무런 위로가 되지 않았다. 왕은 자기 백성들에게 이런저런 명령을 할 수 있었다. 그러나 그는 자기 안에서 들려오는 격분한 양심의 목소리를 억누를 수는 없었다. 아침에 태양이 떠오르든 저녁에 땅거미가 내리든 다윗에게는 그 어떤 탈출구도 없었다. "주의 손이 주야로 나를 누르시오니 내 진액이 빠져서 여름 가뭄에 마름 같이 되었나이다"(4절). 이것은 마치 뜨겁게 달궈진 철이 그의 살을 태우는 것과 같은 상황이었다. 그의 삶의 모든 이슬과 신선함은 말라버렸다. 아마도 그는 육체적으로 그리고 정신적으로 큰 고통을 겪었을 것이다. "그렇게 그는 완전히 지친 상태로 한 해를 보냈다 – 사람들의 눈을 피해 왕궁의 후미진 곳에 숨어 죄로 가득 찬 자신의 정사[情事]를 부끄러워하고, 비참할 정도로 자신을 비난하고, 하나님을 두려워하면서.

"다윗은 우리 모두가 배우는 교훈을 배웠다 – 우리가 성결하면 할수록 죄를 지은 후에 더 빨리 그리고 더 분명하게 배우는 교훈을. 그 교훈이란 우리는 죄를 통해서는 자신이 기대하는 것을 얻을 수 없으며, 설령 그것을 얻을지라도, 그것과 더불어 그것을 망쳐놓는 무언가를 함께 얻게 되므로 결국 모든 죄는 큰 실수에 불과하다는 것이다. 유혹이 제공하는 음료, 즉 사람을 흥분시키고 취하게 하는 음료에는 구역질을 일으키는 약이 첨가되어 있다. 그리고 비록 처음에는 그 냄새가 죄의 달콤한 맛에 의해 숨겨져 있을지라도, 그것의 역겨움은 천천히 계속되고 그 달콤한 맛이 완전히 사라진 후에도 아주 오랫동안 우리의 입천장에 달라붙어 있다"(Alexander Maclaren). 이런 사실은 시편 51편에서도 분명하게 드러난다. 거기에서 그는 "주의 구원의 즐거움을 내게 회복시켜 주소서"(12절)라고 외친다. 그에게서 영적 위로가 완전히 사라졌기 때문이다. "주여 내 입술을 열어 주소서 내 입이 주를 찬송하여 전파하리이다"(15절). 그의 안에 있는 성령께서 근심하셨기에 그의 수금(竪琴) 위에는 먼지만 뽀얗게 쌓여 갔다.

어찌 상황이 달리 될 수 있었겠는가? 다윗이 하나님의 강력한 손길 아래에 무릎을 꿇고, 그분에게서 참된 회개의 영을 구하고, 그분에게 자신의 큰 죄를 낱낱이 고백하지 않는 한, 그에게는 더 이상 평안이나 하나님과의 복된 교제나 은혜 안에서의 성장이 있을 수 없었다. 오, 독자들이여, 나는 당신에게 어떤 문제에 대해서든 하나님과 빨리 회계(會計)하는 것이 중요하다는 사실을 강조하고자 한다. 당신의 마음에 죄책을 쌓아두지 말라. 매일 밤마다 그분 앞에 당신이 그날 지은 죄를 펼쳐놓고 그분이 그것들을 깨끗하게 해 주시기를 간구하라. 만약 당신이 어떤 큰 죄를 그것의 심각성이 요구하는 것만큼 회개(悔改)하지 않은 채 마음에 쌓아둘 경우, 그것은 당신의 내면의 부패를 심화시킬 것이다. 죄를 무시하는 것은 당신의 마음을 강퍅하게 만든다. "내 상처가 썩어 악취가 나오니 내가 우매한 까닭이로소이다"(시 38:5). 이 구절에서 시편 기자가 탄식하는 것은 어리석게도 자신이 상처를 치유하기에 적절한 시점을 놓쳤다는 사실이었다.

나단을 보내심

사무엘하 11장 마지막 절에서 우리는 "다윗이 행한 그 일이 여호와 보시기에 악하였더라"(27절)라는 말씀을 읽다. 이 구절에 대해 매튜 헨리는 다음과 같이 말했다. "우리는 여호와께서 그에게 적군을 보내 그의 영토를 침략하게 하시거나, 다른 누군가를 보내 그의 간담을 서늘하게 하시거나, 그에게 사망 선고를 내리실 것이라고 생각할 것이다. 그러나 아니었다. 그분은 그에게 선지자를 보내셨다." "여호와께서 나단을 다윗에게 보내시니"(삼하 12:1). 여기에서 우리는 넘치도록 풍성한 하나님의 은혜와 자비를 발견할 수 있다. 율법주의적이고 자기의로 가득 찬 자들은 하나님의 이런 "풍성하심"은 죄를 가볍게 여기는 것이라며 투덜거린다. 거듭나지 않은 자연인은 그 정도로 영적인 일들을 분별하지 못한다. 그들에게 그런 일은 어리석은 것이다. 다윗은 하나님을 멀리 떠나 방황했으나, 그분은 그를 잊지 않으셨다. 성경에는 다음과 같이 기록되어 있다. "그는 넘어지나 아주 엎드러지지 아니함은 여호와께서 그의 손으로 붙드심이로다"(시 37:24). 오, 하나님은 그분의 어린 양을 얼마나 부드럽게 지켜보시는가! 양들이 그분을 떠나 방황할 때, 그분은 얼마나 신실하게 그 양들을 추적해 되찾아오시는가! 그분은 얼마나 놀라운 선하심으로 그들의 타락을 치유하시고, 얼마나 계속해서 그들을 값없이 사랑하시는가!

"여호와께서 나단을 다윗에게 보내시니"(삼하 12:1). 여기에서 우리는 다윗이 선지자를 찾아간 것이 아님에 주목할 필요가 있다. 비록 그에게 선지자의 조언이 지금보다 더 절실하게 필요할 때가 없었음에도, 다윗은 그렇게 하지 않았다. 오히려 일을 시작하신 분은 하나님이셨다. 상황은 늘 그랬다. 우리는 그분이 우리를 찾으시기 전에는 결코 그분을 찾지 않는다. 미디안 광야에서 도망자 생활을 하던 모세가 그랬고, 이세벨을 피해 도망쳤던 엘리야가 그랬고, 주님을 부인했던 베드로가 그랬다. 오, 이것은 얼마나 놀라운가! 이것은 우리의 마음을 녹여야 마땅하다. "우리는 미쁨이 없을지라도 주는 항상 미쁘시니 자기를 부인하실 수 없으시리라"(딤후 2:13). 비록 그분이 "내가 회초리로 그들의 죄를 다스리며 채찍으로 그들의 죄악을 벌하리로다"라고 말씀하실지라도, 그분은 또한 즉시 "그러나 나의 인자함을 그에게서 다 거두지는 아니하며 나의 성실함도 폐하지 아니하며 내 언약을 깨뜨리지 아니하고 내 입술에서 낸 것은 변하지 아니하리로다"라고 덧붙이신다(시 89:32-34). 여기에서도 마찬가지다. 여전히 다윗은 그를 "만사에 구비하고 견고하게 하셨던"(삼하 23:5) 영원한 언약의 유익을 얻고 있었다.

"여호와께서 나단을 다윗에게 보내시니." 아마도 이때는 앞 장 첫머리에 기록된 사건이 벌어진 후 약 1년쯤 지나간 시점이었을 것이다. 왜냐하면 간음을 통해 잉태된 아기가 이미 태어나 있었기 때문이다(삼하 12:14). 이에 대해 매튜 헨리가 다음과 같이 옳게 지적한 바 있다. "하나님은, 비록 자기 백성들이 죄에 빠지는 것을 허락하실지라도, 그 백성들이 계속해서 그 안에 머물러 있는 것은 허락하시지 않는다." 아니다, 하나님은 그들에게 자신의 "거룩하심"과 "의로우심"과 "자비하심"을 드러내신다. 그분의 거룩하심은 그분이 죄를 미워하시는 것과 죄를 지은 자로 하여금 그 죄를 참회하며 고백하게 하시는 것을 통해 드러난다. 그분의 의로우심은 그분이 죄를 징계하시는 것을 통해 드러난다. 그리고 그분의 자비하심은 그분이 타락한 자들을 이끌어 죄를 포기하게 하시고 그들에게 용서를 허락하시는 것을 통해 드러난다. 이것은 그분의 다양한 속성들을 얼마나 놀랍고 복되게 드러내는가! "그의 탐심의 죄악으로 말미암아 내가 노하여 그를 쳤으며 또 내 얼굴을 가리고 노하였으나 그가 아직도 패역하여 자기 마음의 길로 걸어가도다 내가 그의 길을 보았은즉 그를 고쳐 줄 것이라 그를 인도하며 그와 그를 슬퍼하는 자들에게 위로를 다시 얻게 하리라"(사 57:17-18).

"여호와께서 나단을 다윗에게 보내시니." 이 선지자의 임무는 부러움을 살 만한 것과는 거리가 멀어도 한참 멀었다. 그의 임무는 죄를 지은 왕을 단독으로 대면하는 것이었다. 그때까지 다윗은 회개에 대한 아무런 징표도 보여 주지 않았다. 하나님은 자신의 엇나가는 자녀를 팽개치지 않으셨으나, 그의 안타까운 죄를 묵인하려 하시지도 않았다. 모든 것이 만천하에 드러나야 했다. 하나님의 진노는 분명하게 선포되어야 했고, 죄인은 비난을 당하고 책임을 져야 했다.

다윗은 죄가 넘치는 곳에 은혜가 더욱 넘친다는 사실을 깨닫기 전에 자신을 정죄해야 했다. 이것은 하나님의 의와 자비의 얼마나 놀라운 결합인가! (이런 결합은 그리스도의 십자가를 통해 가능해졌다!) 하나님은 그분의 의로우심 때문에 다윗을 그의 죄에 합당한 방식으로 다루셔야 했다. 또한 하니님은 그분의 자비하심 때문에 그분의 방황하는 양을 되찾아오기 위해 나단 선지자를 보내셔야 했다. "인애와 진리가 같이 만나고 의와 화평이 서로 입맞추었다"(시 85:10).

나단은 하나님이 그에게 주신 임무 앞에서 움츠러들 만했다. 자신의 주군을 질책하는 것은 결코 쉬운 일이 아니었다. 주님께서 그분이 종들에게 맡기시는 과업들은 참으로 다양하다. 종종 그들은 자기들이 생각해도 그 소식을 듣는 자들이 불쾌하게 여길 것이 분명한 메시지를 들고 그들을 찾아가야 한다. 그리고 그 메시지의 내용을 완화하려는 유혹, 즉 그 메시지의 날카로운 부분을 보다 잘 수용될 만한 것으로 대체하는 것까지는 아니더라도 얼마간 그것을 잘라내려는 유혹은 실제적일뿐 아니라 강력하기도 하다. 하나님의 백성들조차 복음 사역자가 자신의 소명에 충실하기 위해 어떤 대가를 치러야 하는지 알지 못한다. 만약 사도 바울이 "또 나를 위하여 구할 것은 내게 말씀을 주사 나로 입을 열어 복음의 비밀을 담대히 알리게 하옵소서 할 것이니"(엡 6:19)라고 말하며 기도를 요청할 필요가 있었다면, 오늘날 하나님의 종들에게는 그리스도 안에 있는 그들의 형제와 자매들의 간구의 지원이 얼마나 더 많이 필요하겠는가! 왜냐하면 오늘날에는 사방에서 "우리에게 듣기 좋은 소리를 하라!"는 외침이 들려오고 있기 때문이다.

나단이 취한 방식

이전에 나단은 다윗에게 가서 하나님의 약속과 위로의 메시지를 전했다(삼하 7:4-5). 그리고 이제 그는 왕에게 가서 그의 죄를 질책해야 했다. 그러나 그는 그 불편한 과업을 마다하지 않고 충실하게 수행했다. 그의 임무는 부러움을 살 만한 일이 아니었을 뿐 아니라, 편안함과도 거리가 멀었다. 예민한 성향을 지닌 사람에게 엇나가는 형제를 찾아가 그의 잘못을 질책하는 것보다 어렵고 고통스러운 일은 없다. 여기에서 선지자가 취한 방식, 즉 다윗의 무딘 양심에 접근하는 그의 스타일에 대해 살펴보는 것은 우리 중 그와 유사한 상황 속으로 부르심을 받을 수도 있는 이들에게 귀중한 교훈이 될 것이다. 만약 우리가 곤경에 처한 사람에게 진정으로 도움이 되고자 한다면, 우리는 높은 곳으로부터 오는 "지혜"(나는 그것을 세상의 용어인 "재치"라고 부르지 않는데, 그것은 종종 그 단어가 성령의 정직한 활동보다는 뱀의 간교한 술책을 의미하는 데 사용되기 때문이다)를 구할 필요가 있다. 그렇게 해야만 우리는 그들의 죄를 묵과하지 않을 수 있고 또 그들이 용서를 얻는 문제에 대해 절망하지 않게 할 수 있다.

"여호와께서 나단을 다윗에게 보내시니 그가 다윗에게 가서 그에게 이르되 한 성읍에 두 사람이 있는데 한 사람은 부하고 한 사람은 가난하니 그 부한 사람은 양과 소가 심히 많으나 가난한 사람은 아무 것도 없고 자기가 사서 기르는 작은 암양 새끼 한 마리뿐이라 그 암양 새끼는 그와 그의 자식과 함께 자라며 그가 먹는 것을 먹으며 그의 잔으로 마시며 그의 품에 누우므로 그에게는 딸처럼 되었거늘 어떤 행인이 그 부자에게 오매 부자가 자기에게 온 행인을 위하여 자기의 양과 소를 아껴 잡지 아니하고 가난한 사람의 양 새끼를 빼앗 아다가 자기에게 온 사람을 위하여 잡았나이다 하니"(삼하 12:1-4).

나단은 즉각 다윗의 죄를 비난하지 않았다. 오히려 그는 "비유"(parable)라는 방식을 택해 간접적으로 그의 양심에 접근했다. 이것은 다윗이 하나님과의 교제에서 벗어나 있음을 보여 주는 분명한 암시였다. 왜냐하면 하나님은 자신과 교제하며 살아가는 자들에게는 자신의 뜻을 그런 식으로 계시하신 적이 없기 때문이다. 선지자가 사용한 방법은 다윗에게 상황을 정확하게 설명하면서도 그가 자신에 대한 사랑 때문에 그 메시지에 반대하거나 자신이 직접 비난을 받은 것 때문에 분개하지 않게 하는, 그리고 더 나아가 그 사실을 인식하지 못한 채 자신의 죄에 대해 유죄 판결을 내리도록 만드는 큰 장점을 갖고 있었다. 이것은 나단이 위로부터 오는 지혜를 얻었음을 보여 주는 확실한 증거였다! "여기에서 가정된 상황[나단이 다윗을 정죄하기 위해 사용했던 비유의 상황-역주]만큼 한편으로는 공감을 그리고 다른 한편으로는 분개를 불러일으킬 만한 다른 상황은 찾아보기 힘들다. 그 가난한 사람의 상황에 관심을 갖게 하고 그 부한 이웃의 매정한 처사에 대해 분노하게 만들었던 몇 가지 정황들 역시 마찬가지였다"(Thomas Scott).

선지자는 다윗의 사악한 범죄를 완곡하게 묘사하는 것으로 시작했다. 그 설명은 아주 그럴 듯 했기에 다윗은 자신이 저지른 사악한 범죄에 대해 직접 판결을 내리지 않을 수 없었다. 비록 우리아의 충성스러운 봉사, 왕의 배은망덕과 배신, 그리고 우리아와 그의 동료 군인들의 살해 등이 구체적으로 언급되지는 않았지만, 나단이 전한 이야기 속에는 변명할 수 없고, 매정하며, 혐오할 만큼 이기적인 다윗의 행위가 모두 묘사되었다. 우리는 이것을 통해 혹시 우리가 어느 엇나간 형제를 질책할 경우 그의 죄 중에서도 가장 나쁜 요소를 향해 점차적으로 다가가야 한다는 교훈을 얻을 수 있다. 나단의 비유가 빗대어 말하는 내용은 분명했다. 그럼에도 다윗은 그것이 자신에게 해당되는 것임을 알지 못했다. 이것은 우리가 하나님과의 교제에서 벗어날 경우 영적 분별력을 상실한다는 것을 얼마나 잘 보여주는가! 우리가 빛을 볼 수 있는 것은 오직 하나님의 빛 안에 머물 때뿐이다!

다윗의 판결

"다윗이 그 사람으로 말미암아 노하여 나단에게 이르되 여호와의 살아 계심을 두고 맹세하노니 이 일을 행한 그 사람은 마땅히 죽을 자라"(삼하 12:5). 다윗은 지금 자신이 자기 백성들 중 한 사람에 대한 고소를 받고 있다고 생각했다. 자신의 죄를 잊고 있던 그는 그 가상의 범죄자에 대한 분노로 가득 찼다. 그리고 엄중하게 그에게 죽음을 선고했다. 그러나 다윗은 그 부유한 사람을 정죄하는 동안 자기도 알지 못한 채 자신을 정죄하고 있었다. 신자의 마음은 얼마나 이상한가! 그 안에는 얼마나 많은 것이 들어 있는가! 종종 우리는 자신의 죄에 대해서는 눈이 먼 채 나쁜 이들의 죄에 대해 의로운 분노를 터뜨리니 말이다! 자신에게 아첨하는 데 익숙한 우리는 다른 이들의 잘못을 신속하게 알아차린다. 우리는 자신의 죄를 사랑하고 그 죄 때문에 비난을 받는 것에 분노하는 것만큼 우리의 이웃들의 죄를 부당하게 비난한다.

다윗으로 하여금 그 자신의 죄보다 훨씬 약한 죄를 지은 가상의 범죄자에게 죽음을 선고하게 만든 선지자는 이제 큰 용기를 내서 분명하게 다음과 같이 선포했다. "당신이 그 사람이라"(삼하 12:7). 이제 그는 하나님의 이름으로 직접 그를 향해 말했다. "이스라엘의 하나님 여호와께서 이와 같이 이르시기를……." 첫째, 다윗은 그가 받았던 탁월한 선물들을 떠올려야 했다(7-8a절). 그 중에서는 특히 그가 사울의 왕궁에 있던 여러 여자들 중에서 아내를 택할 수 있는 특권도 포함되어 있었다. 둘째, 만약 그가 여전히 무언가 부족하다고 생각하고, 그것을 하나님께 구하고, 만약 그것을 허락하시는 것이 그에게 유익이 되었다면, 하나님은 기꺼이 그에게 더 많은 것을 주실 작정이셨다(8b절, 시 84:11 참고). 셋째, 그는 하나님의 부드러운 자비와 신실한 사랑과 충분한 선물이라는 맥락에서 "그러한데 어찌하여 네가 여호와의 말씀을 업신여기고 나 보기에 악을 행하였느냐"(9절)라는 질문을 받아야 했다. 아, 모든 죄의 원인은 하나님의 권위에 대한 조롱이다. 다시 말해, 그것은 마치 하나님의 명령이 아주 사소한 것처럼 또 그 법에 따르는 위협이 아무 의미도 없는 것처럼 하나님의 법과 그 법을 제정하신 분을 가볍게 여기는 것이다.

선지자가 바라는 결과가 나왔다. "다윗이 나단에게 이르되 내가 여호와께 죄를 범하였노라"(삼하 12:13). 이 말은, 이후의 결과가 보여 주듯이, 가볍게 혹은 기계적으로 발설된 것이 아니었다. 그러나 이 문제는 다음 장으로 넘겨야 할 것 같다.

55

회개

사무엘하 12장

"황제 아카디우스[Arcadius, 395-408 AD]와 그의 아내는 콘스탄티노플의 주교 크리소스톰[Chrysostom, 347-407, '황금의 입'이라고 불리던 당대 최고의 설교자 – 역주]에 대해 아주 불쾌한 감정을 갖고 있었다. 어느 날 분노에 찬 황제가 자신의 신하들에게 말했다. '나는 기필코 이 주교에게 복수하겠노라!' 그러자 몇 사람의 신하들이 어떻게 복수하면 좋을지 제안했다. 어떤 이가 '그를 사막으로 추방하소서'라고 말했다. 다른 이는 '그를 감옥에 가두소서'라고 말했다. 세 번째 사람은 '그의 재산을 몰수하소서'라고 말했다. 네 번째 사람은 '그를 죽이소서'라고 말했다. 그러자 또 다른 신하가 – 크리소스톰은 그동안 그의 악행을 비난해 왔다 – 심술궂은 표정으로 말했다. '당신들은 모두 큰 실수를 하는 거요. 그런 식으로는 그를 벌할 수 없소. 만약 그를 왕국에서 추방한다면, 그는 마치 여기에서처럼 사막에서 그의 하나님과 가까이 지낼 것이오. 만약 그를 감옥에 가두고 사슬로 묶는다면, 그는 여전히 그 감옥 안에서 가난한 자들을 위해 기도하고 하나님을 찬양할 것이오. 만약 그의 재산을 몰수한다면, 그것은 단지 불쌍한 사람들에게 돌아갈 그의 재물을 빼앗는 것일 뿐 그의 것을 빼앗는 것이 되지 못할 것이오. 만약 그를 죽인다면, 그것은 그에게 하늘 문을 열어주는 셈이 될 것이오. 황제시여, 진정으로 그에게 복수하고자 하십니까? 그렇다면 그가 죄를 짓도록 만드십시오. 나는 그를 압니다. 이 사람은 이 세상에서 죄 외에는 아무것도 두려워하지 않습니다.' 오, 동료 신자들이여, 이것이 우리의 동료들이 당신과 나에 관해 할 수 있는 유일한 말이 되기를!"(잡지 펠로우쉽[Fellowship]에서 인용).

나는 최근에 독서를 하던 중 위에 인용한 내용을 읽었고, 그것이 이 장을 소개하는 데 아주 적절한 이야기가 되리라고 생각했다. 우리가 죄를 두려워할 이유는 무엇인가! 그것은 그것이 하나님이 미워하시는 "가증한 일"(렘 44:4)이고, 세상에 죽음을 초래하는 무서운 질병이고(롬 5:12), 영광의 주님을 십자가에 못 박는 무서운 일이고(벧전 2:24), 신자들의 옷을 더럽히고 그들이 지니고 있는 거룩한 이름에 비난을 초래하는 부끄러운 일이기 때문이다. 그렇다, 우리 모두는 죄를 두려워하고 하나님이 우리 안에 죄에 대한 보다 큰 두려움과 혐오감을 심어주시기를 간구할 충분한 이유를 갖고 있다. 하나님께서 가장 유명한 성도들 중 어떤 이들이 극악한 죄에 빠지는 것을 허락하시고 그분의 말씀 안에 그 사건에 대한 기록을 남겨 놓으신 이유가 바로 그것이다. 즉 그것은 우리는 자신이 고백하는 것에 먹칠할 가능성이 아주 많으며, 만약 하나님의 강력한 손길에 의해 지탱되지 않는다면 분명히 그런 죄에 빠지게 되리라는 것을 알려 줌으로써 우리가 자신을 더욱더 불신하도록 만들기 위함이다.

이미 살펴보았듯이, 다윗은 죄를 지었다, 그것도 아주 극악한 죄를 지었다. 그러나 더 나쁜 것은 그가 오랫동안 하나님께 자신의 죄를 시인하지 않았던 것이다. 그가 자신의 행위가 얼마나 가증스러운 것인지를 깨달은 것은 여러 달이 지난 후였다. 아, 독자들이여, 양심을 무디게 하고 마음을 강퍅하게 만드는 것이야말로 죄의 피할 수 없는 경향이다. 바로 거기에 죄의 섬뜩한 모습과 치명적인 요소가 들어 있다. 죄는 그것의 하수인에게 수많은 변명거리들과 정상을 참작할 만한 이유들을 제공한다. 태초에도 마찬가지였다. 창조주와 대면해야 했던 아담과 하와는 자기들이 한 일에 대해 회개하지 않았다. 오히려 그들은 다른 무언가에 죄를 전가해 자기들이 한 일을 정당화하고자 했다. 자연 상태에 있는 우리들 역시 마찬가지다. 죄는 우리의 눈을 멀게 하고 우리의 마음을 강퍅하게 한다. 그리고 하나님의 은혜 외에는 아무것도 우리의 눈을 뜨게 해 주거나 마음을 부드럽게 만들어 주지 못한다. 오직 전능자의 능력만이 우리의 굳은 양심을 꿰뚫고 들어와 죄로 굳어진 우리의 마음을 깨뜨릴 수 있다.

부자의 행인 접대

하나님은 자기 백성 중 누구라도 영적 무감각이라는 상태에 무한정 남아 있도록 방치하시지 않는다. 조만간 그분은 숨겨진 어둠의 일에 빛을 비추시고, 그런 일에 대해 유죄 판결을 내리시고, 그들로 하여금 그것에 대해 한탄하게 하시고, 그들을 이끌어 회개케 하신다. 하나님은 그런 일을 하실 때 다양한 방법을 사용하신다. 그분은 어떤 일에서도 전과 동일하게 행동하시지 않는다. 그분은 그 어떤 수단이나 방법에도 국한되지 않으시며, 그분이 보시기에 좋은 대로 행동하신다. 이것은 성경에 기록된 몇 가지 상황들을 비교하면 분명하게 드러날 것이다. 욥이 스스로 의롭다고 여기던 태도를 버리고 자신을 혐오하게 된 것은 놀라움을 불러일으키는 하나님의 위엄에 대한 인식 때문이었다(욥 42:1-6). 이사야가 "화로다 나여 망하게 되었도다"(사 6:5)라고 외쳤던 것은 여호와의 드높은 영광을 보았기 때문이다. 그리스도의 기적의 능력을 목격한 베드로는 "주여 나를 떠나소서 나는 죄인이로소이다"(눅 5:8)라고 외쳤다. 오순절에 모였던 이들은 사도 베드로의 설교를 듣고 "마음이 찔렸다"(행 2:37).

다윗의 경우에 하나님은 그에게 유죄 판결을 내리시기 위해 선지자의 입을 빌어 한 가지 "비유"를 말씀하셨다. 나단 선지자는 다윗에게 어떤 이가 너무나 악한 일을 당했기에 그 이야기를 듣는 사람은 누구라도 그런 극악한 일을 한 자를 비난할 수밖에 없는 한 사건에 대해 이야기했다. 비록 죄의 본성이 그것의 하수인의 눈을 멀게 하는 것일지라도, 그것은 그에게서 옳고 그른 것에 대한 인식 자체를 빼앗아가지는 않는다. 어떤 이가 그 자신의 죄의 흉악성에 대해 무감각할 때라도, 그는 여전히 다른 사람의 악을 식별할 수 있다. 그렇다, 많은 경우 자기 눈에 들보를 갖고 있는 자들은 그의 동료들의 눈 속에서 아주 쉽게 티끌을 찾아내는 경향이 있다(마 7:3). 나단이 그런 원리를 따라 말했던 비유는 효과가 있었다. 다윗은 자신의 악을 고백하는 데는 느렸지만 다른 이의 악을 비난하는 데는 아주 빨랐다.

나단이 말한 비유는 다윗의 감정과 양심을 자극했다. 우리아와 그의 아내의 상황은 "작은 암양 새끼 한 마리"(삼하 12:3)를 갖고 있던 어느 가난한 사람의 모습을 통해 가슴 아프게 묘사된다. 그 양은 그에게 너무나 귀했기에 "그의 품에 누울" 정도였다. 그 가난한 사람에게 악을 행한 자는 "양과 소가 심히 많은" 부유한 자로 묘사된다. 이것은 그가 자기 이웃이 갖고 있던 유일한 양을 잡은 죄를 극대화시킨다. 그가 그런 죄를 지은 원인은 "어떤 행인이" 그 부자에게 왔기 때문이다. 그 부자가 가난한 사람의 양을 잡은 것은 그 행인을 섬기기 위해서였다. 그에게 온 "행인"은 밧세바와 관련해 쉼 없이 움직이는 다윗의 육신, 즉 방황하는 생각과 두리번거리는 눈을 의미했다. 아, 독자들이여, 우리가 가장 조심해야 할 것이 바로 그것이다. "하나님 아는 것을 대적하여 높아진 것을 다 무너뜨리고 모든 생각을 사로잡아 그리스도에게 복종하게 하라"(고후 10:5).

"모든 지킬 만한 것 중에 더욱 네 마음을 지키라 생명의 근원이 이에서 남이니라"(잠 4:23). 그 과제의 일부는 우리의 생각을 단속하고 온당치 않은 상상을 물리치는 데 있다. 우리가 방황하는 생각들이 우리 마음속으로 들어오지 못하게 하거나 악한 상상들이 우리 안에서 솟아오르지 못하게 할 수 없다는 것은 분명하다. 그러나 우리는 그런 것들과 맞서고 그것들을 거부해야 할 책임을 갖고 있다. 그러나 다윗은 그 일에 실패했다. 그는 그 "행인"을 맞아들였고, 그를 즐겁게 해 주었고, 그를 위해 잔치를 베풀었다. 그것도 자기의 것이 아니라 다른 누군가의 것을 희생시켜 그렇게 했다(이 비유에서 양은 그의 이웃의 것으로 묘사되고 있다). 아, 독자들이여, 우리가 죄로 가득 찬 욕정에 빠지고, 악한 상상에 탐닉하고, 방황하는 생각들을 온당치 않은 것들로 부추길 때, 우리는 안타까운 타락을 위한 길을 놓고 있는 셈이다. 우리에게 "행인들"이 찾아올 것이다. 즉 우리의 마음이 요동할 것이다. 그리고 그때 우리의 책임은 온당치 않은 것들로 그 행인들을 먹이지 않는 것이다. 이와 관련해 빌립보서 4장 8절 말씀을 숙고하라. "끝으로 형제들아 무엇에든지 참되며 무엇에든지 경건하며 무엇에든지 옳으며 무엇에든지 정결하며 무엇에든지 사랑 받을 만하며 무엇에든지 칭찬 받을 만하며 무슨 덕이 있든지 무슨 기림이 있든지 이것들을 생각하라."

깨어나는 양심

이제 깊은 잠에 빠져 있던 다윗의 양심이 깨어나기 시작했다. 그는 자신의 죄가 얼마나 큰 것인지 깨닫게 되었다. 나단이 하나님의 전통(箭筒)에서 꺼내 다윗의 병든 마음을 향해 쏘아 보낸 날카로운 화살이 그의 눈을 열어주었다. 그리고 이제 그는 자신이 처해 있는 무서운 상황을 직면할 수 있었다. 비록 그의 행위는 끔찍했지만, 그가 자신이 완전히 타락해서 하나님께 철저하게 버림을 받은 것은 아님을 보여 준 것은 바로 그때였다. "다윗의 마음 안에 잠들어 있던 하나님의 은혜의 불꽃이 다시 점화되기 시작했다. 발뺌하려는 태도는 보이지 않았고 그의 죄책감이 온전하게 드러났다. 그렇기에 그는 선지자의 날카로운 비난에 대해 분개하거나 자신의 행위를 변명하려 하려 하지 않았다. 오히려 그는 자신을 지극히 낮추고 '내가 여호와께 죄를 범하였노라'[삼하 12:13]라고 고백했다. 말은 많지 않았다. 그러나 그의 말은 참된 회개의 언어였다. 참된 회개는 모든 죄를, 그것이 다른 이들에게 해를 끼치든 그렇지 않든 상관없이, 여호와의 권위와 영광에 대한 죄로 여기기 때문이다"(Thomas Scott).

만약 우리가 성경의 어떤 주제와 관련해 하나님의 마음을 온전히 이해하고자 한다면, 우리는 부지런히 성경을 연구하고 그 각각의 구절들을 다른 구절들과 비교해 보아야 한다. 이 원리를 지키지 못하면 우리는 부적절하거나 일방적인 견해를 갖게 된다. 여기에서도 마찬가지다. 사무엘서는 이때 다윗의 마음 깊은 곳에서 일어났던 움직임과 관련해 아무것도 기록하고 있지 않다. 거기에는 그의 회개의 실제성과 깊이를 보여 줄 만한 것이 아무것도 기록되어 있지 않다. 그것에 대해 알고자 한다면, 우리는 성경의 다른 곳, 특히 그의 회개의 시편들에 주목할 필요가 있다. 성령께서는 그 시편들을 통해 우리에게 무엇이 다윗으로 하여금 그 시편들을 쓰게 했는지 알려 주신다. 그 시편들에는 신자들이 경험하는 다양한 심적 경험들이 아주 상세히 서술되어 있다. 거기에는 성도가 이 광야 같은 세상을 살아가는 동안 경험하는 온갖 마음상태에 대한 정확한 묘사가 들어 있다. 성경의 이 책(시편 – 역주)이 하나님의 백성들 사이에서 그토록 사랑을 받아 온 이유가 바로 그것이다. 그들은 자신들의 내면의 역사가 그 안에 정확하게 서술되어 있는 것을 발견했던 것이다.

자신의 죄에 대한 혐오

당시 다윗의 마음 상태를 보여 주는 두 가지 중요한 시편들은 51편과 32편이다. 아마도 분명히 51편이 32편보다 먼저 쓰였을 것이다. 시편 51편에서 우리는 그 타락한 성도가 무서운 웅덩이와 수렁에서 빠져나오기 위해 애쓰는 모습을 발견한다. 시편 32편에서는 그가 다시 굳건한 토대 위에 서서 자신의 죄가 가려진 것 때문에 새 노래를 부르는 모습을 발견한다. 그러나 그 두 가지 모두가 하나님이 나단의 손을 빌어 찌르신 작은 칼이 다윗의 양심을 관통했을 때, 그리고 그 선지자를 통해 하나님의 용서에 대한 확언이 향유(香油)처럼 그의 마음에 부어졌을 때 쓰인 것은 분명하다. 고통스럽게 얻어맞은 자의 열정적인 외침은 하나님의 약속에 대한 메아리였다. 그것은 용서라는 자비로운 선물을 자기의 것으로 삼으려는 다윗의 믿음의 노력이었다. 용서를 구하는 기도의 토대와 유인(誘因)은 용서에 대한 하나님의 약속이었다.

우리는 시편 51편에 첨부되어 있는 머리글[上記]이 "다윗의 시, 다윗이 밧세바와 동침한 후 선지자 나단이 그에게 왔을 때"로 되어 있는 것에 주목할 필요가 있다. 스펄전(Spurgeon)이 이 시편에 대한 서론에서 다음과 같이 아름답게 말한 바 있다. "하나님의 메시지가 그의 잠들어 있던 양심을 일깨우고 그로 하여금 자신이 지은 죄의 심각성을 깨닫게 했을 때 그는 이 시편을 썼다. 그는 육신에 탐닉하는 동안 시 쓰는 일을 잊었다. 그러나 그의 영혼이 깨어났을 때 그는 다시 수금을 탔고, 탄식과 눈물을 반주 삼아 노래를 쏟아냈다." 다윗의 죄는 컸다. 그러나 그는 회개했고 회복되었다. 그의 고뇌의 깊이와 그의 회개의 실제성은 그 시편의 모든 구절들을 통해 분명하게 드러났다. 그 안에서 우리는 하나님 앞에서 자신의 마음을 쏟아놓으며 겸손하고 진실하게 그분의 자비를 구하는 회개하는 영혼의 슬픔과 갈망을 발견한다. 고통을 당하던 이들 중 얼마나 많은 이들이 다윗의 회개의 눈물로 범벅이 된 이 시편으로부터 크고 황량한 사막에 처한 타락자들을 위한 길을 발견했는지는 오직 심판의 날에나 알려질 것이다.

"비록 이 시편이 용서와 회복을 위한 긴 부르짖음일지라도, 우리는 이 시편의 탄원들 안에서 어떤 순서와 경과를 식별할 수 있다. 그 순서란 어떤 마음 상태를 인위적으로 재생산하는 문제와 관련된 것이 아니라, 회한 섞인 갈망의 감정이 터져 나오는 무의식적인 순서다. 그 시편에서는 모든 것이 '주의 인자'와 '주의 많은 긍휼'에 대한 호소로 시작된다. 그것이야말로 하나님께 영향을 끼치는 유일한 탄원이다. 우리의 탄원의 동기와 방법은 그분의 사랑이다. 그분의 과거의 행동이야말로 그분의 미래의 행위를 위한 기준이다. 헤아릴 수 없을 만큼 큰 그분의 연민은 우리의 모든 죄악의 총합보다 크다.

설령 그것이 우리의 머리털보다 많을지라도 그렇다. 하나님의 자비에 호소하며 회개하는 영혼은 온갖 모습의 악을 지닌 자신의 죄 너머를 바라보는 법을 배울 수 있다"(Alexander Maclaren).

이 시편 기자가 자신을 얼마나 깊이 그리고 강하게 혐오했는지는 그가 자신의 죄를 묘사하기 위해 사용하는 다양한 단어들을 통해 분명하게 드러난다. 그는 자신의 "범죄"(transgression, 1, 3절)와 "죄악"(iniquity, 2절)과 "죄"(sin, 3절)에 대해 말한다(KJV, 한글 성경에서는 이 단어들이 혼용된다-역주). 어떤 이가 강력하게 지적했듯이, "그는 자기가 지은 각각의 죄들-자신의 욕망, 기만, 배신, 살인 등-을 바라본다. 그리고 그는 그 모든 죄들이 마치 고르곤[Gorgon, 머리털이 뱀들로 이루어진 그리스 신화에 나오는 괴물-역주]의 머리 위에 똬리를 틀고 있는 뱀 떼처럼 서로 풀리지 않을 정도로 뒤엉켜 있는 것으로 여긴다. 죄는 홀로 존재하지 않는다. 죄의 개별적인 행위들은 하나의 공통의 뿌리를 갖고 있다. 그리고 그 모든 것들은 마치 고여 있는 연못 위에 뜬 초록 식물처럼 서로 연결되어 있다."

우리는 시편 51편에 실려 있는 중첩되는 동의어들을 통해 다윗이 자기가 저지른 일의 본질과 특성을 어떻게 이해하고 있는지에 대한 몇 가지 심원한 통찰을 얻을 수 있다. 첫째, 그것은 무엇보다도 "범죄"(transgression)였다-혹은 그 말에 해당하는 히브리어는 "반역"(rebellion)으로 번역될 수도 있다. 그것은 어떤 비인격적인 법에 대한 단순한 위반이 아니라, 한 백성이 그의 참된 왕에게 맞서서 일으킨 고의적인 반란이었다. 그것은 어떤 기준에 대한 반대였을 뿐 아니라 하나님에 대한 불순종이었다. 둘째, 그것은 다른 이를 부당하게 그리고 옳지 않게 다뤘던 "죄악"(iniquity) – 오용과 왜곡 – 이었다. 셋째, 그것은 "죄"(sin) 혹은 "과녁을 벗어남"(missing the mark) 였다. 왜냐하면 모든 죄는 참된 목표 – 그것이 하나님의 영광이든 우리 자신의 행복이든 – 를 한참 벗어난 큰 실수이기 때문이다. 그것은 대속의 피로밖에는 씻어낼 수 없는 오염과 오물이었다. 넷째, 그것은 "악"(evil, 4절), 즉 가차 없이 정죄되어야 마땅한 악한 일이었다. 그것은 그로 하여금 "우슬초로 나를 정결하게 하소서 내가 정하리이다 나의 죄를 씻어 주소서 내가 눈보다 희리이다"(7절)라고 외치게 만드는 고통스러운 나병이었다.

주님께 대한 죄

"내가 주께만 범죄하여 주의 목전에 악을 행하였사오니"(시 51:4). 다윗은 이 고백을 통해 자신의 회개가 진실하며 자신이 거듭났다는 사실에 대한 증거를 제시한다. 영적 성향을 지닌 자들만이 자신들의 죄를 하나님과의 관계에서 바라본다. 모든 죄의 악함은 그것이 하나님께 맞서는 데 있다. 그리고 회개하는 자의 마음은 자신이 하나님께 잘못했다는 인식으로 가득 찬다. 뜨거운 회개는 죄에 대해 탄식한다. 그것은 죄가 은혜로우신 하나님을 진노케 하고 사랑이 풍성하신 성부 하나님을 불명예스럽게 하기 때문이다. 다윗은 자신의 악과 그것으로 인해 고통당하는 사람을 바라보는 것만으로 그치지 않는다. 그는 밧세바와 우리아에 대해 그리고 자신의 죄를 은폐하기 위해 이용했던 요압은 물론이고 그의 백성들 전체에 대해 죄를 지었다. 그러나 그런 죄가 아무리 음울한 것일지라도, 그 죄의 참된 성격은 그것이 하나님께 대한 죄로 간주될 때에야 비로소 분명해진다.

"내가 죄악 중에서 출생하였음이여 어머니가 죄 중에서 나를 잉태하였나이다"(시 51:5). 많은 이들이 이 구절로 인해 혼란을 겪어 왔다. 그러나 사실 그것은 아무런 어려움도 일으키지 않는다. 확실히 이 말은 다윗이 자기를 변명하기 위해 한 말이 아니었다. 오히려 그것은 변명의 여지가 없는 자신의 죄책을 강조하려는 것이었다. 시편 51편 4절 중반부에서 분명하게 드러나는 것은 그가 하나님의 정당하심에 대해 증언하고 있다는 사실이다. "주님은 내 죄와 무관하십니다. 그것은 모두 내 자신이 타락한 본성에 굴복했기에 저지른 내 죄입니다. 주님이 나를 시험에 빠지게 하신 것이 아니라 내 자신의 악한 욕망이 그렇게 한 것입니다." 다윗은 자신의 죄를 철저히 고백하는 데 몰두한다. 그러므로 그는 자신의 더러운 본성을 시인했다. 다윗이 5절에서 한 말은 자신을 낮추고, 하나님의 결백을 증명하고, 하나님의 은혜를 높이기 위한 것이었다.

시편 51편에 비추어 우리는 다윗의 회개와 가슴을 치는 참회의 실제성과 진지성과 깊이를 의심해서는 안 된다. 나는 토마스 스콧(Thomas Scott)이 한 말을 짧게 인용하며 이 장을 마치고자 한다. "다윗이 행한 범죄 외에는 다른 그 어떤 점에서도 그를 닮지 않고 죄를 심화시키는 습관만 갖고 있는 악한 위선자들은 다윗을 본보기 삼아 들뜨지 말아야 한다. 그런 이들은, 자신들을 순간적인 타락자로 여기거나 다른 이들에게 자기들을 그런 사람으로 여기도록 요구하기 전에, 다윗의 겸비[謙卑]와 회개 그리고 기타 탁월한 자질들을 본받으려 해야 한다."

56

용서

사무엘하 12장

　한 신자의 내적 경험은 주로 자신의 악과 하나님의 선하심, 자신의 변명할 수 없는 실패와 하나님의 무한한 인내에 대한 점증하는 인식과 그로 인한 슬픔과 기쁨 또는 고백과 감사의 잦은 교체로 이루어진다. 결과적으로 그가 하나님의 말씀을 더 많이 읽고 묵상할수록, 그는 그 말씀이 자신의 상황에 얼마나 정확하게 들어맞는지, 또 그 안에 자신의 변화무쌍한 삶의 모습이 얼마나 정확하게 기술되어 있는지 알게 된다. 성경의 두 가지 중요한 주제는 "죄"와 "은혜"다. 성경 전체를 통해 그 둘의 근원이 추적된다. 또 성경에는 죄와 은혜의 참된 특성이 묘사되어 있을 뿐 아니라, 그것들에 대한 수많은 실례들 역시 예시되어 있다. 처음에는 이상하게 보이지만, 그 둘-죄와 은혜-이 하나님과 인간의 모든 관계를 계속해서 바꿔놓는다는 것은 사실이다.

내가 방금 말한 내용은 다윗의 경우에서 분명하고도 놀라운 예증을 얻는다. 우리는 다윗 안에서 그를 진창 속으로 밀어 넣는 가장 극악한 죄의 모습을 발견한다. 그러나 또한 우리는 그 안에서 그를 구원하고 깨끗하게 하는 가장 사랑스러운 은혜 역시 발견할 수 있다. 전자는 후자가 더 영광스럽게 나타나도록 만드는 어두운 배경의 역할을 한다. 나는 죄의 두려운 본성과 무서운 활동이 다윗 안에서보다 더 분명하게 드러났던 다른 경우를 알지 못한다-그는 아주 크게 은혜를 입고 높임을 받았지만, 또한 아주 비열하게 타락했고 아주 낮은 곳까지 떨어졌다. 그러나 또한 나는 그를 참된 회개에 이르게 함으로써 그의 죄를 용서하고 그를 하나님과의 교제에로 회복시켰던 하나님의 놀라운 은혜가 이 유명한 죄인 안에서보다 더 생생하게 나타났던 다른 경우도 알지 못한다-사울 왕은 그보다 훨씬 더 미약한 죄 때문에 하나님께 거부되었다. 그는 언약 관계에 속해 있지 않았다! 오, 하나님의 은혜의 놀라운 주권이여!

성령께서는 다윗의 죄를 놀랄 만큼 상세하게 기록하셨을 뿐 아니라, 또한 회한에 찬 그의 감동적인 회개에 대해서도 완전하게 묘사해 놓으셨다. 더 나아가 그분은 우리에게 다윗이 어떻게 하나님의 용서를 구하고 얻었는지를 보여 주셨다. 이것들은 모두 우리에게 교훈이 되기 위해, 그리고 한 가지 덧붙이자면, 우리에게 위로가 되기 위해 기록된 것이다. 첫 번째 사항은 우리에게 신자 안에 여전히 존재하는 무서운 육(肉)의 경향과 그것이 얼마나 악한 열매를 맺을 수 있는지 보여 준다. 두 번째 사항은 우리에게 우리가 자신의 욕망에 빠져들 때 행하는 통탄스러운 일들과 그로 인해 우리가 마셔야 하는 쓴 잔에 대해 알려 준다. 세 번째 사항은 우리에게 우리의 상황이 아무리 비통할지라도 여전히 희망이 없는 것은 아님을 알려 주고, 또한 하나님이 우리에게 요구하시는 길을 계시해 준다. 이미 앞의 두 가지 사항에 대해서는 길게 논의했으므로, 이제는 세 번째 사항에 관심을 기울여 보자.

깊은 곳에서 부르짖음

성령께서는 시편 안에 다윗의 상한 마음의 움직임을 상세히 기록해 놓으셨다. 그러므로 우리는 시편을 통해 그가 어떻게 하나님의 용서를 얻었는지에 대해 배울 수 있다. 나는 이른바 "참회 시편들" 중 마지막 것—나는 그것이 다윗에 의해 쓰였다고 믿는다—에 관심을 돌림으로써 그 작업을 시작하겠다. "여호와여 내가 깊은 곳에서 주께 부르짖었나이다"(시 130:1). 하나님이 때로 그분의 백성들이 빠지도록 허락하시는 다양한 "깊은 곳"(the depth)이 있다. 가령, 경제적 손실, 가족과의 사별, 개인적인 질병으로 인한 시련과 고통이라는 "깊은 곳"이 있다. 사람들이 자신을 그 안으로 밀어 넣는 죄와 죄책이라는 "깊은 곳"과 그로 인한 정죄와 고뇌의 "깊은 곳"이 있다. 하나님이 그분의 얼굴을 가리시기에 발생하는 어둠과 절망의 "깊은 곳"과 사탄의 적대적 행위와 낙심 때문에 발생하는 "깊은 곳"도 있다. 여기에서 우리가 특히 주목할 것이 바로 그런 것들이다.

성령께서 시편 130편을 통해 의도하시는 것은 그 시편 기자의 인격과 행위를 통해 사탄의 그물에 빠지고 죄책감에 사로잡혔으나 하나님의 은혜를 발견하고 그 은혜를 의지해 행동하고 그 은혜에 참여함으로써 구원을 얻은 한 영혼의 상황을 묘사하고 드러내는 것이다. 존 오웬(John Owen)이 그 시편의 서두를 의역한 내용을 인용해 보자. "오, 주님, 나는 수많은 죄와 도발을 통해 내 자신을 큰 곤경에 빠뜨렸습니다. 내 죄악들은 늘 내 앞에 있고, 나는 마치 홍수에 압도당하듯 쉽사리 그것들에 압도당합니다. 그것들은 나를 깊은 곳으로 몰아넣으며, 나는 쉽사리 그것들에 삼켜집니다. 그러나, 비록 내 곤경이 크고 고통스러울지라도, 나는 완전히 낙심해 모든 구원과 회복의 소망을 포기한 것은 아니며 앞으로도 그렇게 하지 않을 것입니다. 이제 나는 다른 치유나 길이나 구원의 수단을 찾으려 하지 않고 오직 내 자신을 주 여호와께 맡깁니다. 내가 자신을 주님께 맡기며 탄원할 때, 나는 자신의 크고 긴급한 문제들로 인해 끈질기고 진지하고 절박해집니다. 내게 안식이 없기에 나는 주님을 쉽게 해드릴 수 없습니다. 오, 그러므로 내가 부르짖는 소리에 주목하시고 귀를 기울여 주십시오!"

우리의 영혼이 그런 상황 — 고민과 낙심이라는 "깊은 곳" — 에 처해 있을 때, 우리가 거기서 빠져나올 수 있는 유일한 방법은 하나님 앞에 우리의 마음을 온전하게 내려놓는 것뿐이다. 우리의 영혼은 그런 상태에서는 쉼을 얻지 못하며, 다른 그 어떤 피조물의 도움을 통해서도 구원을 얻지 못한다. "우리가 앗수르의 구원을 의지하지 아니하며 말을 타지 아니하며 다시는 우리의 손으로 만든 것을 향하여 너희는 우리의 신이라 하지 아니하오리니 이는 고아가 주로 말미암아 긍휼을 얻음이니이다"(호 14:3). 우리는 오직 하나님 안에서만 도움을 찾을 수 있다. 기만적인 교황주의자들이 고안해 낸 헛된 것들 — 성모를 향한 기도, 고행, 고해성사, 금식, 미사, 순례, 보속 행위 등 — 은 모두 "터진 웅덩이들"(렘 2:13)에 불과하다. 마찬가지로 죄로 고통당하는 영혼들에게 세상의 조언 — "환경을 바꿔라," "일에서 떠나라," "음악이나 사교나 쾌락을 즐겨라" 등 — 은 쓸모없다. 평안의 하나님 안에서가 아니고는 그 어디에도 평안은 없다.

이제 시편 기자는 아주 낮아진 상태에서 여호와께 도움을 청했다. 그리고 그의 호소는 헛되지 않았다. 이것은 우리가 비슷한 상황에 처할 때 굳게 붙들 필요가 있는 가르침이다. 이 시편은 그런 목적을 위해 기록된 것이다. 사랑하는 그리스도인 독자들이여, 당신이 처한 상황이 아무리 개탄스러울지라도, 당신의 곤경이 아무리 심각할지라도, 당신의 상황이 아무리 절망적일지라도, 당신의 양심의 짐이 아무리 견디기 힘들지라도, 당신의 상황이 완전히 절망적인 것은 아니다. 다윗은 부르짖었고 응답을 얻었다. 그는 자비를 구했고 그것을 얻었다. 그리고 당신과 나를 향한 하나님의 약속은 다음과 같다. "그러므로 우리는 긍휼하심을 받고 때를 따라 돕는 은혜를 얻기 위하여 은혜의 보좌 앞에 담대히 나아갈 것이니라"(히 4:16). 다윗이 "깊은 곳"에서 하나님께 부르짖었던 유일한 사람은 아니다. 선지자 요나를 생각해 보라. 그는 자기 뜻을 쫓아 하나님의 명령을 피해 달아나다가 바다에 던져졌고 결국 큰 물고기에게 삼켜졌다. 그러나 우리는 그와 관련해 다음과 같은 말씀을 읽는다. "내가 받는 고난으로 말미암아 여호와께 불러 아뢰었더니 주께서 내게 대답하셨고 내가 스올의 뱃속에서 부르짖었더니 주께서 내 음성을 들으셨나이다"(욘 2:2).

다윗을 움직여 여호와를 찾게 했던 것은 하나님의 충만한 은혜에 대한 그의 소망이었다. "여호와여 주께서 죄악을 지켜보실진대 주여 누가 서리이까 그러나 사유하심이 주께 있음은 주를 경외하게 하심이니이다 나 곧 내 영혼은 여호와를 기다리며 나는 주의 말씀을 바라는도다"(시 130:3-5). 3절에서 그는 자기가 자신의 의를 의지해서는 삼위일체 하나님 앞에 설 수 없으며, 만약 하나님이 "죄악을 지켜보신다면," 즉 하나님이 자신의 죄를 정죄하신다면, 그때는 자신의 상황이 참으로 소망이 없다는 것을 시인한다. 4절에서 그는 하나님을 향해 그분에게 사유하심이 있음을 겸손하게 상기시켜 드린다. 또한 그는 우리가 하나님을 경홀히 여겨서는 안 되고 오히려 그분을 경외해야 한다고 일러 준다. 왜냐하면 하나님의 용서는 우리가 앞으로 지을 죄에 대한 허가를 의미하는 것이 아니기 때문이다. 5절에서 그는 소망 가운데 여호와께로부터 오는 "은총의 표적"(시 86:17)과 "편안한 대답"(창 41:16)을 기다린다.

용서를 위한 탄원

그러나 시편 51편에서 우리는 다윗이 아주 분명하고 진지하게 하나님의 용서를 구하고 있음을 발견한다. 전에 그는 여러 가지 "죄"의 동의어들을 사용해 자신의 강렬한 감정을 드러냈는데, 여기에서는 그런 감정을 "용서"의 동의어들을 반복해 사용하는 것을 통해 드러내고 있다. 그의 입술에서는 용서에 대한 탄원이 반복해서 터져 나오는데, 이것은 그가 자신이 말을 많이 해야 하나님이 들으실 것이라고 생각했기 때문이 아니라, 용서에 대한 그의 진지한 갈망 때문이었다. 즉 그런 반복은 그의 불굴의 신앙에 대한 징표였던 것이다. 그러나 바알 선지자들이 정오부터 시작해 "저녁 소제 드릴 때까지" (왕상 18:29) 계속했던 탄원은 그 탄원자들의 의심을 보여 줬을 뿐이다. 여호와께서 경고하셨던 "헛된 탄원"은 단순히 동일한 형태의 요구를 반복하는 것에만 해당되는 것이 아니라, 교황주의자들이 라틴어로 된 기도문을 기계적으로 반복하면서 거기에 무슨 미덕이나 공로가 있는 것처럼 행동하는 것에도 해당된다.

다윗은 자신의 죄가 "지워지기를"(1절) 기도했다. 이 탄원은 그가 그 죄를 자신에게 불리하게 기록된 것으로 여기고 있음을 보여 준다. 다윗은 자신이 그 죄로부터 "말갛게 씻기기를"(2절) 기도했다. 이 탄원에서 그 죄는 더러운 얼룩으로, 따라서 그것을 없애려면 세게 문지르고 두들겨야 하는 것으로 간주된다. 어떤 주석가들에 따르면, 실제로 이 구절의 성경 본문에는 그런 의미를 지닌 히브리 동사가 사용되고 있다. 또한 그는 자기가 "정결케 되기를"(7절) 기도했다. 여기에서 사용된 동사는 제사장들이 나병환자를 깨끗케 한 후 그가 부정(不淨)을 털어냈음을 선포하는 데 사용되는 전문적인 용어였다. 이 마지막 인용구에는 하나님의 말씀에 대한 감동적인 전용(轉用)이 들어 있다. 왜냐하면, 율법에 따르면, 나병환자들뿐 아니라 시체와 접촉함으로써 부정해진 사람들 역시 그런 식으로 정화되어야 했기 때문이다(민 19). 그리고 그런 종류의 부정(시체와 접촉하는 일 – 역주)이라면 우리아를 죽인 자보다 더 심한 자가 누구겠는가? 그 기도의 원문은 더 주목할 만하다. 왜냐하면 거기에서 사용된 동사는 "죄"(sin)를 지칭하는 단어로부터 나왔고, 만약 우리의 언어가 그렇게 표현하는 것을 허락한다면, 그 구절은 "주님이 내 죄를 없애 주소서 (un-sin)"로 번역될 수 있기 때문이다.

"하나님이여 내 속에 정한 마음을 창조하시고 내 안에 정직한 영을 새롭게 하소서"(10절). 그의 죄는 그의 약점과 정욕을 드러냈다. 그러나 그의 자책과 고뇌는 그가 다른 무엇보다도 하나님에 대한 지속적인 갈망을 갖고 있음을 보여 주었다. 이 시편의 탄원들은 다윗 안에는, 그의 악함과 사탄이 그에게 거둔 승리에도 불구하고, 여전히 거룩한 요소의 뿌리가 남아 있음을 분명하게 보여 준다. 다윗은 하나님께 자기 안에 "정한 마음"을 창조해 주시기를 간구하면서 자신을 거듭나지 못한 자의 대열에 놓는다. 그는 자기가 스스로 회복 또는 갱신되는 것은 완전히 불가능하며, 새로운 마음과 새로운 세상을 창조하실 수 있는 분은 오직 하나님 한분뿐임을 시인한다. 다윗은 하나님께 자기 안에 "정직한 영"을 새롭게 해 주시기를 간구하면서 그분이 우리의 행위의 질뿐 아니라 영혼의 상태까지도 고려하신다는 것을 시인한다. "정직한 영"은 사랑이 깃들고, 신뢰할 만하고, 순종적이고, 견고한 영으로서 하나님 외에는 아무도 나눠주거나 유지할 수 없는 영이다.

다윗이 자신을 한껏 낮춘 상태에서 드리는 고백과 용서에 대한 간절한 부르짖음의 한 가운데서 온전한 교제의 회복을 위한 담대한 요청이 강렬하고 아름답게 제기된다. "주의 구원의 즐거움을 내게 회복시켜 주시고"(12a절). 이런 요청은 자신의 죄의 모든 결과들을 지워주실 하나님의 풍성한 자비에 대한 보통 이상의 확신을 보여 준다! 그러나 이 탄원의 위치에 주목하라. 그것은 용서와 정화에 대한 간구 뒤에 나온다. 그런 것들과 무관한 "구원의 즐거움"이란 허세나 광기에 불과하다. "너그러운 영을 보내셔서 나를 붙들어 주십시오"(12절, 표준새번역-역주). 먼저 그는 "나를 주 앞에서 쫓아내지 마시며 주의 성령을 내게서 거두지 마소서"(11절)라고 기도했다. 분명히 이것은 그의 전임자였던 사울에게 떨어졌던 무서운 심판에 대한 언급이었다. 다윗은 자신의 앞선 탄원이 받아들여졌다고 확신하면서, 또 자신의 약함과 자기가 스스로 설 수 없음을 의식하면서, 인간에게 성결함을 나눠 주시고 그것을 유지시켜 주실 수 있는 유일한 분에게 지원을 요청한다.

용서를 구할 의무

다윗이 받은 은혜로운 응답에 대해 고찰하기에 앞서 다음과 같은 질문에 대해 생각해 보자. 아마도 지금이 그런 질문에 대해 살펴볼 최적기일 것이다. "다윗이 하나님께 용서를 구하는 것이 정당한 일인가?" 혹은 비평가들을 보다 잘 만족시킬 수 있는 방식으로 말하자면, "우리는 하나님께 우리의 죄에 대한 용서를 탄원할 권리가 있는가?" 왜냐하면 우리 주변에는 오늘날 우리는 다윗이 하나님과 맺었던 것과는 다를 뿐 아니라 그것보다 훌륭한 관계를 맺고 있다고 주장하는 이들이 많기 때문이다. 독자들 중에는 내가 이런 질문을 제기하는 것에 놀랄 이들이 있을지도 모른다. 또 어떤 이들은 그것은 너무나 분명하기에 우리는 마땅히 하나님께 용서를 구해야 한다고 생각할지도 모른다. 그들은 그런 기도는 성경적 근거를 갖고 있으며, 엇나가는 신자들인 우리의 상황에 적합하며, 하나님께 영광을 돌리기 위해 꼭 필요하다고 여긴다. 그렇기에 그들은 우리는 마땅히 회개하는 단원사의 자리에 앉아 자신의 잘못을 시인하고 그분의 용서의 은혜를 간구해야 하며, 거기에는 더 이상 다른 증명이 필요하지 않다고 주장한다. 아, 그러나 오늘날 기독교계에는 너무 큰 혼란과 너무 많은 오류들이 있기에 나는 그 문제에 대해 한두 마디 해야 할 필요를 느낀다.

얼마간 영향력을 갖고 있는 한 그룹의 사람들이 있다. 그들은 어떤 그리스도인이 "우리의 모든 죄를 사하시고"(골 2:13)라는 말씀을 인용하면서 하나님께 자신의 죄를 용서해 주시기를 간구하는 것은 그리스도의 보혈의 가치를 떨어뜨리는 것이라고 주장한다. 그러나 그들은 그리스도께서 하나님의 백성을 위해 값 주고 사신 것을 성령께서 그들의 양심의 법정에서 그들에게 적용하시는 것과 혼동하고 있다. 다음 사항을 분명히 하자. 즉 우리가 하나님께 용서를 구할 때, 그것은 마치 우리가 그리스도의 보혈이 흘려진 적이 없는 것처럼 혹은 우리의 눈물과 기도가 하나님의 정의에 대해 그 어떤 보상이라도 할 수 있는 것처럼 행동하는 것을 의미하지 않는다. 그럼에도 새로운 죄는 새로운 회개를 요구한다. 그렇다, 우리에게 또 다른 구속주가 필요한 것은 아니지만, 우리를 향한 하나님의 자비의 새로운 행사(히 4:16)와 우리를 깨끗하게 하는 보혈의 새로운 적용은 늘 필요하다(요일 1:7, 9).

그 옛날의 성도들은 용서를 얻기 위해 다음과 같이 기도했다. "여호와여 나의 죄악이 크오니 주의 이름으로 말미암아 사하소서"(시 25:11). 주 예수님은 그분의 제자들에게 "우리 죄를 사하여 주시옵고"(마 6:12)라고 기도하라고 가르치셨다. 그리고 그 기도는 분명히 오늘날의 그리스도인들에게도 해당된다. 왜냐하면 그 기도는 "우리 아버지"(11절)께 드리는 기도이기 때문이다. 우리가 하나님께 용서를 구하는 것은 그분께서 그리스도로 인해 우리에게 은혜를 베풀어 주시기를 간구하는 것이다. 우리는 그분께 우리의 죄에 대한 책임을 우리에게 돌리지 마시기를 간구해야 한다. "주의 종에게 심판을 행하지 마소서"(시 143:2). 우리는 그분께서 우리의 마음을 향해 그분의 자비를 보여 주시기를 간구해야 한다. "내게 즐겁고 기쁜 소리를 들려 주시사 주께서 꺾으신 뼈들도 즐거워하게 하소서"(시 51:8). 우리는 그분께서 우리에게 그분의 용서의 증거를 보여 주심으로써 우리가 "주의 구원의 즐거움"(시 51:12)을 얻게 해 주시기를 간구해야 한다.

회복의 기쁨

시편 32편에서 우리는 "모든 은혜의 하나님"(벧전 5:10)께서 비록 엇나갔으나 회개하는 자녀에게 주시는 대답에 대해 배운다. 스펄전(Spurgeon)은 이 시편에 대한 그의 서론적 진술에서 다음과 같이 말하고 있다. "그는 자신의 큰 죄에 대해 깊이 회개한 후 아주 놀라운 복된 평안이 찾아 왔기에 자신의 마음을 이 탁월한 노래의 부드러운 음률에 실어 쏟아냈던 것 같다." 머리글[上記]에 들어 있는 "마스길"(Maschil)이라는 단어는 "교훈"을 의미한다. "한 신자의 경험은 다른 신자들에게 풍성한 교훈을 제공한다. 그 경험은 양떼가 따라야 할 발걸음에 대해 알려 주고, 또한 약자들을 위로하고 인도한다." 시편 51편 말미에서 다윗은 다음과 같이 기도했다. "주여 내 입술을 열어 주소서 내 입이 주를 찬송하여 전파하리이다"(15절). 그리고 그 기도는 응답을 얻었다.

"허물의 사함을 받고 자신의 죄가 가려진 자는 복이 있도다 마음에 간사함이 없고 여호와께 정죄를 당하지 아니하는 자는 복이 있도다"(시 32:1-2). 다윗은 앞의 시편(시편 51편 – 역주)을 자비를 얻기 위한 구슬픈 간구로 시작했다. 그러나 여기에서 그는 이 시편을 회개를 통해 용서를 얻은 자의 행복을 축하하는 찬양의 노래로 시작한다. 앞의 시편에서 우리는 후회와 낮아짐의 고통을 겪고 있는 사람의 흐느낌 소리를 들었다. 그러나 여기에서 우리는 복되게도 그런 고통이 사라진 것에 대한 이야기를 듣는다. 앞의 시편에서 우리는 죄에 대한 그리고 죄인이 간구하는 용서에 대한 여러 가지 동의어들을 발견했다. 그러나 여기에서 우리는 이미 얻어진 용서의 여러 가지 복된 측면을 발견한다. 그것은 다양하지만 동일한 의미를 지닌 여러 구절들을 통해서 드러난다. 전자는 통곡의 시편이고, 후자는 – 그것 자체의 표현을 빌려 말하자면 – "구원의 노래"(7절)다.

다윗이 얻은 용서의 기쁨은 "죄가 가려진 자는 복이 있도다"라는 첫 구절에서부터 터져 나온다. 또한 그 시편의 첫머리에서는 그의 영혼이 누리고 있는 풍성함이 "용서"라는 한 가지 주제의 변주곡에 실려 울려나온다. 그는 자신이 최근에 겪은 소중한 경험을 감사하는 마음으로 묘사한다. 그는 그 경험을 "허물의 사함"(그의 마음에서 견딜 수 없는 짐이 제거됨)으로, 또한 "죄의 가려짐"(그리스도의 보혈 때문에 모든 것을 감찰하시는 눈으로부터 그것의 흉악한 모습이 숨겨짐)으로, 또한 "정죄를 당하지 아니함"(빚을 면제받음)으로 묘사한다. 그가 얻은 용서가 다른 회개하는 영혼들에게 얼마나 복된 깨달음을 제공하는지 보라. "이로 말미암아 모든 경건한 자는 주를 만날 기회를 얻어서 주께 기도할지라"(6절). 마지막으로, 자신의 회복을 깊이 확신하는 자의 입에서 터져 나오는 다음과 같은 탄성은 얼마나 귀한가! "주는 나의 은신처이오니 환난에서 나를 보호하시고 구원의 노래로 나를 두르시리이다"(7절).

바로 여기에 가장 큰 타락에 빠진 자를 위한 소망이 있다. 그러나 한 가지 전제되어야 할 것은 그가 모든 은혜의 하나님 앞에서 자신을 낮추는 것이다. 죄의 용서는 죄에 대한 참된 슬픔 뒤에 나온다. "만일 우리가 우리 죄를 자백하면 그는 미쁘시고 의로우사 우리 죄를 사하시며 우리를 모든 불의에서 깨끗하게 하실 것이요"(요일 1:9). "하나님으로부터 그토록 멀어졌던 자가 회복되어 그분과의 복된 교제를 다시 허락받는 것이 가능한 일인가? 의심할 바 없이 그렇다. '여호와께는 인자하심과 풍성한 속량이 있음이라'[시 130:7]. 또한 그분은 겸손하게 회개하는 신자를, 그가 이전에 지은 죄가 무엇이든 간에, 결코 내치지 않으실 것이다. 또한 그분은 사탄이 자신의 손에서 자신의 양떼 중 어느 하나라도 훔쳐가도록 허락하지 않으실 것이다. 그러므로 죄에 빠진 자는 지체 없이 여호와께 돌아가 구주의 보혈에 의지해 용서를 구해야 한다"(Thomas Scott).

57

징계

사무엘하 12장

어떤 독자들은 다윗의 용서와 관련된 앞 장에 이어서 곧바로 그의 징계에 관한 장이 나오는 것을 이상하게 여길 수도 있을 것이다. 확실히, 만약 하나님이 그의 죄를 용서하셨다면, 우리는 그가 그분의 회초리를 맞는 이야기를 듣게 되리라고 예상하기 어려울 것이다. 그러나, 만약 우리가 하나님의 두 가지 중요한 특성을 신중하게 구별한다면, 우리는 이 문제에 대해 별 어려움을 느끼지 않을 것이다. 내가 말하는 그분의 두 가지 중요한 특성이란 세상에 대한 "도덕적 통치자"(the moral Ruler)의 특성과 피조물에 대한 "심판자"(the Judge)의 특성이다. 전자는 그분이 이 세상에서 우리를 다루시는 문제와 관련되어 있고, 후자는 그분이 우리의 영원한 운명에 대해 공식적인 선고를 내리시는 문제와 관련되어 있다. 또한 전자는 그분의 통치적 행위와 관련되어 있고, 후자는 그분의 형벌에 대한 판결과 관련되어 있다. 만약 우리가 이런 구별을 분명하게 하지 않고 그것에 대해 계속해서 생각하지 않는다면, 우리의 마음은 혼란스러워질 뿐 아니라, 우리의 평안은 심각하게 훼손되고 우리의 마음은 속박될 수밖에 없다. 무엇보다도 우리는 하나님에 대한 잘못된 인식을 갖게 되고 그분이 우리를 섭리를 통해 다루시는 문제를 잘못 해석하게 된다. 그러므로 우리는 다음과 같이 기도해야 할 아주 많은 이유를 갖고 있다! "너희 사랑을 지식과 모든 총명으로 점점 더 풍성하게 하사 너희로 '같지 아니한 것'[things that differ, 난외주 참고 – 역주]을 분별하며"(빌 1:9-10).

"다윗이 나단에게 이르되 내가 여호와께 죄를 범하였노라 하매 나단이 다윗에게 말하되 여호와께서도 당신의 죄를 사하셨나니 당신이 죽지 아니하려니와 이 일로 말미암아 여호와의 원수가 크게 비방할 거리를 얻게 하였으니 당신이 낳은 아이가 반드시 죽으리이다 하고"(삼하 12:13-14). 이 구절 속에는 내가 방금 주의를 환기시켰던 그리고 이어지는 사건을 통해 분명하게 입증될 두 가지 내용이 나타난다. 첫 번째 내용은 다윗이 그의 큰 죄에 대해 용서를 얻었음을 선언함으로써 주님의 "심판자적 특성"을 보여 준다. 두 번째 내용은 하나님이 그분의 거룩하심 때문에 또 그분의 법이 무한정 훼손될 수 없음을 알리시기 위해 다윗의 악행을 통치적 차원에서 처리하실 것이라고 선언함으로써 주님의 "통치자적 특성"을 보여 준다. 아래에서 이런 이중적인 개념에 대해 좀더 살펴보기로 하자.

심판자이신 주님

"우리의 죄를 따라 우리를 처벌하지는 아니하시며 우리의 죄악을 따라 우리에게 그대로 갚지는 아니하셨으니"(시 103:10). 이것은 어떤 신자라도 그것이 진리임을 주저하지 않고 주장할 수 있는 말씀이다. 왜냐하면 그 어떤 신자라도 그들 자신의 경험을 통해 그것이 사실이라는 것을 알고 있기 때문이다. 그러므로 그는 다음과 같이 확언할 수 있다. "만약 내가 내게 합당한 것을 받았다면, 나는 이미 오래 전에 지옥에 떨어졌을 것이다." 스펄전(Spurgeon)은 이 구절에 대해 다음과 같이 옳게 말했다. "우리는 주님이 우리를 위해 하신 일 때문만이 아니라 그분이 우리를 위해 하시지 않은 일 때문에도 그분을 찬양해야 한다." 오, 모든 그리스도인들은 그들의 비뚤어지고 술주정뱅이 같은 행위가 하나님의 인내를 완전히 고갈시키지 않았다는 사실에 놀라야 할 충분한 이유를 갖고 있다! 아, 그러나 우리의 마음은 하나님의 그 무한한 인내에도 불구하고 거의 아무런 감동도 받지 않는다. 오, 그분의 선하심이 우리를 회개의 자리로 이끄시기를!

우리는 우리의 천박한 배은망덕과 악한 행위를 생각할 때 하나님이 우리에게서 그분의 성령과의 교제와 그분의 섭리의 은혜를 거둬 가실 것이라고, 또 그분이 우리를 위한 모든 은혜의 수단들을 무력하게 하시고 우리를 만성적인 타락 상태에 방치하실 것이라고 결론내릴 만한 충분한 이유를 갖고 있지 않은가? 설령 그분이 우리를 그렇게 다루실지라도 그것이 놀랄 일이 되겠는가? 그러나 그분은 "우리의 죄를 따라 우리를 처벌하지는 아니하시며 우리의 죄악을 따라 우리에게 그대로 갚지는 아니하셨다." 어째서인가? 그것은 그분이 "우리의 죄를 따라" 다른 이(Another)를 처벌하셨고, 그를 통해 자신의 공의를 충족시키셨기 때문이다.

그리고 하나님은 값을 이중으로 청구하시지 않는다. 즉 그분은 먼저 우리를 위해 보혈을 흘리신 분에게 값을 요구하신 후 다시 우리에게 동일한 값을 청구하시지 않는다. 하나님은 그리스도로 하여금 "우리의 죄악"에 대한 대가를 치르게 하셨다. 그리고 이제 그분은 그리스도의 공로를 따라 우리에게 보답하고 계시다. 할렐루야! 이와 같은 복음을 주신 분께 찬양을 돌리자! 이 오랜 진리가 거듭해서 우리의 영혼에 새로운 힘과 달콤함을 지니고 다가오기를!

도덕적 통치자이신 주님

"우리의 죄를 따라 우리를 처벌하지는 아니하시며 우리의 죄악을 따라 우리에게 그대로 갚지는 아니하셨으니." 이것은 형벌이라는 측면에서, 즉 하나님이 심판자로서 우리를 다루시는 문제와 관련해서, 그리고 우리의 죄의 영원한 결과라는 측면에서 사실이다. 그러나 이것은 이 세상에 대한 도덕적 통치자이신 하나님이 신자들의 죄를 무시하시고, 우리를 통치자의 입장에서 다루지 않으신다는 의미가 아니다. 그분이 그분의 백성 이스라엘-그들은 그분과 언약관계를 맺고 있었다-을 다루시는 모습은 우리에게 아주 다른 그림을 보여준다. 신약성경 역시 그런 결론을 허락하지 않는다(예를 들어, 갈 6:7와 고전 11:29-30을 보라). 우리는 하나님이 다른 모든 일에서처럼 그분의 백성을 다루시는 일에서도 그분의 주권을 행사하신다는 것을 분명히 기억해야 한다. 그분이 그분의 백성들로 하여금 그들이 행한 일로 인해 고통을 당하게 하시는 정도와 방식은 전적으로 그분 자신의 선하신 판단에 따라 결정된다.

하나님은 비록 자기 백성들의 죄를 용서하시지만, 또한 자주 그들에게 그런 죄에 대한 자신의 거룩한 분노의 증거를 보이시고, 또한 그들로 하여금 얼마간 그들이 초래한 쓴 열매를 맛보게 하신다. 이런 이중의 진리를 제시하는 또 다른 성경 구절 하나는 다음과 같다. "여호와 우리 하나님이여 주께서는 그들에게 응답하셨고 그들의 행한 대로 갚기는 하셨으나 그들을 용서하신 하나님이시니이다"(시 99:8). 이보다 더 분명한 증거가 어디에 있겠는가! 하나님은 자기 백성들을 용서하시지만, 또한 그들의 죄에 대한 자신의 극심한 진노를 분명하게 드러내신다. 이에 대한 놀라운 실례가 출애굽기 32장에 기록되어 있다. 거기에서 우리는 이스라엘이 이방인들의 음란한 방식을 따라 황금 송아지를 만들어 경배하는 모습을 발견한다. 모세의 중재의 결과로 인해 그들은 용서를 얻는다. "여호와께서 뜻을 돌이키사 말씀하신 화를 그 백성에게 내리지 아니하시니라"(14절). 그럼에도 하나님은 그들이 행한 일에 대해 복수하셨다. "여호와께서 백성을 치시니 이는 그들이 아론이 만든 바 그 송아지를 만들었음이더라"(35절).

또 다른 예는 므리바에서 모세와 아론이 보였던 불신앙의 경우를 통해 드러난다. 비록 하나님은 그들이 백성을 향해 분노했던 죄를 용서하셔서 그들이 영원한 죽음에 이르게 하지는 않으셨지만, 그들이 이스라엘 백성을 이끌어 약속의 땅으로 들어가는 것을 허락하지 않으심으로써 그들의 죄에 대해 복수하셨다(민 20:12, 24 참고). 이것은 지금도 마찬가지다. 오늘날에도 수많은 그리스도인들이 하나님이 그들의 죄악된 행실을 꾸짖으시고 그들에게 하나님의 통치에 따르는 진노를 드러내실 때 겪는 슬픈 경험을 통해 동일한 사실을 깨닫고 있다. 그러나 이것은 어느 의미로도 "[하나님이] 우리의 죄를 따라 우리를 처벌하지는 아니하시며 우리의 죄악을 따라 우리에게 그대로 갚지는 아니하셨다"는 사실과 모순되지 않는다. 우리에 대한 징계 안에 자비가 들어 있다. 그리고 우리에게 내려오는 회초리가 아무리 매서울지라도, 우리는 여전히 다음과 같이 말해야 할 충분한 이유를 갖고 있다. "우리의 악한 행실과 큰 죄로 말미암아 이 모든 일을 당하였사오나 우리 하나님이 우리 죄악보다 형벌을 가볍게 하시고"(스 9:13).

더 나아가기 전에 경험 많은 신자들이 제기할 수 있는 반대에 대해 생각해 보자. 그들의 경우는 아주 극단적인 것일 수 있다. 하나님의 징계의 회초리를 맞으면서 극심한 고통을 당하고 있는 이들이 있다. 그들에게는 하나님이 자신들을 "우리의 죄를 따라" 처벌하시고 "우리의 죄악을 따라" 갚고 계시는 듯 보일 수 있다. 그들은 그분의 얼굴빛을 보지 못한다. 그분의 섭리적 처벌은 어두운 찡그림의 모습만 지니고 있고, 그분은 그들에게 은혜를 베푸시는 일을 아주 잊으신 듯 보인다. 아, 사랑하는 친구들이여, 만약 어느 의미에서든 당신의 마음이 하나님 앞에서 진정으로 요동하고 있다면, 그때 당신의 상황은 아주 소망이 없는 게 아니다. 그럴 때 당신에게 다음과 같은 말씀을 적용해 보라. "하나님께서 너로 하여금 너의 죄를 잊게 하여 주셨음을 알라"(욥 11:6). 형제들이여, 당신이 현재 당하고 있는 고통조차 당신의 죄보다는 결코 크지 않다.

악한 자의 험한 길

내가 위에서 명백히 하고자 했던 주장은 다윗의 경우를 통해 놀라운 실례를 얻는다. 아주 실제적인 의미에서 하나님은 "그의 죄를 따라" 그를 처벌하지 않으셨고, "그의 죄악을 따라" 그에게 갚지 않으셨다. 그러나 어느 의미에서 그분은 그렇게 하셨다. 하나님은 그에게 선지자를 보내 그의 죄를 날카롭게 꾸짖으셨고, 그의 마음 안에서 죄의식과 회오(悔悟)가 일어나게 하셨다. 그분은, 시편 32편이 복되게 증거하듯이, 다윗의 부르짖음을 들으셨고 그의 죄를 씻어 주셨다. 그러나 하나님은, 비록 그의 죄를 용서하셔서 그가 영원한 죽음에 이르게 하지는 않으시고, 그의 영혼을 구원하시고, 그의 목숨은 구해주셨으나, 여전히 그가 행한 대로 갚으셨다. 그에게는 극심한 고통을 당해야 할 분명한 이유가 있었다. 하나님의 거룩하심은 회복되어야 했다. 그분의 통치적 의는 증거되어야 했다. 악을 행하는 자들에게는 엄중한 경고가 주어져야 했다. 그리고 무엇보다도 다윗 자신이 "사악한 자의 길은 험하다"(잠 13:15)는 사실을 배워야 했다. 오, 나와 독자들 모두가 이 진리를 마음에 새겨 유익을 얻기를!

나단 선지자를 통해 하나님은 다윗에게 다음과 같이 말씀하셨다.

"그러한데 어찌하여 네가 여호와의 말씀을 업신여기고 나 보기에 악을 행하였느냐 네가 칼로 헷 사람 우리아를 치되 암몬 자손의 칼로 죽이고 그의 아내를 빼앗아 네 아내로 삼았도다 이제 네가 나를 업신여기고 헷 사람 우리아의 아내를 빼앗아 네 아내로 삼았은 즉 칼이 네 집에서 영원토록 떠나지 아니하리라 하셨고 여호와께서 또 이와 같이 이르시기를 보라 내가 너와 네 집에 재앙을 일으키고 내가 네 눈앞에서 네 아내를 빼앗아 네 이웃들에게 주리니 그 사람들이 네 아내들과 더불어 백주에 동침하리라"(삼하 12:9-11). 이것은 하나님의 통치적 의에 대한 얼마나 엄중한 표명인가! 다윗은 자기가 뿌린 것을 거둬야 했다. 그는 우리아를 칼에 맞아 죽게 했다. 그리고 이제 하나님은 그에게 "칼이 네 집에서 영원토록 떠나지 아니하리라"(10절)고 말씀하신다. 그는 밧세바와 간음을 저질렀다. 그리고 이제 그는 그의 아내들이 욕보임을 당할 것이라는 말씀을 듣는다. "너희가 비판하는 그 비판으로 너희가 비판을 받을 것이요 너희가 헤아리는 그 헤아림으로 너희가 헤아림을 받을 것이니라"(마 7:2)는 말씀은 얼마나 참된가!

하나님은 자신이 패역한 자를 미워하신다고 선언하셨다(잠 3:32). 그리고 종종 그분은 그런 자들의 죄를 벌하신다. 그분은 소돔 성의 불타오르는 욕망 위로 유황과 불을 내리셨다(창 19:24). 야곱은 염소 가죽으로 자기 아버지를 속였다(창 27:16). 그리고 그는 자기에게 염소 피에 담근 요셉의 겉옷을 가져와 요셉이 짐승에게 먹혔다고 말하는 아들들에게 속았다(창 37:31). 바로는 히브리인들의 남자 아이들을 물에 던져 죽이라는 잔인한 명령을 내렸다(출 1:24). 그리고 그 애굽 왕과 그의 모든 방백들은 홍해에서 물에 빠져 죽었다(출 14:26). 나답과 아비후는 여호와께 "다른 불"을 드리는 통탄스러운 죄를 지었다. 그리고 그로 인해 그들은 하늘로부터 내려 온 불에 살라졌다(레 10:1-2). 아도니베섹은 전장에서 사로잡은 왕들의 손가락과 발가락을 잘랐는데, 여호와께서는 그에게 동일한 고통을 당하게 하셨다(삿 1:6-7). 아각은 칼로 여인들의 자식들을 죽였는데, 훗날 그가 여호와 앞에서 찢김으로써 그의 어미 역시 자식 없는 자가 되었다(삼상 15:33).

공의의 하나님

이것들은 "여호와의 눈은 어디서든지 악인과 선인을 감찰하시느니라"(잠 15:3)는 말씀에 대한 얼마나 분명한 증거인가! 이것들은 하나님의 단호한 공의에 대한 얼마나 큰 증거인가! (사실 온 세상의 심판자께서 공의를 행하시리라는 것보다 더 두려워할 것은 아무것도 없다.) 이것들은 다가올 심판의 날에 우리가 각자 행한 일을 따라 심판을 받으리라는 것에 대한 얼마나 엄중한 암시인가! 이것들은 하나님은 조롱받지 않으신다는 사실에 대한 얼마나 큰 경고인가! 성경이 다음과 같이 말씀하고 있음을 잊지 말자. "자기의 육체를 위하여 심는 자는 육체로부터 썩어질 것을 거두고"(갈 6:8). 그러나 또한 그 말씀에 이어서 다음과 같은 말씀이 기록되어 있다는 것도 잊지 말자. "성령을 위하여 심는 자는 성령으로부터 영생을 거두리라." 하나님이 정확하게 갚으신다는 원리는 그분의 사역자들에게도 해당된다. "적게 심는 자는 적게 거두고 많이 심는 자는 많이 거둔다"(고후 9:6). 그러나 수확량은 뿌린 씨앗과, 그리고 보상은 행한 일과 단순히 비례하지 않는다. 오히려 그것들은 우리가 하는 일의 양과 질에 따라 커지기도 하고 작아지기도 할 것이다.

마지막으로 인용한 구절은 하나님이 그분의 사역자들에게 그들이 한 일의 성공 여하가 아니라 그들의 노력 여하에 따라 보답하신다는 것을 의미한다. "심는 이와 물주는 이는 한가지이나 각각 자기가 일한 대로 자기의 상을 받으리라"(고전 3:8). 만물을 주관하시는 하나님은 그분의 종을 (그분이 에스겔에게 하셨던 것처럼) 눈이 멀고 비뚤어진 사람들에게 보내실 수도 있다. 그 사람들은 그 종의 사역을 통해 유익을 얻기는커녕 악에 악을 더할 수도 있다. 그럼에도 하나님은 그 종이 행한 사역을 인정하신다(사 49:4). 일반 그리스도인들 역시 마찬가지다. 그들이 선한 씨앗을 더 많이 뿌릴수록, 그들은 더 많은 것을 거두게 될 것이다. 그러나 그들이 인색하게 뿌릴수록, 그들이 거둘 것도 적어질 것이다. "각 사람이 무슨 선을 행하든지 종이나 자유인이나 주께로부터 그대로 받을 줄을 앎이라"(엡 6:8). 다음의 말씀은 우리 모두에게 얼마나 강력한 동기와 자극이 되어야 하는가! "우리가 선을 행하되 낙심하지 말지니 포기하지 아니하면 때가 이르매 거두리라"(갈 6:9).

징계의 시작

이제 다시 다윗에게 돌아가 보자. "나단이 자기 집으로 돌아가니라"(삼하 12:15a). 그 선지자는 자신이 전해야 할 메시지를 충실하게 전했고, 이제 왕궁에서 물러났다. 하나님이 그 종을 어떻게 높이셨는지 보는 것은 놀랍고도 복되다. 그분은 다윗을 감동시켜 그의 아들 중 하나의 이름을 "나단"이라고 짓게 하셨다(대상 3:5). 그리고 육신을 따라 그의 후손이 된 그리스도는 바로 그 나단의 혈통에 속했다(눅 3:31). "우리아의 아내가 다윗에게 낳은 아이를 여호와께서 치시매 심히 앓는지라"(삼하 12:15b). 이제 선지자의 말이 비극적으로 성취되기 시작했다. 여기에서 드러나는 하나님의 주권을 보라! 부모들은 살고, 아이가 죽어야 했다. 또한 여기에서 우리는 하나님이 자신이 세우신 법을 얼마나 존중하시는지 볼 필요가 있다. 다윗은 그 법을 어겼으나, 그분은 아비의 죗값을 아들에게 치르게 하심으로써 그 법을 지키셨다.

"다윗이 그 아이를 위하여 하나님께 간구하되 다윗이 금식하고 안에 들어가서 밤새도록 땅에 엎드렸으니"(삼하 12:16). 이 노련한 전사(戰士)가 자신의 어린 아들의 고통 때문에 괴로워하는 모습은 감동적이다. 이것은 "상한 심령"과 "통회하는 마음"(시 51:17)에 대한 증거였다. 회개하는 자는 동정심이 많아지기 때문이다. "당신이 낳은 아이가 반드시 죽으리이다"(삼하 12:14)라고 했던 선지자의 말은 진실이었다. 그러나 다윗은 그런 위협이 히스기야의 경우에서처럼 조건적인 것일 수도 있다는 소망을 품었던 것 같다. "아이가 살았을 때에 내가 금식하고 운 것은 혹시 여호와께서 나를 불쌍히 여기사 아이를 살려 주실는지 누가 알까 생각함이거니와"(삼하 12:22)라는 그의 말이 그런 생각을 강하게 입증해 준다. 다윗은 밤새도록 금식하고 땅에 엎드리면서 여호와 앞에서 자신을 한껏 낮췄고 그로 인해 자신의 회개와 탄원이 얼마나 진지한 것인지 보여 주었다. 본문 17절에 기록된 내용은 거듭나지 않은 자연인은 신자의 행위의 동기를 이해하지 못한다는 것을 잘 보여 준다.

"이레 만에 그 아이가 죽으니라"(삼하 12:18). 성경의 그 어떤 내용도 무의미하지 않다. 이스라엘 사람들의 남자 아이들은 난지 8일만에 할례를 받도록 되어 있었다(창 17:12 참고). 그러므로 그 아이가 그 날이 이르기 전에 죽은 것은 다윗에 대한 하나님의 통치적 진노를 보여 주는 추가적인 증거였다! 비록 그 아이가 이 세상을 떠난 것은 그 일에 관련된 사람들 모두에게 다행스러운 일이었지만, 그 아이의 죽음이 그들의 죄에 대한 하나님의 질책으로 알려진 한(14절), 그 아이의 죽음은 하나님이 다윗과 밧세바에게 내리신 명백한 징벌이었다.

은혜의 징표

"다윗이 땅에서 일어나 몸을 씻고 기름을 바르고 의복을 갈아입고 여호와의 전에 들어가서 경배하고 왕궁으로 돌아와 명령하여 음식을 그 앞에 차리게 하고 먹은지라"(삼하 12:20). 이것은 우리에게 욥이 그의 자녀들이 죽었다는 소식을 들었을 때 하나님의 징벌의 회초리 아래에서 몸을 낮추고 그분을 찬양했던 것을 상기시키는 아름다운 말씀이다. 이것은 세상 사람들이 그들이 사랑하는 자들이 죽었을 때 보이는 절망적인 슬픔이나 하나님에 대한 반항과 얼마나 다른가! 우는 일이 하나님을 예배하는 일을 방해해서는 안 된다. "너희 중에 고난당하는 자가 있느냐 그는 기도할 것이요"(약 5:13). 또한 이 구절은 공예배에 참석하는 사람들의 단정치 못함을 얼마나 비난하는가!

"다윗이 그의 아내 밧세바를 위로하고 그에게 들어가 그와 동침하였더니 그가 아들을 낳으매 그의 이름을 솔로몬이라 하니라 여호와께서 그를 사랑하사"(삼하 12:24). 하나님의 회초리 아래에 겸손하게 머리를 조아리고, 그분의 강력한 손 아래에 자신을 낮추고, 예배를 통해 그분의 주권을 공개적으로 시인한 후, 다윗은 이제 하나님의 은혜의 징표를 얻었다. "보라 한 아들이 네게서 나리니 그는 온순한 사람이라 내가 그로 주변 모든 대적에게서 평온을 얻게 하리라 그의 이름을 솔로몬이라 하리니 이는 내가 그의 생전에 평안과 안일함을 이스라엘에게 줄 것임이니라"(대상 22:9). 솔로몬의 출생과 그에게 주어진 이름은 하나님이 다윗과 화해하셨음을 보여 주는 증거였다. 또한 그것은 다윗이 통치하는 동안 이스라엘이 얻게 될 평안에 대한 증거이기도 했다. 솔로몬은 "여디디야"라는 이름도 얻었는데, 그것은 "여호와께 사랑을 입음"이라는 의미였고 하나님의 주권적 은혜를 보여 주는 중요한 증거였다!

사무엘하 12장은 이스라엘이 암몬 사람들의 왕도(王都) 랍바를 탈취하는 것에 대한 짧은 이야기로 끝난다. 이것은 하나님이 다윗에게 베푸시는 은혜에 대한 추가적인 증거였다. 다윗은 무거운 죄를 지었음에도 번성했다. 하나님의 통치적 처벌로 인해 그에게 임했던 추가적인 징계들에 대해서는 다음 장에서 살펴보기로 하자.

58
압살롬 (I)
사무엘하 13장

다윗의 죄의 당연한 결과인 징계가 신속하게 그에게 임했다. 비록 하나님이 그와 "영원한 언약을 세우사 [그를] 만사에 구비하고 견고하게"(삼하 23:5) 하셨을지라도, 또한 비록 그가 "하나님의 마음에 맞는 자"였을지라도, 여전히 그분은 그의 죄를 가볍게 여기지 않으셨다. 여호와의 이름의 영광이 드러나기 위해서는 다윗이 지은 죄에 대한 그분의 진노를 보여 주는 비범한 징표가 뒤따를 필요가 있었다. 다윗은 "여호와의 원수가 크게 비방할 거리를 얻게 했다"(삼하 12:14). 그러나 하나님은 다윗이 우리아에게 악을 행한 직후에 그를 죽이시지 않고 그가 살아가면서 계속해서 무서운 슬픔을 맛보게 하심으로써 자신이 그의 죄를 용납하지 않고 계심을 보다 크게 선포하신다. 하지만 또한 우리는 하나님이 그런 슬픔들을 사용해 자신의 종에게 자신의 신실하심과 지혜와 은혜를 드러내심으로써 그 종을 다시 성결케 하시는 것을 볼 수 있다. 그것은 이어지는 사건을 통해 복되게 드러난다.

이제 다윗은 "네 악이 너를 징계하겠고 네 반역이 너를 책망할 것이라 그런즉 네 하나님 여호와를 버림과 네 속에 나를 경외함이 없는 것이 악이요 고통인 줄 알라 주 만군의 여호와의 말씀이니라"(렘 2:19)는 말씀의 엄중한 진실성을 온전하게 경험하게 될 참이었다. 다윗이 여호와를 떠나는 것이 얼마나 큰 "악이요 고통"인지 알게 된 것은 그와 가장 가깝고 소중한 사람들을 통해서였다. 여호와께서는 그에게 "보라 내가 너와 네 집에 재앙을 일으킬 것이다"(삼하 12:11)라고 선언하셨다. 자기 가족의 머리 위에 그런 무서운 위협이 내려져 있음을 알고 있던 이 가련한 자의 마음 상태는 도대체 어떠했을까! 우리에게 미래에 대한 지식을 허락하지 않으시는 하나님의 지혜와 자비는 얼마나 큰 것인가! 만약 우리가 우리 앞에 놓여 있는 시련과 슬픔에 대해 안다면, 지금 우리가 누리고 있는 평안과 위로는 얼마나 크게 훼손되겠는가! 더구나, 만약 우리가 우리의 가족에게 닥칠 악한 일에 대해 계시를 받는다면, 그런 평안과 위로는 더 크게 깨질 것이다. 그러나 다윗의 상황은 우리와는 아주 달랐다.

그는 하나님의 무서운 심판이 자기 가족에게 임하리라는 것을 알고 있었다!

맹목적인 자식 사랑

앞에서 살펴보았듯이, 다윗은 강한 생래적 열정을 지닌 사람이었고, 자식들에 대해서도 그만큼 강한 애정을 품고 있었다. 그의 종들이 그에게 아이가 죽었다는 소식을 전하기를 두려워했던 것(삼하 12:18), 다윗의 성향을 잘 아는 요나답이 암논에게 "침상에 누워 네 아버지가 너를 보러 오거든 … 먹여 주게 하옵소서 하라"(삼하 13:5)라고 충고했던 것, 그가 자기 아들이 죽었다는 소식을 듣고 "자기 옷을 찢고 땅에 드러누웠다가"(31절) 다시 일어나 그 아들을 죽인 다른 아들에게 "마음이 … 간절했던 것"(39절), 그리고 압살롬이 자신에게 반기를 들었을 때조차 자기 부하들에게 그 아들의 안전을 부탁하며 "젊은 압살롬을 너그러이 대우하라"(삼하 18:5)고 지시했던 것, 즉 전쟁의 결과보다 자기 아들의 안위를 더 염려했던 것 등은 다윗의 그런 성향을 보여 주는 여러 가지 실례들이다.

그러나 다윗이 자기 자식들에 대해 품었던 맹목적인 사랑—그것은 그로 하여금 긴급한 의무의 수행을 무시하도록 만들었다—을 보여 주는 보다 결정적인 증거는 그가 자기 딸 다말에게 악한 일을 한 암논을 벌하지 않은 것과 암논을 살해한 압살롬을 벌하지 않은 것을 통해 드러난다. 그의 또 다른 아들 아도니야가 그에게 반역한 것과 관련해 기록된 구절, 즉 "그의 아버지가 네가 어찌하여 그리 하였느냐고 하는 말로 한 번도 그를 섭섭하게 한 일이 없었더라"(왕상 1:6)는 구절은 다윗의 약점을 얼마나 잘 보여 주는가! 그러므로 그의 자손들이 그에게 회초리가 된 것은 놀랄 일이 아니다. 아, 그는 이스라엘의 제사장이었던 엘리의 악한 예를 아주 철저히 따르고 있었던 것이다. 성경에는 엘리에 관해 다음과 같이 기록되어 있다. "그가 자기의 아들들이 저주를 자청하되 금하지 아니하였음이니라"(삼상 3:13). 이 문제와 관련해 토마스 스콧(Thomas Scott)이 다음과 같이 옳게 말한 적이 있다. "과연 자녀들이 언제나 부모에게 위로가 되는지는 불확실하다. 그러나 응석받이로 자란 자녀들이 그들의 경건한 부모에게 시련거리가 되는 것은 분명하다. 그 부모들은 어리석은 애정 때문에 하나님에 대한 자신들의 의무를 무시한다." 하나님은 부모들에게 그들의 자녀들을 적절하게 훈육할 것을 요구하신다.

그러나 다윗의 자식들은 어릴 적에는 공공연한 악에 물들어 있지 않았다. 그들에게서 하나님의 제어하시는 손길이 떠나간 것은 그들의 아비가 사악한 죄를 지은 후였다! 이것은 오늘날의 부모들에게 어떤 교훈을 주는가? 그들은 만약 자기들이 의의 길을 저버린다면 하나님이 그들의 자녀들로 하여금 그들과 같은 악을 행하게 하심으로써 그들을 징계하시리라는 것을 알아야 한다. 어린 자녀들은 자기 부모들의 악한 행실을 구실삼아 자기들의 악행을 변명할 수 있다. 성장한 자녀들 역시 부모들의 악한 행실을 기억하면서 죄를 짓는 일에서 담대해질 수 있다. "이것을 우리가 시험에 맞서 싸우고 그것을 위해 기도해야 할 필요가 있음을 알려 주는 경고로 여기라. 그렇지 않을 경우 우리는 잠시 경계를 풀고 잘못된 일을 행함으로써 우리 자신과 우리의 후손들에게 잘못된 결과를 초래하게 될 것이다"(Thomas Scott).

징계의 방식

여호와께서 나단을 통해 주셨던 무서운 경고를 실행하시는 방식에 주목하는 것은 교훈적일 뿐 아니라 엄중하기도 하다. 그 경고는 다윗의 왕궁이 하늘에서 내려온 불로 전소되거나 큰 폭풍으로 철저히 파괴되는 식으로 이행되지 않았다. 또 그것은 그의 아들들 중 하나가 번개에 맞아 죽고 다른 아들은 지진에 의해 땅속으로 삼켜지는 식으로 실행되지도 않았다. 아니다, 그것은 하나님의 일하시는 일반적인 방식이 아니다. 하나님의 통치적 응보는 물리적 기적이나 도덕률의 집행을 통해 이행되지 않는다. "하나님은 다윗 집안의 가장 슬픈 재앙들이 그가 우리아에게 했던 악행의 방식을 따라 임하게 하셨다. 즉 그런 재앙들은 모두 섭리적 처리라는 방식을 통해 임했다.

"… 다윗에 대한 하나님의 선고의 세세한 내용들은 기적 없이 그분의 섭리를 통해 이행되었다. 누가 하나님처럼 일할 수 있는가?"(Alexander Carson). 이것은 아주 놀랍고 면밀하게 주목할 만한 가치가 있다. 왜냐하면 그것은 오늘날의 세상에 대한 하나님의 통치 방식에 대해 빛을 비춰주기 때문이다.

그렇다, 우리는 하나님의 무서운 경고가 이행되는 방식에 주목할 필요가 있다. 그것은 다윗의 범죄의 자연스러운 결과라는 방식으로 이행되었다. 하나님이 그에게 선포하신 저주는 그가 저지른 죄의 성격과 정확하게 일치했다. 그는 다른 남자의 아내를 빼앗아 자기 아내로 삼음으로써 여호와의 명령("간음하지 말라")을 조롱했다(삼하 12:9). 그로 인해 이제 그의 딸들 중 하나가 수치를 당하게 되었다. 그는 우리아를 죽임으로써 자기 손에 피를 묻혔다. 그리고 이제 그의 가족들이 그 피를 마셔야 했다. 그는 자신의 욕망에 굴복했다. 그리고 그는 다른 이들 안에 있는 그와 동일한 해로운 열정 때문에 그의 남은 생애 동안 고통을 당해야 했다. 그의 여생의 형국은 그가 예루살렘의 왕궁에서 했던 일로 인해 결정되었다. 다윗은 비록 복수자의 과격한 손길은 피했으나, 그 후로 오랫동안 온 세상을 향해 죄인이 받아야 하는 고통이 어떤 것인지를 보여 주어야 했다.

사무엘하 12장 마지막 부분은 11장 서두와 분명하게 비교된다.

그것은 우리에게 다윗이 다시 그에게 적합한 자리에 서 있음을 보여 주는 것으로 끝난다. 그는 사무엘하 11장 서두에서는 의무의 자리를 경시했으나, 12장 마지막 부분에서는 여호와의 싸움을 싸우는 이들의 선봉에 서 있다. 11장에서 다윗은 자신의 육신의 편안함에 크게 관심을 가졌으나, 12장에서는 온갖 노력을 기울여 랍바를 점령한다. 그 승리를 거둔 후 다윗과 그의 군대는 예루살렘으로 돌아오지만, 그것은 꼬리를 무는 불행한 슬픔의 시작이 되었을 뿐이다. 우리가 이제부터 살피려고 하는 장은 다윗 가족의 평화를 깼던 무서운 범죄 두 가지를 순서대로 나열하고 있다. 다윗의 아들들 중 하나가 그의 딸을 더럽힌다. 그러자 그의 다른 아들이 시간을 번 후 자기 누이동생을 더럽힌 자를 죽여 그녀가 입은 상처에 대해 복수한다. 그렇게 해서 욕망과 형제 살해가 왕의 가정을 황폐하게 만들고 만다.

반복되는 죄악

다윗의 자식들은 그들의 아비의 타락이 그들에게 가르쳐 준 것을 배웠다. 그 왕이 거둔 열매는 참으로 비극적이었다. 어떤 부모에게든 자신의 죄가 자식들에게서 반복되어 나타나는 것을 지켜보는 것보다 고통스러운 것은 없기 때문이다. "다윗은 자신의 맏아들이 저지른 추악한 죄를 통해 한때 고삐가 풀렸던 자신의 욕망이, 그리고 그의 딸의 불행을 통해 그 욕망의 징후가 유령처럼 되살아나는 것을 보았다"(Alexander Maclaren). 여기에서 우리가 그 불쾌한 일을 상세하게 살펴볼 필요는 없다. 우선 암논이 그의 이복 누이동생에게 근친상간이라는 무서운 죄를 저지르기로 결심했다. 그 누이동생은 "아름다웠다"(삼하 13:1). 아, 얼마나 많은 젊은 여자들이 자신들이 예쁘지 않기 때문에 슬퍼하는가! 아, 그러나 아름다운 용모는 종종 치명적인 덫이 될 수 있다. 그리고 그런 용모를 지닌 자들은 두 배로 조심할 필요가 있다.

이 첫 번째 재앙이 지니고 있는 가장 엄중한 모습은 그 안에서 하나님의 의로운 복수가 수행되는 방식을 통해 드러난다. 첫째, 우리는 성령께서 본문의 서두에서 제공하시는 시간 표시에 주목할 필요가 있다. "그 후에 이 일이 있으니라"(삼하 13:1a). 이것은 이미 앞에서 언급했듯이 왕이 예루살렘으로 돌아온 후를 가리키는 말이다. 예루살렘은 다윗의 무서운 타락이 발생했던 곳이다! 둘째, 암논은 다윗의 장자였고(삼하 3:2), 왕위 계승 서열에서 첫 번째였고, 따라서 다윗이 가장 사랑하는 자였을 것이다. 셋째, 암논은 자신의 비열한 욕망을 충족시킬 방법에 대해 고심하고 있었다. 그리고 그의 곁에는 그가 그 일에서 성공할 수 있는 방법을 일러 줄 교활한 조언가가 있었는데, 그는 바로 다윗의 조카였다(3절)! 넷째, 하나님의 섭리는 다윗 자신이 자기 딸이 겁탈당하는 사건에 원치 않은 조력자가 되게 할 만큼 무섭도록 오묘했다. 왕이 병든 체하는 암논을 보았을 때 하나님은 그에게서 악한 계획을 분별할 수 있는 능력을 거둬가셨고, 그로 인해 다윗은 사람을 보내 다말을 불러왔다. 가련한 우리아가 그에게 속았던 것처럼, 이제 그 자신이 그의 아들에게 속은 것이다!

극악무도한 상처에 더해 조악한 모욕까지 당한(삼하 13:17) 다말은 자기 오라비인 압살롬을 찾아갔다. 압살롬이 그녀에게 했던 질문(20절)은 암논의 성격이 이미 잘 알려져 있었음을 보여 준다. 이것은 왕이 자기 딸에게 그를 찾아가보라고 동의했던 것을 더욱더 변명할 수 없게 만든다. 그러나 "사람의 마음에는 많은 계획이 있어도 오직 여호와의 뜻만이 완전히 선다"(잠 19:21). 그리고 비록 그것이 그분의 "준엄하심"(롬 11:22)을 보여 줄지라도, 그것은—다윗과 관련해 말한다면—이 세상이 "인과응보"(因果應報)라고 부르는 것에 해당한다. 그 상황을 좀더 면밀히 살필수록, 그 상황의 특징을 이루는 의로운 응보의 모습이 더 분명하게 드러난다. 요압이 다윗의 악한 계획의 수행을 거부하지 않고 그 계획에 참여했던 것처럼(삼하 11:15-16), 요나답은 암논의 악한 계획을 알고서도 두려워하며 물러서기는커녕 그를 도와 그 계획을 성취시켰다!

"다윗 왕이 이 모든 일을 듣고 심히 노하니라"(삼하 13:21). 이제 그의 앞에는 극심한 시험이 제기되었다. 왕인 그는 자신이 이스라엘의 최고의 치안판사라는 것, 따라서 자기에게는 하나님의 법을 공평하게 시행할 최고의 책임이 주어져 있다는 것을 기억해야 했기 때문이다. 단순히 "심히 노한 것"만으로는 그 상황이 요구하는 것을 충족시킬 수 없었다. 국가의 수장으로서 그의 의무는, 비록 그것이 아무리 고통스러울지라도, 자신의 타락한 아들을 벌하는 것이었다. 그런 경우에 관한 율법의 요구는 분명했다(레 20:17). 그러나 우리의 본문에는 다윗이 그 형벌을 집행했다는 아무런 언급도 나오지 않는다. 그를 주저하게 했던 것은 그 자신의 죄의식이었을까, 아니면 자식에 대한 부모의 애정이었을까? 그것이 무엇이었든, 위험한 선례가 남게 되었다. 왜냐하면 치안판사가 범죄자에게 솜방망이 처벌을 내리는 것은 보다 큰 악을 양산할 뿐이기 때문이다. 그러나, 비록 다윗이 그의 공적 의무를 이행하는 데 실패했을지라도, 여호와께서는 암논을 다윗의 가정의 고통을 더 크게 확대하시는 방식으로 처벌하셨다.

태생의 문제

"압살롬은 암논이 그의 누이 다말을 욕되게 하였으므로 그를 미워하여 암논에 대하여 잘잘못을 압살롬이 말하지 아니하니라"(삼하 13:22). 이제 성령께서는 우리의 관심을 성경에 기록된 가장 천하고 악하고 하나님께 버림받은 인물들 중 하나에게로 돌리신다. 우리가 성경에서 압살롬과 관련해 얻는 첫 번째 정보는 그의 조상에 대한 것이다. 그는 이방인의 줄기에서 나왔다! 그의 어미는 이방인으로 "그술 왕 달매의 딸 마아가"(삼하 3:3)였다. 그술 사람들은 포악하고 고집 센 사람들이었다. 따라서 그의 피 속에는 그들의 무법성의 기질이 흐르고 있었다. 다윗은 마아가를 아내로 취함으로써 하나님의 분명한 명령에 거역했다. "또 그들과 혼인하지도 말지니 네 딸을 그들의 아들에게 주지 말 것이요 그들의 딸도 네 며느리로 삼지 말라"(신 7:3). 여기에서 우리가 다윗이 바람을 심고 폭풍을 거둔 것에 대해 놀랄 필요가 있을까? 하나님은 무한정 조롱당하시지 않는다.

"마아가는 다말과 압살롬을 낳았다. 그 둘 모두 아름다웠고, 둘 모두 매력적이었다. '온 이스라엘 가운데에서 압살롬 같이 아름다움으로 크게 칭찬 받는 자가 없었으니 그는 발바닥부터 정수리까지 흠이 없음이라'[삼하 14:25]. 아마도 다윗은 자기 집안을 빛내주는 그 아들의 아름다움이 자랑스러웠을 것이고, 그 아름다움의 근원에 대해 잊으려 했을 것이다. 그 아름다움은 효력을 나타냈다. 그리고 그들에게서는 사람들이 자연의 아름다움에서 기대하는 것과 마찬가지의 결과들이 나타났는데, 그것은 바로 죄와 슬픔이었다. 다말의 아름다움은 암논에게 죄와 파멸의 원인이 되었다. 암논은 그의 형제인 압살롬의 복수의 손아래에서 쓰러졌다. 그리고 압살롬의 아름다움은 이스라엘 사람들의 마음에 영향을 주었고, 결국 그들은 다윗과 그의 통치에서 벗어났다. 하나님의 백성에게 낯설고 금지된 근원에서 나오는 아름다움의 결과는 그런 것들이었다"(B. W. Newton).

뉴톤(Newton)이 계속해서 다음과 같이 물었던 것은 이상할 게 없다. "기독교는 이 교훈으로부터 유익을 얻었는가, 아니면 그 낯선 자와 동맹을 맺었는가?" 아, 이런 질문은 너무 쉽게 대답이 가능하다. 오늘날 가련한 기독교계가 이토록 안타까운 상태에 처한 주된 이유들 중 하나는 그것이 육신에 호소하는 것들에 너무 크게 매혹되었기 때문이다. 어떤 의미로도 이런 악은 감각에 호소하는 화려한 건축물과 인상적인 의식(儀式)을 자랑하는 로마 교회에만 국한되어 있지 않다. 그와 동일한 악이 여러 가지 형태로 개신교의 큰 부분을 말라죽게 하고 있다. 시류에 부합하는 인기 있는 화제(話題)들이 성경에 대한 분명한 해석을 대신하고 있다. 성가대석에 앉은 전문 성악가들 때문에 회중들의 찬양이 배경음악 정도로 밀려나고 있다. 젊은 사람들을 끌어들이기 위해 온갖 종류의 세속적인 장치들이 사용되고 있다. 이 모든 것은 사악한 압살롬의 육체적 매력에 현혹된 이스라엘의 현재의 모습이다!

"압살롬"이라는 이름의 의미가 "평화의 아버지"(the father of peace)라는 것은 아주 기묘하다. 오히려 그의 이름의 의미는 "사기꾼의 평화"(the peace of a deceiver)가 되어야 옳다. 그는 처음부터 거짓말하는 자요 살인자였던 자의 자식이었고 다른 주인을 알지 못했다. 성경에는 그의 머릿속에서 하나님이 한 자리라도 차지한 적이 있었다는 그 어떤 암시도 나타나지 않는다. 사기와 배신이라는 특징을 지닌 그의 성격은 처음부터 분명하게 드러난다. 그가 다말에게 한 말은 다음과 같다. "내 오라버니 암논이 너와 함께 있었느냐 그러나 그는 네 오라버니이니 누이야 지금은 잠잠히 있고 이것으로 말미암아 근심하지 말라"(삼하 13:20). 이 말에는 그가 암논에 대해 품고 있는 살해 의도에 대한 그 어떤 낌새도 나타나지 않는다. 그러나 "압살롬은 암논이 그의 누이 다말을 욕되게 하였으므로 그를 미워하여 암논에 대하여 잘잘못을 압살롬이 말하지 않았다"(삼하 13:22). 복수심이 그를 불태웠다. 다만 그는 그 일을 수행할 적절한 기회를 엿보고 있었을 뿐이다. 압살롬은 여호와께서 다윗을 추가적으로 징계하기 위해 사용하신 회초리였다. 그리고 이미 살펴보았듯이 그 회초리는 그 자신의 줄기인 그의 자식에게서 나온 것이었다. 하나님의 맷돌은 천천히 돌지만 아주 잘게 간다!

59
압살롬 (II)

사무엘하 13-14장

다윗의 딸 다말은 다윗이 다른 부인에게서 얻은 아들인 암논에게서 악한 일을 당한 후 압살롬의 집에서 살았다. 그녀의 오라비인 압살롬에 대해 성경은 다음과 같이 말씀한다. "압살롬은 암논이 그의 누이 다말을 욕되게 하였으므로 그를 미워하여"(삼하 13:22a). 압살롬의 적의는 시간이 흘러도 누그러지지 않았다. 그는 단지 복수하기에 가장 적절한 때를 기다리고 있었을 뿐이다. 이것은 그의 실제 성격을 보다 분명하게 보여 준다. 물론 죄와 상관없는 없는 분노도 있다. 가령 성경에는 다음과 같은 말씀이 나온다. "그들의 마음이 완악함을 탄식하사 노하심으로 그들을 둘러보시고"(막 3:5). 그러나 그리스도인의 육신에는 불붙기 쉬운 본성이 너무 많기에 우리는 늘 다음과 같은 권면의 말씀에 유념하면서 진지하게 기도해야 한다. "분을 내어도 죄를 짓지 말며 해가 지도록 분을 품지 말라"(엡 4:26).

그러나 압살롬은 해가 지도록 분을 품었다. 그는 그의 마음속에서 두 해 동안이나 타오르던 치명적인 불길을 끄려고 하지 않았다. 오히려 그는 복수를 이행하기 위한 문이 열릴 때까지 시간을 벌고 있었을 뿐이다. 압살롬의 마음 안에서는 자신의 이복형제를 향한 누그러뜨릴 수 없는 증오의 불길이 계속해서 타오르고 있었다. 그리고 이제 그의 예리한 머리는 그 증오를 풀어낼 방법을 찾아냈다. 그는 분명하게 마귀의 자식이었고, 기꺼이 자기 아비의 욕망을 채워 줄 준비가 되어 있었다. 다만 그때까지는 "뱀의 교활함"이 "사자의 사나움"을 억누르고 있었을 뿐이다. 그 둘은 하나님과 사람들의 대적에게서 나타나는 가장 중요한 특징들이다. 이것은 마귀가 우리 주님께 사용했던 술책을 통해 분명하게 드러난다. 우리는 주님이 당하신 시험을 통해 그의 악독한 교활함을 보고, 그분이 십자가에 달리신 것을 통해 그의 잔혹함을 본다. 그는 지금도 그렇게 활동하고 있다. 그러므로 그가 지배하고 있는 자들의 상황 역시 그와 마찬가지다.

비열한 계획

"만 이 년 후에 에브라임 곁 바알하솔에서 압살롬이 양 털을 깎는 일이 있으매 압살롬이 왕의 모든 아들을 청하고"(삼하 13:23). 영국에 곡식을 거둬 창고에 저장한 후 잔치와 오락을 하며 즐기는 "추수 축제"라는 오래된 풍습이 있는 것처럼, 팔레스타인 지역에서는 매년 "양털 깎기" 행사가 벌어졌다. 그때는 여러 친척과 친구들이 한데 모여 축제를 즐겼다. 이런 사실은 창세기 38장 12-13절과 사무엘상 25장 4절과 36절을 통해 분명하게 드러난다. 창세기에서 우리는 다음과 같이 읽는다. "유다가 위로를 받은 후에 그의 친구 아둘람 사람 히라와 함께 딤나로 올라가서 자기의 양털 깎는 자에게 이르렀더니." 그리고 사무엘상에서는 다음과 같이 읽는다. "다윗이 나발이 자기 양 털을 깎는다 함을 광야에서 들은지라 … 아비가일이 나발에게로 돌아오니 그가 왕의 잔치와 같은 잔치를 그의 집에 배설하고 크게 취하여 마음에 기뻐하므로."

압살롬은 오랜 시간 동안 그의 이복형제에 대한 비통한 증오를 무심한 표정 아래 감췄던 것으로 보인다. 왜냐하면 우리는 본문에서 다음과 같이 읽기 때문이다. "암논에 대하여 잘잘못을 압살롬이 말하지 아니하니라"(삼하 13:22b). 그러나 이제 압살롬은 복수의 때가 무르익었다고 생각했다. 비열한 계획을 숨기고자 했던 그는 자기에 대해 아무런 의심도 갖고 있지 않은 희생자를 죽이기 위해 "왕의 모든 아들을"(23절) 잔치 자리로 초청했다. 오직 마지막 심판의 날에야 얼마나 많은 반역의 계획들이 겉보기에 친절함이라는 옷을 입고 이루어졌는지가 드러나게 될 것이다. 유다가 그의 주님을 배반한 것은 주먹질이 아니라 입맞춤을 통해서였다!

그러나 압살롬은 자신의 비열한 의도를 감추기 위해 더 큰 수고를 했다. "압살롬이 왕께 나아가 말하되 이제 종에게 양 털 깎는 일이 있사오니 청하건대 왕은 신하들을 데리시고 당신의 종과 함께 가사이다 하니"(삼하 13:24). 이것은 명백한 위선이었다. 압살롬은 다윗으로 하여금 그의 아들이 죽는 모습을 현장에서 보게 할 마음까지는 품고 있지 않았다. 또한 그는 왕의 거창한 행차 때문에 자기가 꾸민 교활한 계획을 망치고 싶지도 않았다. 사실 그는 자기 아버지가 그 초대에 응하지 않으리라고 믿을 만한 충분한 이유를 갖고 있었다. 그리고 그의 생각은 맞아떨어졌다. "왕이 압살롬에게 이르되 아니라 내 아들아 이제 우리가 다 갈 것 없다 네게 누를 끼칠까 하노라 하니라"(삼하 13:25a). 이것은 다윗의 성품의 여러 가지 귀한 특성들 중 하나를 잘 보여 준다! 다른 이를 배려할 줄 아는 사람이었던 그는 자기 아들에게조차 불필요한 부담을 지우려 하지 않았다. "압살롬이 그에게 간청하였으나"(25b절). 그러나 얼마 후 그는 온 이스라엘 사람들을 부추겨 자기 아버지에게 반항하게 하고 그의 손에서 그의 나라를 빼앗으려 했다! "그가 가지 아니하고 그에게 복을 비는지라"(25c절). 이것은 다윗이 아버지로서 아들 압살롬에게 복을 기원했다는 뜻이다.

"압살롬이 이르되 그렇게 하지 아니하시려거든 청하건대 내 형 암논이 우리와 함께 가게 하옵소서"(삼하 13:26a). 여기에서 압살롬이 왕에게 곧 있을 가족 모임과 잔치 자리에 직접 참석해 주기를 간청했던 실제 의도가 드러난다. 다윗은 이미 자기 아들의 초대를 거부한 상태에서 그의 두 번째 요청마저 거부하기가 어려웠을 것이다. 그러나 압살롬이 다윗이 갖고 있는 아버지로서의 권위에 이렇듯 겉으로 복종하는 것은 그의 부정직함을 얼마나 잘 보여 주는가! 그는 암논을 자신의 그물에 빠뜨리기로 결심하고서도 겉으로는 형제애를 드러내면서 피에 굶주린 자신의 모습을 감췄으니 말이다. "왕이 그에게 이르되 그가 너와 함께 갈 것이 무엇이냐 하되"(삼하 13:26b). 다윗은 분명히 무언가 불안을 느꼈다. 혹은 적어도 압살롬이 암논에게 그렇게 드러내놓고 우호적인 태도를 취하는 이유가 무엇인지 의아했던 것 같다. 그러나 "왕의 마음이 여호와의 손에 있음이 마치 봇물과 같아서 그가 임의로 인도하시느니라"(잠 21:1). 그것은 그 일의 결과를 통해 분명하게 드러났다.

"압살롬이 간청하매 왕이 암논과 왕의 모든 아들을 그와 함께 그에게 보내니라"(삼하 13:27). 압살롬은 왕의 좋은 판단력을 흐려놓았다. 혹은 다윗이 자신의 두 아들이 온전하게 화해하기를 바라는 마음에서 압살롬의 간청을 들어주었던 것일 수도 있다. 그러나 어떤 경우이든, 여기에서 우리는 우리의 눈을 높이 들어 자신의 계획을 이루시는 하나님의 전능하신 손길을 보아야 한다. 앞에서 여호와께서는 다윗에게 "칼이 네 집에서 영원토록 떠나지 아니하리라"고, 또한 "내가 너와 네 집에 재앙을 일으키리라"고 선언하셨다(삼하 12:10, 11). 그리고 다윗이 그런 심판을 벗어날 길은 없었다. 하나님의 섭리는 다윗으로 하여금 암논을 압살롬이 배설한 잔치에 참석하게 함으로써 자기도 의식하지 못한 채 암논의 살해에 보조 역할을 하도록 만들었다. 이것은 그 가련한 왕의 마음에 얼마나 무거운 타격이 되었을까! 그러나 하나님이 그를 처벌하시는 것은 또 얼마나 절대적으로 정당하셨는가!

철저한 응보

"압살롬이 이미 그의 종들에게 명령하여 이르기를 너희는 이제 암논의 마음이 술로 즐거워할 때를 자세히 보다가 내가 너희에게 암논을 치라 하거든 그를 죽이라 두려워하지 말라 내가 너희에게 명령한 것이 아니냐 너희는 담대히 용기를 내라 한지라"(삼하 13:28). 유유상종(類類相從)이었다. 압살롬은 자기 주변에 자기가 행하는 그 어떤 악한 일에도 기꺼이 동참할 준비가 되어 있는 파렴치한 악당들을 모으는 데 성공했다. 그들은 여호와 하나님이 "살인하지 말라"고 명령하셨다는 것을 알고 있었다. 그러나 그들은 자기들의 사악한 주인을 기쁘게 하기 위해 기꺼이 자신들의 영혼을 지옥에 떨어뜨릴 준비가 되어 있었다. 사악한 인물들은 자기들이 가장 추악한 범죄를 저지르는 것을 도와 줄 사람들을 어렵지 않게 발견해낸다. 타락한 압살롬의 무서운 불경은 그가 다음과 같이 말하는 것을 통해 드러난다. "내가 너희에게 암논을 치라 하거든 그를 죽이라 두려워하지 말라." 하나님이든 사람이든, 또한 그 결과가 어떠하든, 두려워하지 말라는 것이었다. 그런 무모한 방종이야말로 하나님께 버림받은 자들의 특징이다.

그러나 지금은 하나님의 의로운 응보가 이 사건의 전개과정을 통해 어떻게 드러나는지에 주목해 보자. 첫째, 다윗이 우리아를 죽인 사건이 그가 갑작스레 악에 빠졌던 것이 아니라 냉혹하게 그리고 사전에 철저히 준비해서 수행한 것이었듯이, 압살롬이 암논을 죽인 사건 역시 사전에 철저하게 준비된 것이었다. 둘째, 다윗이 우리아를 죽인 것이 어떤 목적-밧세바를 얻는 일-을 위한 수단이었듯이, 압살롬이 암논을 죽인 것 역시 왕위의 상속자였던 장자(長子)를 제거함으로써 아비의 손에서 왕국을 얻으려는 목적하에 자행된 일이었다. 셋째, 다윗이 우리아를 직접 자기 손으로 죽이지 않고 요압을 그 사건의 공범으로 만들었듯이, 압살롬 역시 자기가 직접 암논을 죽이는 대신 자신의 범죄에 부하들을 끌어들였다. 넷째, 다윗이 우리아를 죽이기 전에 술에 취하게 했듯이, 암논 역시 "술로 즐거워할 때"(삼하 13:28) 죽임을 당했다. 그 누가 여기에서 하나님의 섭리적 통치를 발견하지 못하겠는가?

"압살롬의 종들이 압살롬의 명령대로 암논에게 행하매"(삼하 13:29a). 우리는 언제 비극적인 재앙이 발생해 한 가족의 재결합을 깨뜨릴지 알지 못한다. "너는 내일 일을 자랑하지 말라 하루 동안에 무슨 일이 일어날는지 네가 알 수 없음이니라"(잠 27:1). 우리는 세상에 속한 것들을 중하게 여기지 말아야 한다. 왜냐하면 우리는 어느 때에라도 그것들 중 가장 소중한 것을 거칠게 빼앗길 수 있기 때문이다. 예고되었던 "칼"(삼하 12:10)이 다윗 집안에 내려왔다. 다윗의 나머지 아들들은 자기들이 언제 피에 굶주린 압살롬의 희생자가 될지 몰라 두려웠다. 그로 인해 우리는 본문에서 다음과 같이 읽는다. "왕의 모든 아들들이 일어나 각기 노새를 타고 도망하니라"(삼하 13:29b). 흥겨운 축제가 어찌 이렇게 끝날 수 있단 말인가! 이 가련한 세상의 쾌락이란 얼마나 헛된 것인가! 왕의 아들들의 생명을 매달고 있는 끈조차 얼마나 미덥지 못한가!

압살롬의 도망

"그들이 길에 있을 때에 압살롬이 왕의 모든 아들들을 죽이고 하나도 남기지 아니하였다는 소문이 다윗에게 이르매"(삼하 13:30). 나쁜 소식을 전하는 자들은 종종 그 소식을 용서 받지 못할 만큼 과장함으로써 나쁜 일을 더 나쁘게 만든다! 다윗에게 전해진 소식은 실제보다 더 암울하게 각색되었다. 여기에는 우리를 위한 경고가 들어 있다. 우리는 어떤 나쁜 소식을 들을 경우 그것이 분명하게 확증될 때까지는 그 소식을 믿지 말아야 한다. "왕이 곧 일어나서 자기의 옷을 찢고 땅에 드러눕고 그의 신하들도 다 옷을 찢고 모셔 선지라"(삼하 13:31). 우리는 나쁜 소식을 얼마나 쉽게 믿는가! 자기에게 전해진 소식을 진실이라고 믿었던 가련한 다윗은 크게 고통스러워했다. 아, 그러나 우리는 좋은 소식을 믿는 데는 얼마나 느린가! 타락한 인간의 상황이 그러하다. 우리는 터무니없는 거짓말은 쉽게 받아들이지만 하나님의 권위 있는 진리는 거부한다.

"다윗의 형 시므아의 아들 요나답이 아뢰어 이르되 내 주여 젊은 왕자들이 다 죽임을 당한 줄로 생각하지 마옵소서 오직 암논만 죽었으리이다 그가 압살롬의 누이 다말을 욕되게 한 날부터 압살롬이 결심한 것이니이다"(삼하 13:32). 요나답은 압살롬이 자기의 이복형제를 죽이기로 결심한 것을 처음부터 알았던 것 같다. 그러나 그는 그 사실을 왕에게 알리지 않았다. 만약 그랬다면, 왕은 자신의 힘을 사용해 그 두 아들을 화해시키려 했을 것이고, 혹은 적어도 계획된 살인이 자행되는 것을 막기 위한 조치를 취할 수 있었을 것이다. 그러므로 요나답의 죄는 참으로 크다. 그러나 여기에서 다시 우리는 세상의 모든 일들을 주관하시는 하나님의 섭리의 힘을 깨닫게 된다.

때로 하나님은 사람들의 악한 계획이 미리 밝혀지게 하심으로써 그 계획 때문에 희생될 사람들이 적시에 경고를 얻게 하신다(행 9:23-25). 그러나 때로 그분은 그런 계획에 대해 알고 있는 자들의 입을 봉하신다. 그리고 이것은 그분의 엄중한 계획의 수행을 힘껏 증진시킨다.

"압살롬은 도망하여 그술 왕 암미훌의 아들 달매에게로 갔고 다윗은 날마다 그의 아들로 말미암아 슬퍼하니라 압살롬이 도망하여 그술로 가서 거기에 산 지 삼 년이라"(삼하 13:37-38). 압살롬의 사악한 범죄로 인해 이스라엘 땅은 더럽혀졌고, 그 자신의 목숨은 위태로워졌다(민 35:33). 이제 그는 다윗이 수호하는 율법을 범한 자가 되었다. 왕위에 앉은 왕은 계속해서 율법을 읽고 그것을 지킬 의무가 있었다(신 17:18-20). 다윗이 암논의 근친상간에 대해 벌을 내리지 않았던 것은 사실이다. 그러나 압살롬은 다윗이 자신이 저지른 야만적인 형제 살해에 대해서까지 눈을 감아 주리라고 기대할 수는 없었다. 이 패역한 부랑아는 도피성에서도 보호를 얻을 수 없었다. 왜냐하면 도피성은 고의적인 살인자들을 보호하지는 않았기 때문이다. 그에게 남아 있는 유일한 대안은 그의 어미의 백성에게로 도망가는 것이었다. 그리고 그는 그곳에서 숨을 곳을 찾았다.

인간적인 측면에서 본다면, 그 도망자가 그의 이방 혈통의 근원

지인 그술에 머무는 것은 크게 동정할 만한 일이 아니었다. 그러나 그의 아비의 마음은 그를 향하고 있었다. "그러는 사이에, 다윗 왕은 암논을 잃었을 때에 받은 충격도 서서히 가라앉았고, 오히려 압살롬을 보고 싶어 하는 마음이 점점 간절해졌다"(삼하 13:39, 표준새번역-역주). 시간은 위대한 치유자다. 3년이라는 세월 동안 다윗은 암논의 죽음에 대한 슬픔과 압살롬의 죄에 대한 증오에서 점차 벗어났다. "처음부터 그는 압살롬을 법대로 처리할 마음이 없었다. 그리고 이제 그는 다시 그에게 은혜를 베풀 생각을 품게 되었다. 그것이 다윗의 약점이었다"(Matthew Henry). 거듭나지 않은 자연인의 관점에서 본다면, 우리는 다윗의 태도와 그로 인한 결과를 이해할 수도 있다. 그러나 영적 측면에서 본다면, 그것은 또 다른 슬픈 실책을 예시하는 것이었다. 왜냐하면 하나님의 거룩하심은 우리에게 "육체와 함께 그 정욕과 탐심을 십자가에 못 박으라"(갈 5:24)고 요구하기 때문이다. 그렇다, 독자들이여, 우리는 우리의 "탐심"뿐 아니라 "정욕"(애정, affections-역주)까지도 십자가에 못 박아야 한다. 하나님의 요구가 그것과 반대되는 모든 자연적 성향들을 제압해야 한다. 그런 성향들이 제압되지 않을 경우, 우리는 다윗이 그랬던 것처럼 비싼 대가를 치러야 한다.

우리는 압살롬이 자기 아버지에게 돌아가고 싶어 했는지에 대해 아무런 말도 듣지 못한다. 그는 부모자식간의 생래적 애정조차 결여

하고 있었던 것으로 보인다. 잔인하고 오만하고 파렴치했던 그는 인간 본성의 훌륭한 자질들을 전혀 갖고 있지 않았다. 다윗의 마음은 "압살롬을 향하여 간절했다." 그러나 그가 그처럼 사랑하는 자식을 자기 곁으로 불러오는 것은 불가능해 보였다. 압살롬은 살인죄를 졌고, 하나님의 변하지 않는 율법은 다음과 같이 명령하고 있었기 때문이다. "다른 사람의 피를 흘리면 그 사람의 피도 흘릴 것이니"(창 9:6). 그러니 다윗이 이스라엘에서 의로운 통치를 유지하라는 하나님의 요구를 무시하지 않고서야 어떻게 그 엇나간 자식을 불러올 수 있겠는가? 우리는 성경에 다윗이 이때 여호와께 여쭸다는 아무런 기록도 나오지 않는 것에 주목할 필요가 있다. 이것은 아주 불길한 침묵이다! 당시 그를 지배했던 것은 본능이었다. 그러므로 그는 위로부터 오는 지혜를 구하려는 어떤 노력도 하지 않았다. 이것은 이후의 어두운 사건들에 대해 빛을 비춘다.

요압의 계책

사무엘하 14장은 압살롬이 어떻게 해서 예루살렘으로 돌아오게 되었는지를 알려준다. 그 일의 주모자는 요압이었다. 그는 오늘날의 용어로 말한다면 "약삭빠른 정치인," 즉 무원칙하고 교활한 기회주의자로 불릴 만한 인물이었다. 그는 이스라엘의 군대장관이었고, 왕과 그의 확실한 후계자 모두에게 알랑거리고 싶어 했다. 그는 다윗이 압살롬을 맹목적으로 사랑하는 것을 알았고, 따라서 왕은 자신이 압살롬을 예루살렘으로 데려오기 위해 제안하는 어떤 방법이라도 승인할 것이며, 그로 인해 왕실에서 자신의 지위가 공고해질 것이라고 추론했다. 문제는 어떻게 자비가 심판을 이기게 할 것이냐 하는 것이었다. 하지만 그는 그 방법 역시 알고 있었다. 요압은 몇몇 경건한 자들이 율법의 위반에 대해 반대하리라는 것을 알고 있었다. 하지만 그는 압살롬이 이스라엘 백성 대다수에게 우상처럼 받들어지고 있다는 것에 의지했다(삼하 14:25 참고).

요압은 다윗이 왕위를 불명예스럽게 하지 않으면서도 동시에 그가 사랑하는 아들을 되찾을 수 있는 교묘한 구실을 만들어냈다. 그는 한 여자에게 가련한 과부의 흉내를 내고 왕에게 거짓 이야기를 고하게 했다. 그것은 왕이 그것에 대해 판결을 내리도록 유도하기 위한 이야기였다. 그녀는 "지혜로운 여인"(삼하 14:2)으로 불렸다. 그러나 그녀의 지혜는 뱀의 계략에 불과했다. 사탄은 선수를 치지 않고 늘 모방할 뿐이다. 우리는 요압이 도구로 사용한 여인이 한 이야기 속에서 나단이 말한 비유(삼하 12:1-4)의 애처로운 변곡(變曲)만 발견할 뿐이다. 그녀가 설명한 상황은 왕의 감수성에 호소하고 왕 자신의 슬픔을 상기시키도록 교묘하게 계산되었다. 교묘하게 준비된 이야기를 통해 그 여인은 어떤 비상한 상황에서는 – 특히 문제가 어느 집안의 마지막 상속자의 죽음과 관련될 경우에는 – 살인자에 대한 처형을 면제하는 것이 허락되어야 한다고 주장했다.

그러나 그녀의 이야기의 정황은 압살롬과 관련된 사건의 실체적 진실과는 거리가 멀어도 한참 멀었다. 첫째, 압살롬은 갑작스레 분노가 치밀어 암논을 살해한 것이 아니고, 자기와 암논 둘만 있을 때 그를 죽인 것도 아니었다(삼하 14:6). 오히려 압살롬은 악의를 품고 교묘하게 준비한 후에 형제들이 보는 앞에서 암논을 살해했다. 둘째, 압살롬의 유산을 탐내던 자들이 그를 잔인하게 박해하는 일은 있지도 않았다(7절). 다만 하나님의 의로운 법이 그의 죽음을 요구하고 있었을 뿐이다! 셋째, 압살롬은 다윗에게 유일하게 남은 아들이 아니었다(12:24-25). 그러므로 그 여인의 말처럼(14:7) 다윗의 왕통이 끊어질 직접적인 위험은 존재하지 않았다. 이런 영성한 거짓말은 그 여인의 "지혜"의 근원이 무엇인지를 분명하게 보여 준다. 그러므로, 만약 당시에 다윗이 하나님과 교제하고 있었다면, 그는 그런 말에 영향을 받지도 않았을 것이고, 그로 인해 터무니없는 판결을 내리지도 않았을 것이다.

그러나 이런 명백한 부정확성에도 불구하고 그 여인이 말한 이야기는 왕의 감수성을 자극했고 그를 제압했다. 그로 인해 그는 서둘러 자기가 그녀를 보호해 주겠노라고 약속했고(삼하 14:10), 이어서 급하게 그 약속을 맹세를 통해 확언했다(11절). 그러자 그녀는 왕이 자기에게 허락한 특권을 압살롬의 경우에 적용했고, 만약 다윗이 그의 아들을 계속해서 추방 상태에 머물러 있게 한다면 그것은 이스라엘의 이익에 반하는 일이 될 것임을 (주목하라, 하나님을 진노케 하는 일이 아니다!) 암시했다(13절). 다음으로 그녀는, 주권자이신 하나님이 다윗이 우리아를 살해했음에도 그의 생명을 거두지 아니하셨으므로, 그가 압살롬에게 자비를 베풀지라도 크게 잘못될 것은 없다고 주장했다(13절). 마지막으로, 그녀는 왕에 대한 아첨을 늘어놓았다(17절). 그 결과 다윗은 자신이 그 여인에게 한 맹세가 자신으로 하여금 압살롬을 불러올 의무를 갖게 한다는 터무니없는 결론을 내렸다(21절). 그리고 그는 요압에게 압살롬을 데려오라고 명령했다.

60

압살롬 (III)

사무엘하 14장

다윗이 요압에게 압살롬을 데려오라고 명령한 것은 하나님의 영광에 대한 관심 때문이 아니라 인간적인 감정 때문이었다. 독자들 중 어떤 이들은 이것을 성급한 판단으로 여기고 다음과 같이 말할지도 모른다. "어쩌면 이 책의 저자[著者]에게는 자식이 없을지도 모른다. 만약 그에게 자식이 있다면, 그는 자기 앞에 놓인 상황을 좀더 잘 이해했을 것이다. 다윗은 그의 엇나가는 아들에 대한 사랑 때문에 그렇게 한 것 아니겠는가? 확실히 하나님은 그의 백성들이 생래적 애정조차 없는 자들이 되기를 원치 않으실 것이다." 아, 독자들이여, 주님의 요구는 드높고 포괄적일 뿐 아니라 많은 이들이 인정하고 싶어 하는 것보다 훨씬 더 엄격하다. 우리는 그것들이 우리가 좁은 길을 걷는 것을 방해할 경우 우리의 오른쪽 눈을 빼버리고 오른쪽 손을 잘라내야 한다(마 5:29-30). 그것은 참으로 고통스러운 희생이 아닐 수 없다. 사실 너무나 고통스러워서, 만약 하나님이 주시는 초자연적이고 충분한 은혜가 없다면, 우리 중 아무도 그렇게 할 수 없을 정도다.

"무릇 내게 오는 자가 자기 부모와 처자와 형제와 자매와 더욱이 자기 목숨까지 미워하지 아니하면 능히 내 제자가 되지 못한다"(눅 14:26). 그러므로 예수님이 자신의 제자가 되기를 원하는 자들에게 "먼저 앉아 그 비용을 계산하라"(28절)고 명령하셨던 것은 놀랄 일이 아니다. 그리스도는 모든 이의 주님이 되시거나, 아니면 전혀 주님이 되실 수 없다. 그분은 우리의 마음의 보좌를 요구하신다. 그리고 다른 모든 관심과 성향들은 그분의 주권적 의지 앞에 머리를 조아려야 한다. 아, 그러나 오늘날 그분의 요구들은 거의 강조되지 않는다! 그분의 기준은 너무나 우습게 여겨지고 있다! 그분의 복음은 싸구려가 되고 말았다! 감상적인 정념이 그분의 이름을 지니고 있는 많은 이들 안에서 거룩한 원리들을 몰아내고 있다! 미약하게라도 하나님의 요구를 내세우는 자들은 무정하거나 까다로운 자들로 정죄되고 있다!

자식 사랑과 하나님의 명령

"그러나 그리스도인들은 모든 생래적 애정을 결여한 냉정한 금욕주의자가 되라는 요구를 받고 있지 않다." 참으로 옳은 말이다. 우리 마음에 임하는 은혜는 우리를 완고하게 만들지 않고 오히려 부드럽게 만든다. 그럼에도 그리스도인은 인간적인 정념이 아니라 영적 순결에 더 관심을 두어야 한다. 그는 생래적 애정 때문에 무법을 방조해서는 안 되고, 오히려 성경의 명령으로 그런 애정을 다스려야 한다. 우리 그리스도인도 동료 신자의 죽음 앞에서 슬퍼할 수 있다. 그러나 우리는 "소망 없는 다른 이와 같이 슬퍼하지 말라"(살전 4:13)는 금지 명령을 받고 있다. 또 우리는 "과도한 애정"(inordinate affection, 골 3:5, KJV-역주), 즉 무법적이고 터무니없는 애정을 "죽이라"는 요구를 받고 있다. 더 나아가 때로 우리는, 다윗이 그랬던 것처럼, 우리의 본성의 갈망을 유보하고 순종을 통해 하나님을 높여드리는 것과 인간적인 정념에 굴복해 그분의 이름을 더럽히는 것 사이에서 선택을 해야 한다. 그리고 그럴 경우 우리는 마땅히 우리의 자아(거듭나지 않은 자연인)를 거부해야 한다.

가장 낮은 수준의 예를 들어보자. 소위 "사랑"이라고 잘못 불리는 감정 때문에 자식들의 불순종과 반항을 엄격하게 다루지 못하는 부모들은 그들의 목적을 이루지 못한다. 그렇게 키운 아이들은 자라

나서 그들 자신의 죄악에 대해 눈을 감기 때문이다. 얼마나 많은 게으른 젊은이들이 그들의 모든 변덕을 받아 주며 맹목적으로 그들을 사랑했던 부모들 때문에 쓸모없는 부랑자가 되고 마는가! 얼마나 많은 경박한 딸들이 그들에게 "유쾌한 시간을 허락해 준다"는 구실 하에 그들을 방치했던 그들의 부모들 때문에 거리의 여자가 되어 삶을 마치는가! 거듭나지 않은 자연인이라도 자신의 애정을 자신의 이성을 통해 제어하고, 자신의 마음(애정)이 자신의 머리(이성)를 피해 달아나지 못하게 해야 할 필요가 있다. 그러나 하나님의 자녀들은 그보다 훨씬 더 높고 거룩한 원리들에 의해 제어되어야 하고, 하나님의 명령에 순종함으로써 그들의 본성의 요구들을 하나님의 영광에 복속시켜야 한다.

다윗이 요압에게 압살롬을 데려오라고 명령했을 때, 그는 여호와의 영광에 대한 관심이 아니라 생래적 애정의 명령을 따라 행동했다. 요압은 다윗의 약점을 이용하는 법을 알고 있었다. 그것은 그가 드고아의 여인을 통해 자신의 계획을 성취한 것을 통해 잘 드러난다. 그 여인은 다윗의 정념을 잘 이용했고, 다윗은 서둘러 그녀가 말한 죄에 대해 우호적인 판결을 내렸다. 그러자 이어서 그 여인은 다윗을 설득해 그에게 반역했던 아들 압살롬의 지위를 회복시키게 했다. 그러나 그녀의 말 속에는 다윗이 이처럼 하나님의 법-그것은 암논의 죽음에 대한 복수를 크게 요구하고 있었다-을 무시하는 것을 정당화해 줄 만한 것이 아무것도 들어 있지 않았다. 하나님은 압살롬의 지위를 회복시키라는 그 어떤 명령도 주시지 않았다. 그러므로 그 일에는 하나님의 은혜가 따르지 않았다. 곧 살펴보겠지만, 다윗은 그 어리석은 연민 때문에 아주 큰 대가를 치렀다. 그리고 성경에 그 일이 기록되어 있는 것은 우리에게 교훈이 되기 위해서다. 적어도 이 글을 읽는 부모들이라도 그 교훈을 마음에 새기기를!

압살롬의 귀환과 감금

"요압이 일어나 그술로 가서 압살롬을 데리고 예루살렘으로 오니 왕이 이르되 그를 그의 집으로 물러가게 하여 내 얼굴을 볼 수 없게 하라 하매 압살롬이 자기 집으로 돌아가고 왕의 얼굴을 보지 못하니라"(삼하 14:23-24). 앞에서 우리는 "다윗은 날마다 그의 아들로 말미암아 슬퍼하니라"는 구절과 "다윗 왕의 마음이 압살롬을 향하여 간절하니"라는 구절을 읽었다(삼하 13:37, 29). 그런데 정작 그 압살롬이 예루살렘으로 돌아오자 다윗은 그에게 자신의 얼굴을 보지 말라고 명령했다. 인간은 얼마나 이상한 존재인가! 그는 자신의 면목을 세우기 위해 어떤 방법이라도 사용하고 어떤 타협이라도 한다! 어쩌면 다윗 곁에 있던 보다 경건한 몇몇 사람들이 왕이 그런 식으로 율법을 어기는 것에 이의를 제기했고, 그로 인해 그가 자신이 한 일에 대해 불안을 느꼈을 수도 있다. 그리고 다윗은 그런 양심의 소리를 누그러뜨리고 다른 이들의 비난을 무마하기 위해 압살롬을 그의 거처에 감금하라고 명령했을 수도 있다.

어떤 작가들은 왕의 이런 조처가 그의 아들을 겸손하게 만들기 위한 것이라고 주장한다. 즉 다윗은 압살롬이 그의 가증스러운 죄를 깨닫고 그것에 대해 회개하기를 바랐기에 그런 명령을 내렸다는 것이다. 그러나 그런 목적을 위해서라면 그가 그술에서 보낸 3년의 세월만으로도 충분했을 것이다. 아니다, 나는 내가 위에서 말한 내용이 훨씬 더 그럴듯한 설명이 되리라고 믿는다. 다윗은 압살롬이 그의 집으로 돌아가도록 허락함으로써 그에게 자비를 베풀었다. 또 그는 그가 왕궁에 들어오지 못하게 함으로써 그에게 정의가 살아 있음을 보여 주었다. 또 그는 그런 금지 명령을 통해 자신이 암논의 살해 사건을 얼마나 혐오하고 있는지를 보여 주었다. 그럼에도 이스라엘의 최고 치안판사인 그가 하나님의 법을 무시했다는 사실은 그대로 남아 있었다. 그러므로 이제 그는 자신의 엇나간 자식이 더 큰 범죄를 저지르더라도 놀라서는 안 되었다. 왜냐하면 아무도 인과응보의 원리에서 벗어날 수는 없기 때문이다.

"온 이스라엘 가운데에서 압살롬 같이 아름다움으로 크게 칭찬 받는 자가 없었으니 그는 발바닥부터 정수리까지 흠이 없음이라"(삼하 14:25). 이것은 당시 이스라엘의 영적 상태가 얼마나 낮았는지를 잘 보여 준다! 압살롬은 그의 도덕적 가치 때문에 존경을 받았던 것이 아니다. 사실 그는 경건, 지혜, 정의 등을 완전히 결여하고 있었다. 그러나 백성들은 그의 멋진 외모에 홀딱 반했다. 그가 저지른 혐오스러운 악행은 무시되었고, 그의 풍채는 숭배의 대상이 되었다. 그리고 이것은 그의 오만함을 부추겼고, 결국 그를 파멸에 이르게 했다. 아, 건강한 육체 안에 부패한 마음이 들어 있는 경우가 얼마나 많은가! 우리의 타락한 세대가 육체적 아름다움과 용맹함을 도덕적 미덕과 영적 은사들보다 훨씬 더 강조하는 것은 참으로 안타까운 일이다. 그가 자신의 멋진 머리카락을 길게 기른 후 그 무게를 달아 보았던 것(26절)은 그의 오만함과 여자 같은 성질을 잘 보여 준다. 그가 낳은 세 명의 아들들(27절)은 어릴 적에 죽은 것이 분명하다(삼하 18:18 참고).

방자한 도전

"압살롬이 이태 동안 예루살렘에 있으되 왕의 얼굴을 보지 못하였으므로 압살롬이 요압을 왕께 보내려 하여 압살롬이 요압에게 사람을 보내 부르되 그에게 오지 아니하고 또 다시 그에게 보내되 오지 아니하는지라"(삼하 14:28-29). 곧 이어서 벌어진 일에 비추어 볼 때, 압살롬이 자신이 구금 상태(그가 "요압에게 사람을 보내 불렀던 것"은 당시 그가 실제로 그의 집에 감금된 죄수의 신분이었음을 보여 준다)를 견디지 못했던 것이 분명하다. 왜냐하면 그런 상태는 그가 악한 계획을 진행하는 것을 가로막았기 때문이다. 그리고 그가 왕과 화해하기를 원했던 이유는 그렇게 함으로써 자유를 얻고, 또 그로 인해 나라를 자신의 손에 넣을 기회를 얻고자 했기 때문이다. 그리고 아마도 그것이야말로 요압이 그를 찾아가기를 망설였던 이유일 것이다. 그는 압살롬의 불충한 계획을 짐작했고, 그가 얼마나 위험한 인물인지 알았을 것이다.

"압살롬이 자기의 종들에게 이르되 보라 요압의 밭이 내 밭 근처에 있고 거기 보리가 있으니 가서 불을 지르라 하니라 압살롬의 종들이 그 밭에 불을 질렀더니"(삼하 14:31). 그는 여전히 자기 뜻을 고집하는 인물이었다. "우리를 주관할 자 누구리요"(시 12:4)라는 말이야말로 그의 모든 행위를 설명해 준다. 그는 그술에서 3년 그리고 예루살렘에서 감금된 채 2년의 세월을 보내고서도 전혀 변화되지 않았다. 그의 마음은 낮아지지 않았고, 그의 오만한 성질은 죽지 않았다. 그는 자신의 생명이 보존된 것을 감사하기는커녕 자기가 왕궁에 출입하지 못하는 것을 매우 부당한 일로 여겼다. 그는 요압이 자기를 그술에서 돌아오게 해 준 것에 감사하기는커녕 이제 그가 자신을 보러 오지 않는다는 이유로 그에게 비열한 복수를 행했다. 그런 행위는 다른 이들에게 거부되는 것을 조금도 견디지 못하는 그의 방자함을 드러내 보였다. 폭력적인 사람은 자기가 정한 길을 가기 위해 무슨 짓이든 한다. 압살롬에게는 하나님에 대한 두려움이 없었다. 또한 자기 이웃에 대한 존중도 없었다.

"요압이 일어나 압살롬의 집으로 가서 그에게 이르되 어찌하여 네 종들이 내 밭에 불을 질렀느냐 하니"(삼하 14:31). 얼핏 보면 압살롬을 찾아가는 일을 두 번씩이나 거절했던 그가 모욕과 손해를 입은 후 그의 요청을 들어 주고 그가 왕의 얼굴을 볼 수 있도록 주선한 것은 이상하게 보인다. 그러나 조금만 생각해 보면 그 이유는 분명해진다. 요압은 노련한 정치인이었고 백성의 성향을 잘 파악하고 있었다. 그는 압살롬이 그 백성들에게 크게 호감을 얻고 있음을 분명하게 알고 있었다(삼하 14:25). 그리고 이제 그는 압살롬의 분노와 힘에 대한 추가적인 증거를 갖고 있었다. 그의 종들이 감히 이스라엘의 군대장관의 밭에 불을 지르라는 그의 명령을 기꺼이 따랐던 것이다! 요압은 더는 그의 뜻을 거스르는 것이 두려웠다. 그리고 아마도 미래를 내다보면서 그의 마음에 들고자 하는 마음 역시 품었을 것이다.

"압살롬이 요압에게 대답하되 내가 일찍이 사람을 네게 보내 너를 이리로 오라고 청한 것은 내가 너를 왕께 보내 아뢰게 하기를 어찌하여 내가 그술에서 돌아오게 되었나이까 이 때까지 거기에 있는 것이 내게 나았으리이다 하려 함이로라 이제는 네가 나로 하여금 왕의 얼굴을 볼 수 있게 하라 내가 만일 죄가 있으면 왕이 나를 죽이시는 것이 옳으니라 하는지라"(삼하 14:32). 압살롬이 한 나라의 왕이기도 한 자기 아버지에 대해 이런 태도를 취한 것은 얼마나 오만하고 무례한 짓인가! 이것은 가장 조악한 배은망덕이고, 왕권에 대한 조롱이고, 법을 행사할 테면 해보라는 식의 교묘한 도전이었다. 이에 대해 매튜 헨리가 옳게 지적했다. "그의 메시지는 오만하고 도도했으며, 아들로서 혹은 신하로서 전하기에 적합한 것이 아니었다. 그는 자기의 아버지가 자신을 추방 상태에서 불러들여 다시 자기 집에서 살게 하면서 보여 준 은혜를 가볍게 여겼다. 그는 자신이 지은 죄를—그것이 매우 악한 것이었음에도—부인했다. 또한 그는 넌지시 자신이 받는 징계가 잘못되었다고 주장하면서 자기가 악한 일을 저질렀다는 사실을 인정하려 하지 않았다. 그는 왕의 처벌에 대해 반항했다. '내가 만일 죄가 있으면 왕이 나를 죽이시는 것이 옳으니라.'"

"요압이 왕께 나아가서 그에게 아뢰매 왕이 압살롬을 부르니 그가 왕께 나아가 그 앞에서 얼굴을 땅에 대어 그에게 절하매 왕이 압살롬과 입을 맞추니라"(삼하 14:33). 아, 다윗은 그 모욕적인 무례함에도 불구하고 압살롬에게 굴복했다. 그의 좋은 판단력은 아들에 대한 과도한 애정 때문에 흐려지고 말았다. 다윗은 압살롬을 왕궁으로 맞아들였다. 왕 앞에 부복한 압살롬은 그의 권위에 순종하는 체했다. 그러나 그의 마음은 왕위를 탈취하려는 비열한 계획으로 가득 차 있었다. 다윗은 압살롬에게 율법을 집행하는 대신 입맞춤을 통해 그에 대한 자신의 용서를 확인해 주었다. 어떤 이가 잘 말했듯이, "다윗의 부적절한 부드러움은 압살롬의 뻔뻔한 반역을 위한 길을 닦았을 뿐이다. 이것은 무서운 경고다! 악을 부드럽게 대해 보라, 그러면, 분명히 말하지만, 그것은 당신의 머리 위로 올라가 결국 당신을 짓누를 것이다. 다른 한편, 악을 엄하게 다스려 보라, 그러면 당신은 분명히 승리를 거둘 것이다. 뱀과 희롱하지 말고, 그것이 눈에 보이는 즉시 발로 밟아 뭉개라."

다윗의 수동성

이 모든 문제가 발생하는 동안, 다윗은 이상할 정도로 수동적인 자세를 취했다. 그리고 그런 상황은 그가 반역한 압살롬을 피해 달아날 때까지 계속되었다. 그는 자신이 저지른 죄에 대한 의식 때문에 완전히 마비된 것처럼 보인다. 그는 아무것도 하지 않았다. 그는 암논을 벌하려 하지 않았고, 압살롬이 저지른 일을 듣고서는 울기만 했다. 그는 드러내지도 못한 채 압살롬이 돌아오기를 바랐다. 그러나 요압이 그것을 촉구하기 전까지는 사람을 시켜 그를 부르러 보내지도 못했다. 그가 자기 아들을 보기를 거절했을 때 그의 왕다운 품위가 잠시 드러나는 듯했다. 그러나 그것조차 요압이 압살롬을 왕궁으로 불러들여야 한다고 주장했을 때 사라지고 말았다. 그는 그 자신의 의지를 갖고 있지 않았고, 단지 그의 강력한 군대장관의 손에서 놀아나는 도구에 불과했다. 요압은 우리아를 죽이는 일에 공범이 됨으로써 다윗을 장악할 수 있었다. 비록 하나님이 그의 죄를 용서하셨음에도, 다윗이 내딛는 모든 발걸음마다 그 자신의 잘못의 결과가 그를 따라다녔다.

알렉산더 맥라렌(Alexander Maclaren)은 『시편에 반영된 다윗의 생애』(The Life of David as Reflected in his Psalms)라는 그의 작품을 통해 다윗의 생애의 이 특별한 시기를 아름답게 조명했다. 나는 그 작품을 조금 길게 이용하면서 이 장을 마무리하겠다. 그것 이상으로 독자들에게 유익을 줄 수 있는 다른 방법을 알지 못하기 때문이다. "다윗의 많은 시편들이 그 음울한 시절에 쓰였을 가능성은 거의 없다. 그러나 여러 주석가들이 시편 41편과 55편이 그 시기에 쓰였다고 주장하는 데는 충분한 개연성이 있다. 그 시편들은 압살롬의 음모가 진행되던 4년 동안 늙은 왕의 상태가 어떠했는지를 애처롭게 묘사하고 있다. 시편 41편을 통해 우리는 당시 다윗의 마음의 고통과 슬픔이 몇 가지 심각한 질병을 초래했음을 엿볼 수 있다. 그의 적들은 그 질병을 자기네 목적에 맞도록 이용했고, 위선적인 문병[問病]과 감추려 하지만 드러나는 회심의 미소로 더욱 그를 괴롭혔다. 예민한 성격을 지닌 시편 기자는 그들이 자신을 무정하게 방치하는 것 때문에 움츠러들었고, 결국 이 측은한 한탄의 시를 통해 자신의 괴로운 마음을 토로했다. 그는 '가난한 자를 보살피는 자'[1절] — 아마도 이것은 자신이 오래도록 병을 앓고 있음에도 여전히 자신에게 충실했던 소수의 사람들을 가리키는 것으로 보인다 — 에게 복을 비는 것으로 시작한다. 이어서 그는 자신의 상황에 대해 이야기한다, 그리고 자신의 죄를 겸손하게 고백한 후[4절] — 이것은 시편 51편의 말과 거의 동일하다 — 자신이 병중에 어떻게 여러 명의 악한 방문객들을 맞았는지에 대해 말한다.

"그의 병은 사람들의 동정을 얻지 못했고, 오히려 그가 그렇게 오래도록 살아 남아 있는 것에 대한 잔인할 정도의 짜증만 초래했을 뿐이다. '나의 원수가 내게 대하여 악담하기를 그가 어느 때에나 죽고 그의 이름이 언제나 없어질까 하며'[5절]. 특히 그들 중 하나는 다윗의 병실을 들락거릴 만큼 고위직에 있던 자가 분명한데, 거짓 문병을 통해 그의 마음을 크게 상하게 했다. '나를 보러 와서는 거짓을 말하고'[6a절]. 병든 왕의 모습은 그 반역자에게 아무런 동정심도 일으키지 않았고 오히려 적의만 증대시켰을 뿐이다. '그의 중심에 악을 쌓았다가'[6b절]. 그리고 그 친구는 왕의 창백한 얼굴에서 자신이 바라던 불길한 징조를 찾아낸 후 서둘러 밖으로 나가 사람들에게 왕의 병에 희망이 없다고 떠들어댔다. '나가서는 이를 널리 선포하오며'[6c절]. 그 소식은 퍼져나갔고, 모반을 꾀하는 사람들의 입에서 입으로 살그머니 전달되었다. '나를 미워하는 자가 다 하나같이 내게 대하여 수군거리고'[7절]. 그들은 그의 상황의 심각성을 과장하며 기뻐했다. 왜냐하면 그들은 자신들이 소원을 생각의 소재로 삼아 그가 죽어가고 있다고 믿었기 때문이다. '이르기를 악한 병이 그에게 들었으니 이제 그가 눕고 다시 일어나지 못하리라 하오며'[8절].

"우리는 시편 39편 역시 이 시기에 지어진 것으로 여길 수 있다. 그것 역시 병상에 누운 자의 생각을 보여 주는데, 그는 그 병이 자신의 죄에 대한 하나님의 심판이라고 알고 있다. 거기에는 적들에 대한 언급은 거의 나오지 않는다. 하지만 이때 그가 보여 준 것은 '침묵의 순종'[silent submission]이라는 태도였다. 반면에 그의 주변에 있는 사악한 자들은 불안해하고 있다. 정확하게 이것이 그 시기의 그의 행동의 특징을 이룬다. 그 시편은 두 부분으로[1-6절과 7-13절]로 이루어져 있고, 그 둘 모두에서 그의 생각의 주제는 동일하지만, 그 어조는 다르다. 그 자신의 질병과 죽을 운명, 그리고 인간의 일시적이고 덧없는 삶 등이 그의 주제다. 전자가 그에게 후자에 대해 생각하도록 만들고 있다.

"다윗이 장기간 병에 걸려 있었다는 가설 — 그것이 이 시편들의 기초를 이룬다 — 이 압살롬의 모반이 성숙해가는 동안 다윗이 보였던 주목할 만한 수동성을 설명해 줄지도 모른다. 우리는 자연스럽게 그것이 압살롬의 계획에 유리하게 작용했으리라고 가정할 수도 있을 것이다. 그의 계획의 핵심적인 부분은 왕을 대신해 그들의 말을 들어 줄 사람이 없다는 사실에 크게 유감을 표명함으로써 송사[訟事]를 위해 왕을 찾아오는 탄원자들의 비위를 맞추는 것이었을 수도 있다. 재판에 회부되지 않은 소송들이 쌓이고 재판 절차가 명백하게 와해된 것은 다윗의 질병 때문인 것으로 설명될 수 있다."

61

압살롬 (IV)

사무엘하 15장

"그 후에 압살롬이 자기를 위하여 병거와 말들을 준비하고 호위병 오십 명을 그 앞에 세우니라"(삼하 15:1). 여기에서 "그 후"는 다윗이 형제를 죽인 아들을 다시 받아들인 이후를 가리킨다. 만약 압살롬이 그 관대한 아버지에게 조금이라도 감사하는 마음을 갖고 있었다면, 그는 자신의 온 힘을 다해 그 아버지를 위해 일했을 것이다. 아, 그러나 그는 자기 아버지의 왕권을 강화시키기는커녕 오히려 그를 폐위시키기 위한 작업을 시작했다. 압살롬은 이제 그런 일을 전개할 만한 위치에 있었다. 우리는 그가 취한 방법을 통해 그가 얼마나 사악하고 염치없는 악당인지 분명하게 알 수 있다. 우리의 본문이 그에 대해 기록하고 있는 첫 번째 내용은 그가 하나님을 철저히 경멸했다는 것 그리고 이방인이나 다름없이 행동했다는 것이다.

여호와께서는 그분의 백성들이 우상을 숭배하는 이웃 나라들과는 달리 행동할 것을 요구하신다. 그렇기에 그분은 다른 무엇보다도 이스라엘의 왕이 지켜야 할 규례를 제공해 주셨다. "그는 병마를 많이 두지 말 것이요"(신 17:16). 왕 중의 왕께서 이스라엘 백성에게 자신을 공식적으로 드러내셨을 때 "나귀, 곧 멍에 메는 짐승의 새끼"(마 21:5)를 타셨던 것은 바로 그런 명령을 따르기 위해서였다. 그렇게 하심으로써 그분은 자신이 하나님의 법을 분명하게 존중하고 계심을 보여 주셨다. 그러나 압살롬은 완전히 다른 예표였다. 그는 오만하고, 건방지고, 자기 뜻을 주장하는 사람이었다. 다윗의 다른 아들들은 모두 "노새"를 탔다(삼하 13:29). 그러나 왕국에 대해 사악한 뜻을 품었던 자를 만족시키기 위해서는 "병거와 말들"이 필요했다.

압살롬이 자기 앞에 세웠던 "호위병 오십 명"은 왕에 대한 충성의 상징이었다(삼상 8:11; 왕상 1:5 참고). 그렇게 하면서 압살롬은 자기 아버지의 분별없는 애정을 이용하고 그의 약점을 비열하게 악용했다. 왕의 허락을 받지 않았지만 금지 명령을 받지도 않았던 압살롬은 그런 식으로 자신을 위해 아주 인상적인 수행원 집단을 구성했다. 그것은 온 백성 앞에서 그에게 위풍당당한 지휘관의 지위를 제공해 주었다. 그는 자신의 그런 지위를 이용해 백성들의 마음을 현혹했다. 그리고 이제 그는 부정한 방법을 통해 자기 아버지의 신하들의 애정을 자신에게 돌리고자 했다. 그는 자신을 위해 종들을 고용했던 때부터(삼하 14:30) 아주 교활하게 행동했다. 이미 앞에서 말했듯이, "사자의 사나움"과 "뱀의 책략"은 마귀의 주된 특징이다. 또 그것은 마귀가 완전히 사로잡고 있는 자들의 주된 특징이기도 하다.

백성의 마음을 훔침

"압살롬이 일찍이 일어나 성문 길 곁에 서서 어떤 사람이든지 송사가 있어 왕에게 재판을 청하러 올 때에 그 사람을 불러 이르되 너는 어느 성읍 사람이냐 하니 그 사람의 대답이 종은 이스라엘 아무 지파에 속하였나이다 하면 압살롬이 그에게 이르기를 보라 네 일이 옳고 바르다마는 네 송사를 들을 사람을 왕께서 세우지 아니하셨다 하고 또 압살롬이 이르기를 내가 이 땅에서 재판관이 되고 누구든지 송사나 재판할 일이 있어 내게로 오는 자에게 내가 정의 베풀기를 원하노라 하고 사람이 가까이 와서 그에게 절하려 하면 압살롬이 손을 펴서 그 사람을 붙들고 그에게 입을 맞추니"(삼하 15:2-6).

위에 인용한 구절들에 나오는 몇 가지 단어들에 대해서는 약간의 설명이 필요하다. 첫째, "성문 길"은 재판, 즉 사법적 판단을 위한 자리였다(창 19:1; 23:10, 18; 34:20; 룻 4:1 등 참고). 본문 3절에 나오는 "네 일"은 4절에 나오는 "송사나 재판할 일"을 의미한다. 압살롬이 그런 중요한 자리에 서서 사람들을 만나면서 품었던 분명한 의도는 이스라엘 백성들의 비위를 맞추는 것이었다. 그는 모든 이들에게 무차별하게 "네 일이 옳고 바르다"고 말했는데, 이것은 그가 정의의 요구나 자비의 요구를 모두 무시한 채 그들의 마음을 얻기로 결심했음을 보여 준다. 또 그는 "네 송사를 들을 사람을 왕께서 세우지 아니하셨다"고 말했는데, 이것은 그들에게 편견을 심어주고 왕의 통치권을 격하시키기 위한 비열한 시도였다. 또 그는 "내가 이 땅에서 재판관이 된다면"이라고 말했는데, 이것은 그의 마음의 갈망을 보여 주는 것이었다. 쾌락도 호사도 그를 만족시키지 못했다. 그는 그것들에 더해서 권력까지 얻기를 바랐다. 그가 백성들을 끌어안았던 것은(5절) 자신이 얼마나 겸손하고 상냥한지 드러내려는 것이었다.

"압살롬의 행함이 이와 같아서 이스라엘 사람의 마음을 압살롬이 훔치니라"(삼하 15:6). 토마스 스콧(Thomas Scott)이 이 구절에 대해 다음과 같이 잘 말한 적이 있다. "그는 탁월한 봉사나 현명하고 덕이 있는 행위를 통해 사람들의 마음을 얻었던 게 아니다. 오히려 그는 사람들에게 멋지게 보이려고 애를 썼다. 그는 자신의 머리카락을 왕관처럼 자라게 했고[삼하 14:26], 자기보다 못한 사람들에게 아주 공손하고 상냥하게 대했다[삼하 15:5]. 그는 자신이 그 사람들의 이익에 큰 관심이 있는 것처럼 위장했고, 다윗의 일처리에 문제가 있다고 교묘하게 암시했다. 그는 재판이 필요한 문제를 들고 찾아오는 모든 이들에게 자기가 그들의 편에 있다는 확신을 주면서 아첨했다. 이것은 혹시 재판이 그들에게 불리하게 진행될 경우 그들이 다윗과 불공정한 판결을 내린 치안판사들을 비난하게 하려는 것이었다. 비록 압살롬은 순종하는 법을 알지 못했고 그 자신의 흉악한 죄로 인해 죽어야 마땅했지만, 여전히 그는 온 나라를 다스리고자 하는 뜨거운 갈망을 표현했고, 백성들의 송사가 지금처럼 지루하고 많은 비용이 들고 편파적으로 진행되어서는 안 된다고 주장했다. 그는 자신의 그런 주장을 뒷받침하기 위해 아침에 일찍 일어나서 백성들의 문제에 골몰하는 모습을 보였다. 그것이 그가 관여할 문제가 아니라 다른 이의 일이었음에도 말이다. 또 그는 그런 음흉한 술책을 자신의 개인적인 매력과 말솜씨로 포장해 그 나라의 많은 백성들에게 강한 인상을 심어 주었고, 그로 인해 그들로 하여금 현명하고 의롭고 경건한 다윗보다 그처럼 무가치한 인물을 선호하도록 만들었다."

더 나아가기 전에 잠시 멈춰서 다음과 같은 질문을 제기해 보자. "여기에 우리의 영혼을 위한 무슨 교훈이 들어 있는가?" 이런 질문이야말로 우리가 하나님의 말씀을 읽을 때 우리의 주된 관심사가 되어야 한다. 이 이야기에는 중요한 실제적 가르침들이 들어 있다. 그러므로, 만약 우리가 그것들을 받아들일 마음만 갖고 있다면, 우리는 거기에서 여러 가지 값진 교훈들을 얻을 수 있다. 만약 우리가 읽고 있는 어떤 말씀에서 영적으로 유익을 얻고자 한다면, 그런 유익을 얻기 위한 내 쪽의 준비가 있어야 한다. 그리고 그렇게 하기 위해서는 겸손이 필요하다. 오직 낮은 마음만이 "내가" 다른 이들을 타락에 이르게 했던 미끼들에 낚일 수도 있다는 것을, "내가" 그들이 마주했던 것과 동일한 유혹에 넘어갈 수도 있다는 것을, 그리고 만약 내가 적이 그것을 통해 그들의 마음에 틈입하는 데 성공했던 특별한 문을 잘 지키지 않는다면, 그 적이 "나" 역시 제압할 수 있다는 것을 인식할 수 있다. 오, 주님께서 우리로 하여금 우리가 숙고하는 모든 사건들에서 발견되는 엄중한 경고들을 마음에 새길 수 있도록 은혜를 베풀어 주시기를!

압살롬의 육체적 매력

이제 다시 본문에 기록된 내용을 살펴보자. "이스라엘 사람의 마음을 압살롬이 훔치니라." 확실히 이 구절은 우리의 마음을 향해 큰소리로 말을 걸어온다. 압살롬이 설득했던 대상은 공공연하게 다윗에게 반항했던 적들이 아니라 그의 백성들이었다. 그가 꼬드겨서 자기편으로 만들었던 대상은 블레셋 사람들이 아니라 하나님의 백성들이었다. 압살롬은 그들의 마음에 불만의 씨앗을 뿌리고, 다윗에 대한 그들의 애정을 자기에게로 돌리고, 그들로 하여금 그들의 왕에게 불충성하도록 만들었다. 아, 이것이 주는 교훈은 명백하지 않은가? 그리스도의 백성들을 유혹하고자 하는 자가 있지 않은가? 그는 그 백성들이 자신을 섬기게 함으로써 그분의 통치에 대한 충성을 포기하고 반역하도록 유혹하고 있지 않은가? 그러므로, 친구들이여, 당신이 성경을 읽을 때 표면 너머를 보는 법을 배우라. 그리고 기록된 내용들을 통해 예시되는 근원적인 원리들을 찾아내고, 그런 행동을 촉발했던 동기들을 살펴보고, 그 모든 것을 당신 자신에게 적용하라.

만약 당신이 압살롬이 다윗으로부터 그들의 마음을 떼어놓고자 했던 이스라엘 사람 중 하나였다면, 당신은 어떻게 했을 것 같은가? 이 질문에 대한 답은 전적으로 또 다른 한 가지 질문에 달려 있다. 그것은 당신의 마음이 다윗에게 만족하고 있느냐 하는 것이다. 그 유혹자에 대해 우리는 다음과 같이 읽는다. "온 이스라엘 가운데에서 압살롬 같이 아름다움으로 크게 칭찬 받는 자가 없었으니 그는 발바닥부터 정수리까지 흠이 없음이라"(삼하 14:25). 그렇기에 그의 풍채에는 "육신의 정욕"(요일 2:16)에 호소할 만한 모든 것이 있었다. 그리고 이미 살펴보았듯이, 압살롬은 "자기를 위하여 병거와 말들을 준비하고 호위병 오십 명을 그 앞에 세웠다"(삼하 15:1). 그렇기에 그에게는 "안목의 정욕"에 호소할 만한 것이 있었다. 더 나아가 그는 자신이 송사할 일들을 갖고 있는 모든 이들, 즉 자기들이 안타까운 일을 당했고 제대로 대우를 받지 못했다고 생각하는 모든 이들의 이익을 증진시켜 주겠노라고 약속했다. 그렇기에 그에게는 "이생의 자랑"에 호소할 만한 것이 있었다. 이 정도면 다윗이 갖고 있던 탁월함을 상쇄하고도 남을 만하지 않은가?

다시 말하겠다. 역사적 인물들의 밑을 살펴보라, 그리고 그들이 예표했던 자들을 식별하라! 사탄이 다윗의 대형(對型, antitype)이셨던 분의 백성들을 유혹하고자 할 때 그는 가장 매력적인 인물로 분장하고 우리 앞에 육신의 정욕과 안목의 정욕과 이생의 자랑에 호소할 만한 것을 어른거리게 한다. 그러나, 독자들이여, 주의하라. 사탄의 미끼는 주님과 교제하며 그분 안에서 기쁨을 찾는 자들에게는 아무런 유혹이 되지 않는다. 그리고 그는 그 사실을 너무나 잘 알고 있기에 그분의 백성들 안에서 그분에 대한 적의를 불러일으키고자 한다. 그는 자기가 거듭난 자들의 마음에 주님에 대한 미움을 심어줄 수 없다는 것을 알고 있다. 그렇기에 그는 우리가 그분의 통치에 대해 불만족하도록 만들고자 애쓴다. 이것은 사탄의 예표였던 압살롬의 경우에도 마찬가지였다. "네 송사를 들을 사람을 왕께서 세우지 아니하셨다." 아, 우리가 가장 조심할 필요가 있는 것이 바로 이것이다. 우리는 우리가 주님의 섭리에 대해 불평하도록 만들고자 하는 사탄의 모든 시도에 맞서 저항해야 한다. 그러나 이제는 본문의 영적 교훈의 문제로부터 다시 본문의 내용에 관심을 기울여 보자.

애처로운 기도

도대체 다윗은 이 시기 동안 무엇을 하고 있었을까? 그가 자기 아들의 배반에 대해 완전히 몰랐을 가능성은 거의 없다. 그는 어떤 식으로든 자기를 폐위하려는 반역의 음모가 진행중이라는 소식을 들었을 것이다. 그러나 그가 압살롬의 계획을 저지하기 위해 어떤 조치를 했다는 암시는 어디에도 나타나지 않는다. 그렇다면 우리는 이런 그의 무관심을 어떻게 설명할 것인가? 앞 장 말미에서 우리는 다윗의 파란만장한 생애 중 이 시기 동안 그가 취했던 이상한 수동성에 대해 고찰하면서 알렉산더 맥라렌(Alexander Maclaren)이 제시한 설명이 성경을 통해 적절하고 분명하게 확증되는 것을 살펴보았다. 이 시기 동안 다윗은 심각하고도 오랜 병 때문에 고통을 당하고 있었다. 맥라렌은 가장 뛰어난 주석가들이 시편 41편과 55편을 다윗이 이 시기에 쓴 것으로 여기고 있다는 사실에 주의를 환기시켰다. 시편 41편에 대한 그의 간략한 진술에 대해서는 이미 살펴보았으므로, 여기서는 시편 55편을 그런 관점에서 읽으면서 동일한 작업을 수행해 보자.

"시편 55편은 몇 가지 아주 애처로운 추가적인 내용들을 제공한다. 그것은 세 부분으로 이루어져 있다. 첫째, 그 시편 기자의 구슬픈 기도와 정신적 고통에 대한 세밀한 묘사[1-8절]. 둘째, 자신의 적들에 대한 격렬한 탄원과 그들의 배신에 대한 분노에 찬 설명[9-16절], 셋째, 그들에게 임할 응보에 대한 예언[17-23절] 등. 첫번째와 두번째 부분에서 우리는 그 인물에 대한 우리의 설명을 완성하는 데 도움이 되는 몇 가지 요소를 발견할 수 있다. 예를 들어, 그의 마음은 '속에서 심히 아팠고', 그에게는 '사망의 위험'이 이르렀고[4절], '두려움과 떨림'이 그에게 이르렀고, '공포'가 그를 덮었다[5절]. 이 모든 것은, 이어지는 구절들과 마찬가지로, 다윗이 압살롬의 음모가 정점에 이르기 전에 그것에 대해 알고 있었음을 보여 준다.

"그 도시의 상태, 특히 그것이 압살롬과 그의 수하들의 손에 있던 시기의 상태는 고통스러운 이미지들로 묘사된다. 그 도시는 '강포와 분쟁'에 사로잡혀 있고[9절], 성벽 위에는 밤낮으로 첩자들이 어슬렁거리고[10절], 성 중에는 죄악과 재난과 악독과 압박과 속임수 —이것들은 매력적인 한 무리다—가 가득 차 거리를 활보하고 있다 [10-11절]. 그리고 무엇보다도 다윗이 자신과 동일시하며 믿었던 친구가 있었다. 그는 다윗과 가장 은밀한 생각들을 주고받았고 성전을 향해 가는 엄숙한 행렬에서 그의 곁에 서서 함께 걸었던 자였다. 이 모든 것들을 보면서 다윗은—그는 한때 풍부한 지모를 지니고,

모든 일에서 분명한 계획을 세우고, 즉시 행동에 옮길 줄 알았던 사람이었다 – 어떤 행동을 취했는가? 아무것도 하지 않았다. 그의 유일한 무기는 기도였다. '나는 하나님께 부르짖으리니 여호와께서 나를 구원하시리로다 저녁과 아침과 정오에 내가 근심하여 탄식하리니 여호와께서 내 소리를 들으시리로다'[17-17].

"그는 그 상황을 방치한 채 오직 자신이 그 심신을 지치게 하는 문제들에서 해방되기만 바랐을 뿐이다. '나는 말하기를 만일 내게 비둘기 같이 날개가 있다면 날아가서 편히 쉬리로다 내가 멀리 날아가서 광야에 머무르리로다 내가 나의 피난처로 속히 가서 폭풍과 광풍을 피하리라 하였도다'[6-7절]. 자신의 병에 대한 피로감, 자신의 악한 아들에 대한 사랑, 자신의 죄에 대한 의식, 그리고 선지자 나단이 예언했던 '네 집에서'[삼하 12:10] 나올 징계에 대한 순종 등이 그를 침묵하게 했다. 비록 그가 자기 주변에 음모의 올가미가 쳐지고 있는 것을 알았음에도 말이다. 그러나 그는 이렇게 상황에 순응할 때조차 믿음을 잃지 않았다. 그는 비록 완전히 제압당하고 슬픔으로 가득 차 있었음에도 그 무거운 어조의 시편 말미에서 다음과 같이 노래하고 있다. '하나님이여 주께서 그들로 파멸의 웅덩이에 빠지게 하시리이다 피를 흘리게 하며 속이는 자들은 그들의 날의 반도 살지 못할 것이나 나는 주를 의지하리이다'[23절]."

압살롬이 자신에게 마음을 빼앗긴 자들에게 했던 말들 중 많은 것은 어느 정도 사실이었다. 다윗 집안의 무질서와 슬픔은 왕의 마음을 무겁게 내리눌렀다. 그의 힘은 고갈되었고, 그의 건강은 상했으며, 그의 왕위의 영향력은 그것에 비례해서 축소되었다. 압살롬은 자기 아버지의 통치의 결함을 보았고, 다른 이들 역시 그런 결함을 보고 있다는 것을 간파했다. 그는 재빨리 그리고 용기 있게 그 상황을 이용해 다윗을 깔아뭉개고 자신을 높였다. 그러나 다윗은 여전히 압살롬을 맹목적으로 사랑하고 있었다. 참으로 이것이야말로 그의 큰 실패의 원인이었다. 그리고 이제 그는 자기 품 안에 그런 독사를 품은 것 때문에 고통을 당해야 했다. 그는 압살롬이 자신을 높이고 있음을 알았다. 다윗은 하나님의 뜻이 압살롬이 아니라 솔로몬에게 있다는 것을 알고 있었다(삼하 7:12; 12:25). 그는 압살롬이 사악한 자이며 온통 육신에 의해 지배되고 있다는 것을 알았다. 그러나 그 모든 것을 알면서도 다윗은 그를 제어하기 위해 개입하지 않았다.

왕을 참칭하는 압살롬

"사[십] 년 만에 압살롬이 왕께 아뢰되 내가 여호와께 서원한 것이 있사오니 청하건대 내가 헤브론에 가서 그 서원을 이루게 하소서"(삼하 15:7). 나는 이 40년(사본에 따라 4년으로 표기된 곳도 있다 – 역주)이 어느 때를 기점으로 한 것인지 확신하지 못한다. 그러나 그것이 다윗의 즉위 때가 아님은 분명하다. 왜냐하면 그럴 경우 우리는 지금쯤 그의 통치의 말년에 이르렀어야 하기 때문이다. 따라서 그것은 이 경우에 해당되지 않는다(삼하 21:1을 보라). 아마도 그것은 그가 처음으로 기름부음을 받았던 때(삼상 16:1)를 기준으로 한 것이리라. 그것이 어쨌건, 지금 우리가 살피고 있는 내용과 관련해 적합한 추론은 그때 압살롬이 자신의 사악한 계획을 실행에 옮길 때가 무르익었다고 판단했다는 것이다. 그렇기에 이제 그는 그 계획에 방점을 찍기 위한 작업을 시작했다. 그가 손에 넣고자 했던 것은 다름 아닌 자기 아버지의 왕국이었다.

"당신의 종이 아람 그술에 있을 때에 서원하기를 만일 여호와께서 반드시 나를 예루살렘으로 돌아가게 하시면 내가 여호와를 섬기리이다 하였나이다 왕이 그에게 이르되 평안히 가라 하니 그가 일어나 헤브론으로 가니라"(삼하 15:8-9). 여기에서 압살롬의 이중성과 위선이 가장 극악한 모습으로 나타난다. 그는 자신의 반역을 여호와께 서원 제물을 바치는 행위(신 23:21-23)로 위장했다. 그는 자기가 여호와께 드렸던 서원을 이행하려는 것처럼 꾸몄다. 그는 자기 아버지에 대한 사랑도 하나님에 대한 두려움도 갖고 있지 않았다. 이제 그는 교묘한 거짓말로 하나님에 대한 예배를 조롱했다. 교활하게도 그는 자기의 가련한 아비의 소망, 즉 언젠가는 그 엇나가던 아들이 신앙을 회복하리라는 소망을 이용했다. 의심할 바 없이 다윗은 자주 그를 위해 기도했을 것이다. 그리고 이제 그는 자신의 간구가 응답을 얻기 시작했다고 생각했을 것이다. 그는 압살롬이 "여호와를 섬기리이다"라고 말했을 때 얼마나 기뻤을까! 그렇기에 그는 그가 헤브론으로 가는 것에 기꺼이 동의했다.

"이에 압살롬이 정탐을 이스라엘 모든 지파 가운데에 두루 보내 이르기를 너희는 나팔 소리를 듣거든 곧 말하기를 압살롬이 헤브론에서 왕이 되었다 하라 하니라"(삼하 15:10). 부모들은 그들의 자녀들이 거듭났다고 너무 쉽게 믿어서는 안 된다. 오히려 그들은 자녀들에게서 거듭남의 열매가 나타나기를 기다려야 할 것이다. 압살롬의 계획은 헤브론으로 가서 여호와께 예배를 드리는 것이 아니라 그곳에서 온 이스라엘을 향해 자신이 왕이 되었음을 선포하는 것이었다. 헤브론은 그가 태어난 곳일 뿐 아니라(삼하 3:2-3), 또한 다윗이 그의 통치를 시작한 곳이기도 했다(삼하 5:1-3). 그가 보낸 정탐은 그가 믿을 수 있었던 "종들"(삼하 14:30)이었거나, 아니면 그가 다윗에게서 빼내 이제 자신의 사악한 계획을 추진하기 위해 의지할 수 있는 자들이었을 것이다. "압살롬이 헤브론에서 왕이 되었다"는 선언을 듣는 자들은 나름대로 결론을 내렸을 것이다—다윗이 죽었거나, 그가 아들에게 통치권을 양도했거나, 아니면 온 나라가 대체로 다윗보다 그의 매력적인 아들을 선호하고 있다거나 하는 식으로.

"그때 청함을 받은 이백 명이 압살롬과 함께 예루살렘에서부터 헤브론으로 내려갔으니 그들은 압살롬이 꾸민 그 모든 일을 알지 못하고 그저 따라가기만 한 사람들이라"(삼하 15:11). 의심할 바 없이 이 "청함을 받은 이백 명"은 왕자를 수행해 그 거룩한 행사에 참여하도록 소환된 고위직에 있는 사람들이었을 것이다. 압살롬의 목적은 평민들을 놀라게 하고 그들에게 다윗의 권위가 백성의 상층부에서조차 저항에 부딪치고 있다는 인상을 주는 것이었다. 그렇게 해서 이들은 의도하지 않았음에도 압살롬의 악한 계획을 지지하게 되었다. 왜냐하면 그들의 존재 자체가 그들이 그의 반역을 지지한다는 것을 의미했기 때문이다. 이것은 부도덕한 정치인들이 그들의 이기적인 계획을 추진하기 위해 사용하는 방법들에 대한 좋은 본보기다. 그들은 그들의 실제 정책에 대해 완전히 오해하고 있는 많은 이들을 자기네 편과 당에 가입하도록 오도한다.

"제사 드릴 때에 압살롬이 사람을 보내 다윗의 모사 길로 사람 아히도벨을 그의 성읍 길로에서 청하여 온지라 반역하는 일이 커가매 압살롬에게로 돌아오는 백성이 많아지니라"(삼하 15:12). 압살롬이 사람을 보내 찾았던 아히도벨은 당대의 유명한 정치인이었다. 확실히 그때 그는 다윗과 우호적인 관계를 유지하고 있지 않았다. 비록 그가 압살롬에게 준 조언이 어리석은 것이 되기는 했으나, 그는 반역자 압살롬에게 유용한 도구였다. 하나님의 섭리를 통한 통치는 두려움을 불러일으키는 것만큼이나 기발하기도 하다. 그분은 곤경에 처한 자신의 백성을 도울 자들을 일으키시기도 하지만, 또한 사악한 자들이 그들의 악한 계획을 추진하도록 도울 자들을 지명하시기도 한다. 다윗에게 충성했던 잇대가 있었던 것처럼(삼하 15:21), 압살롬에게는 모사 아히도벨이 있었다(31절).

62

도망

사무엘하 15장

파란만장한 다윗의 삶 중에서도 이제부터 우리가 살펴볼 사건보다 더 가슴 아픈 일은 없다. 이 사건은 그의 삶 역시 하나님의 섭리로 인한 부침과 이 세상에서 살아가는 하나님의 백성의 운명이라고 할 수 있는 영적 번영과 역경의 계속적인 교차를 잘 보여 준다. 구름 한 점 없이 햇빛만 비추는 인생도 없고, 회복되는 일 없이 슬픔과 역경만 계속되는 인생도 없다. 기쁨과 슬픔, 승리와 패배, 친구들의 도움과 적들에 의한 상처, 미소 띤 주님의 얼굴과 그분이 얼굴을 가리시는 일―그 두 가지는 늘 우리의 삶속에 뒤섞여 있다. 그런 변화를 통해 우리의 삶속에서 서로 다른 은혜가 나타나 작용할 기회가 제공된다. 그것은 우리가 얼마간이라도 "비천에 처할 줄도 알고 풍부에 처할 줄도 알아 모든 일 곧 배부름과 배고픔과 풍부와 궁핍에도 처할 줄 아는 일체의 비결을"(빌 4:12) 배우게 하기 위함이다. 그리고 무엇보다도 우리가 여러 가지 다양한 환경하에서 우리의 모든 필요를 채워주시는 하나님의 변함없는 신실하심과 충분하심을 깨닫게 하기 위함이다.

다윗은 하나님의 부르심을 받아 베들레헴 저지대의 평원을 떠나 사울의 왕궁에서 명예로운 자리를 얻었다. 그는 양떼를 돌보는 일을 떠나 골리앗을 정복하고 이스라엘의 유명한 영웅이 되었다. 그러나 곧 사울의 우정은 적의로 변했고, 다윗은 목숨을 부지하기 위해 도망을 쳐야 했다. 그리고 여러 달 동안 그는 산위의 메추라기처럼 쫓겨다녀야 했다. 그러나 결과적으로 그의 운명은 다시 크게 변했고, 이제 그는 도망자 신세를 벗어나 이스라엘의 왕이 되었다. 그 후 그는 시온의 산성을 빼앗아 그곳을 "다윗 성"으로 삼았다(삼하 5:7). 그는 거기에 왕궁을 세웠고, 즐거이 환호하고 나팔을 불면서 여호와의 궤를 그리로 메어왔다(삼하 6:15). 그러나 이제 우리는 그가 그 거룩한 궤와 분리된 채 예루살렘에서 도망치는 모습을 본다. 그는 또다시 도망자가 되어 치욕과 깊은 고통을 겪게 되었다.

아, 독자들이여, 만약 당신이 하나님의 택함을 받은 자들 중 하나라면, 당신은 평탄하고 쉬운 길을 기대해서는 안 되고, 오히려 여러 가지 상황과 급격한 변화를 맞을 준비를 해야 한다. 이 세상에는 그리스도인들이 쉴 곳이 없다. 우리의 영구한 도성은 여기에 있지 않기 때문이다(히 13:14). 그리스도인은 순례자, 즉 여행중에 있는 사람이다. 또 그는 군사, 즉 믿음의 선한 싸움을 싸우도록 부르심을 받은 사람이다. 우리가 이 사실을 보다 분명하게 깨달을수록, 우리는 우리의 편안한 상황이 혼란에 빠지고 우리의 외적 평화가 거칠게 깨질 때라도 크게 실망하지 않을 것이다. 의인에게는 고난이 많다(시 34:19). 그리고 그런 고난들은 동일한 형태가 아니라 여러 가지 다른 형태로 찾아온다. 만약 우리가 그런 사실을 분명하게 인식한다면, 우리는 그런 고난이 닥치더라도 흔들리지 않을 것이다. 성경은 다음과 같이 말씀한다. "우리가 하나님의 나라에 들어가려면 많은 환난을 겪어야 할 것이라"(행 14:22). 그러므로 우리는 그런 환난을 맞을 각오를 해야 하고, "불 시험"을 당할 때 그것을 "이상하게 여기지 말아야 한다"(벧전 4:12).

저항 없이 도망치는 다윗

이제 고통과 고난과 불 시험이 다윗의 몫이 되었다. "전령이 다윗에게 와서 말하되 이스라엘의 인심이 다 압살롬에게로 돌아갔나이다 한지라"(삼하 15:13). 그 슬픈 장면을 시각화 해보자. 위협적인 반역의 어두운 구름이 계속해서 모여 들었다. 그리고 이제 왕의 머리 위로 폭풍이 불어오기 시작했다. 이 무렵에 다윗은 약 60세가량 되었고, 그의 건강과 힘은 크게 약화되어 있었다. 그가 믿었던 모사(謀士) 아히도벨은 그를 버렸고, 그가 사랑하던 아들 압살롬은 그를 향해 반역의 기치를 들었다. 그의 왕위는 물론이고 그의 목숨까지도 위태로웠다. 그의 아내들과 어린 자식들 역시 마찬가지였다 – 당시 솔로몬은 채 열 살이 안 된 상태였다. 이런 상황에서 다윗은 어떤 행동을 취했던가? 아무 행동도 취하지 않았다! 그는 회의를 소집하지도 않았고, 반역자의 포위 공격에 맞서 예루살렘을 지키기 위한 노력도 하지 않았고, 자신의 정당한 지위를 지키고 무법한 아들에게 맞서기 위한 결의를 다지지도 않았다.

"다윗이 예루살렘에 함께 있는 그의 모든 신하들에게 이르되 일어나 도망하자 그렇지 아니하면 우리 중 한 사람도 압살롬에게서 피하지 못하리라 빨리 가자 두렵건대 그가 우리를 급히 따라와 우리를 해하고 칼날로 성읍을 칠까 하노라"(삼하 15:14). 마침내 폭풍이 불어오기 시작하자 다윗은 그가 분명하게 자신에 대한 하나님의 의로운 징계라고 느끼고 있는 것에 수동적으로 순응했다. 압살롬이 헤브론에서 반역의 기치를 들었다는 무서운 소식이 들려왔을 때, 다윗이 기껏 생각한 것은 즉각 도망을 치는 것이었다. 그 대담무쌍한 전사가 이제 잔뜩 겁을 집어먹고 신속히 도망치려 했고, 단 한 번의 저항도 없이 모든 것을 반역자들에게 내주려 했다. 그의 왕위를 뒤엎는 데에는 손가락 하나 까딱할 필요가 없어보였다. 그는 서둘러 도망칠 준비를 했다. 그는 도망쳐서 안전을 얻는 것 외에는 아무런 계획도 세우려 하지 않았다.

확실히 다윗으로서는 지금 자신이 마주하고 있는 상황이 자신의 죄에 대한 하나님의 의로운 징계라고 여길 만한 충분한 이유가 있었다. 첫째, 여호와께서는 그에게 "내가 너와 네 집에 재앙을 일으키겠다"(삼하 12:11)라고 선포하셨는데, 그 선포가 이제 그가 사랑하는 아들의 반역을 통해 성취되었기 때문이다. 우리는 나중에 이에 대한 다른 증거들도 살펴볼 것이다. 그러나 여기에서는 그가 그렇게 결론을 내릴 만한 두 번째 이유만 살피도록 하자. 그 이유란 그의 모사였던 아히도벨이 압살롬의 반역에 동참했다는 사실이었다. 압살롬은 자신의 대담한 계획을 실천에 옮기기로 결심한 직후 아히도벨에게 도움을 청했다. 특별한 언급은 없지만 어떤 이유에선가 압살롬은 자기가 그의 협력을 얻어낼 수 있다고 확신했다. 그리고 그의 판단은 옳았다. "제사 드릴 때에 압살롬이 사람을 보내 다윗의 모사 길로 사람 아히도벨을 그의 성읍 길로에서 청하여 온지라"(삼하 15:12a). 여기에서 우리는 아히도벨이 압살롬에게 온 직후 "반역하는 일이 커가매 압살롬에게로 돌아오는 백성이 많아지니라"(12b절)라는 설명이 이어지는 것에 신중하게 주목할 필요가 있다. 이것은 곧 아히도벨이 압살롬의 반역의 후원자가 되었음을 암시하는 표현이다.

"그때에 아히도벨이 베푸는 계략은 사람이 하나님께 물어서 받은 말씀과 같은 것이라 아히도벨의 모든 계략은 다윗에게나 압살롬에게나 그와 같이 여겨졌더라"(삼하 16:23). 이런 진술에 비추어 우리는 그가 즉각 압살롬과 연합한 것이 압살롬의 반역의 명분을 크게 강화시켰음을 알 수 있다. 의심할 바 없이 아히도벨은 압살롬의 모반의 주요한 도구였고, 이스라엘 백성 중 많은 이들이 다윗 왕에게 등을 돌리고 그의 반역하는 아들에게 돌아섰던 가장 큰 이유이기도 했다. 압살롬은 아히도벨이 이스라엘 백성들에 대해 지니고 있던 공식적 지위와 큰 영향력을 이용할 수 있게 된 것을 기뻐했다. 그는 그것을 이용해 다윗 편에 선 사람들의 마음을 내리누르고 자기편에 선 자들에게 확신을 줄 수 있었다. 왜냐하면 당시 아히도벨은 사람들에게 선지자로 간주되었기 때문이다. 그러나 아히도벨이 압살롬의 초대에 그토록 흔쾌히 응했던 이유는 무엇인가? 또 백성들이 그를 안타깝게 부당한 일을 겪었던 사람으로, 또한 그렇기에 이제 그 일에 대해 복수를 해도 좋은 사람으로 여겼던 이유는 무엇인가?

아히도벨이 배반한 이유

이 질문에 답하려면 성경을 잘 검토하고 거기에 실린 구절들을 신중하게 비교해 볼 필요가 있다. 사무엘하 23장 후반에는 다윗의 시위대(23절)를 구성했던 삽십칠 명의 명단이 나온다. 그들 중에서 우리는 "아히도벨의 아들 엘리암"(34절)과 "헷 사람 우리아"(39절)이라는 이름을 발견한다. 엘리암과 우리아는 모두 장교였고 함께 일했다. 그러므로 우리는 우리아가 엘리암의 딸과 결혼했다는 사실(삼하 11:3)에 놀랄 필요가 없다. 또한 그러므로 다윗이 극악할 정도로 부당하게 손에 넣은 밧세바는 아히도벨의 손녀였고, 다윗이 그토록 잔인하게 살해한 우리아는 그의 손녀사위였던 셈이다! 바로 이 사실이 어째서 다윗의 "가까운 친구"(시 41:9)가 그의 치명적인 적이 되었는지, 그리고 어째서 그가 기꺼이 압살롬을 도우려 했는지를 설명해 준다. 그는 자기 집안이 당한 불명예스러운 일에 대해 복수하려 했던 것이다!

아히도벨의 집안에 그런 불명예스러운 일이 벌어지고 나서 몇 해가 지나갔다. 그 기간 동안 그는 다윗과 왕궁에 대해 등을 돌리고 조용히 그의 성읍으로 물러나 있었던 것으로 보인다(삼하 15:12). 다윗이 자기 집안에 행한 극악무도한 잘못 때문에 그의 마음은 복수심으로 사무쳤다. 압살롬은 이 사실을 인지하고 있었고, 따라서 아히도벨이 자신의 감정을 표출하고 다윗에게 복수할 적당한 기회를 기다리고 있다고 여겼을 것이다. 압살롬이 그토록 확신을 갖고서 그에게 접근하고, 그에게 자신의 반역 계획을 털어놓고, 그가 그 소식을 반기고 자기편이 되리라고 믿었던 이유가 바로 그것 때문이 아닐까? 또한 바로 그것이 어째서 그토록 많은 사람들이 간음과 살인으로 더럽혀진 왕 대신 반역하는 왕자에게 충성을 보였는지를 설명해 주지 않을까?

징계에 대한 순응

그러나 아히도벨과 밧세바의 혈연관계는 그가 기꺼이 왕에게 맞서서 압살롬의 편을 들고 일반 백성들이 왕 대신 왕자에게 충성을 보였던 이유만 설명해 주는 게 아니다. 그것은 또한 이 무렵에 다윗이 보였던 태도와 행동을 이해하기 위한 열쇠도 제공한다. 다윗에게 그것은 하나님이 자신의 죄 때문에 자기를 처리하고 계시다는 추가적인 증거였다. 그러므로 그가 하나님의 징계의 회초리에 그토록 유순하게 자기 몸을 내맡기고 있음을 보는 것은 복된 일이다. 다윗은 자기가 압살롬과 맞서는 것은 여호와와 맞서는 것이라고 느꼈다. 그래서 그는 예루살렘에 있는 병력을 강화하고 자신의 지위를 유지하려 하는 대신 도망쳤다. 우리는 이때 성령께서 다윗의 마음 안에서 맺어 놓으신 사랑스러운 열매를 귀하게 여겨야 한다. 즉 우리는 우리 앞에 놓인 사건을 인간이 아니라 성령에 의해 촉발된 것으로 여겨야 한다.

훨씬 앞에서 우리는 다윗이 "의로 인해" 고통을 당하면서 보여 주었던 아름다운 마음을 귀하게 여겨야 할 이유에 대해 살펴본 바 있다. 그리고 이제 우리는 그가 "범죄함으로 인해" 고통당하면서 그와 동일한 마음을 보여 주고 있는 것을 본다. 그때, 즉 사울이 통치하던 시절에, 우리는 매일 사울에게 쫓기면서도 정작 복수의 기회가 찾아왔을 때 여호와의 기름 부음 받은 자를 해치지 않음으로써 자기 안에 있는 온유함과 인내와 하나님에 대한 확신의 열매를 보여 주는 "순교자" 다윗의 모습을 보았다. 그러나 여기에서 우리는 "참회자" 다윗의 모습을 발견한다. 그는 자신의 죄를 깨달았고 하나님 앞에서 그 죄를 기억했다. 그리고 이제 그는 순종하는 자세로 머리를 조아리고 자신의 잘못의 결과를 받아들이고 있다. 이것은 다윗 안에서 역사하시는 하나님의 영의 솜씨를 다시 한 번 아름답게 드러낸다. 오직 그분만이 우리의 소란스러운 마음을 누그러뜨리고, 반역하는 마음을 가라앉히고, 문제를 자기 손으로 해결하고자 하는 생래적 갈망을 없애 주실 수 있다. 또한 오직 그분만이 우리를 하나님의 전능하신 손길 아래에서 겸손해지게 하고, 우리의 죄를 "회초리로"(시 89:32) 다스리면서도 여전히 우리의 평안을 유지시켜 주실 수 있다.

그렇다, 내가 이 장을 열면서 말했듯이, 서로 다른 은혜가 나타나 작용할 기회를 제공하는 것은 끊임없이 변하는 우리의 상황이다.

어떤 은혜는 활발하고 적극적이다. 그러나 다른 은혜는 수동적이기에 그것이 드러나기 위해서는 아주 다른 환경이 필요하다. 전투에 임하는 군인에게 필요한 자질들은 그가 병상에 누워 수척해져 가고 있는 동안에는 전혀 필요하지 않다. 영적 기쁨과 거룩한 슬픔은 각각 동등하게 아름답다. 신랑이 있는 동안 슬퍼하는 것은 매우 부적절한 일이다. 그러나 신랑을 빼앗겼을 때 신방 주변에 모여 있던 자들이 금식하는 것은 아주 적절한 일이다. 살을 에는 듯한 바람과 매서운 서리의 습격을 당하지 않은 땅에서는 자라지 못하는 채소와 과일과 꽃들이 있는 것처럼, 오직 극심한 시련과 문제와 고통이라는 토양에서만 나타날 수 있는 성령의 열매들도 있다.

충성하는 신하들

"왕의 신하들이 왕께 이르되 우리 주 왕께서 하고자 하시는 대로 우리가 행하리이다 보소서 당신의 종들이니이다 하더라"(삼하 15:15). 내가 방금 말한 것은 이 구절에도 들어맞는다. 다윗이 직면하고 있던 그 안타까운 상황은 그의 측근들의 마음 상태가 어떠했는지를 분명하게 보여 주었다. 압살롬이 반역하고 이스라엘 백성의 마음을 훔쳤던 상황은 다윗의 신하들에게 그들이 자기들의 주인에 대해 품고 있는 흔들림 없는 충성과 깊은 헌신을 보일 기회를 제공했다. 본문 6절에 기록된 상황의 속편에 해당하는 이 구절은 참으로 복되다.

6절에서 우리는 압살롬이 잘 꾸며진 말로 군중의 마음을 사로잡는 것을 보았다. 그러나 우리는 그가 다윗과 가장 가까이 있던 사람들에게 아무런 영향도 주지 못한 것에 주목할 필요가 있다. 이것은 한 가지 중요한 원리를 보여 준다. 그것은 우리가 그리스도-그분은 다윗의 대형(Antitype)이시다-와 교제할 때는 사탄의 미끼가 우리에게 아무런 영향도 주지 못한다는 것이다!

또 우리는 우리와 친밀하게 지내는 자들의 진심을 알기 위해서는 계속해서 변화하는 상황이 필요하다는 것을 명심하자. 압살롬의 반역은 하나님의 뜻에 대한 다윗의 순종을 보여 줄 기회를 제공했을 뿐 아니라, 또한 누가 진정으로 그를 위하고 누가 그에게 대적하고 있는지를 아주 분명하게 보여 주는 역할을 하기도 했다. 흔히 번영은 이것저것이 혼합된 축복이다. 그리고 역경이 완전한 재앙일 경우는 거의 없다. 어떤 이에게 하나님의 섭리의 미소라는 햇살이 비출 때, 그는 즉시 그에게 애정을 고백하는 자들에게 둘러싸인다. 그러나 그의 삶의 지평선 위로 하나님의 섭리의 어두운 그림자가 몰려오면, 그렇게 알랑거리며 아첨하던 자들 대부분이 아주 신속히 그의 곁을 떠난다. 아, 독자들이여, 누가 참으로 우리의 친구인지 아는 것은 아주 가치 있는 일이다. 그것을 알기 위해 우리의 둥지가 흔들리고 우리의 평안이 깨지는 고통을 겪어야 할지라도, 우리는 그것에 대해 불평해서는 안 된다. 어떤 역경이 우리에게 아히도벨 같은 사람의 위선을 드러내 준다면, 그것은 우리에게 유익한 일이다. 또 만약 그것이 폭풍 가운데서도 우리 곁에 서 있는 소수의 사람들의 충성과 사랑을 보여 준다면, 그것은 더욱 유익한 일이다.

왕궁에 남겨진 여인들

"왕이 나갈 때에 그의 가족을 다 따르게 하고 후궁 열 명을 왕이 남겨 두어 왕궁을 지키게 하니라"(삼하 15:16). 나는 이 구절의 하반절을 읽을 때마다 두려움을 느낀다. 이 구절은 단조로운 진술에 불과하지만, 그 어떤 이도 헤아리기 어려운 깊이를 지니고 있다. 분명히 다윗은 그 단순한 집안일을 처리하면서 별 생각 없이 그렇게 결정했을 것이다. 그러나 사실 그는 달리 할 수가 없었다. 왜냐하면 당시 그는 틀림이 없고 아무도 이길 수 없는 하나님의 손에 의해 그분 자신의 계획의 완성을 향해 움직이고 있었기 때문이다. 다윗이 열 명의 후궁을 왕궁에 남겨 둔 것은 집을 "돌보게"(take care of, NIV, 한글 성경에는 "지키게"로 번역되어 있다 - 역주) 하기 위함이었다. 즉 왕궁의 살림들을 정리정돈하게 하기 위함이었다. 그러나 이와 관련된 하나님의 계획은 하나님 자신의 말씀을 이행하시는 것이었다.

여호와께서 다윗의 악행 때문에 그에게 임하게 하실 징벌들 중 하나는 다음과 같은 것이었다. "내가 네 눈앞에서 네 아내를 빼앗아 네 이웃들에게 주리니 그 사람들이 네 아내들과 더불어 백주에 동침하리라 너는 은밀히 행하였으나 나는 온 이스라엘 앞에서 백주에 이 일을 행하리라"(삼하 12:11-12). 성경은 그 위협의 실행과 관련해 다음과 같이 전하고 있다. "사람들이 압살롬을 위하여 옥상에 장막을 치니 압살롬이 온 이스라엘 무리의 눈앞에서 그 아버지의 후궁들과 더불어 동침하니라"(삼하 16:22). 그 두 구절 사이의 연결 고리가 우리의 본문에서 나타난다. "왕이 나갈 때에 그의 가족을 다 따르게 하고 후궁 열 명을 왕이 남겨 두어 왕궁을 지키게 하니라." 다시 말하지만, 다윗이 그들을 왕궁에 남겨 둔 것은 그들로 하여금 집을 돌보게 하기 위함이었다. 그러나 하나님의 계획은 그들이 압살롬에 의해 공개적으로 모욕과 강간을 당하게 하시려는 것이었다. 이 사실은 말할 수 없을 만큼 엄중하다. 하나님은 어떤 일들을 통제하셔서 결국 선한 것이 되게 하실 뿐 아니라, 또한 어떤 일들을 통제하셔서 결국 악한 것으로 끝나게도 하신다. 모든 사건뿐 아니라 모든 사람과 그들의 모든 행위가 전능하신 분의 직접적인 통제하에 있다.

"이는 만물이 주에게서 나오고 주로 말미암고 주에게로 돌아감이라 그에게 영광이 세세에 있을지어다"(롬 11:36). 그러나 이 말씀은 하나님을 죄의 원인으로 만들지도 않고, 인간을 책임이 없는 피조물로 만들지도 않는다. 하나님은 그분의 모든 행사에서 거룩하시다.

그리고 인간은 그의 모든 행위에 대해 책임을 져야 한다. 우리가 그 두 가지 진리가 양립하는 것을 이해하든 하지 못하든, 우리는 그 각각의 기본적인 진리들을 굳게 붙잡아야 하고, 어느 하나를 주장하기 위해 다른 하나를 부정하지 말아야 한다. 혹자는 다음과 같이 주장할 것이다. "만약 하나님이 우리의 모든 행동을 미리 정하셨다면, 우리는 기계보다 나을 게 없다." 다른 이는 다음과 같이 주장할 것이다. "만약 인간이 자유로운 존재라면, 그의 행동은 하나님에 의해 통제될 수 없다." 그러나 성경은 그런 생각들이 모두 헛됨을 보여 준다. 다윗은 열 명의 후궁을 왕궁에 남기기로 결정하면서 그것이 자신의 자유로운 행동이라고 여겼을 테지만, 사실 그때 그는 하나님의 목적의 수행을 위해 하나님에 의해 통제되고 있었다.

다윗 곁을 지킨 자들

"왕이 나가매 모든 백성이 다 따라서 벧메르학에 이르러 멈추어 서니 그의 모든 신하들이 그의 곁으로 지나가고 모든 그렛 사람과 모든 블렛 사람과 및 왕을 따라 가드에서 온 모든 가드 사람 육백 명이 왕 앞으로 행진하니라"(삼하 15:17-18). 이들은 좋을 때만의 친구들이 아니었다. 그들은 평온한 시기에 다윗과 함께 즐겼다. 그리고 어려운 시절에 그를 버리지 않았다. 그들은 예루살렘에서 그와 함께 특권을 나눠가졌다. 그리고 그들은 다윗이 도망자요 망명객이 된 지금도 그를 포기하려 하지 않았다. 압살롬이 "이스라엘 사람의 마음을" 훔쳤던 반면, "모든 그렛 사람과 모든 블렛 사람과 및 왕을 따라 가드에서 온 모든 가드 사람"이 다윗 곁에 굳건하게 남아 있었다는 사실은 놀랍다. 이것은 그리스도에 대한 예시다. 왜냐하면 비록 유대인들은 그분을 조롱하고 거부했지만, 이방인들 중에서 하나님의 택하심을 입은 자들은 그분을 따르는 자들이 되는 것을 두려워하지 않았기 때문이다.

63
기드론 시내를 건너감

사무엘하 5장

　　사무엘하 15장 후반부에는 빛과 그림자가 놀랍게 뒤섞여 있다. 다윗은 그가 처했던 가장 어두운 시간 동안에 그의 가장 사랑스러운 덕성들 중 몇 가지를 보여 준다. 또한 그의 친구와 추종자들 역시 그들의 가장 훌륭한 모습을 보여 준다. 우리의 불행에 따르는 극심한 고통을 그 고통에 따르는 위로와 뒤섞어 완화시켜 주시는 것이야말로 은혜로우신 하나님의 방식이다. 다윗이 사랑하던 아들과 그의 중요한 책사가 그와 맞서 반역을 일으켰으나, 그의 군사들 중 일부의 변함없는 충성과 레위인들의 신실함 그리고 그의 고통을 목도한 백성들이 보여 준 연민은 그의 부서진 마음에 얼마간 실제적인 위로를 제공했다. 깊은 고통과 낙담의 시기에 처할 때 우리는 우리의 적들을 실제 이상으로 많게, 그리고 우리의 친구들을 실제 이하로 적게 여기기 쉽다. 그러나 이제 다윗은 어떤 희생을 치르더라도 그의 곁에 남을 각오가 된 자들이 상당히 많다는 것을 발견할 참이다.

우리는 본문을 거듭나지 않은 자연인의 관점에서가 아니라 ― 비록 거기에도 소중한 것이 많이 있지만 ― 영적 관점에서 살펴볼 필요가 있다. 그런 관찰을 위한 핵심은 이 시기의 다윗의 마음 상태에 들어 있다. 우리는 이 시기의 그를 "회개하는 영혼"(the penitent soul)으로, 즉 지금 자신이 공의롭게 심판 당하고 있음을 알고 있는 자로 바라볼 필요가 있다. 그는 자신이 지은 죄의 결과가 자신에게 임하고 있다는 것과 자신이 그런 징계를 받는 것이 정당하다는 것을 알고 있었다. 그는 경건한 슬픔으로 가득 찼고 자기 때문에 이름이 더럽혀지신 분 앞에서 탄식했다. 그는 하나님의 회초리 앞에서 겸손하게 머리를 조아렸고 순종하는 자세로 그 회초리를 맞았다. 그런 마음 때문에 그는 모든 고통을 자기 혼자 감당하려고 했다. 왜냐하면 그는 여호와께 죄를 짓고 그분의 진노를 돋운 자는 다른 누구도 아니고 바로 자신이라는 것을 알았기 때문이다. 그가 가드 사람 잇대에게 자기를 떠나라고 말했던 것은 바로 그런 이유에서였다. 그렇게 처절한 마음으로 그는 언약궤 ― 여호와의 명백한 임재에 대한 상징 ― 를 예루살렘으로 돌려보냈다. 언약궤는 그에게 큰 기쁨이었으나, 이제 그는 자기가 그런 기쁨을 누릴 자격이 없다고 느꼈던 것이다.

잇대의 충성

나는 여기에서 본문의 내용을 더 개괄하기보다는 본문의 세부적인 내용들을 살피려 한다. "그때에 왕이 가드 사람 잇대에게 이르되 어찌하여 너도 우리와 함께 가느냐 너는 쫓겨난 나그네이니 돌아가서 왕과 함께 네 곳에 있으라 너는 어제 왔고 나는 정처 없이 가니 오늘 어찌 너를 우리와 함께 떠돌아다니게 하리요 너도 돌아가고 네 동포들도 데려가라 은혜와 진리가 너와 함께 있기를 원하노라 하니라"(삼하 15:19-20). 여기서 다윗이 보여 주는 정신은 얼마나 사랑스러운가! 그 자신이 깊은 곤경 가운데 빠졌음에도 그의 생각과 관심은 자기 주변에 있는 사람들을 향했다. 그는 그들이 자기가 겪게 될 역경과 위험을 피하기를 바랐다. 이것은 이 이기적인 시대에 우리가 유념해야 할 얼마나 은혜로운 모범인가! 우리는 가장 극심한 시험에 처했을 때라도 우리의 문제를 우리와 가까운 이들의 어깨 위에 얹으려 해서는 안 된다. "각각 자기의 짐을 질 것이라"(갈 6:5).

잇대는 다윗을 따라나섰던 "가드 사람 육백 명"(삼하 15:18)의 지도자였던 것으로 보인다. 그들은 다윗이 블레셋의 가드에서 살 동안 다윗과 운명을 함께하기로 작정하고 그를 따라 이스라엘로 이주했다. 아마도 그들은 블레셋의 운명이 다했다고 믿었거나 혹은 (아마도 그것이 더 타당할 수 있는데) 다윗에게 매료되었기에 그렇게 했을 것이다. 그리고 이제 그들은 다윗이 왕도에서 도망치는 상황에서 그를 따라나선 그의 가장 충실한 추종자들 중에 들어 있었다. 아마도 그들은 이 시기에 다윗에게 가장 유용한 경호원 역할을 할 수 있었을 것이다. 그러나 고귀한 관대함과 부드러운 연민을 지녔던 다윗은 이제부터 자기가 감당해야 할 불편함과 위험에서 그들을 면제시켜 주고자 했다. 이것은 우리에게 다윗의 후손이자 주님이셨던 분이 (아마도 동일한 장소에서) 자신을 잡으러 온 자들에게 하셨던 말씀을 떠올리게 만든다. "나를 찾거든 이 사람들이 가는 것은 용납하라"(요 18:8). 구약성경을 읽을 때 우리는 늘 그것의 대형(對型, Antitype)을 유념해야 한다.

"잇대가 왕께 대답하여 이르되 여호와의 살아 계심과 내 주 왕의 살아 계심으로 맹세하옵나니 진실로 내 주 왕께서 어느 곳에 계시든지 사나 죽으나 종도 그곳에 있겠나이다 하니"(삼하 15:21). 다윗은 그들을 돌려보내고 싶어 했다. 그러나 다윗과 그의 대의(大義)에 대한 그들의 애정은 이스라엘 백성들의 그것보다 훨씬 더 강했다. 이것은 아주 복되고 놀랍다. 왜냐하면 지금 다윗이 그들에게 줄 수 있는 것은 자기 백성들에게 거부되어 고통당하고 있는 자신과의 교제 외에는 아무것도 없었기 때문이다. 그럼에도 그들은 다윗을 수행하는 일을 아주 소중히 여겼기에 그 쓸모없어진 지도자의 곁을 떠나는 것을 거부했다. 영적으로 말한다면, 그리스도의 성령의 열매인 형제애는, 그것이 건강하고 기운찰 경우, 역경과 위험의 고통 속에서도 주저함 없이 그 사랑의 대상 곁에 남아 도움을 제공한다. 이 구절이 우리에게 가르쳐 주는 것은 우리는 이 세상에서 그리스도의 큰 뜻이 아무리 업신여김을 당할지라도 충성스럽게 그분께 매달려야 한다는 것이다.

"다윗이 잇대에게 이르되 앞서 건너가라 하매 가드 사람 잇대와 그의 수행자들과 그와 함께 한 아이들이 다 건너가고"(삼하 15:22). 이 충성스러운 추종자들이 보여 준 헌신은 다윗의 마음을 감동시켰을 것이 틀림없다. 그것이 이방인들에게서 나온 것이었기에 더욱 그랬을 것이다. "여호와의 살아 계심과"(21절)라는 잇대의 말에 비추어 볼 때 그들은 다윗의 인품뿐 아니라 그의 믿음에 의해서도 영향을 받았던 것으로 보인다. 사실, 만약 그들이 그들의 모든 우상들을 분명하게 포기하기 않았다면, 다윗은 그들을 자기 곁에 두거나 그들에게 "은혜와 진리가 너와 함께 있기를 원하노라"(20절)라고 말하지 않았을 것이다. 여기에서 다윗이 그들에게 "건너가라"고 말하는 것은 얼핏 이상하게 보일 수 있다. 그러나 그런 의구심은 다음 구절에서 해소된다. 그들이 건넌 것은 "기드론 시내"(23절)였던 것이다. 그렇게 해서 그들은 다윗의 무리를 앞서서 이끄는 명예로운 자리를 얻게 되었다!

기드론 시내의 의미

"온 땅 사람이 큰 소리로 울며 모든 백성이 앞서 건너가매"(삼하 15:23a). 비록 많은 백성들이 압살롬을 선호했으나, 다윗을 동정하는 사람들도 많았다. 이런 광경 앞에서도 슬퍼하지 않는 사람은 굳은 마음을 지닌 자임이 분명하다. 늙은 왕이 자기 왕궁을 버리고 소수의 수행원들만 대동한 채 자기 아들을 피해 광야에서 거처를 찾기 위해 시내를 건너고 있다! 이런 가련한 다윗을 보고도 슬퍼하지 않는 자는 인간이라고 할 수도 없을 것이다. 성령께서 여기에 "온 땅 사람이 큰 소리로 울며"라고 기록해 두신 것에 주목하라. 하나님은 진정어린 눈물에 대해 – 그것이 개인적인 회개의 눈물이든 다른 이들을 위한 동정심에서 나오는 눈물이든 – 무심하지 않으신다. 우리가 이런 눈물에 대한 언급을 통해 배워야 할 것은 우리는 자기 자녀들에게 학대당하는 부모들을 깊이 동정해야 한다는 것이다.

"왕도 기드론 시내를 건너가니 건너간 모든 백성이 광야 길로 향하니라"(삼하 15:23b). 이것은 우리 주님의 수난 기사에 나오는 훨씬 더 고통스러운 에피소드 하나를 분명하게 예시한다. 요한복음 18장 1절에서 언급되는 것이 바로 이 시내다. 뿐만 아니라 다윗과 그리스도가 이 시내를 건너는 것 사이에는 여러 가지 유비 관계가 있다. 따라서 여기에서 우리가 예표가 대형 속으로 녹아드는 것을 알아채지 못하는 일은 있을 수 없다. 그러나 그런 놀라운 유사성을 살펴보기에 앞서, 그 사건에 대한 엄중한 역사적 관심의 요구를 따라, 그 시내 자체에 대해 몇 마디 해야 할 필요가 있다.

"기드론"이 "검은"을 뜻한다는 사실은 아주 의미심장하다. 그것은 아주 적절한 이름이다. 왜냐하면 그것은 모리아의 음울한 골짜기를 따라 흘러내리는 시커먼 개울이었기 때문이다. 요세푸스(Josephus)가 전하는 바에 따르면, 이 시내는 예루살렘 동편에 있었다. 그것은 성전이 서 있는 언덕과 감람산 밑자락 사이에 놓여 있었다. 예루살렘 성읍의 오물뿐 아니라 성전에서 희생제사를 드릴 때 발생하는 찌꺼기들 역시 계속해서 이 시내로 쏟아져 들어왔다. 이 시내는 이른바 "성 밖 부정한 곳"(레 14:30, 45)이었다. 즉 이 시내는 제물의 찌꺼기를 흘려보내는 곳이었다. 예표적으로 본다면, 이 시내는 하나님의 면전(하나님이 이스라엘 가운데 마련하신 성전)에서 씻겨나가는 인간의 죄와 악을 의미한다.

구약성경에는 "기드론"에 대한 다른 언급들도 나오는데, 그것들이 내가 위에서 지적한 내용과 놀랄 만큼 잘 들어맞는다는 것은 흥미롭다. 이 시내는 훗날 예루살렘 성읍의 오물과 성전의 찌꺼기들을 받아들인 곳이었을 뿐 아니라, 유다의 경건한 왕들이 자기들이 파괴한 우상들의 재를 그 더러운 물에 뿌린 곳이기도 했다(대하 15:16; 30:14; 왕하 23:4, 6 참고). 우리의 복된 구주께서는 이 불결한 시내를 건너 겟세마네까지 슬픔에 가득 찬 길을 걸어가셨다. 그리고 겟세마네에서 그분은 우리의 악을 자신의 "잔" – 더럽고 불쾌한 기드론이 의미하는 것이 그것이다 – 에 쓸어 담으셨다. 그 더러운 시내는 그리스도께서 빠져들어 갈 "깊은 수렁"(시 69:2)이었다. 이 시내의 흙과 물보다 불쾌하고 구역질나는 것은 아무것도 없다. 거룩하신 분께는 자기 백성들이 지은 모든 더러운 죄들에 둘러싸이는 것보다 혐오스러운 것은 아무것도 없다.

이제 우리의 예표와 대형 사이의 몇 가지 유사성에 대해 생각해 보자. 첫째, 다윗의 굴욕적인 도망이 시작된 곳이 이 시내였듯이, 우리 구주의 "고난"(행 1:3)의 시작 역시 그 시내를 건너시는 것이었다. 둘째, 다윗이 조롱받고 거부된 왕으로서 그것을 건너갔던 것처럼, 구주께서도 그런 처지로 그 시내를 건너 겟세마네까지 가셨다. 셋째, 다윗이 전적으로 혼자가 아니었고 여전히 그에게 헌신하는 적은 무리의 추종자를 거느렸듯이, 그의 대형이신 분도 그러하셨다. 넷째, 다윗의 절친한 친구 아히도벨이 그의 적들 편에 가담했던 것처럼, 유다가 그리스도를 배반하기 위해 그분의 적들을 찾아갔다. 다섯째, 비록 대중은 압살롬을 선호했으나 백성들 중 일부가 다윗을 동정하며 울었던 것처럼, 주 예수를 향한 대중의 외침이 "십자가에 못 박으라"였음에도 여전히 "그를 위하여 가슴을 치며 슬피 우는"(눅 23:27) 사람들이 있었다.

언약궤를 돌려보냄

"보라 사독과 그와 함께 한 모든 레위 사람도 하나님의 언약궤를 메어다가 하나님의 궤를 내려놓고 아비아달도 올라와서 모든 백성이 성에서 나오기를 기다리도다"(삼하 15:24). 이것은 다윗에게 아주 유리한 일이었다. 레위인들과 대제사장이 자신들의 운명을 백성들에게 거부되어 곤경에 처한 자와 함께할 준비를 하고 있었던 것이다. 다윗의 안타까운 실패에도 불구하고, 성막을 지키는 자들은 이스라엘의 그 감미로운 시인이 자기들과 자기들의 직무에 대해 보여 주었던 애정을 잘 알고 있었다. 압살롬이 백성들의 비위를 맞추기 위해 따랐던 정책은 여호와의 종들에게는 아무런 효과가 없었다. 그렇기에 그들은 다윗의 운명에 그토록 무서운 변화가 일어났음에도 여전히 흔들림 없이 그를 추종했다. 아, 이것은 종교 지도자들이 세상의 군주들이 그들의 지원과 사역을 가장 긴급하게 요청할 때 오히려 그들을 배반하는 오늘날의 현실과 얼마나 다른가!

하나님의 사역자들은 늘 "위에 있는 권세들에게"(롬 13:1) 순종과 충성을 바치는 일에 모범을 보여야 한다. 특별히 그들은 그들의 경건한 직무에 찬동하고 그들을 보호해 주었던 통치자들이 반역하는 백성들에게 압박을 받을 때 공개적으로 그 통치자들에게 충성을 보여야 한다. 성경에는 "하나님을 두려워하며 왕을 존대하라"(벧전 2:17)는 명령이 실려 있다. 그런데 만약 교회의 지도자들이 이런 하나님의 명령에 순종하지 않는다면, 어떻게 그들이 가르치는 자들이 그들보다 더 낫게 행동할 수 있겠는가? "번영하는 시기에 언약궤 곁에 머무는 자들은 역경의 시기에 그들 곁에 서 계신 분을 발견하게 될 것이다. 전에 다윗은 언약궤를 안치할 곳을 마련하기 전까지 평안을 누리지 못했다[시 132]. 그리고 이제 제사장들이 결심만 한다면, 그 언약궤는 다윗이 그의 쉴 곳으로 돌아오기 전까지는 평안을 누리지 못할 참이었다"(Matthew Henry).

"왕이 사독에게 이르되 보라 하나님의 궤를 성읍으로 도로 메어가라 만일 내가 여호와 앞에서 은혜를 입으면 도로 나를 인도하사 내게 그 궤와 그 계신 데를 보이시리라"(삼하 15:25). 이것 역시 매우 인상적이며 다윗의 인품의 좋은 측면을 보여 준다. 레위인들 그리고 특히 언약궤의 존재는 다윗의 입지를 크게 강화시켜 줄 수 있었다. 언약궤는 이스라엘 역사에서 특별히 중요했다. 따라서 그것은 틀림없이 백성들의 마음을 움직이는 데 소용이 될 것이다. 더 나아가 그것은 다윗이 다른 무엇보다 귀하게 여겼던 것이며 하나님의 임재에 대한 공인된 상징이었다. 그러나 다윗은, 그 옛날에 엘리가 그랬던 것처럼, 그 성스러운 궤의 안녕에 대해 진심으로 염려하고 있었다. 그렇기에 그는 그 궤를 혹시 있을지도 모르는 압살롬과 그의 도당들의 모욕에 노출시키려 하지 않았다. 그는 예루살렘-주님의 영광-을 그가 "가장 즐거워하는 것보다 더"(시 137:6) 즐거워했다. 더구나 다윗은 현재 자신이 하나님의 징계를 받고 있음을 알았고, 따라서 자기가 언약궤를 대동할 자격이 없다고 느꼈다. 그렇기에 그는 자기가 자신의 죄 때문에 징계를 받는 동안에는 하나님이 자기 편에 계신 것처럼 보이기를 거절했다.

"만일 내가 여호와 앞에서 은혜를 입으면 도로 나를 인도하사 내게 그 궤와 그 계신 데를 보이시리라." 분명히 다윗은 모든 것이 주님이 주시는 값없는 은혜에 달려 있음을 알고 있었다. 이것은 주목할 만하다. 왜냐하면 오늘날의 세대주의자들은 이스라엘은 엄격한 율법의 지배하에 있었기에 하나님의 은혜를 알지 못했으며, 하나님은 그리스도가 오시기 전까지는 그 은혜를 행사하시지 않았다고 주장하기 때문이다. 그러나 그런 견해는 요한복음 1장 17절 말씀에 대한 완전히 잘못된 해석에 불과하다. 이것은 큰 오류다. 왜냐하면 구약성경은 하나님의 값없는 은혜가 모든 축복의 토대라는 것을 아주 분명하게 밝히고 있기 때문이다(민 14:8; 신 10:15; 왕상 10:9; 대하 9:8; 행 7:46 참고). 그러므로 다윗이 다음과 같이 말하는 것은 복되다.

"만일 내가 여호와 앞에서 은혜를 입으면 도로 나를 인도하사 내게 ['내 거처'가 아니라] 그 궤와 그 계신 데를 보이시리라." 그는 자신의 왕위와 명예보다 그 초라한 장막을 훨씬 더 소중히 여겼던 것이다.

하나님의 뜻에 대한 순종

"그러나 그가 이와 같이 말씀하시기를 내가 너를 기뻐하지 아니한다 하시면 종이 여기 있사오니 선히 여기시는 대로 내게 행하시옵소서 하리라"(삼하 15:26). 이것은 참으로 값진 순종의 자세다. 여호와께서 그가 지은 죄 때문에 그를 징계하고 계셨다. 그리고 그는 그 결과가 어떻게 될지 알지 못했다. 따라서 그는 하나님의 전능하신 손아래에 겸손히 무릎을 꿇고 그 문제를 통치자이신 그분의 뜻에 맡겼다. 그는 최상의 상황을 소망했지만 최악의 상황에 대해서도 대비했다. 그는 자기가 거룩하신 분의 계속되는 진노를 겪어야 마땅하다는 것을 알고 있었다. 그래서 그는 자신의 일의 결과를 하나님의 통치적 은혜에 위임했다. 독자들이여, 다윗이 압살롬의 반역이라는 그 어두운 시간에 하나님의 징계의 손길을 보았다는 것, 그리고 그것이 (적어도 어느 정도는) 그를 하늘에 대한 반역과 인간에 대한 두려움 모두에서 보호해 주었다는 것에 신중하게 주목하라. 우리가 모든 사건들 속에서 지존자의 제어하시는 손길을 잘 분별할수록, 우리의 마음의 평안은 그만큼 더 커질 수 있다.

이 사건 속에는 우리의 마음에 새겨 둘 만한 중요하고 값진 교훈들이 많이 들어 있다. 우리가 통치자이신 하나님의 뜻에 자신을 내맡기는 것은 진정한 믿음의 행위다. 그분은 "은혜 베풀 자에게 은혜를 베풀고 긍휼히 여길 자에게 긍휼을 베푸신다"(출 33:19). 이것은 우리가 하나님의 약속들 중 하나를 우리의 것으로 삼아 그분 앞에서 그 약속의 이행을 탄원할 경우에도 마찬가지다. 나는 다윗의 그런 믿음이 당시 그가 처한 그 고통스러운 곤경 속에서 그를 인도했다고 믿는다. 그는 여호와께서 자기에게 얼마나 분개하고 계신지 알지 못했다. 또한 그는 앞으로 일이 어떻게 전개될지도 알지 못했다. 그렇기에 그는 그분의 보좌 앞에서 무릎을 꿇고 모든 것을 그분께 맡겼던 것이다. 극심한 고통 가운데 있던 많은 이들이 다른 모든 위로의 샘들이 완전히 말라버린 상황에서 욥처럼 "그가 나를 죽이시리니 내가 희망이 없노라 그러나 그의 앞에서 내 행위를 아뢰리라"(욥 13:15)라고 말하면서 위안을 얻어왔다.

죄에 빠져 양심의 가책을 느끼고 있는 자들은 자기들이 의심할 여지없이 망했다는 것을 알고 있다. 그러나 그들은 주님께서 자기들을 어떻게 다루실지는 알지 못한다. 그분의 신호와 징조들은 완전히 사라지고, 그들은 자기들 안에서 하나님의 은혜의 증거를 찾아내지 못한다. 그런 상황에서 죄책감 때문에 고통당하는 자들이 해야 할 일은 무엇인가? 그분에게 등을 보이는 것은 완전히 미친 짓이 될 것이다. "그는 마음이 지혜로우시고 힘이 강하시니 그를 거슬러 스스로 완악하게 행하고도 형통할 자가 누구이랴"(욥 9:4). 그들은 그분으로부터 그리고 그분에 의해서가 아니고는 최소한의 도움도 얻지 못한다. "오직 하나님 한 분 외에는 누가 능히 죄를 사하겠느냐"(막 2:7). 그러므로 그들이 할 수 있는 유일한 일은 다윗처럼 행동하는 것이다. 즉 죄로 물든 그들의 영혼을 하나님 앞으로 가져가고, 통치자이신 그분의 은혜로운 뜻을 기다리고, 그분의 결정에 기꺼이 따르는 것뿐이다.

"만일 내가 여호와 앞에서 은혜를 입으면 도로 나를 인도하사 내게 그 궤와 그 계신 데를 보이시리라 그러나 그가 이와 같이 말씀하시기를 내가 너를 기뻐하지 아니한다 하시면 종이 여기 있사오니 선히 여기시는 대로 내게 행하시옵소서 하리라"(삼하 15:25-26). 바로 여기에 폭풍에 흔들리는 영혼을 위한 닻이 있다. 비록 그런 믿음이 즉각 안정과 평안을 제공하지는 않을지라도, 그것은 비참한 절망에 빠진 자가 발을 딛고 설 "바위"를 제공해 준다. "하나님이 뜻을 돌이키시고 그 진노를 그치사 우리가 멸망하지 않게 하시리라 그렇지 않을 줄을 누가 알겠느냐"(욘 3:9) 혹은 "혹시 여호와께서 나를 불쌍히 여기사 아이를 살려 주실는지 누가 알까"(삼하 12:22)라는 말씀으로 우리의 마음을 위로하는 것이 절망에 빠지는 것보다 훨씬 낫다. "주께서 혹시 마음과 뜻을 돌이키시고 그 뒤에 복을 내리사 너희 하나님 여호와께 소제와 전제를 드리게 하지 아니하실는지 누가 알겠느냐"(욜 2:14). 그러므로 우리는 위로부터 더 밝은 빛이 내려올 때까지 그 바위 위에 머물러야 한다.

64

감람산에 오름

사무엘하 15장

앞 장에서 끝냈던 지점에서 다시 시작하자. "왕이 또 제사장 사독에게 이르되 네가 선견자가 아니냐 너는 너희의 두 아들 곧 네 아들 아히마아스와 아비아달의 아들 요나단을 데리고 평안히 성읍으로 돌아가라 너희에게서 내게 알리는 소식이 올 때까지 내가 광야 나루터에서 기다리리라 하니라"(삼하 15:27-28). 비록 그들이 거룩한 일을 통해 자기를 섬기는 것을 허락하지는 않았으나, 다윗이 그들의 섬김을 업신여겼던 것은 아니다. 오히려 그들은 그들이 책임을 맡고 있는 자리로 돌아감으로써 그리고 그곳에서 예루살렘에서 벌어지는 일들을 다윗에게 알림으로써 그를 더 크게 도울 수 있었다.

다윗이 그들을 얼마나 신임했는지는 그 노련한 전략가가 그들에게 자신의 이후의 계획, 즉 자기가 당분간 어디에 머물지 알려 주는 것을 통해 분명하게 드러난다. 오, 오늘날 하나님의 종들 역시 곤경에 빠진 자들이 주저하지 않고 그들을 신뢰하고 그들의 조언을 구할 수 있을 만큼 행동하기를! "사독과 아비아달이 하나님의 궤를 예루살렘으로 도로 메어다 놓고 거기 머물러 있으니라"(삼하 15:29). 복된 순종이다. 그들은 자신들의 갈망을 접고 주인의 뜻에 순응했다.

죄로 인한 슬픔

"다윗이 감람 산 길로 올라갈 때에 그의 머리를 그가 가리고 맨발로 울며 가고"(삼하 15:30a). 독자들은 내가 앞 장의 도입부에서 했던 말을 잊지 말기 바란다. 거기서 나는 이 사건 전체를 살피기 위한 핵심적 요소는 다윗의 마음 상태에 들어 있다고 말한 바 있다. 우리는 이 사건 전체를 통해 다윗을 "겸손한 참회자"(the humble penitent)로 바라보아야 한다. 그는 하나님의 전능하신 손아래에 자신을 낮추고 있다. 여기에서 우리는 그가 자신의 죄 때문에 그리고 자신이 자기 자신과 가족과 백성에게 초래한 불행 때문에 스스로 낮추고 슬퍼하는 모습을 보게 된다. 이것은 그의 경건한 슬픔을 나타내는 적절한 증거였다. 그가 머리를 가린 것은 자기를 정죄하고 있음에 대한 상징이었고, 그가 맨발로 걸은 것은 그의 슬픔을 드러내 보이는 것이었다

(사 20:2, 4, 겔 24:17 참고).

"다윗이 감람 산 길로 올라갈 때에 그의 머리를 그가 가리고 맨발로 울며 가고" 이 일이 그가 기드론 시내를 건넌 직후에 발생한 것은 얼마나 놀라운가! 앞 장에서 나는 그가 기드론 시내를 건넌 사건에는 우리 주님이 배신당하시던 날 밤에 그 시내를 건너시는 것을 예시하는 다섯 가지 요소가 들어 있음을 지적한 바 있다. 그 누가 여기에서 또 다른 유사성을 보지 못하겠는가? 그 음울한 시내를 건넌 후에 우리 주님께서는 겟세마네로 들어가셨고, 거기에서 그분의 영혼은 "심히 고민하셨다"(막 14:34). 또 거기에서 그분은 "심한 통곡과 눈물로 간구와 소원을 올리셨다"(히 5:7). 그러나 우리는 그 둘 사이의 이런 유사성뿐 아니라 그 둘 사이에 존재하는 급격한 차이에 주목하는 것도 잊어서는 안 된다. 다윗의 슬픔의 원인은 그 자신의 죄였으나, 그리스도의 눈물의 원인은 그분의 백성들의 죄였다.

"그와 함께 가는 모든 백성들도 각각 자기의 머리를 가리고 울며 올라가니라"(삼하 15:30b). 우는 자들과 함께 우는 것은 우리의 의무다. 그리고 다윗과 함께 있던 자들은 자기들의 왕의 슬픔에 깊은 영향을 받았다. 다시 한 번 우리의 관심을 우리 구주의 고난으로 돌려서 그것과 다윗의 현재 상황 사이의 또 다른 유사성에 주목해 보자. 이상하게도 지금까지 많은 이들이 그것을 간과해 왔다. 그리스도를 따라 겟세마네 동산으로 들어갔던 제자들은 단 한 시간도 그분과 함께 깨어 있지 못했다. 물론 그것은 그들이 그분의 고통에 무관심했거나 잠을 통해 육신의 안락을 꾀했기 때문이 아니었다. 왜냐하면 그들은, 성경이 분명하게 알려 주듯이, "슬픔으로 인하여"(눅 22:45) 잠이 들었던 것이기 때문이다. 그렇게 해서 울면서 다윗을 따라 감람산에 올랐던 자들은 울면서 구주를 따라 겟세마네 동산으로 들어갔던 제자들을 예시한다.

아히도벨의 배신 소식을 들음

"어떤 사람이 다윗에게 알리되 압살롬과 함께 모반한 자들 가운데 아히도벨이 있나이다 하니"(삼하 15:31a). 자신의 아들이 자기에게 반역했다는 사실을 제외하고 다윗이 마셔야 했던 가장 쓴 잔이 바로 이것이었다. 이것은 그가 견딜 수 있는 평범한 타격이 아니었다. 왜냐하면 아히도벨은 보통 사람이 아니었기 때문이다. 그는 다윗이 신뢰했던 자였고, 그의 가장 가까운 친구들 중 하나였고, 그가 많은 은혜를 베푼 자였다. 또 그는 다윗이 국가의 문제들을 놓고 가장 은밀히 논의했던 자였고, 영적인 문제들과 관련해 가장 가까이 교제했던 자였다. 이것은 그 시편 기자의 진술을 통해 분명하게 드러난다. "우리가 같이 재미있게 의논하며 무리와 함께 하여 하나님의 집 안에서 다녔도다"(시 55:14). 인간의 본성은 변덕스럽고 반역적이다. 우리의 가장 극심한 시련은 종종 우리가 가장 깊이 신뢰하고 가장 크게 친절을 베풀었던 자들로부터 나온다. 그러나 다른 한편으로, 다윗을 따랐던 가드 사람 잇대의 경우처럼(삼하 14:21), 때로는 우리가 아무런 기대도 하지 않았던 자들 중에서 가장 믿어지지 않는 방식으로 친구들이 나타나기도 한다.

"다윗이 이르되 여호와여 원하옵건대 아히도벨의 모략을 어리석게 하옵소서 하니라"(삼하 15:31b). 어떤 문제가 단독으로 발생하는 경우는 거의 없다. 종종 문제들은, 욥의 경우에서처럼, 꼬리에 꼬리를 무는 경향이 있다. 다윗이 극심한 시련에 처했던 바로 그 순간에 이 안타까운 소식이 전해졌다. 압살롬이 반역했고, 이제 그 결정적인 순간에 그의 총리마저 그를 배신했음이 밝혀졌다. 이것은 다윗이 그에게 보였던 관대함에 대한 사악한 보답이었다. 여기에서 다시 우리는 이 역사적 사건이 우리의 복된 주님과 관련해 보다 엄중하고 무서운 사건을 예시하고 있음을 알 수 있다. 의심할 바 없이 아히도벨은 그리스도의 핵심 제자 그룹에 속해 있다가 사악하게도 그분께 등을 돌리고 적들의 편으로 넘어간 유다에 대한 놀라운 예표다. "제자가 그 선생 같고 종이 그 상전 같으면 족하다"(마 10:24). 만약 그리스도께서 사람들에게 자비를 베푸셨음에도 사람들로부터 그토록 잔인하게 배반을 당하셨다면, 우리 역시 그와 유사한 처지에 놓일 것에 대비해야 한다.

탄식과 기도

다윗이 아히도벨의 배반을 얼마나 뼈아프게 느꼈는지는 그가 지은 것이 분명해 보이는 시편에 나타나는 몇 구절을 통해 잘 드러난다. 시편 41편에서 그는 자기를 괴롭히던 잇따른 악에 대한 언급을 다음과 같은 말로써 맺는다. "[게다가, KJV, 한글 성경에는 번역되어 있지 않다 – 역주] 내가 신뢰하여 내 떡을 나눠 먹던 나의 가까운 친구도 나를 대적하여 그의 발꿈치를 들었나이다"(9절). 그것이 정점이었다. "게다가"(Yea)라는 단어가 암시하듯이, 이보다 더 나쁜 것은 상상할 수 없었다. 아히도벨은 가장 필요한 순간에 다윗을 버렸을 뿐 아니라, 그의 적의 편으로 넘어가고 말았다. "나를 대적하여 그의 발꿈치를 들었나이다"라는 말은 그동안 주인에게서 좋은 보살핌을 받다가 갑자기 발길질을 하며 주인을 차버리는 말의 모습을 연상시킨다. 그러나 다윗의 고뇌를 더 분명하게 드러내는 또 다른 시편 구절이 있다. "그는 곧 너로다 나의 동료, 나의 친구요 나의 가까운 친우로다 우리가 같이 재미있게 의논하며 무리와 함께 하여 하나님의 집 안에서 다녔도다"(시 55:12-13).

시편에는 다윗의 탄식을 보여 주는 또 다른 구절들이 들어 있다. "나는 사랑하나 그들은 도리어 나를 대적하니 나는 기도할 뿐이라 그들이 악으로 나의 선을 갚으며 미워함으로 나의 사랑을 갚았사오니"(시 109:4-5). 다윗의 이런 안타까운 시련은 종종 교회들이 겪는 가장 고통스러운 경험에 대한 예시다. 왜냐하면 교회의 문제들은 대개 교회 안에서 시작되기 때문이다. 교회의 공공연한 적들은 교회의 친구인 체하던 자들이 그들에게 교회를 넘겨주기 전까지는 교회에 거의 혹은 아무런 해도 입히지 못한다. "나는 기도할 뿐이라"는 다윗의 말은 우리의 본문과 직접 연결된다. 왜냐하면 우리는 곧 이어서 다음과 같은 말을 듣기 때문이다. "다윗이 이르되 여호와여 원하옵건대 아히도벨의 모략을 어리석게 하옵소서 하니라"(삼하 15:31b). 다윗이 압살롬의 무모함보다 아히도벨의 모략을 더 두려워했음은 분명하다. 왜냐하면 그는 백성들로부터 높이 존경을 받고 있을 뿐 아니라 정치적 수완이 뛰어난 인물이었기 때문이다(삼하 16:23).

다윗이 우리에게 남긴 모범은 얼마나 복되고 고무적인가! 기도는 신자들의 자산이다. 기도하기에 부적절한 시간이란 결코 없다. 우리 역시 하나님께서 그분의 백성들에 대한 사악한 자들의 계책을 무위로 돌려주시기를 기도해야 한다. 우리 역시 모든 것이 끝난 것처럼 보일 때 그분께 나아가 그분 앞에 우리의 상황을 아뢰어야 한다. "의인의 간구는 역사하는 힘이 크다"(약 5:16). 그것에 맞서는 세상의 지혜와 능력은 모두 헛것이 된다. 여기서도 마찬가지였다. 다윗의 탄원은, 비록 간략했지만, 사무엘하 17장 14절이 보여 주듯이, 분명하게 응답을 받았다. "압살롬과 온 이스라엘 사람들이 이르되 아렉 사람 후새의 계략은 아히도벨의 계략보다 낫다 하니 이는 여호와께서 압살롬에게 화를 내리려 하사 아히도벨의 좋은 계략을 물리치라고 명령하셨음이더라." 그러므로 우리는 이 사건을 통해 용기를 얻자. 그리고 "아무것도 염려하지 말고 다만 모든 일에 기도와 간구로, 너희 구할 것을 감사함으로 하나님께 아뢰자"(빌 4:6).

낮은 골짜기에서 드리는 예배

"다윗이 산마루턱에 이르러 하나님께 예배한 후에"(삼하 15:32a, And it came to pass, that when David was come to the top of the mount, where he worshipped God, KJV – 역주). 이것은 아주 복될 뿐 아니라, 또한 우리에게 "우는 것이 예배하는 것을 가로 막아서는 안 된다"(Matthew Henry)는 아주 사랑스럽고도 중요한 교훈을 가르쳐 준다. 그래서는 안 된다. 어째서인가? 우리는 기쁠 때만이 아니라 슬플 때도 하나님을 예배해야 하기 때문이다. 우리는 환희로 들떠 있을 때만이 아니라 수치스러운 골짜기를 지날 때도 진정으로 주님을 숭배해야 하기 때문이다. 더 나아가 우리는 화려하게 장식한 성당에서뿐 아니라 험준한 산 위에서도 하나님이 받으실 만한 예배를 드려야 하기 때문이다. 본문을 통해 분명하게 드러나듯이, 구약시대에도 영적인 마음을 지닌 자들은 이 원리를 분명하게 이해하고 있었다. 다윗은, 비록 당시에 성막과 멀리 떨어져 있었으나, 여전히 자기가 영을 통해 하나님과 교제할 수 있다는 것을 알고 있었다. 그러므로 우리는 다음과 같은 사실을 분명하게 명심해야 한다. 즉 비록 우리가 더 이상 하나님께 드리는 공적 예배에 참석할 수 없을 때라도, 우리가 주님께 예배하는 것을 가로막을 수 있는 것은 아무것도 없다. 오늘날과 같은 시대에 우리가 그런 자비를 누리고 있다는 것은 얼마나 감사한 일인가!

"다윗이 산마루턱에 이르러 하나님께 예배한 후에." 다윗이 이때 하나님께 예배하기 위해 시편 3편을 지었다고 믿는 사람들이 있다(나 역시 충분한 이유를 갖고서 그렇게 믿는다). 왜냐하면 그 시편은 "다윗이 그의 아들 압살롬을 피할 때에 지은 시"라는 머리글[上記]을 갖고 있기 때문이다. 어떤 이가 다음과 같이 잘 말한 적이 있다. "다윗이 지은 모든 시편들 중 이것 이상으로 고통과 징계의 심연 가운데서 드러나는 그의 신앙의 승리를 탁월하게 보여 주는 것은 달리 없다"(B. W. Newton). 그는 자신이 처한 엄중한 상황에 대해 눈 감지 않았고, 자기가 처한 긴급한 위험을 무시하지도 않았다. 그는 다음과 같이 말한다. "여호와여 나의 대적이 어찌 그리 많은지요 일어나 나를 치는 자가 많으니이다 많은 사람이 나를 대적하여 말하기를 그는 하나님께 구원을 받지 못한다 하나이다 [셀라]"(시 3:1-2).

다윗은 자신의 적들의 수가 많다고, 또한 그들이 자기가 여호와의 구원을 얻지 못하리라고 떠벌이고 있다고 묘사한다. 우리가 보았듯이(삼하 15:12), 반역은 큰 규모로 진행되었고, 반역자들은 다윗의 죄가 너무 크기에 하나님도 더 이상 그를 돕지 않으시리라고 확신하고 있었다. "여호와여 주는 나의 방패시요 나의 영광이시요 나의 머리를 드시는 자이시니이다"(시 3:3). 이 구절은 아주 복되다. 다윗은 실제적인 위험 가운데서도 여호와께서 여전히 자기를 지켜 주시리라는 확신에 의지해 적들의 악의에 찬 말과 명백한 증오에 맞서고 있다. "위험이 여전히 현존할지라도, 그는 믿음 안에서 그 위험을 과거의 것으로 말하고 있다. 구원이 아직 미래에 속해 있을지라도, 그는 그것을 이미 이루어진 것으로 여기고 있다"(B. W. Newton).

"내가 나의 목소리로 여호와께 부르짖으니 그의 성산에서 응답하시는도다 [셀라]"(시 3:4). 그는 시온에 있는 성막에서 추방된 자였다. 또 그는 언약궤를 그것이 있던 자리로 돌려보낸 상태였다. 그러나 비록 그가 먼 산에서 하나님께 부르짖을지라도, 그분은 "그의 성산에서" 은혜롭게 그에게 응답해 주신다. "그와 그의 사람들은 위험에 처해 있었다. 그러나 졸지 않으시는 분은 무방비 상태에서 졸고 있는 그들을 지켜 주셨다"(A. Maclaren). "내가 누워 자고 깨었으니 여호와께서 나를 붙드심이로다"(시 3:5). 수많은 위험이 여전히 그를 에워싸고 있을지라도, 다윗은 그렇듯 조용한 확신에 차 있었다. 한 밤을 자고 난 것 때문에 힘을 얻고, 자기가 동굴에 숨거나 광야에서 잠자는 동안에도 하나님이 자기를 지켜 주신 것 때문에 담대해진 시편 기자는 다음과 같은 승리의 탄성을 쏟아낸다. "천만인이 나를 에워싸 진 친다 하여도 나는 두려워하지 아니하리이다"(시 3:6).

기도라는 무기에 의지해 새로운 힘을 얻은 다윗은 싸움이 시작되기도 전에 이미 승리를 내다보았고 그것을 전적으로 하나님 덕분으로 돌렸다. "여호와여 일어나소서 나의 하나님이여 나를 구원하소서 주께서 나의 모든 원수의 뺨을 치시며 악인의 이를 꺾으셨나이다 구원은 여호와께 있사오니 주의 복을 주의 백성에게 내리소서 [셀라]"(시 3:7-8). "그의 확신은 헛되지 않았다. 그는 회복되었고, 이스라엘이 다시 평안해지는 것을 보았고, 하나님의 은혜가 다시 그분의 백성 위에 머무는 것을 경험했다. 이 시편을 우리 개인에게, 즉 타락하거나 범죄한 후에 다시 자비롭고 성실하신 주님께 돌아오는 모든 이들에게 적용하는 것은 얼마나 복된 일인가! 비록 우리에 대한 하나님의 책망과 징계의 증거가 사방에서 나타날지라도, 비록 모든 이들이 우리를 두고서 '그는 하나님께 구원을 받지 못한다'고 말할지라도, 우리는 다윗을 기억해야 하며, 또한 그와 더불어 '주는 나의 방패시요 나의 영광이시요 나의 머리를 드시는 자이시니이다'라고 말해야 한다. 그런 식으로 하나님의 종들의 죄와 징계조차 결국에는 그분의 백성들에 대한 그분의 은혜가 된다"(B. W. Newton).

후새를 돌려보냄

"아렉 사람 후새가 옷을 찢고 흙을 머리에 덮어쓰고 다윗을 맞으러 온지라"(삼하 15:32b). 역대상 27장 33절을 통해 우리는 후새가 국정과 관련해 중요한 역할을 맡았던 또 다른 인물이었음을 알게 된다. 거기에서 아렉 사람 후새는 "왕의 벗"으로 묘사되고 있기 때문이다. 후새가 지혜로운 사람으로 간주되었음은 얼마 후 압살롬이 그에게 조언을 청하는 것을 통해 분명하게 드러난다(삼하 17:5). 곧 이어지는 내용에 비추어 볼 때, 후새가 다윗을 찾아 온 것은 하나님이 다윗의 마음의 은밀한 활동이 드러나게 하시기 위해 그의 상황을 조율하셨던 것으로 보인다. 즉 그것은 그가 그분 앞에서 겸손해지도록, 또한 그가 다른 그 무엇보다도 자기를 그토록 인내해 주시는 분의 은혜를 소중히 여기도록 하시기 위함이었다.

"다윗이 그에게 이르되 네가 만일 나와 함께 나아가면 내게 누를 끼치리라 그러나 네가 만일 성읍으로 돌아가서 압살롬에게 말하기를 왕이여 내가 왕의 종이니이다 전에는 내가 왕의 아버지의 종이었더니 이제는 내가 왕의 종이니이다 하면 네가 나를 위하여 아히도벨의 모략을 패하게 하리라 사독과 아비아달 두 제사장이 너와 함께 거기 있지 아니하냐 네가 왕의 궁중에서 무엇을 듣든지 사독과 아비아달 두 제사장에게 알리라 그들의 두 아들 곧 사독의 아히마아스와 아비아달의 요나단이 그들과 함께 거기 있나니 너희가 듣는 모든 것을 그들 편에 내게 소식을 알릴지니라 하는지라 다윗의 친구 후새가 곧 성읍으로 들어가고 압살롬도 예루살렘으로 들어갔더라"(삼하 15:33-37).

"물에 비치면 얼굴이 서로 같은 것 같이 사람의 마음도 서로 비치느니라"(잠 27:19). 아, 우리 모두 이 사건에서 우리 자신의 모습을 발견할 수 있지 않은가? 우리가 우리의 모든 것을 주님께 맡겼는데 언뜻 보기에 우리의 간구에 대한 응답이 찾아온 것처럼 보이던 때가 있지 않았는가? "여호와 앞에 잠잠하고 참고 기다리는 것"(시 37:7)것보다는 차라리 그분께 우리의 길을 내맡기는 편이 훨씬 더 쉽다. 종종 거기에 우리의 믿음에 대한 참된 시험이 놓여 있다. 우리가 모든 일을 전적으로 하나님의 손에 맡기느냐, 아니면 우리의 손으로 문제를 해결하려고 하느냐 하는 것은 우리의 믿음에 대한 실제적 시험이 된다. 그러므로 위급한 때에 자원해서 우리를 돕기 위해 나오는 후새 같은 사람이 종종 우리에게 시험이 될 수도 있다는 것을 알라. 그것은 우리가 여전히 육신의 힘에 의지하려고 하느냐에 관한 시험이다.

그동안 다윗이 후새를 압살롬의 진영으로 돌려보내 스파이 노릇을 시킨 것을 정당화하기 위한 여러 가지 설명들이 있었다. 물론 전쟁시에 전략을 쓰는 것은 용인될 수 있다. 그러나 다윗이 후새에게 거짓 행동과 말을 하게 했던 것은 어떤 이유로도 정당화될 수 없다. 하나님이 모든 상황을 주관하셨고 후새를 통해 아히도벨의 모략을 물리치신 것은 사실이다. 그러나 그것이 곧 그분이 그런 기만적 행위를 용인하셨다는 것을 의미하지는 않는다. 이것은 그 옛날에 그분이 모세가 내리친 바위에서 물이 터져 나오게 하시고도 그의 분노를 용인하지 않으셨던 것과 마찬가지다(민 20:1-13). 그러므로 우리가 이 사건과 관련해 말할 수 있는 최선의 것은 다음과 같다. "아, 도대체 우리가 어디에서 비난의 여지도 없고 용서가 필요하지도 않을 만큼 지혜와 단순성을 겸비한 사람을 발견할 수 있겠는가?"(Thomas Scott). 이 세상에서 "흠 없고 점 없는"(벧전 1:19) 분은 오직 한 분뿐이셨다.

-제3권으로 계속됨

다윗의 생애 ❷

지은이 | 아더 핑크
옮긴이 | 김광남
펴낸이 | 윤순식

초판 발행 | 2009년 4월 20일
펴낸곳 | 뉴라이프
등록번호 | 제396-2007-000150호
등록일 | 2008년 1월 22일
주소 | 경기도 고양시 일산구 장항동 573-28
전화 | 031-906-0011 팩스 | 031-905-0288
이메일 | cwpub@hanmail.net

값 18,000원
ISBN 978-89-960743-4-2

본서의 한국어판 저작권은 뉴라이프에 있습니다.
저작권법에 의해 한국 내에서 보호를 받는 저작물이므로
무단 전재와 복제를 금합니다.